日台関係史

1945−2020 増補版

川島 真
清水 麗
松田康博
楊 永明
［著］

東京大学出版会

A History of Japan-Taiwan Relations, 1945–2020
[Revised Edition]

Shin Kawashima, Urara Shimizu,
Yasuhiro Matsuda, and Philip Yang

University of Tokyo Press, 2020
ISBN978-4-13-032230-0

目次

序章　戦後日華・日台関係を概観する

川島　真・松田康博

「海図」の必要性

日本と台湾は、一番近いところで、一〇〇キロメートルあまりしか離れていない。経済貿易関係や人的関係はきわめて緊密である。[*] かつて日本は台湾を植民地として支配したし、戦後その台湾を支配したのは蔣介石が指導する中国国民党と中華民国政府であり、彼らは一九四五年以前は日本の戦争相手であった。日華関係にせよ、日台関係にせよ、この関係は東アジアの国際関係を理解する上で、等閑視することのできない重要なバイラテラル関係である。しかし、両者の間には隣人同士にありがちな「よく知っている」という思いこみがある一方で、基礎知識が欠如していたり、誤解が多かったりするのが実状である。また、第三者である中華人民共和国では、良好な日台関係をネガティブに評

＊　二〇一八年現在、日本の台湾への輸出額は四四一・六億ドル、台湾からの輸入額は二三〇・九億ドル、日本からの訪台者数は一九七万人、台湾からの訪日者数四七六万人に達している。「台湾（Taiwan）」、日本国外務省ウェブサイト。http://www.mofa.go.jp/mofaj/area/taiwan/data.html.（二〇二〇年四月二四日アクセス）。

価する傾向が見られる。*

日本と台湾の人々が互いを普通に理解するためには、相当な努力を要する。また、日台関係を第三者によく理解してもらうことも簡単なことではない。そのような日台関係を理解するためには、何よりもまずは手引きに相当する海図、すなわち日台関係の基本書が求められるはずである。それにもかかわらず、戦後の日華・日台関係を総合的・通時的に概観する研究書は、これまで存在しなかったと言ってよい状態にある。

その原因の一つとして考えられるのは、中国大陸と台湾が敵対状況にあり、その台湾と日本や主要諸国との間に外交関係が失われてきたことである。本来密接な関係があるにもかかわらず、公式な関係がないために、日本と台湾の人々にとって互いの関係を語り、書くことは、時に客観性を保つことが困難となりかねない。通常のバイラテラル関係とは異なり、日本では台湾の「国名」を記述することとしないことのいずれもが政治的行為と見なされてしまうからである。日本と台湾との間では、民間レベルで大規模かつ良好な交流がなされているが、それにもかかわらず、特に政治関係に関する先行研究が少ないことには、外交関係の有無が大きく作用していると考えるのが自然である(1)。

もう一つの原因は、日台関係に比べて日中関係の存在感の方が大きいことである。これまで日台関係は、正面から取り上げられるというよりは、むしろ日中関係の裏面史として取り上げられることが多かった。実際、日中関係を抜きにして日台関係を語ることはバランスを欠いた作業となる。ただし、日中関係というポジの裏側にあるネガという視点だけで日台のバイラテラル関係を読み解くことは、多くの重要なポイントを誤読することになりかねない。たとえば、これは中国でしばしば見られる誤解であるが、日本が台湾との関係に「配慮」することは、必ずしも中国を「牽制」することとイコールではない。日本と台湾の関係を正面からとりあげてこそ、中国のような第三者も冷静に日台関係のあり方を判断できるようになるであろう。

そして、三つ目の原因は、日台関係の通史に取り組む困難さであろう。戦後日華・日台関係に関する情報環境と先行研究には、対象とする時期により、落差がありすぎる。台湾海峡危機により安全保障上の関心が高まった一九五〇年代や一九九〇年代以降、および米中接近により関心が高まった一九七〇年代に比べ、一九六〇年代や一九八〇年代は関心が低すぎて、先行研究が非常に少ない。加えて、台湾では国民党の独裁時期に、かつて敵国であり、また本省人と結びつく可能性がある日本に関する研究をあまり奨励しない傾向にあった(2)。台湾の国立大学では日本語学科や大学院の日本研究科などが設置される過程は、台湾における国民党統治の変容とともに一九七〇年代以降に進行したのである。

本書は、一読すればわかるように、前半は公開された公文書を用いた史的分析に重点がおかれ、後半は国際構造に力点をおき、回想録やメディアの報道を元にした国際関係分析のスタイルをとっている。これは公開されている史料や研究状況の差異を背景にしている。こうした異なる情報量とディシプリンとを統合し、日台関係を通時的に鳥瞰するのは、個人の力量を超えた課題であろう。我々四人の筆者は、あえてこうした課題に取り組んだ。それぞれの研究領域を豊かにするためにも、海図が必要だからである。

日華・日台関係

本書の書名は「日台関係史」となっているが、それは単に一九七二年以前と以後、すなわち日華関係期と日台関係

＊　中国では、日本人が台湾海峡両岸の「平和統一に反対」しており、日本には「台湾カード」で中国を牽制する「戦略的な計略」がある、という言説が普通に見られる。ただし、実際に日本政府の誰がそのような「戦略的な計略」を作成し、一貫して実行してきたのかを実証した論者は見あたらない。松田康博「台湾問題の新展開」、家近亮子・松田康博・段瑞聡編『〔改訂版〕岐路に立つ日中関係——過去との対話・未来への模索』晃洋書房、二〇一二年、二三八—二四四頁。

期の総称というだけでなく、戦後日台関係に通底する日華・日台二重関係の総称としての意味がある。この二重性については第一章で川島によって詳細に記されているが、ここで言う日華関係は戦前以来継続する日本と中華民国の関係を示し、日台関係は戦前から継続する台湾との関係を指す。少なくとも戦後初期において、前者の日華関係は、冷戦や「二つの中国問題」などの国際政治と深くかかわりながら推移し、後者の日台関係は脱帝国化／脱植民地化の過程として観ることが可能である。このような日華／日台二重関係の下に「戦後日台関係」は理解され得ると考えられるのだが、同時に台湾という島の上で重なり合う「華と台」の関係もまた重要となる。日台関係における脱植民地化が、中華民国や国民党によっておこなわれた代行脱植民地化であったことを想起すれば、日華・日台が分離して、あるいは並行して存在するのではないことに気づくだろう。そして、戦後六十数年の間に中華民国と台湾社会の関係もまた変容していき、それが日華・日台関係をいっそう複雑にし、変質させていった。

一九七二年の日華断交は、戦後の日台関係を考える上で重要であり、外交関係の観点から見た時期区分としては、それ以前が日華関係、以後が日台関係とされる。これを日華と日台の二重性の観点から見れば、この断交が日台関係における「日華」の領域を狭め、「日台」関係を広げていく契機となったということにもなろう。また一九九〇年代からの台湾化は、台湾島における「華」そのものの台湾化をともなったために、日台関係における日華・日台の二重性そのものが、制度的には日華を一部で残しながらも、解消されていく過程であったと見ることもできる。そうした意味では、この二重性は本書の前半においては顕著に見られながら、後半にいくほど意識されなくなる。

本書の構成

本書は、バイラテラルのみならず、リージョナル、時にはグローバルな視点から戦後における日台政治関係の歴史の連続と非連続を正面から取り上げ、総合的に明らかにすることを目的としている。本書の構成は以下の通り二部構成であり、第Ⅰ部「日華関係の展開と終焉」（第一―四章）では、日本政府と台湾に渡った中華民国政府がどのように外交関係を再構築し、戦後処理をおこない、そして断交に至ったかを分析している。次に第Ⅱ部「国際構造変動下の日台関係」（第五―一〇章）では、断交後の日台関係が、国際構造の変動に合わせ、どのようにして非公式な実質的関係を発展させてきたかを分析している。

第一章「日華・日台二重関係の形成――一九四五―四九年」では、終戦後の日本と台湾の関係において、戦前からの「日本と中華民国」および植民地時期以来の「日本と台湾」の関係という二つの物語から説き起こされ、それが一九四九年に台湾、澎湖（及び浙江、福建沿岸部の島々）で実質的に重なり合い、日本と台湾の関係における二重構造が形成されたことが説明される。また、日本と台湾の関係が中国承認問題と密接に関わるようになったこと、そして日台関係が冷戦構造に強く規定されるようになった過程について取り上げている。日台関係は、敗戦国である日本と植民地であった台湾との間の脱植民地化、脱帝国化の下で説き起こされることになるが、その過程は韓国と異なり、「台湾の独立・建国」というかたちで進行するのではなく、戦勝国である中華民国による接収・統治から始まった。その後大陸を失ったことで、台湾は中華民国の実効支配領域とほとんど一致する地域として、「中国化」をおこないながら進められることになった。この日華と日台という関係の二重性は、一九四五年から現在に至る、日本と台湾の関係を特徴づけることとなった。

第二章「日華関係正常化の進行――一九五〇―五七年」は、一九五〇年から一九五七年の日華・日台関係の特徴を明らかにしている。この時期は、日本が主権を回復し、西側諸国の一員として国際社会に復帰する中で、その日本と中華民国が、戦争状態を終結させた日華平和条約、日台通商協定を継承した通商協定、そして公的な文化諸関係の再形成という過程を経て、正常化する時期として位置づけられている。日華関係と日台関係に対して、冷戦の枠組みや中国承認問題が、複雑に、そして深く絡まっていく時期であったということができる。その度合いは、日台通商協定締結時よりもいっそう強かった。中華民国政府も、朝鮮戦争によって冷戦に深く関わるようになり、国際社会では中国の代表政府として承認されるべく、中国代表権問題に関わる外交を積極的に展開していくことになったのである。

第三章「日華関係再構築への模索とその帰結――一九五八―七一年」は、米国の東アジア政策の変化を背景として、日華平和条約締結以来の関係構造が変容を迫られる時期を分析している。進展する日中関係に歯止めをかけようとする中華民国政府側の短期的な取り組みや、国連代表権問題をめぐる日米華の取り組みが、長期的にみたときにいかなる帰結をもたらしたかが考察される。一九六〇年代の日華関係の特徴は、「象徴的な友好、実質的な脆弱」の時代といえる。中国大陸と台湾にある二つの政府とのより現実的な関係性の構築の可能性が潜在的には見出されるものの、それを拒絶することによって現状の変更を阻止しようとする中華民国政府の短期的な選択の積み重ねは、最終的には七一年の国連脱退へとつながる。この時、中華民国政府が、台湾を代表するかたちでさえも国連に残留できなかったことは、その後の日中国交正常化と日華断交への大きな流れを作り出すことになったのである。

第四章「日華断交と七二年体制の形成――一九七二―七八年」は、断交後の日台関係において、中国の掣肘を受けながらどのようにして「七二年体制」を形成していったかを明らかにしている。一九七〇年代の初期、相次ぐ外交関係の断絶にあたり蔣経国が展開した実質外交の本質は、台湾としての存在について国際的認知を獲得していくことを目的とした外交ではなく、むしろ中台関係の帰結については将来の状況変化の可能性を残しながらも、短期的には「中共との妥協なき闘い」であり、「中共の対台湾孤立化戦略の打破」であった。このことは日台航空路線問題における台湾側の強硬姿勢を生み、日台関係の極度の不安定化をもたらしたのである。

第五章「日台関係の安定化と変化への胎動――一九七九―八七年」は、一九七九年から八七年までの日台関係の特徴を「相対的安定期」であるととらえ、断交と民主化の谷間にある時期の日台関係の特徴を明らかにしている。日華関係は、一九七二年に外交関係が消滅して正当性を失ったものの、台湾側でその関係の中心には蔣経国や馬樹礼を中心とする外省人の旧世代が残っていた。ところが、日本側でも反共のイデオロギーを共有する保守政治家が台頭したことで、黄昏にあった日華関係は日華関係議員懇談会（日華懇）の役割拡大につれて一九八〇年代に徒花を咲かせることとなった。他方で、民間の経済関係を中心とした新たな日台関係はその基礎を年々強くしていたのである。「相対的安定化」を見せたこの時期、劣勢におかれていた台湾は、七二年体制に対する正面からの挑戦を回避し、実質的な関係拡大を追求するようになっていたのである。

第六章「台湾の民主化と新たな日台関係の模索――一九八八―九四年」は、一九八八年から九四年までの日台関係の特徴を明らかにすることを目的としている。一九八〇年代末になると、東アジアの国際関係と各国・地域の内政が変化したことに影響を受けて日台関係は新たな展開を見せるようになった。一九八〇年代末と九〇年代初頭にかけての国際政治上の大変動は、日台関係を日中関係の枠組みからある程度自由にし、経済を土台とした「事実上の政治的関係」の緊密化を促した。台湾発の変化は、日台関係のみならず日中関係にまで大きな影響を与えるようになっていった。台湾の民主化と台湾化は、政治社会の「脱中華民国化」と「台湾化」をもたらしたが、そのことは日本との関係においてもまた日華の縮小と日台の増大を意味していたのである。

第七章「安全保障の二重の三角関係――一九九五―九九年」では、冷戦終結後、日本の外交政策には一連の変化が生まれており、それがひいては対中・対台湾政策にも影響を及ぼしており、中でも対台湾政策が日本の外交政策が最も厳格な形で現れる縮図であるととらえている。特に、新たに生まれた構造を「米中台」および「米日台」という二つの三角関係であるととらえ直し、日台関係と台湾の安全保障情勢に重要な影響を与え、これまで実務関係の枠組みに封じ込められてきた日台関係が安全保障問題を契機に間接的に政策転換を促し始めたプロセスを明らかにしている。

第八章「東アジアの構造変動と日台関係の再編――二〇〇〇―〇七年」は、小泉政権と陳水扁政権という、ともに対外政策において「例外的」といえる政権が、日台関係を発展させたプロセスを明らかにしている。日本の小泉首相による対台、対中、対米、東アジアなどの外交政策は日台関係にも直接的・間接的影響をおよぼしたし、他方陳水扁総統の展開した外交も同様に積極姿勢を見せた。国際社会への参与、対米外交から対日外交に至るまでいずれも陳水扁外交の軸を形成していて、特に日台関係促進は、陳水扁外交の重要な一部となっている。日台関係に存在する構造的限界は変わらないものの、中国や米国との関係に衝撃を与えるダイナミクスがこの時期には見られるのである。

第九章「安定化する中台関係下で展開する日台関係——二〇〇八—一六年」では、馬英九政権の下、中台関係が安定化するというこれまでになかった状況の中で、日台関係がどのように展開したかを明らかにしている。馬英九総統は、中国大陸との関係改善を順調に進めるためには、日米両国との関係の発展が不可欠であるという観点から、対日接近を図った。中国も、馬英九政権を窮地に追い込まないため、台湾の国際空間拡大を黙認した。その結果、東日本大震災に台湾が大きな支援をしたことも手伝い、日台関係は大きく進展した。他方この時期の日本では政権交代が二度起こり、対台湾関係のマネジメントは多難を極めた。大国化した中国に台湾が接近する中、尖閣諸島（台湾では釣魚台と呼ぶ）を初めとしてトラブルが続出し、馬英九総統の二期目になると、日台関係は冷却化していったのである。

第一〇章「『失われた好機』と深化する積み上げ式実務関係——二〇一六—二〇年」では、日本からの食品輸出規制の解禁問題をはじめとし、日台関係をステップアップさせるいくつかの好機が失われたと言われる、蔡英文一期目の四年目を考察する。実際には、日台間を往来する観光客の増大、企業連携、地方都市間の交流拡大など、交流関係の層は厚みを増した状態にあるが、期待と失望という強い思い入れをぬきにすると、実際何が進み、何が進まず、そして今後にどのような影響を残すことになるか。日台間のこれまでの制度的な枠組みに加え、一つの条約を一〇や三〇の覚書に置き換えて積み上げていくような「実務積み上げ方式」が、すなわち量的な積み上げが質に転換をする基盤を作り続けることになるのか。それとも、台湾の「親日」イメージに依存し、日台間で相互に尊重する関係を築くことができないままで終わるのか。静かに積み上げられているものは何なのかを考える。

分析概念と用語について

本書では、①「日台・日華の二重関係」（川島）、②「チャネルの転換と原則外交」（清水）、③「民主化・台湾化・政治化」（松田）、④「安全保障の二重の三角関係」（楊）といった鍵となる用語がいくつか提示されている。①は台湾社会の二重性と、日中戦争・日本の植民地統治の歴史に着目した用語であり、②は主として台湾内部の世代交代や路線転換に注目した用語である。③は台湾内部の政治変動が、台湾の対外関係の変動をもたらしていることを表しており、④は安全保障面で米中両国の日台関係に対する関わりに注目した用語である。これらの用語を操作することで、日華・日台関係を通時的・立体的に読みとる視角を得ることができると考えている。

ただし、聡明な読者はすでに気がついていることと思うが、同じ概念や用語でも論者や立場によって微妙な違いがあるものがある。たとえば「七二年体制」が、米中接近以来の台湾に関する米中間の妥協と、米国による「平和解決」原則を基礎とした国際的なアレンジメントを示す場合、それは最も包括的な定義である。[3] 中国では、「七二年体制」を、日中両政府が、相互間で解決すべき台湾、歴史、安保、領土などの諸問題の処理原則をめぐる合意体系および枠組みであり、基本的に日本が中国の定義する諸原則を「受け入れた」ことによって形成された体制であるとする見方がある。[4] そして、台湾で「七二年体制」と言えば、日中国交正常化の際に日中間で合意された日台の非公式な実務関係の体制を意味し、それはしばしば台湾を抑圧する「不当な体制」であるというニュアンスで使用される。

そして最後に、本書において使用されている用語が、必ずしも通時的に一貫している訳ではないことを明記しておきたい。本書はいわば「担当した章ごとの責任制」をとった共著であって、同じ対象にも異なる用語が使われることがある。前述したように、台湾を研究対象とする難しさは、研究対象に対する呼称でさえ迷うことにある。戦後台湾の当局には、「中華民国政府」という正式名称があるが（一九四八年までは中華民国国民政府）、これは中華人民共和国と外交関係を持たない台湾の承認国を除けば国際的に認められていないだけではなく、台湾内部でも台湾独立支持者であれば中華民国という呼称を否定的にとらえる傾向にある。オリンピックなどで使われる「中華台北」という呼称は一部の国際組織では受け入れられているが、本書のような通史とはあまり関係がない。呼称を別にして、台湾が主権の独立した国家であるという考え方は台湾内部で多数の支持を得ていて、「台湾政府」と呼ぶ人も多い。他方で、中華人民共和国ではそのような考え方は決して許されない。台湾を中国の一部であるとする「一つの中国」原則に基づいて、台湾に対して「中国台湾」等の呼称を用いる。ことほど左様に、台湾をめぐる言語政治空間は、非常に複雑な様相を呈している。

四名の筆者は、共同研究を経て様々な認識の統一を図ったが、あえて台湾の呼称をめぐる問題に決着をつけなかった。かといって、それは全くの混乱状態なのではなく、一定の傾向を持った違いでもある。本書では、一九八〇年代まで中華民国政府の別称（略称ではない）として「国府」が多用されるが、後にそれは「台湾当局」が混じり、そして一九九〇年代後半からは、「台湾政府」になっている。それは、日華を主とし、日台を従とした日本と台湾との関係が次第に逆転していき、今や日華がほぼ形式と化してしまったという本書を通じたモチーフにもつながる。以上のような用語の変化や微妙な意味の違いが持つ歴史的背景や国際政治上の含意についても、読者に読みとっていただければ著者として望外の喜びである。

第Ⅰ部

日華関係の展開と終焉

第一章　日華・日台二重関係の形成
――一九四五―四九年――

川島　真

はじめに

戦後初期の日本と台湾の関係は、さまざまな観点の下にとらえ得る。だが、戦後から現在に至る六〇年間を長期的な視野の下にとらえた場合、戦後初期は戦後の日本と台湾の関係を特徴づける三つの原型が形成された時期だと見ることができる。その原型として想定されるのは以下の三点である。

第一は、日本と中華民国、日本と台湾の関係という、二つ側面が重なることで日本と台湾の関係が形成されるようになったことである。それぞれには、戦前以来の日本と大陸にあった国民党、国府との関係、そして日本の植民地統治を通じた台湾との諸関係を、一定程度継承するものだとも考えられる。実際、一九四五年一〇月二五日に五〇年にわたる日本の植民地支配を終えた後も、日本と台湾の間の経済的・文化的な関係は（戦前と全く同じではないにしても）一定程度継続された。日本と中華民国の関係も、中国がポツダム宣言を発した四カ国の一つとして対日占領政策に関与し、また四五年九月九日の中国軍区における日本の降伏を経て、新たな日華関係が築かれようとしていた。四九年一二月にその中華民国政府が台湾に遷ったことで、日本と中華民国の関係が日台関係に重なるかたちとなった。台湾内部の台湾社会と日本との関係と、国民党を中心とする中華民国政府や外省人と日本との関係という、日台／日華という二重関係が「日本と台湾の関係」として形成されたのである[*]。台湾内部で、中華民国や国民党に連なる層が政治外交を主に担い、台湾人社会が社会経済面を担ったと単純化できるわけではないが、それぞれがその主役であったということは言えそうである。それだけに、その両者の日本との関係も、日華関係は主に政治外交上の関係、日台関係は主に経済文化上の関係などと単純化できるわけではなく、それぞれが日本と多様な関係を築いていたということになろう。とはいえ、たとえば一九五〇年代であれば、経済関係よりも政治外交が優位にあり、その政治外交を主導していたのも台湾社会というよりも中華民国側であったのではなかろうか。そうした面では、「日華＞日台」であったということができる。この時期には、日台関係は見えにくく、日華関係が前面に出ていた。しかし、長期的に見れば、日本と台湾の関係は、台湾における「台湾化」の進行に応じて、次第に「日華＜日台」へと変化していったと見ていいであろう。また、この日台と日華の二重性が、通常、「宗主国と植民地」の間に生じる脱植民地化（脱帝国化）に複雑な影響を与えることになったことも看過できない。台湾人は、中華民国政府による台湾の「中国化」政策の下で、日本に対する脱植民地化をおこなうことを迫られたのであり、日本もまた、政治外交的にはかつての植民地ではない中華民国と交渉するなかで、脱帝国化の過程を歩むことになったのであった。この点は、韓国との関係とは明確に異なる点である。

　第二は、日本と台湾の関係が中国承認問題と密接に関わるようになったことである。中華民国が台湾に移ったことにより、上記の二重性だけでなく、中華人民共和国と中華民国／台湾の間における「一つの中国」「二つの中国」「一つの中国、一つの台湾」といった議論と、日台関係が深く関わることになってしまったのである。これは、世界のほとんどの国が直面した問題であるが、中国を代表する政府として、中華人民共和国政府と中華民国政府のどちらを政府承認するかという中国承認問題が、日本と台湾の関係にも大きく影響することになった。台北にある中華民国政府と政治外交関係を有することは、中華人民共和国との国交がないことを意味していたのである。これは以下に述べる冷戦構造と単純に結びつくわけではない。たとえばイギリスは、中華民国ではなく（領事関係の維持がはかられた）、中華人民共和国政府を承認していた。他方、中華民国は、国際連合の議席を有し、西側陣営に属しており、アメリカは中華民国を承認していた。その結果、日本としては一九五二年に中華民国政府を承認するが、経済立国を目指す日本にとって、中国大陸は魅力的な市場であり、国交がなくとも中国との経済関係を築こうとする動きが強まり、これが中華民国政府を刺激することにもなった。このように、政治的な承認と経済交流を切り離して関係を構築しようとする動きは、七二年の日華断交後前から見られ、現在は中華民国とは国交がないものの、緊密な経済関係が保たれている。

第三は、中国承認問題とも連関するが、台湾と日本との関係が、東アジアにおける冷戦と深く関わったことである。特に一九五〇年に始まった朝鮮戦争を契機として、アメリカが台湾の防衛を明確にしたことにより、台湾には反共基

＊　外交の場における中華民国の呼称については、一九一二年の中華民国成立時に日本政府が正式国号を支那共和国（略式国号は支那国、二国間関係は日支）とすると決定した後、一九三〇（昭和五）年一〇月三〇日の閣議決定により、支那共和国という呼称ではなく、中華民国を採用し（略式国号は中国）、二国間関係を日華としていた。これは日本と汪精衛政権の関係においても変わらない。戦後、四六（昭和二一）年六月七日の外務省総務局長付の文書で、「支那」の公文書での使用を控えるように各官庁に通達したが、使用可能な用語の例として、中華民国、中国、民国などとともに、日華、米華、中蘇、英華などが挙げられていた（一九四六［昭和二一］年六月一三日、「支那の呼称を避けることに関する件」、枢密院会議文書、国立公文書館所蔵、アジア歴史資料センター・レファレンスコード：A06050410200）。そして、五二年の日華条約でも「日華」が採用されている。こうした点をふまえ、一九四〇年代から五〇年代の日本と中華民国の関係を扱う本章では、「日華」を用いる。ただし、中華民国では「華日」ではなく、「中日」が用いられた。この点で、日華という語は日本語であった。この後、中華人民共和国政府との関係を日中とし、中華民国政府との関係を日華というように、用語の弁別をおこなう向きもあるが、戦後間もない段階では日華が戦前との歴史的な連続性もあり、また正式な用語として用いられていた。一九七二年以後の日本語における日中と日華の使い分けは、次第に形成されていったものと考えられるが、この点については、七二年の日中国交正常化に際しての呼称の制度化をもあわせて検討する必要があろう。なお、昨今では日華・中日ではなく、日台・台日が多用されるようになってきている。

地としての国際政治上の位置づけが与えられ、日本と台湾の関係も、そうした国際政治の枠組みの中に位置づけられる側面があった。日米安全保障条約や沖縄の位置づけなどが台湾と深い関わりをもつようになったのである。*七一年に米中が関係の再調整をおこない（七九年関係正常化）、七二年に日中が国交を正常化しても、アメリカの台湾関係法や日本のコミットメントに見られるように、台湾の安全保障上の位置づけは原則として変わらず、アメリカの安全保障枠組みの下に置かれている。これは、いわゆる冷戦の終焉後も、安全保障枠組みが、政治外交的な政府承認、経済文化的な実質的関係と（関係は持ちながらも）異なる次元で、日華／日台間に存在し続けていることを示している。

このような三つの原型とも言える特徴が立ち現れたのが戦後最初の十数年だとすれば、本章であつかう一九四五年八月から四九年一二月という時期は、その原型形成の前期にあたる。この時期には、日本は連合国の占領下にあり、また中華民国は中国で国共内戦を戦い、四九年一二月に台湾に遷った。台湾は中国戦区の一部として連合国の代表者として中華民国に接収されつつも、カイロ宣言をふまえ中華民国の一部としての統治が始められ、さらには中華民国政府の移転を受け入れた時期でもある。

二〇世紀後半の日華・日台関係を描くに当たり、それぞれを別々の物語として描き始めなければならないことも述べておかねばならない。抗日戦争を戦った中華民国と日本、そして五〇年間日本の統治下にあった台湾の二〇世紀後半の歴史は、一九四五年から四九年一二月まではそこまで強い重なりをもつわけではなかった。無論、四五年一〇月二五日以後、台湾は中華民国に接収されていたので、台湾と中華民国は重なりをもつが、それはあくまでも中国戦区あるいは中華民国の一部としての重なりであって、一九四九年末以後の、中華民国の統治領域が実質的に台湾島とほぼ同一に重なる時期とは異なるであろう。

本書は中華民国が遷台した一九四九年を起点として日華・日台関係を語るものではなく、四五年八月から話を始めたい。これは、上述の二重関係を重視してのことである。戦前からの連続性をもちつつ四五年から四九年の間に再定位された、日華関係と日台関係が、四九年一二月以後の日本と台湾の関係にも深く関わると考えているからである。本章は、その四九年一二月に至る中華民国と台湾それぞれの日本との関係を述べるものである。

一　中華民国と日本の占領統治

(1) 戦勝国・中華民国と敗戦国・日本

まず、二つの物語のうちの日本と中華民国との関係から話を始めよう。一九四五年八月一四日、日本はポツダム宣言を受諾し、連合国に無条件降伏した。中華民国は、対日戦争における連合国の主要な構成員であり、ポツダム宣言も「米英支蘇」（アメリカ、イギリス、中国、ソ連）から発せられた。しかし、三七年七月七日に始まった日中戦争では日中ともに相手に宣戦布告していない。その理由は、日中双方とも、アメリカの中立法の適用を避けることなどを考慮したためであったとされている。その後、四一年一二月八日に日本が真珠湾攻撃をおこなって日米が開戦すると、翌日に中華民国は日本に宣戦布告した。しかし、日本は中国に宣戦布告をしていない。日本としては、四〇年三月に南京に成立した汪精衛政権を、中国を代表する政府として同年一一月に承認していた。その汪政権もまた、四三年一月に日本から在華権益が返還されるのに合わせて、英米に対して宣戦布告をおこなっている。したがって、日本としては中国と国際法的な意味での戦争状態にあったわけではなく、台湾や朝鮮半島を含む国内の華僑は汪政権、もしくは満洲国の管轄下に入り、中華民国の駐日大使館や台北の中華民国総領事館も汪精衛政権により維持されたのであっ

＊　このほか、国連安保理の常任理事国であった中華民国と日本との国連における関係も、一九五六年の日本の国連加盟以後に現れる。それは単に中国承認問題だけでなく、台湾内部における国連事業、第三世界への経済協力など多様な局面での関係になるが、これらは次章に譲りたい。

た。しかし、実質的には重慶政府および共産党との戦争状態は続いており、ポツダム宣言の受諾によって、日本は「支」（中国）との戦争そのものを公的に承認し、中国に対しても降伏したのであった。しかし、日本の敗戦や終戦をめぐる記憶において、中国に対する敗戦国としての感覚はきわめて希薄なものであった。それと対照的に、中華民国としては、この抗日戦争の勝利を、日本への勝利に留まらず、アヘン戦争以来の半植民地状態からの脱却、そして連合国の一員として世界の反ファシズム戦争に勝利し、その功績によって戦後の国際社会における「大国」として認知されたこと、すなわち国際的地位の上昇と結びつけて理解したのであった。

日本が英米に宣戦布告し、次第に戦況が日本に不利になると、中華民国は対日賠償の準備とともに、戦争後の日本に関する政策を策定し始めた。日本に対する戦後処理は、第一に、植民地、租借地、そして在華特権のすべてを日本が放棄し、中国に返還することであった。日本が返還すべきとされたのは、日清戦争以後に日本が獲得した領土、諸特権であった。日清戦争以前は日中の外交関係は基本的に対等であったが、日清戦争以後は日本優位の不平等条約体制の下に置かれるようになっていた。一九四三年一一月に、アメリカのルーズベルト大統領、イギリスのチャーチル首相、中華民国の蔣介石総統の米英中三国首脳がおこなったカイロ会議に際して発せられたカイロ宣言では、「滿洲、臺灣及澎湖島ノ如キ日本國カ清國人ヨリ盜取シタル一切ノ地域ヲ中華民國ニ返還スルコト」という文言が盛り込まれた。[*1] この条項は、そののちに米英中ソによって発せられたポツダム宣言の第八条に、「『カイロ』宣言ノ條項ハ履行セラルベク又日本國ノ主權ハ本州、北海道、九州及四國竝ニ吾等ノ決定スル諸小島ニ局限セラルベシ」というかたちで継承された。中華民国はカイロ宣言を自らの国際的地位、対日政策の拠りどころとしていた。

中華民国は、台湾をはじめ、日本により奪われたものを取り返すことに成功しつつあったが、同時に戦後の国際社会における米英ソに次ぐ大国としての位置を与えられようとしていた。一九四四年一〇月に開かれ、国際連合の創立を提案したダンバートン・オークス会議や、四五年四月に国際連合憲章を採択したサンフランシスコ講和会議にも参加し、国際連合の安全保障理事会常任理事国となった。国際連合は、基本的に第二次世界大戦の連合国により構成されていた。中国がその安保理常任理事国になったことは、中国に反ファシスト戦争の主要国であったという自信を与えるものであった。国共内戦開始以前においては、アジアにおける連合国の代表は中華民国であり、日本は第一次大戦前の工業力しかない実質的な農業国家の段階にとどめるというのが、主要連合国の合意事項であった。だが、国際連合において象徴的な地位として安保理常任理事国の地位を得た中華民国も、東アジアの国際政治では次第にその地位を失っていくことになる。

(2) 戦争の終結と日本の占領統治

一九四五年八月一五日、台湾などの植民地を含む日本では玉音放送が、中国では蔣介石の「抗戦勝利告全国軍民及世界人士書」がラジオで放送された。この放送で、蔣介石は天皇制の保持、日本分割への反対、さらに日本兵の（非敵対的）取り扱いについて言及し、日本に対しては「既往を咎めず徳を以て暴に報いる」という姿勢を持つべきだとした。[*2] これが、後に「以徳報怨」として蔣介石の対日寛大政策の象徴ともされるようになっていくが、この段階ではソ連や中国共産党という新たな課題に直面する中で日本の敗残兵との衝突を防ぎ、むしろその協力を得るという政治的発言であったと考えることもできるだろう。[(1)]

戦争は連合国が勝利し、一九四五年九月二日に日本は東京湾のミズーリ艦上で降伏文書に調印し、同九日に南京で

＊1　中華民国は、日本が台湾などを「盗取」（stole）したという表現をとるように求めた。

＊2　「以徳報怨」という言葉は一九四四年に沙学浚により作成された「試擬戦後我国外交政策基本原則」にすでに見えていた。蔣中正総統特交檔案参照（08A-1504, 002080106014007）。なお、一九四五年九月に南京を訪れて蔣介石と会見した林献堂が帰台後に講演をおこない、「以徳報怨」という考え方を台湾の人々に紹介したことについては後述する。

中国戦区に関する投降典礼がおこなわれた。中華民国が担当した中国戦区は、中華民国の国土に対応していたわけではなく、満洲は含まれないかわりに、北ベトナムや台湾が含まれていた。

日本の占領統治については、アメリカ軍のみならず、イギリス連邦軍も西日本を中心に軍を駐留させた。中華民国国軍の栄第二師団か歩兵第一師団を占領軍に加えるべく日本に派遣することも検討されたが、国共内戦の激化によってその計画は実現しなかった[2]。戦後処理をめぐって、中華民国には根強い天皇制反対論があったが、蔣介石はその維持に賛成であったという。一方、中華民国は対日賠償請求をおこなう準備を整え、賠償委員会を中心に五〇〇億ドル強という被害総額を算出していた[3]。そして、沖縄についてはアメリカとともに共同信託統治する案を提起し、マッカーサーに拒否されるという一幕もあった。

東京には中華民国駐日代表団がおり、さまざまな占領政策に関与した。東京裁判にも判事を派遣していたことはもちろんのこと、日本の公文書で「支那」という用語が使用されないように要請して、それを実現するなどした。ワシントンの極東委員会にも中華民国は代表を派遣しており、たとえば日本の憲法制定に際して、ソ連などとともに、第九条の芦田修正案に疑義を呈し、日本が「自衛」の目的で軍隊を有する可能性、宣戦布告をおこなわずに戦闘行為をおこなう可能性を指摘した上で、芦田修正案以前に一度削除された第六六条の文民条項を復活して挿入させることに関わったりした。中華民国の日本の占領統治への関与は、実証研究が不足しており、今後の研究が待たれるところである。

(3) 国共内戦と中華民国の遷台

日本帝国の敗北とその政治的、軍事的な解体によって、大東亜共栄圏とよばれた東北アジア、東南アジア地域に権力の空白が生まれた。中国大陸では、中国軍区からはずされた満洲をソ連軍が占領、また中国軍区内部でも米国陸軍と海兵隊が華北に進駐した。最終的にソ連軍は共産党軍を、米軍は南京の中華民国国軍を支援するようになるが、少なくとも戦後初期の一年、スターリンは蔣介石をパートナーと見ていたし、状況はそれほど単純ではなかった。ソ連は、満洲における満鉄などの産業資本を接収したが、当初は国共間の対立を煽っていたわけではなかった。米ソの共同歩調の下で、国共関係について、駐華米国大使パトリック・ハーレー（Patrick Hurley）やジョージ・C・マーシャル（George C. Marshall）らによって調停がなされ、一九四六年一月には休戦協定が締結された。アメリカは、日本の占領統治地域を中華民国政府に引き継がせ、国民党主導の下に国共連立政権を形成させた上で、新憲法を制定して民主国家とし、東アジアにおける米国のパートナーとすることを構想していた。* 実際、国民党は、憲法制定手続きを進め、四六年一一月に国民大会を開催して「中華民国憲法」を制定、四七年に憲政に移行し、その下で国民大会選挙と立法委員選挙を強行したのである。そして、この国民大会において蔣介石総統と李宗仁副総統が選出された。憲政移行は、孫文が『建国大綱』にて示した「軍政→訓政→憲政」という三段階論に対応したものであり、訓政に対応して用いられていた「国民政府」という呼称は以後正式には使用されなくなる。だが、中華人民共和国側は中華民国憲法を認めてはおらず、国民政府という呼称を継続して使用するケースがある。(4) また、この後、四九年五月に台湾で戒厳令が施行され、同一二月に中華民国政府が台湾に移ってからも戒厳令が維持され憲法が停止された状態が続いたので、この選挙で選出された立法委員らは、九〇年代初頭の選挙で全面改選されるまで、議員であり続けたのであった。さらに、このような中国全土の選挙に基づく立法委員を擁していることが、中華民国政府の中国を代表する政府としての正当性の根拠ともされたのであった。

他方、一九四六年五月のソ連軍の撤退前後に、ソ連は次第に中国共産党支持を強化した。満洲では国共内戦が再開

＊　このような構想を反映し、戦後初期の国際連合の中国代表団は、国共両党と民主党派の連合により形成されていた。

し、同年六月に中華民国国軍が華中の新四軍地域に攻め込み、国共内戦は本格化した。米国は調停を断念したが、中華民国に対する軍事援助を継続し、戦局も国民党側有利に進行した。しかし、四七年五月には共産党が優勢となり、アメリカ国内でも国民党への批判が強まったため、その国民党への支援は抑制され経済中心となった。中華民国は、同年一〇月に憲法を施行したが、国共内戦が進む中での戦時動員を強化するため、翌四八年四月一八日に憲法を事実上停止する動員戡乱時期臨時条款を国民会議で制定（五月一〇日に施行、一九九一年五月廃止）、次いで五月二〇日に蔣介石が初代総統となった。*その一年後の四九年五月二〇日、憲法停止下で戒厳令が施行された（八七年解除）。二度にわたって四〇年代後半の中華民国政治の節目となった五月二〇日は現在、四年に一度おこなわれる選挙で選ばれた総統の就任日となっている。一九四九年八月（当時、中華民国政府は広州にあった）には、アメリカ政府が『中国白書』を発表し、国共内戦における国民党の敗北の原因をその無能と腐敗にあったとした。アメリカの国民党への低い評価は、国防長官や統合参謀本部長などの軍側の意向を必ずしも踏まえたものではなかったが、アメリカが共産党政権の成立を容認するものとして受け止められた。実際、アメリカは共産党政権の承認さえ模索したのである。

このように国民党に不利な状況にあるなかで、国共間では和平交渉がもたれ、一九四九年一月に蔣介石が下野するなどしたが、共産党側が蔣介石らを「戦犯」として処罰することや中華民国憲法の廃止を求めたため、交渉は決裂した。結局、中華民国政府は広州から同年一二月に台湾へと逃れた。以後、現在に至るまで中華民国政府は台湾にある。中華民国が遷台したことによって、日華と日台の二つの物語が、台湾という場で重なりをもち、相互に深く関わるようになった。

一方で、一九四九年一〇月には北京で中華人民共和国が成立していた。以後、日本も含めて、世界の国々は台北の中華民国政府を承認するか、北京の中華人民共和国政府を承認するかという、「中国承認問題」に直面することになる。だが、四九年一〇月の段階では、アメリカも共産党政権と一定の関係を維持する可能性もあった。その後、中国国内で反米運動が高まり、五〇年二月に中ソ友好相互援助条約が締結されて中ソ同盟が形成されると、アメリカによる中華人民共和国政府承認がその現実味を失い、さらに朝鮮戦争が始まると、台北の中華民国政府を支持する方針をとるようになる。これは、中華民国政府にあらためて政府承認を与えるとともに、安全保障上も台湾をアメリカの勢力下に置くことを意味していた。

このように、国共内戦が進行する過程、また中華民国政府が台湾に逃れたという結果は、アメリカの極東政策に影響を与え、それが日本占領政策にも及ぶことになった。かつてカイロ会談などでは、戦後東アジアにおけるアメリカのパートナーと想定されていた中華民国が中国大陸で敗北していく過程で、敗戦国日本が、冷戦下の極東におけるアメリカのパートナーという存在、対共産圏の防波堤という存在として意識され始めたのである。それは、賠償放棄、対日経済援助などへと結びついていった。戦後のわずか数年の間に、戦勝国としての中華民国と敗戦国としての日本の位置は大きく変容し、これが一九五二年の日華条約交渉を日本が優位に進めていく背景ともなったのである。この点は次章で述べたい

二　日本の台湾統治の終結

(1)　日本の敗戦と台湾統治の終結

前節では、日華・日台の二重構造の前者、すなわち日華関係について述べてきた。日本敗戦前後の中華民国と日本

＊　中華民国の元首は、北京政府期には大総統といい、広州国民政府、南京国民政府では訓政対応するかたちで国民政府主席という呼称を用いていた。憲政施行後の総統は、初代から五代を蔣介石が務め、李登輝が第七代から九代、陳水扁が第一〇代、一一代、馬英九が一二代（六人目）となっている。

の関係を見れば、一九四九年以後の状態が全く想定されていなかったことがうかがえるであろう。では、日本の敗戦にともない植民地統治の終結を迎えた台湾と日本の関係はどのように展開したのであろうか。

一九四五年八月一五日、台湾では玉音放送が流れ、翌一六日の新聞（たとえば『台湾新報』）には玉音放送の内容が八月一四日付の詔書として掲載された。前述のように、中国では蔣介石の「抗戦勝利告全国軍民及世界人士書」がラジオで放送されたが、台湾ではその放送は流れていない。八月一五日以後も、台湾総督府の統治は維持され、台湾人を多く含む国民義勇隊の協力の下で治安の維持などにあたっていた。以後、一〇月二五日に日本から中華民国に施政権が移管されていく二カ月強の過程の中で、日本の敗戦と台湾の光復が進み、人々に実感されていったものと考えられる。実際、「光復」は台湾の人々には馴染まない言葉だったようだ。周婉窈は「長く日本教育を受けた若い世代の台湾人は、大多数は漢文を理解できず、『光復』という概念が脳裏にはなかった。そこで彼らは、世間で鳴り響いている『光復』は、すなわち『降伏』を意味すると勝手に解釈していたのである」[5]としている。

八月一六日、台湾総督である安藤利吉は、天皇の詔書とは別に総督としての諭告を『台湾新報』に掲載した。そこで安藤は、「大東亜戦争開始以来一億臣民総力ヲ挙ケ或ハ戦線ニ勇戦力闘シ或ハ銃後ニ匪躬ノ誠ヲ致シ島民ノ尽忠至誠亦枚挙ニ遑アラス而モ事茲ニ至リ痛ク宸襟ヲ悩マシ奉リタルハ寔ニ恐懼ニ堪ヘサル所ナリ」と述べて、島民の戦争への協力を労うとともに、「而シテ長期ニ亙ル戦争ノ影響ハ島民生活ノ上ニ及ヒ災禍ヲ蒙リ家業ヲ失フ者亦尠カラス本総督ハ今後特ニ戦災ノ復興援護ノ徹底ヲ図ルノ外食糧ノ増産経済秩序ノ確保ニ努メ以テ治安ノ維持島民生活ノ安定ニ遺憾ナキヲ期セントス」として、今後は復興を目指していくべきだと目標設定をおこない、「島民宜シク本趣旨ノ存スル所ニ鑑ミ軍官ノ施措ニ信頼シ苟モ一人ノ軽挙妄動スル者ナク冷静着実安ンシテ其ノ生業ニ励マンコトヲ切望シテ已マサルナリ」と、人心の安定の重要性を訴えたのであった。この諭告は、八月一六日午後七時二〇分から台北放送を通じて「六七〇万島民」向けに特別放送された。台北の放送局は現在の二二八紀念館である。

八月二五日には、中華民国軍により台湾が占領、接収されることが報道されたが、この段階では日本人の台湾での私有財産は確保されるものと現地の日本人社会に解され、二八日の『台湾新報』の社説「アジアの復興と台湾同胞」に見られるように、戦後の台湾は「日華結合の媒介」となることが期待されていた。だが、九月一日にマッカーサーの厚木到着（八月三〇日）が報道され、その後も続々と米軍の日本進駐が伝えられるころには、「北京語講習」や「中華民国国旗製作」などが新聞の広告に見え始める。九月も半ばも過ぎると、「光復」が台湾社会に浸透しはじめたようにも感じられる。

前述のように、日本の連合国に対する降伏儀式は一九四五年九月二日に東京で正式におこなわれた。この日が連合国の対日勝利記念日となるが、中国（北京と台湾を問わず）、ソ連などは後に九月三日を勝利記念日とした。だが、この九月二日、九月三日当時、台湾はまだ日本の台湾総督府の統治下にあった。

九月九日、中国戦区に関する投降典礼が南京でおこなわれた。連合国の一員として中華民国が台湾などを接収することになったことについて、それが暫定的な接収、管理にとどまるのか、事実上の領有であるのかについては二面性がある。当時の中華民国にはカイロ宣言に基づいて台湾を自国の領土として接収する意思があった。「光復」という語にも中華民国の一部となるということが含意されていたものと思われる。だが他方で、講和条約締結までは台湾は帰属が未確定で、中国戦区の一部として、原則上は連合国の共同管理下に置かれているという議論もあった。中華民国と台湾の関係については、その後もさまざまな立場や見解が見られた。

九月九日に南京で中国軍区の投降儀式がおこなわれていたとき、台湾の名望家として知られる林献堂は南京にいた。林は、九月八日に台湾同胞代表として南京に赴き、降伏式典には参加しなかったものの、蔣介石とは会談した。そして帰台後の九月二〇日に台中で講演し、その内容が二七日の『台湾新報』に掲載された（「祖国・省民を忘れず」）。そこでは次のように述べられている。

八月一五日の放送によって日本人は非常に驚いた。中国人民はきっと日本人に報復することだらうと心配してゐた。この点について蔣委員長も非常に憂慮されて命令を発した。われわれ中国人はなるほど九年の間非常な苦難を味わったが、しかし怨に報いてはいけない、徳を以て怨に報いるべきである。これで行かなければ真の東洋平和は望めない。

戦後の日華関係のキーワードとなる「以徳報怨」が戦後台湾のメディアで最初に報じられたのが、この記事であろう。九月九日の中国戦区での降伏ののち、中華民国の台湾接収のタイムテーブルが動き始める。九月二〇日、中国軍航空部隊が台湾に進駐し（台北、台中、嘉義、屏東の四基地）、九月三〇日には一部の小学校で国民党歌、中華民国国歌の講習会が開催されるなどした。新聞も次第に中国語へと変化していった。一〇月に入ると、中華民国国軍を受け入れる準備が整ったようである。接収の責任者は陳儀であったが、陳は中華民国を代表すると同時に連合国を代表するという点で、陳儀自身の身分や接収という行為にも、二面性があった。

一〇月一七日には、中華民国の国軍が台湾に上陸した。一般に、このとき国軍の兵士を見た台湾人は失望したと伝えられるが、『台湾新報』には以下のようにある（「親しみある将士　初めて見た祖国軍」）。

これが長年の艱難と激しい戦線を乗越えて輝く今日の勝利をかちえた我らが国軍の姿なのだ、民衆の中には国軍は全部新式装備のパリパリした姿を期待してゐるものがないでもない、無理からぬ期待ではあるが国軍には我々が期待する以上の人間としての真実の姿があった、服装のこまかい点にいたるまで凡そ華奢とは反対の簡素そのものであった。（後略）

一〇月二五日、九月九日に南京で調印された投降文書に即して、行政権、軍事権などが安藤利吉台湾総督から中華民国に移管された。陳儀行政長官からの移管を求める要請文書を安藤総督が受領したという意味での「受領証」が作成された。ここに一八九五年一一月に日本軍が台湾全島の平定宣言を出して以来、約五〇年に及ぶ日本の台湾統治は終わった。台湾島民は、「祖国復帰」に歓喜したとされる。台湾の日本人は、一部の技術者などが留用されたが、一九四七年の二・二八事件（反政府運動に対して、行政長官兼警備総司令であった陳儀が鎮圧を命じたことで発生した台湾人に対する虐殺事件）の後には、ほとんどの日本人が帰国した。[*1] 他方、四五年から中華民国政府が遷台する四九年一二月までの間に、一〇〇万人以上の中国人が中国大陸から台湾にわたったとされている。[*2]

日本の台湾統治の終結は、敗戦国と植民地の間の脱植民地化という新たな課題を日台につきつけることになった。また、台湾が朝鮮半島と異なっていたのは、台湾が中華民国の一部としてその脱植民地化を始める必要があったという点である。そのため、朝鮮では直ちに母語を回復し、独立運動や抗日ゲリラ戦の延長上に独立自主や脱植民地化が位置づけられるのに対して、台湾の場合には母語である台湾語や客家語ではなく、中華民国の国語である中国語の普及が求められた。台湾が台湾として自主独立になり脱植民地化を迎えることは、選択肢の一つではあったが、現実的には実現可能性が高い状況にはなかった。そのため、研究者の中には、中華民国による新たな植民地化の下で、日本に対する脱植民地化をおこなったのが台湾である、とする見解があるほどである。

＊1　ただし、一九五〇年から六八年までの間、白団とよばれるかつての日本軍人たちが日本等から台湾に渡り、中華民国の国軍において教育訓練にあたっていた。白団という名称は、団長であった富田直亮の中国語名「白鴻亮」の頭文字を用いたものであった。白団は日本人の遺送業務などにも携わったとされる。

＊2　二・二八事件は台湾と日本の脱植民地化／脱帝国化に大きな意味をもたらした。この事件により、台湾島民の中華民国に対する失望感が強まり、台湾人意識が台湾社会で強調されることになるが、同時に日本の台湾統治を評価することで、中華民国の統治を批判する傾向も台湾社会に次第に見られるようになる。

（2）日本本土の台湾人・中国人

ここでは、日本に住んでいた台湾人をとりまく戦後初期の情況を、留学生も含めて検討したい。

戦時体制下には数多くの台湾人が戦争に動員された。たとえば、神奈川の高座海軍工廠の台湾少年工のことは広く知られている。また、台湾内部でも、軍事施設への動員がおこなわれたし、また台湾への敵軍上陸に備えて山間部に日本陸軍が駐屯するようになると、男女に拘わらず原住民に対する動員がはかられた。ここには、慰安婦も含まれていたとする見解もある。他方、主に南方戦線に動員された台湾人軍人、軍属も少なくなかった。戦争末期には徴兵制が適用されただけでなく、ジャングルでの戦争を強いられる南方戦線のために原住民の高砂義勇隊などが動員、組織されたのであった。そのほかにも、日本本土はもちろんのこと、東南アジア、満洲、華北、上海など大日本帝国圏全体で、経済・文化面を含む多様な活動を台湾人は展開していた。戦争の終結後、日本人も本土への「引き揚げ」をおこなったが、台湾人も当地で活動を続けるか、台湾に戻るのかという選択を迫られた。それは国共内戦で戦地となった中国大陸だけでなく、日本国内でも同様であった。

日本本土は連合国の占領統治下に置かれたが、帝国議会は維持され、諸法は一部を除いて日本人に対しては有効であった。占領軍や連合国臣民はこの日本法の適用外に置かれていた。台湾出身者は日本の終戦まで日本国臣民であったが、九月二日の降伏以後はそのステータスを喪失した。中華民国としては、台湾は日本の敗戦とともに自動的に中国領となる筈であり、その出身者は中華民国籍を取得するということであったろうが、日本は台湾を放棄はしたものの帰属先は講和会議で確定するまで未確定という立場であったので、日本国内の台湾人に連合国民としての法的地位は与えなかった。台湾人は、日本国民とも連合国民とも異なる人びととして、法的には日本法の下に置かれた。日本政府が台湾人の法的地位を中華民国国民と同様とするのは、一九五二年の日華条約以後と思われる。

当時、日本の華僑社会では中国系と台湾系が比較的良好な関係を保っていた。中華民国政府は、日本に限らず在外台湾人に対して、華僑として在外公館で証明書の発給を受けるように求める「在外台僑国籍処理弁法」を、一九四六年六月二二日に公布した。日本では、七月四日の外交部令をふまえた「中国駐日代表部訓令」が七月一〇日に留日華僑総会に対して発せられ、台湾人の国籍は四五年一〇月二五日に中華民国籍となっていることを確認した上で、華僑二人の証明を以て華僑登録することを認めていた。また国籍離脱を求める者は四六年末までに申し出ることになっていた。[*1] 華僑登録をおこなうことで、連合国民と同様の特権を日本で享受できるものとされた。

しかし、登録をおこなわなければ、食糧配給などの面で連合国民と同様の地位を得ることはできなかった。登録証がなければ特権のない日本人と同様の地位になったのである。他方、特権を享受した華人・台湾人たちと日本人商人との争いも頻繁に見られた。戦後直後のある調査記録には、「莫大なる特別配給の強要、奪取、繁華街の地権の強要、許可を無視せる建築、など枚挙に遑のない程の暴力的経済攪乱を強行し、日本経済之《ママ》の介入を策したのである。（中略）更に封鎖預金の不法引き出し、土地建物の不法占拠、華商ヤミ市場をめぐる日本人テキ屋とのなわ張り争いなどわ《ママ》屢々流血の惨事さえ惹起するに至り、官憲との衝突、日本人商人との争いなどわ《ママ》絶え間なく繰り返された」としている。[*2]

一九四六年七月下旬、渋谷で闇市の取り締まりをめぐる日本警察官と在日台湾人の衝突事件が発生した（渋谷事件）。この事件に際して日本警察は、台湾人を連合国民とは看做さずに取り締まり対象とし、死傷者が出た。この事件が報じられると、台湾では戦後はじめて反日運動がおきた。この事件の判決の二カ月後に二・二八事件が生じた。

＊1　条文に拠れば、一九四六年二月二七日にも国籍に関する規定を発布しているとのことである。
＊2　中国研究所が内田直作、増田米治、米沢秀夫、酒井忠夫らを通じておこなった調査記録。経済安定本部総裁官房企画部調査課『在日華僑経済実態調査報告書』（一九四七年九月、華僑調査資料第三号）。

次に留学生について見ておこう。戦時中の日本には満洲国や汪精衛政権下の華北、華中、そしてアジア各地の対日協力政権、さらには朝鮮半島、台湾などからおそらく一万人を超える留学生がいた。空襲が激化するなかで、帰国する者も多かったが、終戦時にも日本に残っていた人々も少なくなかった。日本が占領統治下に置かれるなか、台湾人学生を含む留学生たちは、前述のような法的身分の問題を抱えながら、引き続き学習を続けるのか、それとも帰国するのかという問題に直面した。台湾出身の学生たちについて、一九四六年二月、台湾行政長官公署は「台湾省留日学生処理辦法」および「台湾省留日返省学生処理辦法」を発布した。ここでは、専門学校以上の学校の台湾籍学生について、まず理学部、工学部、農学部、医学部といった理系の学生には継続して日本で学習を続けるよう促し、文系についても特に志願する者は継続指定学習できるようにしたが、原則として全員台湾に帰らせるという方針であった。帰国した台湾人の文系の学生たちは、審査の後、台湾大学はじめ各大学に受け入れられた。

日本に留学していた中国人学生が中国本土に帰国する場合には、「敵」である日本の教育を受けた存在であるので再教育の必要があると認められていた。一方、台湾から日本へ留学した学生については、一九四九年七月に台湾行政長官公署に台湾省留日返台学生委員会が成立し思想審査がおこなわれていたが、中国に帰国した学生ほどには厳しく審査されはしなかった。これは台湾島民全体を再教育する意向が政府側にあり、特に帰台留学生にだけ再教育をおこなう必要があるとは考えられなかったからだと思われる。[*1]

最後に、後に日中台の間で大きな問題となる光華寮（東洋学者・羽田亨教授の命名とされる）の状況について一瞥しておこう。もともと民間の学生寮であった光華寮は、京都大学が留学生用の学生寮として借り上げていたが、日本の敗戦にともなって留学生管理のための全寮制が不要となったため、借り上げを停止した。その後、寮生たちは賃貸料の支払いを中華民国駐日代表団に求め、一九五〇年から中華民国政府が所有者との間で購入交渉をおこない、五二年一二月に買収した。だが、光華寮は中華民国籍をもちながら中華人民共和国や中国共産党に共感を有する留学生たちの一つの活動拠点ともなっていった。それが、この問題を複雑にすることになった。戦後初期には、大陸系の華僑・学生と台湾系の華僑・学生が良好な関係を保っていたが、華僑や学生の組織が左傾化するなかで、共産主義に共鳴する台湾出身者も少なくなかった。しかし、そうした活動団体も、六〇年代の中国の文化大革命をめぐって分裂していくことになる。

三　脱帝国／脱植民地化という課題

（1）脱帝国／脱植民地化への制度的プロセス

渋谷事件などの一連の取締事件は、戦後の日本と台湾がどのように脱帝国／脱植民地化するのかという課題と深く結びついていたが、それが意識化されるには、日本においても、あるいは台湾においても、時間が必要であった。宗主国と植民地であった日本と台湾の関係を、国家間関係あるいは国家とある国家の一地方との関係に位置づけ直す「脱帝国／脱植民地化」には多様な側面が含まれていた。具体的には、①植民地帝国の政治的、軍事的解体、②宗主国と植民地による外交面で新たな関係の樹立、③かつての臣民を他国民として位置づけ直す行政面での諸制度の整備、④文化的な関係の再構築など、植民地や占領地に残された負の遺産の克服、などが考えられた。[*2]

＊1　この項目の叙述は、林清芬『台湾戦後初期留学教育史料彙編』（留学日本事務（一）（二））（国史館、二〇〇一年）、および戦後直後に中国人留日学生、台湾人学生が合同で日本において設立した中国留日学生会の機関紙である『中国留日学生報』（プランゲ文庫）に基づく。

＊2　脱帝国化／脱植民地化の内容やプロセスについては、若林正丈によるモデルを参考とした。別枝行夫・諏訪一幸・川島真編『日華外交史・日台関係史』（〈公共政策を読む〉第二集、北海道大学公共政策大学院、二〇〇六年、四七－四八頁）。

台湾の脱植民地化は、一九四五年から四九年は中華民国の一部として、四九年以後は中華民国と事実上一致した場（台湾・澎湖・金門・馬祖など）における、新たな「国民国家形成」の中でおこなわれた。すなわち、台湾の脱植民地化は、台湾の国民国家化としてではなく、新たな外来政権としての中華民国の国民国家再編の下におこなわれることになったのである。これは日本の脱帝国化にも影響を与えることになる。日本は、大陸全体を（理念的に）支配する政権としてではなく、あくまでも実効支配領域に限定したかたちで中華民国と交渉し、条約を締結するなどしていった。また、日本側は、少なくとも外務省の担当者のレヴェルでは、将来的に台湾人による台湾がやがて形成されることを想定しつつ、「中華民国」に向き合ったのである。

一九四五年一〇月二五日に台湾総督府の統治が終了し、日本の政治的、軍事的解体が進められると、後述するように中華民国と日本は、一九五二年に戦争状態を終結させ、外交関係が築いた。だが、サンフランシスコ講和（平和）条約による「独立」以前にも、一種の行政措置として、日本と台湾の関係を位置づけなおす、さまざまな制度の制定が進められていった。その過程で、日本と台湾の関係が再定位、あるいは消えさることで忘却されていったのである。そこでは、①「帝国」における多様、重層的制度を「国民国家」的な平面に移し変える――作業という面があった。植民地としての台湾では、資格などの面で日本本土とは異なる諸制度があった。日本人が台湾などで用いていた公務員、法曹人材、医師、教員などの専門職の資格や地位については、日本国内で取得されたものから一段ランクを下げられたり、あるいは再試験をおこなうなどして再び認められ、細かな規定の下に、多元的な制度が一元的な制度の下に位置づけなおされた。次に、②「帝国」から「国民国家」への継承性――という面もあった。これは①と異なり、基本的に台湾での活動などがそのまま戦後日本で継承されることを意味する。たとえば、年金や貯金、株券などについては台湾で取得されたものでも戦後日本で継承された。①②においては、対象は戦後も日本国籍を有する者に限定され、日本に帰化したものを除き、ほとんどの台湾本島人は対象外となった。このような台湾人不在の、日本における脱帝国化の制度的な進行こそが、日本社会における旧宗主国としての自覚を滅却させる面があり、その後、預金の保証、あるいは軍人恩給制度そのほかの面で多くの問題を起こすことになっていく。

そして、③中華民国＝台湾を「外国」として移し変える——作業もあった。台湾が日本国内ではなくなったことから、貿易、関税、通信などにおいて台湾は外国扱いとなった。たとえば、日本本土と台湾の間の「国内」貿易は、「国際」貿易となったのである。こうした分野では、たとえば貿易に利用できる港、通信員の相違など、「国内」と「国際」では貿易手続きや取り扱い担当者の資格、その取得方法などが異なり、「国内」から「国際」への移行は、従事する人材やソフトウェアの変更を意味した。

なお、法的地位の問題などでは、少なくとも戦後初期には、④中華民国と台湾が区別された——ことにも留意したい。台湾出身者は、戸籍法などによって明確に日本人とは区別されるとともに、講和条約締結までという条件で、(登録制度はあったが)中華民国国民としても取り扱われたわけではなかったのである。

(2) 台湾を語ること/日本を語ること

このように戦後初期の十数年には、日本帝国の政治軍事的解体から新たな行政的な諸制度の制定までが進められたものの、特に「文化的な関係の再構築など、植民地や占領地に残された負の遺産の克服」という問題は戦後六〇年間継続する問題となった。日本側には、かつての宗主国としてどのようにかつての植民地と向き合うのかが極めて大きな問題であるという意識が希薄であった。

他方、一九四九年五月一九日以後の台湾省戒厳令下の台湾では(中国大陸では四八年五月一九日に戒厳令発布)、一般国民の参政権や基本的な人権が認められず、中国化政策が推進された。それは、最初の淪陥区と位置づけられ、日本によって奴化教育がなされたと看做された台湾社会全体、台湾人全体を、抗日戦争に勝利した中華民国の国民として再養成するという要素を有していた。このような政策は、二・二八事件を起こし三月に退任した陳儀の時代にも見られたが、一九四九年一二月に蔣介石が遷台していっそう本格化した。国語（中国語）の普及政策がはかられるとともに、後の中華文化復興運動などによって、台湾の人々は「中国人」となることを求められた。日本帝国臣民として教育を受けてきた世代は、大きなアイデンティティ変容に迫られ、言語、食事、衣服などの習慣、そして都市景観に至るまで大きな変化が見られることになった。ここにおいて、少なくとも公的な空間では、日本はかつての敵国として否定されるものとなり、公的な場での日本語の使用は禁止された。他方、日本を批判する言説が強まるなか、中華民国による統治に反発するために日本語で日本を語るということもあったであろう。台湾の映画「多桑（Duosang）」に見られたように、日本統治時代に教育を受けた世代は、日本からのラジオ放送を聴き、また日本の出版物や映画を見るなどして、日本との接点を維持することも一定程度可能であった。また、四九年以後の蔣介石の言論の中には日本を肯定的に捉えているものも少なくない。しかし、日本の映画や出版物など文化面の交流は限定され、学問や教育の場、あるいはラジオや出版物などのメディアにおける日本をめぐる言論は決して台湾人にとって自由なものではなく、内容的には批判的なものが大半を占めた。また、中華民国の台湾における国家建設において求められた中国化には、日本的要素の脱色という脱植民地化とともに、中国大陸の共産党との相違点を強調するという面もあった。また、中華民国が冷戦に深くコミットし、韓国、フィリピンなどとともに反共諸国と連携する中で、国内で共産党の存在を容認している民主主義国家としての日本とは一定の距離があったことも否めない。

では、戦後初期の日本は、戦前の植民地であった台湾をいかにとらえ、そして戦前の台湾をめぐる膨大な知的集積をどのように継承したのだろうか。実際、戦後日本の言論における、左傾化した日本の知識人にとって、台湾は語る対象ではなく、「進歩的知識人は台湾は語らない」ものとされた。「脱植民地化はそれ自体として他国の問題であり、日本にとって自らの深刻な体験として受け止められたことはなかった」のであろう(6)。学術の世界でも同様であり、戴国煇は、「わたしはこの四、五年自分のテーマとして、日本人の台湾認識と日本人の台湾研究を考えてきたんですが……、なぜそういうことを考えるようになったかというと、本来われわれの側から〝日本による台湾統治〟を整理しなくてはいけないのですが、われわれの先輩がそれをやってこなかったからなんです。ところが、日本人の方もこうしたことをあまりやっていない」などと後に評したのだった(7)。

このような日本の学界や言論界での台湾に対する無意識化は、中華民国が台湾統治をおこない、一九四七年に二・二八事件が発生したことなども関連づけられて説明された。「戦後の日本人の台湾研究が断絶したり、低調だったというのはいろいろ理由がありましょうが、それは戦前の優越的な台湾観をぬぐいきれないからです。社会的責任問題をさけてとおったのでは、新しい台湾研究は成り立ちえないでしょう。二・二八事件の評価を例にとっても、……（中略）要するに国民政府と台湾総督府を比較した場合に、日本時代のほうがよかった、それをきらってあの暴動を起こしたのだと、見方がかなり一般的におこなわれている。戦後二年目に起きたあの暴動を日本人にとって都合のいいように受けとったことが、無意識のうちに植民地支配の責任をあいまいなものにしてしまった面が少なくなかったとの思いなのです」という指摘もあった*。

台湾出身の経済学者である劉進慶は、日本の「戦後」をめぐる議論に対して、「『戦後』って何だ？　アジアに『戦後』があったんでしょうか？……『戦後』とは、戦いが終わること、しかし私にとって戦いが終わった日はない。今でも終わっていない。『戦後』という言葉は、日本人しか遣わない。日本人が勝手に遣って、勝手に独占しているだけ。アジアの人々にとっては、ちっとも『戦後』ではない」と述べる(8)。台湾島民は日本帝国の一部として敗戦し、ま

＊　池田敏雄の発言、幼方直吉「台湾研究　問題提起（尾崎秀樹、池田敏雄などが参加した戴国煇の論文に対する座談会記録）」（『アジア経済』十一巻六号、六五－七五頁、一九七〇年六月）。

た中華民国の一部として光復を迎え、あるいは連合国に接収されてその帰趨は将来にゆだねられた。その後の台湾の歴史は、戦前と戦後を明確に区分する日本とも、また一九四九年の中華人民共和国成立をきわめて重視する中国大陸とも異なるのである。(9) 本章では、一九四五年から四九年の時期の日本と台湾の物語、日本と中華民国の物語の双方を扱ったが、それぞれの「戦後」は全く異なる。この断層が後の台湾内部の断層ともなっていく。

おわりに――日華・日台二重関係の形成

本章で扱った一九四五年から四九年までの時期は、日華・日台の二重性、二つの中国をめぐる問題、冷戦を中心とする国際政治との関係という、戦後の日本と台湾の関係を特徴づける三つの枠組みが立ち現れた時期であった。*1 「日華」と「日台」という二つの物語は、一九四五年一〇月以後に重なりをもち始め、中華民国の遷台がなされた四九年以後にほとんど重なり合った。このうち、日華の関係は、抗日戦争に勝利し、世界の四大国の一つとなり、国際連合の安保理常任理事国となった中華民国が、日本に対する占領統治にも相応に関与しつつも、国共内戦の中で次第に東アジアにおける優越性を喪失し、アメリカの支援の下で戦後復興をはじめる日本との間に、あらたなパワーバランスを形成しつつあるものとして位置づけられよう。日台関係は、敗戦国である日本と植民地であった台湾との間の脱植民地化、脱帝国化の下で説き起こされることになるが、その過程は韓国と異なり、台湾の独立というかたちで進行するのではなく、中華民国の一部としての統治の下で始められ、その後中華民国の実効支配領域とほとんど一致する地域として、「中国化」をおこないながら進められることになった。*2

この日華と日台の関係の二重性は、二〇世紀後半から現在に至る、日本と台湾の関係を特徴づけるものとなる。この時期には、政治外交的な関係に代表される日華が大きく、時代が進むにつれて経済文化関係を中心とする日台が拡大するということがいえなくもないが、状況はそれほど単純ではなく、台湾における中華民国と台湾社会が相互に関連しながら日本と関わるものと見ることができよう。すなわち、日本と台湾の関係はいわば日華・日台の二重体制として始まり、展開していったと考えられるのである。その各辺の長さは変容するが、「華」と「台」の間の相互関係がそれぞれの日本との関係に与える影響を無視することはできない。

他方、一九四九年一〇月に中華人民共和国が成立したことで、世界中の国にとって中国承認問題が発生したこと、それに冷戦構造が深くかかわったことも重要である。だが、四九年の段階では、承認問題と冷戦問題の関係は関連しつつも、状況は依然流動的であった。この点は、第二章で述べる朝鮮戦争の勃発によって大きく変容する。

＊1　台湾内部で、中華民国としての「華」の世界と、台湾人社会の「台」が向き合っていたことを考えれば、日華台は三者関係であったともいうことができる。

＊2　権威主義体制の下での脱植民地化が進行し、民主化にともなって歴史をめぐる問題が再び位置づけ直されたという点では、台湾と韓国は共通している。

第二章　日華関係正常化の進行

——一九五〇—五七年——

川島　真

はじめに

第一章では、日華と日台の二つの物語が異なる物語としてはじまりながら、それらが一九四九年一二月に中華民国政府が台湾に遷り、実効支配領域が次第に台湾とその周辺に限定されていくことによって、事実上重なり合うことになったことを示した。この段階では、中華民国は大陸反攻を目標に掲げ、台湾に遷ったことを暫定的なことと認識していた。台北は臨時首都であり、台湾は中華民国の一省とされ、南投県に省政府が置かれていた。中華民国の戦後初期の台湾統治は陳儀の下で中国の一部としておこなわれてはいたが、蔣介石が台湾に遷り、中華民国政府や国民党本部が台湾に遷った後は、四九年から施行された戒厳令の下で、大陸反攻の基地としていっそう徹底した中国化政策が施された。四九年末には徴兵制が施行されて、台湾青年が中華民国国軍に編入されることになった（徴兵規則は五六年実施）。また、台湾社会では、戦後から中華民国政府の遷台にかけて中国大陸から一〇〇万人以上の人々（外省人）が移住し、六〇〇万人強の日本統治時代からの台湾在住者・出身者（本省人）に対する支配者層を形成した。一概には言えないが、外省人の多くは、政治参加、富の分配、教育の機会、兵役の場所など、さまざまな面で優遇を受けた。

両者の日本との関係を見れば、本省人や日本在住の台湾人商人たちを媒介とした関係が通商面などで濃密だったことだけでなく、外省人たちにも戦前以来の日本との関係があるということに留意が必要である。国民党関係者にも、蔣介石や張群が陸軍の高田にあった第十三師団野砲第一九連隊で過ごしたことがあるように、知日派が少なからずいたのである。台湾内部で、中華民国政府は「抗日」や「脱日本」を掲げて台湾における脱日本化をおこなったが、これがただちに外省人社会と日本との没交渉を示すわけではないのである。*

他方、連合国による占領統治下にある日本は、戦後復興と独立を模索していた。中国における国共内戦が共産党に有利に進み、日本に対する占領政策に変化が加えられると、日本の経済再建がいっそう加速された。東アジアにおいても、中華人民共和国と中華民国、南北朝鮮の対立をはじめ、世界的な東西対立に関連する事象が見られるようになると、それが日本の国際社会復帰や周辺諸国との関係再構築にも深く関わるようになった。特に日本の講和問題や国際社会復帰、そして中国承認問題が重要な課題となった。

本章では一九五〇年から五七年までを扱う。日本で言えば、第三次吉田内閣、鳩山内閣、石橋内閣と続き、五七年二月の岸内閣の成立へと至る時期に当たり、中華民国側では総統代理であった李宗仁がアメリカに亡命し、総統に復帰した蔣介石が台湾で地盤を強化した時期だった（行政院院長は閻錫山から陳誠、兪鴻鈞へと変化した）。具体的には、日本と中華民国の戦争状態の終結、関係正常化に至るプロセスをまず述べたい。一般的に、日本と中華民国との講和については、一九五二年の日華条約が注目されるが、日本と中華民国の関係正常化は、一九五〇年の日台通商協定から、日華条約を経て、通商、文化交流が制度化されるプロセスとして把握されるべきである。また、日華条約締結については、吉田書簡や二つの中国との関連で議論されることが多い。それも国際政治史的に重要なのだが、日華関係史としては、サンフランシスコ講和会議に参加できなかった中華民国と日本が、どのように関係を正常化させたのかということが主旋律となる。

この二点をふまえ、第一に台湾に遷った中華民国が日本との貿易関係を制度化すべく、日本を占領統治する連合国との間で日台通商協定を締結する様を検討する。第二に、日本がサンフランシスコ講和会議を経て、独立主権国家として国際社会に復帰しつつ、中華民国との間で日華条約を締結する過程を述べていく。戦後日本は、戦争関係にあった国々との間で、実質的な経済関係を制度化し、ついで政治外交関係を樹立するという方式を採用していたが、その最初の事例が中華民国であったということもできる。そして、その後の通商関係及び文化関係の制度化にも言及する。第三に、日華条約締結前後から中国大陸との経済関係を強化しつつあった日本と中華民国の間でなされた応酬について検討する。大陸反攻を掲げる中華民国は、朝鮮戦争によって中米対立が進むことによって、アメリカの支持を獲得し、自由陣営の一員として、西側諸国の対中華人民共和国政策に細心の注意を払っていた。第四に、日本が国際連合に加盟するに際しての、国際連合常任理事国であった中華民国の動きを一瞥する。

本章を一九五七年で終えるのは、日本と中国大陸の間の経済関係の進展に対する中華民国からの抗議が五六年四月には一段落して日華間に融和ムードが広がり、また同年末に日本の国連加盟も最終的には中華民国の支持を得て実現し、五七年二月に誕生した岸信介内閣の下で、第四次日中民間貿易協定交渉が進められ翌年に締結されるなど、日本と中華民国の関係に新たな展開が見られたことにある。日本と台湾の関係を、日本と中国大陸との関係を考慮して時期区分することには少しためらいはあるが、五〇年代半ばの日華関係は日本と中国大陸との関係と密接不可分であることから、五七年を区分点とした。

＊　戦前に中国勤務経験が豊富で、戦後の初代駐中華民国大使となった芳澤謙吉は、「私は台湾着任後、北京以来の幾多旧友を発見し、これがため私の職務執行に際して大いに便宜を得たのである」として、芳澤の故郷である新潟県高田に蔣介石とともにいた張群、中華民国北京政府交通部長であった葉恭綽の甥である葉公超、また陳誠、何応欽らを挙げている（芳澤謙吉『外交六十年』自由アジア社、一九五八年、三〇〇－三〇一頁）。

なお、本章では、日本と中華民国の関係に叙述の中心が置かれるが、日本と台湾社会の関係にも留意しつつ記述を進めたい。

一　日台通商協定の締結と政経分離

(1) 戦後初期の東シナ海貿易圏

日本の敗戦後、東アジア全体で「戦後復興」が始まると、貿易が活発になった。日本では配給制度が実施されていたが、実際には各地に闇市がうまれていた。戦後初期の混乱期には海上貿易管理が比較的緩やかだったこともあり、台湾、沖縄、日本本土を結ぶ交易がきわめて活発におこなわれ、闇市にも東アジア域内の貿易品やアメリカからの支援物資の横流し品などが数多く並ぶことになった。この時期の東アジア貿易で重要な役割を果たしたのが沖縄である。沖縄と台湾は、戦中に沖縄の人々が台湾に疎開したり、台湾人労働者が八重山に移住するなど、緊密な関係が築かれていたが、戦後初期には沖縄の米軍から流出する物資などを中心に、活発な貿易活動がおこなわれた。*

しかし、こうした貿易も次第に「制度化」されていくことになった。沖縄と台湾、沖縄と日本本土の貿易にも次第に統治が及ぶようになり、一九四七年にはGHQも台湾からの物資輸入を模索し始め、三月に中華民国の中央信託局と貿易契約を締結して、台湾の二万五〇〇〇トンの砂糖を日本に輸出することを求めたのだった。(1) 中央信託局は同年一〇月に台湾に事務所を設け、日本統治時代の台湾製糖、鹽水港製糖、明治製糖、大日本製糖の四社の台湾資産を接収の上、合併させ、四六年一月に設立した台湾糖業公司（台糖）によって対日砂糖輸出を担わせた。このような臨時的な措置もあり、次第に日台間の貿易は一定の制度の下におこなわれ始めた。その担い手は、戦前から日台間を往来していた台湾人や日本国内の華人商人らであったが、中華民国政府が公的に介在したことによって、国民党系の企業がそこに加わったことは想像に難くない。戦後再スタートをきった台湾糖業公司は、四八年一月には日本に事務所を開設していた。

その後、一九四八年八月の外務省の記録によると、当時の日台間の貿易では、日本から台湾への輸出品には貨物機関車、自転車、化学薬品、農産物などがあり、台湾から日本への輸出品には塩、砂糖があった(2)。四八年末、ＧＨＱは日本の台湾への輸出を解禁した。ここでは台湾の塩や砂糖と、日本の工業製品をバーター取引することが想定された。

(2) 日台通商協定の締結

しかし、中華民国が台湾に遷ると、上海から日本、台湾を結ぶ東シナ海の三角貿易ルートも断たれてしまい、貿易ルートを再構築しなければならなくなった。その第一が、日台の間の貿易の制度化であり、第二が日本と中国大陸の貿易関係の樹立であった。中華民国は香港を通じて、中華人民共和国との限定的な接点を維持したものの、中国大陸との直接的経済関係を失ったダメージが大きく、対日貿易が重要視されたものと考えられる。当時の日本は連合国の占領下にあり、また台湾は中華民国の一つの省という位置づけであったが、一九五〇年九月の日台通商協定の締結によって関係が制度化されたのである(3)。五〇年五月には経済部が人員を日本に派遣して交渉を始めた。また、同年六月、台湾区生産事業管理委員会は対外貿易の発展を重視し、対日貿易の回復を最重要課題とした上で、日本貿易担当グループを結成した(4)。同年、中華民国政府ではなく台湾省政府が「台日貿易辦法大綱」を立案し(5)、代表を日本に派遣して

＊　奥野修司『ナッコ――沖縄密貿易の女王』（文芸春秋、二〇〇五年）は、日本最西端でもっとも台湾に近い与那国島がその中継貿易の一つの中心となったことを描き出している。また、沖縄に残された台湾の人々の法的地位、その生き様については、松田良孝『八重山の台湾人』（南山社、二〇〇四年）に描かれたところである。さらに、台湾人商人の活動については、久末亮一『評伝　王増祥　台湾・日本・香港を生きた、ある華人実業家の近現代史』（勉誠出版、二〇〇八年）など参照。

ＧＨＱと「中日貿易協定」の締結に向けた協議に入った[6]。名目は「中日」であったが、実質的には「台湾」に限定した協定が議論された。交渉は六月に始まったが、原則的に合意を得つつも最終的には頓挫してしまう。根本的な問題は、「台湾の将来に対する政治的見透し難」にあった。このほかに、バーター貿易の残留支払問題があった[7]。

日台通商協定の締結を急ぐＧＨＱは、六月一五日、ＥＳＳ（経済科学局）にてオブザーバーである日本も加えた会議を開催した。ここでは、旧貿易の欠損の決済、関税および船舶におけるＧＡＴＴ規程を参考とすること、貿易総額を五〇五〇万ドルとすることが決められ、八月初旬に交渉は妥結、ＳＣＡＰおよび中華民国政府の同意を得た後、正式に調印された。最終的な輸出入金額はそれぞれ五〇〇〇万ドルとされ、米も四二〇万ドルであり、それぞれ現金換算になった。そして、この問題は同年七月のマッカーサー訪台に際しての蔣介石との会談によって解決したようである。マッカーサーの訪台は、朝鮮戦争勃発以後のアメリカの台湾防衛の意思の確認、台湾の防衛能力の視察などが目的であり、七月三一日から八月一日にかけて台北や草山で会議がもたれた[8]。この時に、日台通商協定の件も議論され[9]、日本側の輸入額やバナナなどの物資の購入が決まったとされる。ＧＨＱは「本協定の政治的色彩を肯定した」と日本側に伝えているが、この具体的な含意は明確でない。台湾の地位を保障するものと位置づけられたものと解することもできよう*。

一九五〇年九月六日、国府側代表・尹仲容とＧＨＱ代表・レイヒ（A. J. Rehe）が「台湾と占領下の日本の間の金融協定」（Financial Agreement for Trade between Taiwan and Occupied Japan）、「台湾と占領下の日本の間の貿易協定」（Trade Agreement between Taiwan and Occupied Japan）、「台湾と占領下の日本の間の貿易計画」（Taiwan — Occupied Japan Trade Plan. 八月二八日調印）という三文書から成る通商協定に調印した。この協定は、一年更新のもので、連合国側あるいは中華民国が対日平和条約を締結した際にはその役割を終えるとされていた。経済貿易の観点から見れば、それまでバーター制であったものがオープン・アカウント（清算勘定）決済となったことで、貿易が容易になった[10]。また、日本は商務代表を各国に派遣しようとしていたが、中華民国も台湾への派遣の受け入れを認めようとした。他方、台湾と「琉球」の間の貿易についても、一九五〇年一二月には台湾省政府と琉球列島米国民政府との間で密輸取締に関する協議がもたれるなど、貿易の制度化が進められ、五一年二月に台湾と琉球間の貿易辦法が締結された。

(3) 日台貿易の担い手

上述の尹仲容が上海財界の出身であったように、一九四九年以後の台湾の経済界にも外省人の影響が強まっていた。特に対外貿易は、中央政府を通じておこなわれる外交や通商と密接な関係を持っていたため、その国家機能を担う中華民国政府、その政府を支える国民党の影響力が強まることは当然のことでもあった。しかし、日台通商協定などが締結される以前の密貿易を含め、戦前以来の日本と台湾の経済界との関係は途絶えることなく継続した。三井財閥とも深い関わりをもち、台湾の財界で大きな影響力を持った許丙とその息子の許伯埏の回想には、次のように記されている。

同年(一九五〇年——筆者注)の末頃の台湾省青果合作社連合社の理事改選で、呉国楨さんは当時の連合社の負債の解決と日本へのバナナ輸出量の増加を果たし得る人を理事長にと考え、白羽の矢を蕭恩郷さんに立てたのでした。蕭氏は私と同じく元台湾総督府評議員であり、又台湾青果合作社の常務取締役でもあったので、当然日本の青果業、特にバナナ業界に知己が多数いました。…蕭さんは台湾省青果合作社連合社の理事長に就任すると、すぐ昔の青果会社や、その取り引き先等の関係者に就任挨拶及び支援方懇請の書面を出しました。そしてそれ等の人々多数からの支持回答および助言を得ましたので、訪日の準備を始めました。…業界との交渉もかなりスムーズにいき注文が増加し、日本当局は慈善事業への寄付行為によるバナナの特別輸入を許可

＊『朝日新聞』の「日台貿易近く成立、輸出入は四〇〇〇万ドル」(一九五〇年八月三日)は、マーカット少将が八月一日に国府と意見交換をおこない、年間輸出入総額を各々四千万米ドルとし、貿易決済・為替を台湾銀行とナショナル・シティ銀行東京支店でおこなうこと、かつてのバーター貿易での欠損については年賦償還方法を定めることで合意したとしている。

し、日本の台湾バナナ輸入量が実質的に増加しました(11)。

これは日台通商協定に基づくバナナ輸出をめぐる動きと見ていいであろう。当時の台湾省主席・呉国楨（外省人・一九五三年にアメリカに亡命）が、本省人である台湾人の実力者を通じ、台湾内部のみならず、日本側との接触も委ねていたことがうかがえる。戦後初期、バナナの生産業者や問屋の大部分はおそらく台湾人であり、また戦前来の日本とのバナナ取引もあり、そこでは日本語が商取引のツールだったことも想像できる。だが、対日貿易を台湾社会が独占したわけではなく、国民党の党営企業が深く関与する部分もあったであろう。中華民国の遷台にともなって、戦前来の日中関係の一部も戦後の日本と台湾の関係にもたらされたからである。

日台通商協定締結から一九五二年の日華平和条約締結へと至る過程は、戦前以来の日本と台湾の経済関係が改めて制度化される過程であった。一九五一年一一月には台北で中日貿易日本商品展覧会が開催された。日本政府も、一九五一年一〇月には木村四郎七を代表とする駐台北事務所を開設することとしていた[*1]。そして、日本とアジア諸国の関係全体の中から見た場合、日本が戦争をおこなったり植民地としたりした国や地域と、まず実質的な経済関係を柔軟な方法で築きあげ、その上で政治外交的な関係を築くという原型を、この日台・日華関係が最初に提供したという側面もあるのである。

二　サンフランシスコ講和会議と日華関係

(1) 朝鮮戦争と台湾

一九五〇年六月二五日にはじまった朝鮮戦争は、台湾をめぐる国際政治に決定的な影響を与えた。第一章で触れた

『中国白書』に見られるように、アメリカ政府は国民党に批判的な立場をとり、五〇年初頭にも依然として中華人民共和国と何かしらの関係を築くことを放棄してはいなかった。また、五〇年一月にイギリスが中華人民共和国を政府承認していたが、アメリカ側は明確にそれを批判してはいなかった（イギリスは台湾との領事関係は維持した）。

ところが、一九五〇年二月に中ソ同盟が形成され、六月末に朝鮮戦争がはじまり、一〇月に中国人民志願軍が参戦すると、中華人民共和国との関係構築がアメリカにとって絶望的になった。この過程で、アメリカは台湾海峡の保持、ひいては台湾防衛を決断したと考えていいだろう。これは、中華民国政府が冷戦構造の下で西側から支えられ、金門、馬祖、そして大陳島などの沿岸部の中華民国の統治空間、そして台湾、澎湖が反共防衛線の一部となったことを意味する。朝鮮戦争勃発直後、トルーマン大統領は第七艦隊を台湾海峡に派遣し、台湾海峡での軍事衝突を防ぐための軍事介入をおこなうと宣言した。トルーマンは、国際問題としての「台湾問題」を提起し、その解決を太平洋地域の安全の回復、日本との平和条約締結、国連での決定などを経て決めるものとした。[*2] だが、第七艦隊派遣は台湾海峡防衛に主眼があり、直ちに中華民国の大陸反攻への支持は意味しない。アメリカが中華民国を支持し、台湾防衛を決めるのは、中華人民共和国の参戦以後のことだと考えられる。そして、八月四日にはアメリカ第十三航空隊が台湾に駐留するようになっていた。

他方、一九七〇年代にアメリカが中華民国と断交して、政府承認を中華人民共和国政府に切り替えても、安全保障面での台湾防衛が継続された面を考えれば、「台湾問題」と「二つの中国問題」が同一の問題ではないことに気づか

＊1　一九五二年一月になると、この事務所は、商務や居留民保護をおこなうだけでなく、中華民国政府との直接の往来、外交暗号の使用、外交クーリエの使用が認められた。

＊2　朝鮮戦争の際に国連軍側に降った中国人捕虜のうち一万人以上が、日本などの第三国を経由して台湾の土を踏んだ。彼らは、各地の「（反共）義士村」に居住することになった。

されるが、一九五〇年代におけるトルーマンの「台湾問題」においても、両者が未分化であった可能性も否定できない。海峡防衛と中華民国承認の間に一定の差異が見られたのである。

(2) 対日講和と中華民国

対日講和は、冷戦が東アジアに及ぶにつれて先延ばしにされてきたが、一九五〇年九月にアメリカが、交渉主体、安全保障、賠償の問題などを定めた対日講和七原則を作成し、対日講和への道筋が示された。領域については、台湾・澎湖諸島に言及がなされ、「英ソ中米四国による将来の決定を受諾する。条約発効後一年以内に決定がない場合には、国連総会がこれを決定する」とされた。また賠償については、「すべての当事国は、一九四五年九月二日前の戦争行為から生じる請求権を放棄する」とされた。実際、中華民国は戦争が終わる前から、賠償委員会などで対日賠償の準備を進め、賠償金額をおよそ五〇〇億ドル強と見積もっていた。だが、アメリカが対日賠償請求を停止する意向であったこともあり、中華民国も賠償請求を断念することになっていった(実際に中国大陸や台湾で現物の賠償がおこなわれていたが、中華民国の遷台後、大陸での現物賠償の遂行も困難になっていった)。

対日講和原則にもとづき、アメリカはダレスを中心に中華民国を含む関係諸国との調整を進めた。中華民国とアメリカの間で講和条約の内容などについて文書が往来し調整が進められていた。しかし、一九五一年七月にイギリスとともに合同招請者として講和会議の招待状を各国に送付した際には、中華民国は含まれなかった。中国代表権問題について、中華民国政府を支持するアメリカと、中華人民共和国政府を承認したイギリスが対立したためであった。また、条約文についても、台湾をめぐり米英が対立していた。イギリスは「日本が台湾に関する主権を放棄し、中国に割譲することが要求される」としたのに対し、アメリカは「カイロ宣言では台湾を中国に割譲するとは記されておらず、日本は『台湾および澎湖諸島に対するすべての権利、権限、請求権を放棄すべし』という解釈が妥当」とした。

この点について、英米両国は五一年六月の両国外相会談で決着を見た。結局、両岸の双方を会議に招かず、また日本と中国との関係は日本が決めるということになった[12]。

一九五一年九月八日、「日本との平和条約」（サンフランシスコ講和条約）が四八カ国により締結された（批准国は四六カ国）。ここでは第二条で「台湾及び澎湖諸島に対するすべての権利、権原及び請求権を放棄する」と定められた（b項）。また、第二六条で日華条約締結に関わる重要な内容が取り決められた。それは、四二年一月一日段階で連合国に加わっていた国で、その講和条約に調印していない国は、「この条約に定めるところと同一の又は実質的に同一の条件で二国間の平和条約を締結する用意を有すべきものとする」というものであった。中華民国も会議に参加していなかったが、顧維鈞駐米大使とダレス国務長官の間では、日本と中華民国は多国間講和条約とは別に平和条約の締結が可能だということが既に話し合われていた。だが、このサンフランシスコ講和条約の二六条の適用を、中華民国と日本の二国間条約も受ける可能性が出てきたのであった。しかし、連合国の四大国の一つであることを自認する中華民国は、この条項の適用を忌避した。そのため、この条約が批准され発効する前に、日本との二国間条約によって戦争状態を終結し、国交を樹立することを目指した。なお、日本の安全保障については、このサンフランシスコ講和条約と同日に締結された「日米安保条約」によって、集団的自衛権と外国軍隊駐留継続を認めるかたちで決着を見た。

(3) 対日講和と「二つの中国」

中華人民共和国と中華民国は、ともに中国の代表権を主張していたため、サンフランシスコ講和会議に招聘されなかったことに双方とも反発した。特に中華民国は、国連安保理の常任理事国であり、また連合国の主要構成員という意識があったが、その自己認識が大きく損なわれた。中華人民共和国もまた強い懸念を表明し、サンフランシスコ講和会議の不法性、無効性を訴えたのであった。

一九五一年九月八日にサンフランシスコで署名された講和条約は、日本国内では一一月一八日に国会で承認、批准された。条約の発効は、五二年四月二八日、午後一〇時半であった。この講和条約には、日本が実際に戦争をおこなった国のうち、中国が加わらず、また植民地支配をおこなった朝鮮半島、そして台湾（を代表する中華民国）が加わらず、ソ連も批准しなかった。日本は、こうした国々と、単独で講和条約を結ぶ必要に迫られた。また条約の第二三条によって、日本は東南アジア諸国をはじめ、賠償を含む措置を盛り込んだ条約を別途締結しなければならなくなったのであった。こうした諸国と日本の関係はこののち一九六〇年代にかけて樹立されていくが（現在も北朝鮮が残されている）、そこにおいては経済関係を優先し、政治外交関係を後で樹立することが多く見られた。

三　日華平和条約の締結と台湾

（1）吉田書簡をめぐる諸議論

アメリカと中華民国の間では、日華間の二国間講和条約の締結が想定されていた。ここには、日本は当然中華民国政府を承認するという前提があった。だが、日本政府はただちにこの前提を共有していると表明したわけではない。このような日本政府の姿勢については多くの見解、解釈がある。たとえば、吉田茂首相が中華人民共和国との外交関係樹立を模索していたとか、あるいは中華民国を承認するとしても、中華人民共和国との領事関係や実質的な経済関係の樹立を模索していたとか、あるいは吉田にはそこまでの定見はこの時点ではなかったとする見解、などである。

細谷千博は、吉田書簡を、ダレス国務省顧問による圧力で吉田茂が決定したものだとしている。だが、袁克勤は、吉田はもともと国府との講和締結意思を早い段階から有しており、アメリカからの強制ではなく、吉田書簡はむしろ実際に吉田に利用された口実に過ぎず、また日華条約は一種の限定条約なのであり、あくまで台湾の政府として中華民国政府を承認するものとして最後まで位置づけようとしたとする。陳肇斌は、四つの吉田書簡と「二つの中国」という論点を強調し、英米は基本的に「一つの中国」政策を採用したものの、日本は「二つの中国」もしくは「一つの中国、一つの台湾」政策を採用し、国府を台湾の政府として承認したままで、「中国の政府」としての中華人民共和国政府との外交関係の樹立を最終的に目指したが、アメリカの反対により断念したとする[13]。その後、外務省条約局長であった西村熊雄の西村調書をめぐって議論がおきたが、日本の「二つの中国」政策がいっそう裏づけられたとする見解もあれば、「二つの中国」までは考えていなかった可能性もあるという見解もある[14]。

また、これまでの先行研究は、「二つの中国」と「政経分離」を絡めた議論をおこなってきている。政治と経済を分離して、中国大陸とは経済関係を維持しようとした議論である。そのため、政経分離と中国承認問題が不可分の関係にあるかのように思われる向きもある。だが、戦後日本には、賠償などを含めた正式な外交関係の樹立よりも経済関係を先行させる傾向が見られるのであり、特に中国承認問題に限って経済優先という現象が見られるわけではない。また、政経分離と言われる政策も政治と経済が完全に分離するのではなく、まずは経済的関係から制度化を図るという点で経済優先政策だった。

一九五一年一〇月、日本をダレスが訪れ、吉田に中華民国との条約締結を迫った。しかし、吉田は中国代表権問題が決着してから条約を締結すると、引き延ばしを試みた。ダレスは、アメリカ上院での講和条約批准のためには日華講和が必要として、逆に吉田に対して中華民国との講和条約締結を約した書簡の作成を促した。これが（第一次）吉田書簡と呼ばれるものであり、その年の一二月二四日にアメリカに実際に送られた。その「吉田書簡」は、「日本政府は、究極において、日本の隣邦である中国との間に全面的な政治的平和及び通商関係を樹立することを希望する」

＊　中華民国政府の正式な呼称は国民政府ではないが、戦後日本ではしばしば国民党政府、国民政府という語が用いられた。

という国益に基づく原則を述べた上で、「国際連合において中国の議席、発言権及び投票権をもち、若干の領域に対して現実に施政の権能を行使し、及び国際連合加盟国の大部分と外交関係を維持している中華民国国民政府とこの種の関係を発展させて行くことが現在可能であると考えます」としている。* ここで重要なのは、第一に中華民国の国連議席に正当性を見出していること、第二に実効支配領域を全中国ではなく一部に限定していることなどであろう。前者は、後の中華人民共和国との国交正常化に、また後者は日華平和条約の適用範囲に影響を与えた。

また、「この目的のためわが政府は、一九五一年一一月一七日、中国国民政府の同意をえて日本政府在外事務所を台湾に設置しました。これは、かの多数国間平和条約が効力を生ずるまでの間、現在日本に許されている外国との関係の最高の形態であります」という部分も、戦後の日華関係を考える上で重要だ。戦後日本外交の出発点は、制度的には中華民国との関係であったのである。そして、二国間条約については、「かの多数国間平和条約に示された諸原則に従って両政府の間に正常な関係を再開する条約を締結する用意があ」るとし、サンフランシスコ講和条約に準じた、あるいは第二六条に基づいた条約締結を示唆した。また、その条約の性質について、「この二国間条約の条項は、中華民国に関しては、中華民国国民政府の支配下に現にあり又は今後入るべきすべての領域に適用があるものでありますとした。この一文が、実際に日華条約（含交換公文）にも盛り込まれるものである。これは、中国大陸と別途条約関係を築けるようにしたものとも解されている。

中国共産党については、国際連合が朝鮮戦争をめぐって侵略者として非難していること、中ソ友好同盟相互条約が「実際上日本に向けられた軍事同盟」だとの理由などから、「日本政府が中国の共産政権と二国間条約を締結する意図を有しないことを確信することができます」とされていた。この吉田書簡は、一九五二年一月に公表され、その後、日華条約交渉が開始された。

（2）日華関係の正常化

日華条約交渉の開始にあたり、サンフランシスコ講和条約とともに、原則となったのはポツダム宣言における「『カイロ』宣言ノ条項ハ履行セラルベク」という内容、そのカイロ宣言の「日本国ヨリ一九一四年ノ第一次世界戦争ノ開始以後ニ於テ日本国ガ奪取シ又ハ占領シタル太平洋ニ於ケル一切ノ島嶼ヲ剝奪スルコト並ニ満洲、台湾及澎湖島ノ如キ日本国ガ清国人ヨリ盗取シタル一切ノ地域ヲ中華民国ニ返還スルコト」などの条文であった。しかし中華民国外交のピークとも言えるカイロ会談（あるいはその直前で）の段階での国際的地位と、一九五〇年代初頭のそれは大きく異なり[15]、中華民国が自ら決定できる外交交渉の範囲は限定されており、対日賠償などは放棄せざるをえない状況にあった。

日華条約締結に際して、中華民国はアメリカの介入を望み、アメリカ国務省は日本に対して早期締結を要請した。日本側は、国会審議、批准を要さない両国の「合意記録」形式において国府の立場を盛り込むことにし、サンフランシスコ講和条約の発効直前（日付は同日）の一九五二年四月二八日に条約に調印した。日本は最終局面で汪政権などの在日資産などについて譲歩し、サンフランシスコ講和条約が発効すれば、これ以上の譲歩はできないとした。また、中華民国としても、発効前に署名することで、講和条約二六条の適用を避けることができた。適用範囲は、「中華民国の支配下に現にあり、又は今後入るすべての領域」とされた（交換公文第一号）。また、この条約が通商条約的性格を有すると指摘する研究者もいる。五〇年の日台通商協定は、すでに同年二月に延長が決まり、条約締結に際して、両国政府により改めて位置づけられ五四年まで用いられた。五四年以後、貿易関係は日華貿易辦法という新たな枠組みの下に置かれるようになった。日本と中華民国の通商関係は、GHQと中華民国の間で結ばれた五〇年の日台通商協定が五二年の日華平和条約で二国間関係の下に位置づけられ、五四年に改めて枠組みが決められたのである。そして、一九五五年三月に日華航空協定が締結されるなど、往来のための基礎が築かれた。日華・日台の通商活動の基盤形成のための制度化に五年を要したことになろう。なお、この日華平和条約によって、日本における台湾人は中華民国国籍保持者と認識されることになるが、この条約の締結直前、五二年四月一九日に「平和条約の発効に伴う朝鮮人台湾人等に関する国籍及び戸籍事務の処理について」が採択され、朝鮮人、台湾人は日本国籍を喪失したということが決定的となっていた。

通商関係のほか、文化交流についてもすでに一九五一年に中華民国の映画を日本に輸出する交渉が進められ、日華平和条約締結後の五二年七月二九日には中日文化経済協会が設けられた。また、留学生派遣については一九五二年前後にも私的におこなわれており、五〇年代半ばになると国費留学生の派遣が開始された。このようにして、日本と中華民国は戦争状態から正常の平時の関係に戻り、交流の基礎となる通商、文化、そして航空、交通などに関する取り決めを整えたのであった。これは政治外交面での日本と台湾の脱帝国化／植民地化であったが、中華民国が代行するかたちでそれをおこなったといえよう。そして、そこには恩給や補償など、多くの問題が残されたのだった。

(3) 対日賠償と「以徳報怨」

中華民国側は戦中から調査活動をおこない、金額も見積もっていた対日賠償を放棄する結果となった。日本は、日本の在華資産が賠償として中華民国に接収されたことで充分だとしていたが、何よりもサンフランシスコ講和条約で賠償が放棄されていたことの意義は大きかった。実際、日華条約の条約文には賠償放棄は明記されず、ただ役務賠償を中華民国側が放棄することによって賠償放棄が約された。これによって、民間賠償が放棄されたのか、また賠償放棄をめぐる日華条約と一九七二年の日中共同声明などといかなる関係にあるのかについては、さまざまな議論があるが、昨今、新たな見解が見られ始めている。(16)

他方、日本では日華平和条約で蔣介石が賠償を放棄したことを、戦後直後の蔣介石の対日寛大政策の一環ととらえ、「以徳報怨」が再定義され、日本の保守派層を支える一種のイデオロギーとして機能していった[*1]（「蔣介石恩義論」）。中華民国側も、恩義論を対日政策の精神的な支柱にすえ、首脳や政治家の会談、会合、日華関係の言論などには寛大政策が頻出することになった。[*2] だが、日華平和条約の台湾側の代表である葉公超が、条約交渉の際に蔣介石による対日寛大政策の意義を説いても、「以徳報怨」という四文字を用いてはいないことには留意が必要である。「以徳報怨」は、一九五〇年代以後の第四次日中貿易協定、倉敷ビニロンプラント輸出あるいは周鴻慶事件などの事件が日華間に発生するたびに、中華民国側が内外メディアを利用して宣伝し、拡大したものだとも考えられ、今後そのイデオロギー化の過程の解明が求められるところである。また日本では、日本と中国大陸との経済関係の拡大や友好交流を推進しようとする左派の日中友好運動に対して、中華民国や台湾との交流を重視する保守派が、恩義論を強調した面もある。

蔣介石の寛大政策や「以徳報怨」は、その時々の日華関係や、日本と中華民国双方の思惑が絡みながら、その内容や機能が変容してきた一種の政治外交的なスローガンであり、説明上のツールである。また、このスローガンは台湾では対日政策の主体をめぐる問題とも関連づけられる。一九五〇年代、対日外交はおもに葉公超らの外交部や、戦前以来の外交官らにより担われていたが、六〇年代には総統府秘書長の張群や国民党の陳建中らが担当した。「以徳報怨」は、このように対日外交の資源を、外交部から総統府、国民党が獲得していく過程で特に強調されたスローガンである可能性もあるのである。

＊1　若宮啓文『戦後保守のアジア観』（朝日選書、一九九五年）。対日寛大政策は本来、対日統治のための天皇制維持、また共産党やソ連との新たな敵との戦いを考慮に入れた上での、日本兵や民間人を日本に順調に戻すための方針であり、賠償放棄の精神を示したわけではなかった。

＊2　たとえば、張群『我與日本七十年』（中日関係研究会、一九八〇年）には昭和天皇が「以徳報怨」政策に感謝していたとの記述などが見られる。

四　日本の制度的な「脱帝国化」の進行と台湾

（1）日本の脱帝国化と新たな外交問題の発生

サンフランシスコ講和条約が一九五二年四月二八日に発効し、日本は独立国家となった。このころ、日本ではすでに戦後処理業務は縮小されていたが、その業務の対象は新たな戸籍法の定めるところの「日本人」に限定されており、台湾人は含まれていなかった。しかし、四五年以後の台湾人が、かつて「日本人」として戦争に関与したことについて、まったく顧みられていなかったわけではない。たとえば、BC級戦犯として獄中につながれた人々の中には台湾人も少なからず含まれ、中国でも台湾人が裁かれていたし、日華平和条約が締結されてからも、巣鴨プリズンには三八名の台湾人が残されていた。日本国籍者であれば、戦犯の家族にも生活補償がなされていたものの、日本国籍を有さない台湾人は除外された。戦後の日本は、国民向けの戦争にまつわる諸補償を「（戦後における）日本人」に限定し、台湾人や朝鮮人などのかつての植民地臣民を対象外としたのである。

それがもっとも典型的に示されたのが、恩給法である。軍人恩給は、一九四五年に連合軍最高司令部の覚書によって廃止されたものの、サンフランシスコ講和条約締結後に「戦傷病者戦没者遺家族等援護法」が国会を通過し、五二年四月から施行されていた。その後、軍人恩給復活の動きが強まり、五三年八月一日に「恩給法の一部を改正する法律」が公布、施行されて、恩給が復活した。だが、ここで二三年の恩給法の第九条第三項にある国籍条項は改正されず、台湾人は国籍を喪失したと見なされ、日本に帰化しなければ恩給の対象には含まれないと判断されたのである。恩給には在職年数の問題もあったが、「国籍」が重視された典型例だった。このように、日本の戦後補償は対内的には「日本人」に限定しておこなわれたために、たとえ日華平和条約で賠償を放棄したとはいえ、個々の台湾人に対する日本の補償問題は未解決のまま残されることになったのであった。このような問題には、軍人恩給問題、郵便貯金問題、慰安婦問題などがあった。戦犯としての「罪」は（日本人ではなくなった）戦後も継続して問われながらも、このような補償は（日本人でないという理由で）断絶した点に、戦後の日台関係の一面が示されている。

（2）戦後日本における台湾への関心――学術の継承と断絶

日本の敗戦後、台湾では日本統治時代の学術成果は一定程度継承されながらも、「中国化」の進行の中で、「台湾」それ自体を語ることにも制約が加えられていた。日本が創出してきた台湾に関する知識全般を、台湾自身のものとして位置づけなおしていく脱植民地化は、中国化の進められていた中華民国の統治下の台湾ではなかなか進まなかった。一方、戦後日本では、台北帝国大学や台湾総督府関係者の引揚者が少なくなかったものの、台湾を語る場は相当に限定されていた。石田浩が述べるように[17]、一九五〇年代の日本の台湾研究は戦前以来の民族学、人類学、建築学、そして歴史学の一部などを中心とし、そこに実学的な法学や、各分野の回顧物などが加わっていた状況にあったが、分量は僅少であった[18]。

だが、戦前から戦後にかけて、日本の台湾研究がまったく継承されなかったわけではなく、学術制度の再編も一定程度おこなわれた。歴史学では、戦後初期の井出季和太、向山寛夫などの論考のほか、台北帝国大学の歴史学研究室で蓄積された藤田豊八、岩生成一、小葉田淳、中村孝志らの東西交渉史の研究が、東洋史の南方史の系統の中に位置づけられた。岩生や中村は、日本の台湾統治五〇年を一九五〇年代には論じ始め[19]、日本の植民地統治における近代化政策を評価しつつも、日本の植民政策を「同化主義――皇民化運動――であり、母国延長主義であった」と批判した。また、戦前の矢内原忠雄が担った植民地統治論は、戦後には経済学部の世界経済論として位置づけられた。人類学では、台北帝大の土俗人種学教室にいた宮本延人、あるいは医学部の金関丈夫、そして国分直一らの人類学者たちが、敗戦後も中華民国政府に留用され、李済らを中心とした中華民国の考古学が形成される過程で日本に引き揚げた[20]。その後、宮本らは、日本に帰国した後も論考を発表していくが、やはり台湾在住時代に集めた資料を利用した研究であった。

そして、一九五二年の日華平和条約締結前後には、日本において「二つの中国」への関心が高まり、入江啓四郎、田端茂二郎らによる、台湾の国際的地位に関する論考が見られるようになった[21]。しかし、ほとんどの日本の知識人の関心は四九年に成立した中華人民共和国に向かっていた。そして「戦争への反省」といった側面が「左派性」＝「中国共産党」＝「反日本政府」＝「反戦争遂行者」＝「反戦争」と関連づけられ、中華民国や蔣介石は「反動」とされ、台湾への関心が一種のタブー視された。日本が台湾に再び注目し、研究や言論が盛んになるのは、日本が海外市場に関心をもつ六〇年代以降である。

(3)「日台連合王国」と台湾独立運動

戦前日本のアジア主義や植民地に対する目線が戦後日本でも継続したのではないかという問題提起が、昨今多くなされている[22]。それは、単に思想レヴェルのことだけではなくて、外交面でも、日本の台湾に対する親近感や、「野心」などとして表現される。日台連合王国構想もそのように議論されたこともある[23]。この構想は、松本重治がイギリス側に語った吉田茂の構想とされ、吉田の帝国意識のあらわれだと見る向きもある。

吉田は政権末期に、日英米共同の中国政策を形成すべく、三国による政治協商機関設置を提案していた。シンガポールに対共政策本部を設け、東南アジアの開発をおこない、華僑を通じて中国大陸に浸透するという計画だった。しかし、英米ともに同意しなかった。吉田茂は、中ソ関係は強固ではなく、中国の社会主義も統治のための方便だと考えていたので、資本主義が浸透すれば中国の体制は必ず変化すると考えていた。

また、日本政府が台湾独立運動を支援していたという議論もある。一九五五年二月二八日、廖文毅と台湾独立党党員が、台湾共和国臨時政府を日本で樹立していた（～七七年）。だが、彼らの活動を日本政府が支援していたか否かについては議論が必要だろう。この点については今後の研究を待たねばならないが、六三年に作成された「台湾独立運動について」という外務省記録には以下のようにある。

台湾独立運動は一九五〇年頃から本邦にその本拠を移し、一九五六年には台湾共和国臨時政府を組織し、廖文毅が大統領に就任した。……台湾独立運動は、一時上述の如き盛り上がりを見せたが、一九六二年後半以来、廖文毅の指導性の欠如に対する不満に原因した内部分裂を生じ、一九六三年の二・二八記念行事は東京を始め、各地も極めて低調であった。中国側は台湾独立運動の一切を厳重に取り締まるよう強く要求しているが、その実質的活動状況は凡そ政治活動とは称し得ない程度の低調なもので、わが国では殆ど知られていない。また外国人の政治活動を特別に禁止する法令は存在しないので、政府としては一般国内法に基きその許容する最大限の取締りをおこなっている。(24)

日本政府としては特に支援もしないが、取り締まりについても日本の法令の範囲内でおこなうというのが外務省の見解であった。一九五〇年代には、蔣介石政権が台湾に根づくか否かも確定的でなく、さまざまな可能性が残されていた。日本内部には台湾独立運動家とともに、中国大陸との日中友好運動を推進する左派系台湾人も多く存在しており、状況は流動的であった。だが、台湾出身者にとって、日本は言語などの面で生活可能な外国であり、また制度的な意味での民主主義もまたその活動の拠点となりえたのであろう。日本は台湾の活動家に一つのアジールとなった面があるのである。なお、台湾出身の作家邱永漢は、五四年に『濁水渓』で直木賞候補となり、翌五五年に『香港』で外国人として最初の直木賞作家となった。邱は戦後初期に台湾独立派として中華民国政府から台湾を追われ、香港にて対日貿易で資産を築いた。こうした意味で彼は時代の申し子であった。

五　冷戦下の「二つの中国」問題と日本

(1) 鳩山内閣と「二つの中国」

朝鮮戦争の休戦協定が成立した翌年の一九五四年一二月、中華民国とアメリカの間に米華相互防衛条約が締結された。この条約は、中華民国の大陸反攻への支持というよりも、台湾の地政学的な位置を重視したものだったと言えるが、中華民国とすればこの条約の締結によって、国際的な地位、また中国承認問題においてもアメリカの支持を得たものと理解された。当時、中華民国を承認している国は世界で四〇カ国であった。* また、この相互条約によって、台湾の反共基地としての性格も明確になり、同じく反共基地であった韓国やフィリピンなどとの連合、連携の可能性が生まれ、実際、友好国としてさまざまな局面における連携が図られた。米華間の条約締結に中華人民共和国は強く反発した。一九五四年九月三日に金門島を砲撃し、一一月には浙江省の一江山島を攻撃して五五年一月に占領した。ダレス国務長官と顧維鈞らは、アメリカが金門、馬祖の防衛を保証するかわりに大陳島から撤退することとし、大統領が教書を作成して議会にて承認された。だが、北京の姿勢は変わらず、三月にはアメリカが原爆使用を検討したほどであった。なお、これ以後、中華民国の統治領域は台澎金馬となり現在に至っている。

他方、朝鮮戦争の休戦によって日本の「特需」は収束し始め、また翌年二月には「造船疑獄」によって吉田内閣の存立基盤は揺るぎだした。民主党の鳩山一郎は、吉田の対米「追随」の外交政策を批判していた。中国やソ連から見れば、これは日米関係に楔を打ち込む好機だと認識されたものと思われる。中ソ両国は一九五四年一〇月一二日、「対日共同宣言」を発表して、対日関係改善を訴えた。(25)

鳩山内閣は一九五四年一二月に成立した。その鳩山政権にとって、中ソを中心とする共産圏諸国との関係改善は、吉田内閣との差異を示す上でも魅力的な外交課題であったかもしれない。鳩山は「自主的な国民外交」を掲げて対米追随外交を批判したが、実際のところ、『毎日新聞』の社説に結局のところ民主党と自由党の外交方針は一致していると喝破されたように、日本外交の裁量範囲はきわめて限定されていた。[26] 鳩山首相及び重光外相のスタンスは、次第に共産圏との貿易拡大へと内容を変更させていった。

この共産圏との貿易拡大という方針は、吉田内閣以来の基本方針であった。日本は中華人民共和国に対しても、政治外交関係よりも経済関係を先行させる政策を採っていたことはすでに述べたとおりである。このような対中貿易拡大政策は、朝鮮戦争の進展や休戦に大きな影響を受けたわけではなかった。日華平和条約直後の一九五二年六月一日に締結された第一次日中貿易協定、五三年一〇月二九日の第二次日中貿易協定、五五年四月一五日の日中民間漁業協定、同年五月四日の第三次日中貿易協定（ポンド建ての決済、日中双方が、輸出入それぞれ三〇〇〇万ポンド）など、一連の「民間」貿易協定が締結されていた。だが、この貿易関係は、きわめて脆弱な「民間関係」であり、突発的な事故や政府の方針転換によって容易に冷却化する可能性があったが、それでもこうした協定によって貿易量や貿易額は次第に増加していったのであった。

鳩山首相がほかの首相と異なっていたのは、「蔣政権と毛沢東政権はともに立派な独立国の政権である」と発言してしまったり、[27] 国会答弁で「二つの中国という考え方」を有していると明言してしまったことにある。[28] 戦後の日本が「二つの中国」政策を採用したという議論があるが、それは政策内容、あるいは政策の結果としてのことであって、自ら「二つの中国」と明言したのは鳩山くらいである。だが、鳩山の「二つの中国」も、双方を承認するということを含意しているわけではない。重光葵が国際法的に二つの政府を同時に承認することはありえない、と述べていたよ

＊　一九六〇年代末には中華民国を承認している国は六七カ国へと増加した。中華民国を承認する国は戦後一貫して減少したわけではなく、独立国家数の増加という要素があったにしても、六〇年代には増加局面も見られたのであった。

うに、突き詰めれば、吉田内閣同様にCOCOM規制の下でも中国大陸やソ連との貿易を拡大していくということであった。

もともと、「二つの中国」という言辞は、中華民国や中華人民共和国が他国を批判する際に多く用いられるものである。日本としては、問題の決着がつくまでは、二つの政府と可能な範囲で関係していこうとしていた。そのような日本の政策を、「二つの中国」と言うとするならば、そうであるかもしれないが、どちらかを政府承認し、どちらかは承認しないのであるから、その点では一貫して「一つの中国」であったことも確かである。だが、そうであっても中華人民共和国が中国大陸を統治し、中華民国が台湾・澎湖・金門・馬祖などを統治しているデ・ファクトな状況を踏まえないわけにはいかなかった。日華条約締結以後は、日華条約が既成事実となり、それを前提としつつも、中華人民共和国が中国大陸を統治しているということを踏まえて、双方と経済関係を拡大していくということが日本の方針であった。これを政経分離として説明する向きもあるが、このような政策は現状を踏まえた上での結果だと見ることもできよう。

だが、このような政策に中華民国は苛立ちを募らせた。一九五〇年代から六〇年代における日華関係の大半は、日本と中国大陸の関係強化をめぐる問題であるかのようである。鳩山内閣当時の駐日大使は董顕光、駐華大使は芳澤謙吉であった。鳩山の「二つの中国」発言や中共接近政策に対して、中華民国側は再三抗議し、日本側も従来の対華政策に変更がないと繰り返した[29]。国府側の懸念は、こうした鳩山の発言だけではなく、日中第三次民間貿易協定交渉（一九五五年三月二九日〜五月六日）、バンドン会議（アジア・アフリカ会議、同年四月一八日〜二四日）における日本外交そのものに及んだ。実際、鳩山は四月一一日に参議院で「ネールあるいは周恩来との会談」を希望すると発言していたし、双方の通商代表部に外交待遇を与える可能性が検討されていた第三次日中民間貿易協定交渉に関して、鳩山は「支持と協力」を与えることを明言していた。だが、中華民国側の抗議のレヴェルは、局長（司長）から駐華公使というレヴェルであり、決して高くない。これは、日本政府が中華民国側に一定程度の保証を与えていたことによるのかもしれない。それは、日本と中共貿易の民間性、相互の貿易代表団派遣への反対、支払協定に対する保証・参加を与えない、という三点であった[30]。

しかし、五五年七月七日の加瀬俊一駐国連大使の発言が新たな波紋を呼ぶ。加瀬大使は、いわゆる台湾地位未定論と中華人民共和国の国連加盟の可能性も示唆したのである。これに対し、駐日中華民国大使館の楊雲竹公使は、外務省に「口上書」を手交し、強い遺憾の意を表した[31]。日本側も、重光葵外相から芳澤大使を通じて葉公超外交部長に「口上書」を手交し、日本の外交姿勢に何ら変更がないことが伝えられた。このような中、五五年末、駐華大使の芳澤謙吉は老齢を理由に退任し、代わって堀内謙介が大使として赴任した。

（2）日本の国連加盟と中華民国

吉田政権期から鳩山政権期の外交課題の一つに国際連合加盟があったことは言うまでもない。国連安保理常任理事国である中華民国は、一九五二年六月には外交部の胡慶育次長を通じて、日本の国連加盟支持を表明していた。日本の国連加盟における問題は拒否権を有するソ連であった。周知のとおり、日ソ国交正常化交渉前後に、それまで安保理にて拒否権を発動していたソ連が日本の国連加盟に反対しなくなり、一九五六年に日本の国連加盟が実現した。これに際して、安保理常任理事国である中華民国は賛成票を投じた。

一九五五年末、日本の国連加盟は一つの問題に直面していた。日本とモンゴルなど一八カ国の国連一括加盟案に対して、中華民国としては憲法上、自らの国土に含まれるモンゴルの加盟を容認できず、「拒否権を使うという決意には変りはない」という意思を固めていたのだった[32]。これはソ連が日本の加盟に拒否権を行使する可能性を意味した。その結果、日本とモンゴル二国を除く一六カ国加盟案が可決され、日本は加盟できなかった。中華民国側は、日本の国連加盟支持を強調したが、結果的にモンゴル問題のために加盟が実現しなかったことから、日本側も強い不満をもった。これに際して、蔣介石から堀内大使を通じて「日本、国府関係に関する件」という書簡が重光外務大臣に送られた。そこでは、日本の国連加盟が不成功であったことを遺憾とし、その原因をソ連の策謀に求め、また「二つの中国」論を非難するなどしていた(33)。蔣介石総統からの懸念の表明は、従来の応酬と異なる重いものであり、重光外務大臣も堀内大使を通じて、葉公超外交部長に蔣総統へのとりなしを依頼した。蔣総統からの返答は比較的穏健のもので、国連問題については、「日本はロンドン交渉において何らかの協定に達せられることが有利ではないかと思う。御承知の如くソ連は最初日本とスペインの国連加盟に強く反対し後になり国府の反対を承知しながら蒙古を持ち出した様な経緯もあり、ソ連にこの際日本加盟の支持を確約させられることが必要と思われる」と述べていた(34)。この蔣総統と重光外相のやりとりは、それまで緊張していた日華関係をいったん落ち着かせる契機となったものと思われる。

一九五六年四月一五日、中華民国の張道藩立法院長を団長とする親善使節団が訪日した。要人の引率する大型使節団の訪日は、日華平和条約発効直前の五二年八月二日に張群総統特使が公式訪日して以来三年ぶりであった（八月五日に条約発効）。また、同時期には自民党が大野伴睦を中心にして台湾の立法委員団を招聘しようとしていた(35)。大野らは、張群を団長に、団員には蔣経国とともに台湾人有力者を含めるよう希望していた。その結果、五六年四月一五日から一〇日間、一七名から成る国府各界代表訪日親善使節団が来日した。この中には、羅萬俥（台湾南投県人、立法委員、彰化商業銀行董事長）、黄朝琴（台湾台南県人、国民党中央委員、台湾省議会議長）、林柏寿（台湾台北県人、台湾水泥公司董事長）らの台湾人とともに、左舜生（湖南長沙人、青年党主席、国大代表）という非外省人人士も含まれていた(36)。訪問団と日本の各界の交流により、「政界の保守政党中に親国府グループが出来たことは訪問団にとって大きな成果である」ともされた。日本における親台派の形成が、国交のある時期においても、外務省というよりも自民党主導でおこなわれたことには留意すべきことであろう。この時期の自民党と中華民国の超党派各界人士との交流は、日華関係の改善とともに国連加盟問題を視野に入れたものであった。国連加盟の障害としては、中華民国よりもソ連のほうがハードルが高かったが、中華民国への工作も重視されていた。

日本の国連加盟以後、国連重視が、日米安保重視、アジア外交重視とともに日本の外交政策の支柱の一つに据えられる。そして、その国連における中国代表権問題に日本も直面することになる。国連加盟実現の直後、最初の自由民主党総裁選を経て誕生した石橋湛山政権は、中華人民共和国やソ連との関係改善に強い意欲を有していたとされるが、僅か二カ月で退陣し、一九五七年二月に岸信介内閣が誕生した。岸内閣は国連中心主義を唱えた。これは、中華人民共和国が国連で代表権を認められれば、それは日本の中国承認問題への影響を与える可能性を秘めるものとなった。だが、日本は既に「二つの中国」や中国代表権問題と、台湾問題とを切り離して考えるようになっていた。すなわち、中華人民共和国の国連加盟、中華人民共和国との外交関係樹立を視野に入れながらも、日本は台湾を中国大陸と切り離して台湾との関係を維持する方策を模索し始めたのであった。

一九五七年、冷戦の雪解けを背景として、第四次日中貿易協定交渉が開始された。ここでは、双方で貿易代表部設置を求める声が強く、日本側も意欲的であった。岸はアメリカ、台湾を訪問し、対中貿易緩和への理解求めた。その際の発言が北京側の反発を招くことになる。この協定は五八年三月に締結されるが、この交渉をめぐって日華間はあらたな緊張関係に陥り、自民党内では親中派と親台派が両極化していくことになった。

おわりに

本章では一九五一年から五七年までの日華・日台関係を検討した。この時期は、東アジアが冷戦に組み込まれるなかで、日本がサンフランシスコ講和条約で西側の一員として国際社会に復帰し、国内では五五年体制が形成され、また日ソとの関係を改善して国際連合の加盟を実現していく時期にあたるが、中華民国側では朝鮮戦争によってアメリカからの一定の支持を得ることに成功した。アメリカは中華民国の大陸反攻を抑制する面もあるが、中華民国は台湾を反共基地とし、大陸反攻を進めようと（少なくともイデオロギー的には）したのであった。そして、他方、中華人民共和国が外交空間を拡大していくことに中華民国は危機感を募らせる時期でもあった。

日華両国は、中華人民共和国が中国大陸に建国されたことにともない、貿易関係を再定位するために日台通商協定を締結し、アメリカの斡旋の下、サンフランシスコ講和会議をふまえた日華条約を締結して政治外交関係を確立した。そして五〇年代半ばまでの時期に、通商及び文化に関する関係を正常化させた。また、日本はこの中華民国との政治外交関係を前提としつつ、中国大陸との「民間」経済関係の形成を目指した。これに中華民国は神経を尖らせ頻繁に日本に抗議し、そのたびに日本は政治外交関係の堅持を唱えるという応酬が定式化していくことになった。

日台間の脱帝国化、脱植民地化という面では、日本国内で「日本国国籍保持者」に限定した戦後処理がおこなわれ、また台湾をめぐる言論がきわめて抑制的になされていた。台湾では、日本によって蓄積された台湾をめぐる知識を台湾社会のものとして置き換えることはあまりなされず、中華民国の主導で脱植民地化が進行していったのである。だが、この時期にも日華・日台の二重の関係は経済面、人的交流、あるいは政治活動の面で継続していたと考えることができる。

第一章で述べた日台関係の三つの原型が形成されたのが戦後初期の十数年とすれば、本章はその形成期の後期に相当する時期を対象とした。第一の特徴である日華／日台の二重関係は、日華優位で進行しつつ、第二の中国承認問題と第三の東アジアの冷戦との関係が一層明確に表れたのが、本章で扱った時期となろう。

第三章　日華関係再構築への模索とその帰結
——一九五八—七一年——

清水　麗

はじめに

一九五〇年代後半から七一年までの日華関係は、米国の東アジア政策の変化を背景として、日華平和条約締結以来の構造が変容を迫られる時期を迎えていた。台湾経済が輸入代替工業化から輸出志向工業化へと転換し、日台経済関係が進展した反面、政治関係は大いに揺らいだ時期であった。四九年の渡台以後、台湾のみを実効支配しながら中国大の主張を堅持する国民党政権の外交を、大陸時期との連続性をふまえて「中華民国外交」と呼ぶとすれば、七〇年代以降徐々に形成されていく実効支配地域に基づく対外政策と外交活動の展開を「台湾外交」と呼ぶことができよう。この時期は、まさに中華民国外交が展開された時期であった。そして、この中華民国外交が、さまざまな摩擦と矛盾への対応のなかで妥協点をさぐる交渉力、外交力を失っていき、七一年の決定的な国際的孤立を余儀なくされる過程でもある。

この時期の最高権力者蔣介石という国際的威信を持った存在が、国内的には台湾における中華民国政府の存在を支え、外交においても米華、日華関係を支えていた面も否定しえないが、その原則堅持に固執した対応は、その後の台湾の国際的孤立を招いた責任が問われるところでもある。しかし、五〇年代に事実上武力による「大陸反攻」が非現実化するなかで、大陸反攻のリーダーとしての蔣介石が外交分野に持ちうる選択の余地は、実際にはごく限られたものでしかなかった。

一方、この時期の日本は、ポスト蔣介石政権における何らかの変化の可能性を見据えながら、現状維持の範囲内で中国と台湾にある二つの政府との関係構築を模索していたようにみえる。それは、二つの政府との外交関係構築という「二つの中国」の直接的模索というよりは、むしろ中華人民共和国政府との関係打開までに創出される時間のなかで、中華民国政府に何らかのかたちで現実の受け入れを求める「説得」、または黙認のとりつけを模索しながらも、それをあきらめざるをえなくなっていく、そうした事態の推移でもあった。

本章の目的は、進展する日中関係に歯止めをかけようとする中華民国政府側の短期的な取り組みや、国連代表権問題をめぐる日米華の取り組みが、長期的にみたときにいかなる帰結をもたらしたかを考察することである。そして、一見すると、強い日華間のチャネルが形成されていたようにみえながら、実質的には正規の外交チャネル以外のチャネル形成などによって、日華関係の構造がいかに脆弱なものとなったのかを明らかにしていくことになろう。

一　日中民間貿易協定

(1) 第四次日中民間貿易協定

日本と中国の民間貿易協定は、一九五二年の第一次協定締結以後、チンコム（対中国輸出統制委員会）の制限を強く受けるなかで貿易の拡大が図られてきた。第三次協定の締結交渉あたりから、通商貿易事務所の設置など政治問題化しやすい項目もとりあげられるようになり、五七年の第四次協定交渉では、民間通商代表部設置や指紋押なつ問題、国旗掲揚の権利など、政治問題をめぐって日中間での交渉が難航し、一一月にはほとんど決裂状態で中断となった。翌五八年に入り、社会党や民間貿易業者からの条約締結要求の高まりをうけて、日中貿易促進議員連盟（以下、日中貿促議連）理事長池田正之輔は再度代表団を組織し、二月末から北京での交渉を再開した。この協定締結で問題となったのは、①民間代表部の設置、②その人員と業務に対する便宜、③国旗掲揚の権利、④指紋押なつ問題など政治問題にかかわる点であったが、交渉団は三月五日に第四次貿易協定の調印になんとかこぎつけた。

この第四次協定では、相互に民間通商代表部を設置し、その代表部および所属人員に対し安全保障と任務遂行上の便宜を与えるとしており、「覚書」でこれを外交官に準ずる程度に認める内容としていた。この協定に対して政府の支持が与えられることになれば、それは従来の経済関係よりも一歩踏み込んだ政治的要素を強く持たざるをえないものであった。

(2) 日華紛争

この協定に対する台湾側からの懸念は、協定締結以前にすでに出されていたが、調印直後の五八年三月七日、葉公超外交部長は堀内謙介駐華大使に一連の政治条項はすべて認められない旨の申入れをおこない、翌日も同様の抗議をおこなっただけでなく、一〇日には沈覲鼎大使が板垣修外務省アジア局長に申入れをした。台湾側の動きは一気に強硬な抗議へとエスカレートしていくことになる。一二日には、沈大使から岸信介首相と藤山愛一郎外相に蔣介石総統の親書と口上書が伝達され、「国旗掲揚」に関する談話発表、続く一四日に対日通商関係の断絶が決定された。

台湾の中華民国政府は、日本に対する直接的抗議行動以外に、米国の対日圧力行使へも期待をかけた。葉外交部長はドラムライト大使および台湾訪問中のダレス国務長官に「国旗掲揚だけは決して認められない」と説明し、米国の日本に対する圧力行使を依頼した。また、蔣介石総統もマッカーサー駐日大使に対して中華民国政府の置かれている深刻な立場を説明し、国旗掲揚の阻止を求めた。しかし、こうした台湾側の要請に対して米国は「静観策」をとり、積極的介入はしなかった。

三月一七日、日華協力委員会理事谷正綱が来日し、石井光次郎、矢次一夫らとの会談をおこなったのを機に、矢次は岸首相を訪問し働きかける。矢次の二度目の岸訪問は、貿易協定を締結した当の池田正之輔が同行し、張群の私信（二四日付）を携えていたという(1)。その内容は、「国旗を掲揚することを認めないようはっきりした拒否声明を出してほしい」ということだった。しかし、三月二九日にできあがった政府最終案は、中華人民共和国政府を承認しないとしながら、台湾側に対しては「国旗掲揚を含め、日本の日中貿易についての立場を十分に理解されたい」としており、完全に台湾側の要望を取り入れたかたちにはなっていなかった。四月一日に堀内大使から蔣介石総統に手渡された岸親書「岸首相致総統箋函」および葉公超外交部長宛の藤山外相書簡「藤山外相致部長箋函」は、この決定を反映したものであり、台湾側からすれば不十分なものであった(2)。

この後、台湾側は日本側の「確実な保証」を求め、堀内と葉の交渉は一一回にもわたり、三団体宛の協定に対する政府回答の文案について修正が試みられた(3)。しかし、この交渉での妥協点は、「適当な方法により、必要な十分な努力をする」という日本側のあいまいな保証を、台湾側が「早急に実施される」と読み替えて国内的に説明することによって、何とか見出した妥協点にすぎなかった。

四月九日に日本政府声明および官房長官談話が発表され、「政府は日中貿易拡大の必要性にかんがみ、第四次の民間『日中貿易協定』の精神を尊重し、わが国国内諸法令の範囲内で、かつ政府を承認していないことにもとづき、現在の国際関係をも考慮し、貿易拡大の目的が達せられるよう、支持と協力を与える」とした。中国側は、四月一四日付でこの日本側の回答の受け取りを拒否した。日本政府および自民党は、この中国の姿勢を静観していたが、五月二日に長崎のデパートでおきた「長崎国旗事件(4)」をきっかけとして、日中関係は全面的に中断することとなる。

（3）長崎国旗事件以後の日本の対中、対台湾姿勢

長崎国旗事件による日中関係の全面的な断絶は、その後の日中関係の構造を作り出す上で一つの転換点となった。中国側はそれまでいわゆる「積み上げ」方式による日本との関係打開を目指し、野党や大衆との連携による実績の積み上げによって最終的には政治的な突破をはかるとの立場であった。その中心的役割を自民党議員を含む超党派の日中貿促議連に託し、政治問題を含む話し合いへと交渉と協定を「積み上げ」てきたわけである。ところが、この断絶以後、中国は対日アプローチを大きく転換する。まず、自民党議員が脱退して野党的存在となった日中貿促議連を中心的相手とはみなさず、また慎重ムードの強い自民党のなかの有力者を取り込むことによって、中国に友好的な人士との連携をはかるようになった。

さらに貿易では、配慮貿易、友好貿易など政治的に中国に「友好的」な商社・企業との貿易が再開され、六二年には高碕達之助と廖承志による準政府間協定である「日中総合貿易に関する覚書」が締結され、高碕と廖の頭文字をとった「ＬＴ貿易」が展開される。この過程のなかで、自民党内に、中国との関係を重視する松村謙三や高碕達之助ら「親中派」が少数ながら形成され始め、現状維持という枠内で中国との関係に慎重な主流派、そして台湾との関係を強くもつ一部の「親台派」と色分けされるようになる。(5) この六〇年代の自民党の主流派は、米国の東アジア政策を背景に日華平和条約に基づく中華民国政府との関係を基本とし、吉田から池田、佐藤政権に続く歴代内閣の姿勢にみられたように、単に「中国か、台湾か」という二者択一的思考をもっていたわけではなかった。

二　中国代表権問題をめぐる新たな模索

（1）「二つの中国」論の台頭

一九五九年のフルシチョフ訪米による米ソ首脳会談の実現以後、六〇年代の冷戦体制は米ソの緊張緩和を基調として変容していくことになる。[6]六〇年代のケネディ政権からジョンソン政権における東アジア政策は、基本的には米国の指導性を維持・確保しながら、同盟国への役割分担を求め、米国の負担軽減を志向したものだった。日本および台湾は、こうした米国との関係をそれぞれに再構築する努力を重ねながら、日華間の関係の調整を迫られる。

一九五四年の米華相互防衛条約の交換公文に続き、五八年「蔣・ダレス共同コミュニケ」は、台湾における中華民国政府の統治および蔣介石の地位を正当化する「大陸反攻」の目標の実現を事実上、非現実化した。ただし、米国のとっていた具体的な政策は、目標としての「大陸反攻」を否定することはなく、その現実行動において蔣介石らの「大陸反攻」を封じ込めることで、台湾海峡の現状を固定化し続けるものであった。

また、一九五八年の第二次台湾海峡危機における「蔣・ダレス会談」にもみられた米国の現状維持を創出する行為の積み重ねは、ケネディ政権になると、「二つの中国」もしくは「一中一台」として、より明確なかたちで現れてきた。ケネディ政権では、国連の中国代表権問題について、戦術的により効果的に中華民国政府の議席を確保し共産中国の加盟を阻止するため、従来のモラトリアム方式からの転換を模索するとともに、それ以上のことを検討し始めていた。すなわち、政権一年目においては、国内政治的考慮から共産中国の国連加盟を阻止する方策を真剣に検討するが、より長期的にはその国連参加に向けて門戸を開く立場への移行を考えていたのである。それは、中華人民共和国政府にも国連に参加する道を開いておくことによって、中華民国政府の国連における議席に支持を集めるための米国のコストを削減し、さらに中国代表権問題を未解決にしているという道義的責任を北京側へ移そうとするものであった。

(2)　原則と妥協をめぐる中華民国政府の思考様式[7]

一九六一年に入り、米国国務省は中国代表権問題に関し、明確に政策転換をはかり始めた。これまでのように審議自体を避けるのではなく重要事項として国連総会でとりあげ、北京の参加を積極的に進めるものではないにしても、まず台湾が「すでに有しているもの」を確保する線に沿って北京承認国からの支持をも開拓しようとするものであった[8]。国連での議席を台湾支配の正当化や中国代表政府としての正統性の主張の根拠に位置づけていた国民党および中華民国政府としては、現実をより反映させた案への方向転換はその正統性主張の根拠を揺るがすものになる。そのため中華民国政府側は、国連における「二つの中国」の画策だとの言い方で強い警戒感を示し、大きく動揺した。

一九六一年三月、葉公超駐米大使の帰国をうけて、陳誠副総統官邸には、張群総統府秘書長、王雲五行政院副院長、王世杰委員、陳雪屛秘書長、周書楷委員長、沈昌煥外交部長、外交部次長許紹昌・王之珍らが集まり、深夜まで協議が続けられた[9]。この議論にも深刻な立場の相違が見出される。このなかには、米国との関係を重視し、戦術的には検討の余地ありとする国際派の主張と、原則的立場を喪失した際の打撃の深刻さを懸念し、原則的立場の堅持を強硬に主張する二つの立場がみられ、なかでも原則的立場の堅持を最も強く主張したのが、外交部長である沈昌煥であった。

沈外交部長は、三月三〇日付ですぐに「中国政府の国連における代表権問題に対する立場（筆者注——中国政府とは、中華民国政府を指す）」と題する文書を蔣介石総統に提出し、米国の政策は実質的には「二つの中国」の提案であり、安易な妥協により門戸を開ければ、最終的には台湾としての議席確保さえ困難だと主張した[10]。この首脳部における深刻な立場の違いは、米国との交渉過程でワシントンと台北のねじれとして大きな作用を生み出すことになる。ワシントンでは、葉公超駐米大使が五四年の米華相互防衛条約と五八年「蔣・ダレス共同声明」からのさらなる後退や一八〇度の転換を意味しない方策を模索しながら、現実的な対応の可能性を残した交渉がおこなわれた[11]。一方、台北では、これとは異なり、外交部が妥協の余地なき強硬姿勢を繰り返し示していたのである。

(3) 対米不信感のなかで揺れる台湾

台湾の米国に対する不信感は、より大きな文脈においては、ソ連との関係改善が進み、反共陣営および米国のアジア政策における中華民国政府および台湾の位置づけが変容しつつあることにあった。米国とモンゴルの国交樹立、またモンゴルの国連加盟に対する米国の支持の可能性が表面化すると、中華民国政府の米国に対する不信感はより緊張を帯びていく。さらに、ソ連は中華民国政府がモンゴルの国連加盟を阻止すれば、ソ連がモーリタニア加盟を阻止すると問題のリンケージをはかり、一九五五年に拒否権を使ってモンゴル加盟を阻止した中華民国政府への牽制を強めた。この問題は、モンゴルの独立を認めない中華民国政府の今回の判断と、これに関連して議席を維持するために獲得したい一二カ国のフランス語系アフリカ諸国の支持とをどう処理するのかという問題であった。

この二つの問題への対応をはかる上で、台北において最も問題であったのは米国への不信感である。そこで七月末、信頼関係を回復するため米国の招請により陳誠副総統が訪米した。(12) この陳副総統訪米の成果として、米国への信頼は一定程度改善したものの、モンゴル問題など実質的政策の柔軟化には至らなかった。九月六日付ケネディ大統領の書簡に対する蒋介石総統返書では、(13) モンゴルの国連加盟を承認することは、「国際的な恐喝」に屈服することになり、そうした中華民国政府の道徳的な立場の放棄は、あまりに「致命的な一撃」であり、国連に残ることでは補いきれないと述べている。(14) ここに至っては、中華民国政府側の妥協しえない原因は、対米不信というよりは国内的制約となってきていた。

九月末を迎えても進展しない状況に業を煮やした米国側は、台湾側がこれまでの米国の努力に価値を見出さないのであれば、その結果は不幸にも将来の二国間関係に影響を与えることになるだろうというラスク国務長官の強いメッセージを台北に送った。この最後通牒にも近いメッセージが台北に届くと、やっと政策転換の兆しが見え始める[15]。そして、モンゴル加盟に拒否権を行使しないという譲歩のため、蔣介石はケネディ大統領による強い支持表明を求めた。これをうけて米国は公式表明として、「アメリカ合衆国は中華民国政府が中国を代表する唯一の合法政府であると考え、国連におけるその政府の地位とすべての権利を全面的に支持する。したがって、合衆国は国連またはそのいかなる構成組織への共産中国の参加にも固く反対する」と発表した[16]。しかし、蔣介石が最後まで強く求めた部分については、極秘の非公式保証として、「私は、あなたに対して次のようなことを保証することを希望する。それは、アメリカ合衆国の拒否権が必要な時、および共産中国の国連加盟を阻止するのに有効である時にはいつでも、拒否権を行使するということである[17]」と、一〇月一七日外交チャネルを通じて口頭で蔣介石に伝えられた[18]。この最後の交渉は、駐米大使葉公超が急遽台北に呼び戻された後、水面下で蔣経国とＣＩＡチャネルでまとめられたものであった。

国連安保理では、一〇月二五日モンゴル加盟について、賛成九、反対〇、棄権一（米国）で可決し、中華民国政府代表は投票へ参加をしないというかたちで拒否権不行使の約束を果たした。そして、一二月一五日には重要事項指定決議案が賛成六一、反対三、棄権七で可決され、六一年も中華民国政府の国連における中国代表権は維持されたのである。国内的考慮と国際的威信をめぐる米華関係の動揺は、結果としてアイゼンハワー政権と同レベルの支持を台湾側が確保し[19]、また国連での議席保持をもたらした。しかし、この過程で対米協調路線により中華民国政府の国際的な地位の確保に寄与してきた元外交部長、六一年当時駐米大使であった葉公超が、事実上更迭され第一線から退くこととなった。民国期以来外交官の活躍によって弱国中国の国際的威信を支え、強硬な原則重視の姿勢を堅持しながら実質的な妥協を成立させる外交のわざを駆使した中華民国外交の後退は、七〇年代はじめ孤立化もやむなしとの状況へ追い込まれていく一つの要因となる。

三　日中貿易再開と日華断交危機

(1) 池田政権と台湾

日華関係史上はじめて現職の首相として台湾を訪問した岸信介首相は、日米安全保障条約改定を成し遂げたのちに退陣した。かわって成立した池田勇人政権にとって、第一の外交課題は米国との関係修復であり、米国のリーダーシップのもとで維持される国際秩序において経済成長を推進させることであった[20]。池田首相自身は、米国との協調関係を維持する範囲内において、「政経分離」のたてまえで中国との経済貿易関係を進めるべきだと以前から考えており、台湾の中華民国政府にたいしても友好関係を維持するとの姿勢をもっていた[21]。基本的には、短期的に中華人民共和国政府承認を念頭においたものではなく、長期的な観点から日中貿易が日本にとって有益との認識である。長期的な構想としては、池田もまた「最大の反中共国であるアメリカをしだいに説得し、その意見の変化によって、新しい国際情勢をつくりだすという努力をつづけ、日本が最後に中共を承認する国にならなければならない」との信念だった[22]。しかし、こうした池田政権の姿勢に、台湾側は現状あるいは路線変更を懸念し警戒感を強めていく。

(2) 対中プラント輸出への輸銀融資問題

一九六二年一一月に「日中総合貿易に関する覚書」が調印され、翌六三年七月四日、倉敷レーヨンが正式に中国との輸出契約を調印したが、この契約は日本輸出入銀行（以下、輸銀と略す）の融資を条件としたものだった。池田内閣は、「共産圏貿易の拡大」の方針のもとに対中貿易促進の要望をまとめ、六二年半ばまでには、日中貿易には日本政府は関与しないとの条件つきで延べ払い措置を認める決定をしていた。「西欧並みの条件で対中貿易を促進する」という日本政府の基本的な姿勢を背景として、中国向け輸銀融資の活用が通産省で進められ[23]、六三年八月二〇日、通産・外務・大蔵大臣の会談によって輸銀融資による倉敷レーヨンの対中プラント輸出を認めることで合意、これは二三日に正式に閣議決定された。

当初台湾側では、行政院が日本への経済的依存の大きさを考慮して経済制裁を避ける方策を検討していた。日中貿易の進展をある程度やむなしとしつつ、さらに日本が「一中一台」の立場へと進む流れを変えることは難しいとの認識をもっていた行政院は、日中貿易の進展を引き延ばし、政治関係への進展に歯止めをかけるために、まず政治的圧力をもって対応すべきだと考えていたのである(24)。輸銀融資承認という日本政府の決定に対し、中華民国政府は、輸銀融資は単なる貿易問題ではなく、中国に対する「経済援助」にあたるとして強硬に抗議した。正式な閣議決定直前には、駐日大使が大平外相に抗議し、張群総統府秘書長は台北で木村四郎七大使と会談をおこなったほか、八月二二日には蔣介石総統から吉田茂元総理宛に、池田内閣への影響力に期待をかけて電報が打たれた(25)。

駐日大使張厲生を中心とする日本における工作は具体的に効果を持ちえなかったとみえて、日華協力委員会のルートを通じて岸信介や大野伴睦ら自民党議員にも攻勢をかけたが、日本政府は上述の閣議決定で輸銀融資を許可した。吉田茂は、九月四日付で蔣介石宛返電を送り、ビニロンプラントの延べ払い方式での輸出は、「決して中共に対する経済援助といった性質のものではなく、その条件は他の国家が中共と行っている同種の貿易を超えるものではない」と説明し、また台湾側報道などで故意に問題が拡大されてしまっていることなどから、一層の忌憚のない意見交換を促進する機会となれば有意義である旨を書き送った(26)。親台湾派と呼ばれる自民党議員たちも、基本的には経済援助ではなく、普通の貿易であるとの説明を繰り返した(27)。これに抗議した台湾側は駐日大使を召還すると発表し、九月二一日張厲生大使は帰国の途につくこととなる。

(3) 周鴻慶事件による関係悪化

これに引き続いて一〇月七日、中国油圧機械訪日団の通訳として来日していた周鴻慶の亡命事件[28]がおき、日華関係は一層悪化していく。周は、帰国当日の早朝ホテル近くでタクシーに乗車し、中華民国大使館へと向かおうとしたが、運転手も大使館への道が不案内であったため、とりあえず見つけたソ連大使館に逃げ込んだ。ソ連大使館は麻布警察署に連絡し、八日身柄が警察に引き渡され、さらに法務省入国管理局に移された。取り調べによれば、周は前夜泥酔していろいろ話しているうちに帰国するのが怖くなり亡命に走ったもので、強い政治的な亡命の意思を持っていなかったため、亡命先が転々と変わったということであった。

中華民国駐日大使館の初期の対応に不備もあったが、その後中国・台湾双方からの説得をうけた結果、周は一〇月二四日中国帰国の意思表明を行った。これをうけて入国管理局は二六日強制退去命令を発布したが、この日本の決定に蔣介石は強い怒りを見せた。一〇月三〇日付で外務省に送られた口上書では、「周鴻慶事件が高度な政治的問題」であり、ビニロンプラント問題よりも重大だと位置づけ、日本が単純に法的処理をしないよう要求していた[29]。同年一二月三一日、ついに台湾側は代理大使、参事官二人、一等書記官一人を召還すると決定し、四人は六四年一月二日に帰国した。そして、さらに一月一一日には、台湾側は、日本からの輸入全体の四割を占める政府による買い付けを停止すると決定し、経済的報復措置をとるに至った。日華関係は、まさに断交の危機へ陥ったかに見えた。

四 日華・日台のいびつな二重構造の深まり

(1) 吉田茂訪台と「中共対策要綱」

一九六四年一月、フランスと中国が国交を樹立し、台湾の中華民国政府はフランスとの断交を宣言した。国際環境の悪化をふまえて、台湾側にこれ以上日本との関係を悪化させることへの懸念が生じ、また周鴻慶が帰国して事件が一段落したこともあり、危機的状況であった日華関係の転機がつくりだされた。池田首相の要請をうけた吉田茂元首相は、二月二三日から二七日にかけて個人の資格で訪台し、蔣介石総統ら要人との会談を重ねる。池田首相の親書を携行した吉田は、蔣介石らとの会談において具体的な問題の協議ではなく、むしろ日華関係についての基本的姿勢やその反共政策などについて話し合った。そして、その会談の了解事項として会談記録および「中共対策要綱五原則」がまとめられている[30]。

この合意内容では、「反共政策」を進めることについて意見の一致をみたことを示していると同時に、蔣介石総統は「政治七分軍事三分」の大陸反攻政策にあらためて言及し、日本にはそれに対する「精神的道義的支持」が求められた。また、池田内閣の対中積極姿勢に対して「二つの中国」構想をとらないように釘をさしているほか、問題となっていた中国向けビニロンプラントへの輸銀融資にかかわる部分は、第五原則として、日本と中国との貿易は民間貿易に限ること、日本政府として中国への経済援助を支持しないことなど原則的な内容にとどめられていた。したがって、この吉田・蔣介石会談の成果は、この原則的な了解事項をまとめあげることによって台湾側との信頼関係を再確認し、関係改善へのきっかけをつくったことにある。

吉田帰国後の三月四日、張群秘書長は、吉田茂と蔣介石の会談記録および「中共対策要綱」を吉田に送り確認を求めた。これに対して吉田が四月四日付張群宛に書簡を送り、「岳軍先生　先日お手紙を差し上げましたが、お目通しいただけたと思います。このほど三月四日付のお手紙とともに、会談記録及び中共対策要綱を拝見しました。第三次会談の小生の談話の中で、インドとあるのはインドネシアの誤りですので、ご訂正ください。その他については、全く誤りありません。特にお手紙差し上げます」とあった[31]。台湾側は、この書簡こそ会談記録を持ち帰った吉田が池田首相の了承をとったことを示す重要なものであるとの立場をとる[32]。

関係改善へ好転した雰囲気のなかで、外相訪台の地ならしとして、三月五日毛利松平政務次官が訪台した。しかし、これに外務省中国課は冷ややかなまなざしを向けている。毛利の台湾での動きについては、「同次官が陳建中と接触した経緯から実現したもので、政府代表の如き性質のものでない」、「全然関知せざる所であるとの態度を取られても差支えない」と距離をおいた発言である。(33) さらに毛利は、一二日に張群、沈昌煥外交部長らとの会談をおこなったが、三月七日に福田一通産大臣がおこなった大日紡のビニロンプラント輸出を許可する意向を示す発言をうけて、台湾側の態度は一転して非常に硬化した。

三月一三日、毛利政務次官は個人の立場での蔣介石総統と約二時間にわたり会談した。(34) この席で蔣介石は、日本との国交断絶を決意するほどの気持を何とか思いとどまっていると、非常に強い憤慨、遺憾の意を伝えている。また、「日本が中共貿易を重視し中華民国を軽視する傾向にあるのは中華民国の自尊心が傷つけられるので許せない」として、最後に吉田茂に対し「会談における合意の線に添って御活躍ありたい」との伝言を伝えた。

持病再発による入院ということで帰国が遅れる毛利とは別に、外務省の原富士男中国課長は帰国前日の一五日に陳建中と外交部顧問李士英（国民党より派遣）と非公式な会談をおこなっている。ここで台湾側は、毛利政務次官帰国の際に「お土産」として伝えるはずであった大使派遣は、第二ビニロンプラントの件で不可能になったが、大平大臣訪台の際には必ずお渡ししたいので、何としても訪台してほしいと伝えた。そして、外交官キャリアとしての意見を求められた原は、「外務省員たる自分としては、日華外交があまりに多元的におこなわれ雑音が多すぎることがともすればどこに本当の道があるのか分らぬような現象を生むのが遺憾である。国民党関係の貴方方を前に失礼かもしれぬが国民党の人達とわが国の自民党の人達が外交ルートを無視した形で取引をおこなっている姿は長期的な観点からしてけっして日華関係の正しい外交を進めて行くゆえんにならないと思う」と述べている。正規の外交チャネル以外のチャネルを使う自民党議員たちの諸活動を苦々しい思いでみている外務省の立場がにじみ出た発言であった。

台湾側は「日本が民間ベースで中共と貿易をすることは許容できる」としつつ、「中国は一つ」という立場を堅持してほしいということを伝えているので、実質的には政経分離の日本の姿勢は黙認するということであった。

(2)「第二次吉田書簡」

四月一〇日、張群秘書長から吉田に宛てた書簡では、「日本政府が政府銀行を経由してクレジットを与えない、また今後対中共民間貿易に政府は介入しない方針を守ることを保証するよう、池田総理に再度相談して欲しい」との要望を伝えた[35]。これを受けて、五月七日付張群秘書長宛の吉田元首相の書簡が作成された。この書簡は「お申越の次第は池田総理とも話し合ったが、同首相は、(イ)中共向けプラント輸出に関する金融を純粋の民間ベースによることについては貴意に沿うよう研究をすすめたい。(ロ)いずれにしても本年(昭和三九年)中には日本輸出入銀行を通ずる大日本紡績プラントの対中共輸出を認める考えはない、との意向であった。以上の次第で、私も今後とも貴台のご要望に沿うよう側面から努力する所存であります」と記されていた[36]。そして、その直後の新聞報道では、政府筋の話として、ビニロンプラントの対中延べ払い輸出問題については、民間ベースに切り替えることを検討中であり、その検討結果がでるまでは対中延べ払い輸出は認めない旨の親書が送られたと伝えた[37]。これが一般的には「吉田書簡」と呼ばれるようになる。

しかし、台湾側が重視するとしていたのは、吉田・蔣介石会談の結果である「中共対策要綱[38]」に記された基本姿勢を、池田内閣がどのように扱うかという点であった。五月二九日、蔣介石は木村駐華大使との会談の席で、「国府側としては吉田元総理を重心的人物即ち軸として今後日華問題の展開を計って行きたい意向であるところ、池田総理は右所見を如何に考えられるや、同総理の御意向を伺って来て貰いたい」旨の要請がなされた[39]。この要請を受けた木村大使は、会談文書として日本側へ送ったが、その回答は、六月二三日に黒金官房長官から伝えられたという。その回答の内容は、「会談記録は総理の貴覧に供しました左様に御考へあって結構であります」との趣旨であった[40]。

六月二六日に外交部長を歴任したベテラン外交官である魏道明大使が着任した後、七月三日から三日間にわたり大平外相が訪台したことにより表面的には日華関係は正常化し、関係改善が成功したようにみられた。七月初めの大平外相の訪台時における一回目の会談の冒頭、沈外交部長はこの基本的な日華間の了解についてとりあげた。この席で沈は、「今後日華間の問題は右吉田・蔣総統会談の同意及び吉田・張群往復書簡の同意を基礎とし、その線に沿って調整処理していきたい旨」について、池田総理および大平外務大臣の了承を得ているとの報告を受けているが、そのような了解で差支えはないかと切り出した[41]。これに対し、大平外相は、「その通りである」と回答している[42]。対中プラント輸出への輸銀融資については、台湾側は日本政府に対して執拗に保証を求めながらも、問題の拡大は回避するよう対応していった。

七月一八日の池田内閣改造により、外務大臣が大平から椎名悦三郎へ交代したことをふまえ、魏道明大使は、七月二九日の椎名外相との会談で、「蔣・吉田間の了解」を幾度も強調しつつ、日本との経済提携を積極的に推進していきたいと述べた[43]。これに対し、椎名外相は「日紡のビニロン・プラントの対中共輸出については、輸銀によらず民間ベースでゆくよう検討しているが、実際問題として仲々難しいようだ。いずれにしても吉田書簡の趣旨により処理するよう努力している」と応じた[44]。

その後来日した張群秘書長は、八月一六日に吉田茂元首相と大磯の吉田邸において会談した。この会談で張群は、木村大使から官房長官を通じて蔣・吉田会談の内容について池田首相は完全に同意しているとの通知があったと述べている[45]。台湾側は、「蔣総統・吉田会談」の合意について、機会あるごとに日本側の姿勢を質した。

その後六五年八月に行われた沈昌煥外交部長と三木通産大臣との会談でも、沈外交部長は、「国府としては、吉田書簡は単に貿易の問題をどうするというものではなく、日華関係根本に係はるものとみているので、日本側もこの点をよく考えて欲しい」と述べている。[46] さらに六八年六月一〇日には、蔣介石総統は日本記者団に対して「吉田書簡の廃棄は日華平和条約の廃棄を意味する。吉田書簡は、日華平和条約の不備を補うものとして作成された」と語り、それを日華平和条約の補完文書として扱っている旨を表明した。[47]

蔣介石総統の信任厚い魏道明大使は、中央社の駐日記者であった黄天才の取材に応じて、次のように述べている。日本に対する外交政策の目標は、国交の維持と国連における代表権の支持の二つだけであり、「その他の細かい問題は気にしない」とし、また日本と中国大陸との貿易を進めようとする勢力の活動が強まっていることについては、「貿易については、余り関与しすぎず、ただ日本政府に『政経分離』の原則を守ってさえもらえばそれでよい」との姿勢であった。[48] すなわち、日本政府の政経分離政策については、中華民国政府は公式には認めていなかったが、実際上日華・日台関係を維持する最低ラインとして、日本政府が政経分離政策を保持することが必要であるとの認識で動いていたのである。

（3）非公式チャネルによる政治工作

こうした公式チャネルでの動きとは別に、一九六三年九月以降の大使召還の期間に、中国国民党中央党部第六組（情報担当）の陳建中が日本に送り込まれ、その後三回にわたり来日して密かに岸信介らとの連係作りを進めた。[49] 陳建中は、このとき蔣介石・蔣経国の指示のもとで動いていたとみられる。陳はまず一一月頃に訪日し、後宮虎郎アジア局長らと会談した。その結果、日本側の「誠意」の表れとして「池田総理又は大平外相の訪台」、ひいては吉田茂訪台の道を作った。

また、陳建中は、岸との間でひそかに「反共共同参謀部設立構想」をまとめた。これは、反共行動のために日本側にも組織を作り、宣伝工作を中心に、国会での活動、財界、メディアなどに中心的役割を果たす人物を配置して影響力を拡大しようとするものだった[50]。陳建中の働きかけを受けて日本側の中心人物となったのは岸信介であったが、その後六六年に「中華公会（中公会）」「日本大同会（日同会）」という組織を作り、反共工作での連携を強める協議を進めていた。この計画のなかには、岸のほかに福田、賀屋、毛利、大野、佐藤、石井ら大物政治家の名前があげられ、台湾側には張群、蔣経国につながる特務関係の人物の名がつづられている。

実際、この活動の一環として月刊雑誌の刊行（六四―六八年）がおこなわれたが、それ以外の活動については明らかではない。ただし、この活動資金の調達として、日本側には「東方開発実業公司」を設立し経済協力の拠点とするとともに、日本側はこのバナナ利権*の活用には熱心であったことが窺えるという[51]。このように六〇年代には、外交の正規のルートとは別に、一方で吉田茂―佐藤栄作を中心とした自民党主流派に対する工作がおこなわれ、またその一方で総統府及び蔣経国に結びつく特務系統のグループが水面下で岸信介人脈との連係を模索していたことがわかる。

五　中華民国政府の国連脱退と佐藤の決断

（1）佐藤政権と「政経分離」

その後このビニロンプラント問題は、病に倒れた池田首相から一九六四年一一月九日に組閣した佐藤栄作首相へと引き継がれる。佐藤内閣は、六五年一月の訪米から帰国した後、日紡の対中プラント輸出は認可するが、それへの輸銀融資については認めないと決定した。しかし、中国側は、プラント輸出と輸銀融資を切り離して処理することには同意せず、対中プラントについては日立造船が中国側と六四年一一月に調印した契約のなかで、六五年二月一五日までに輸銀融資を取り付けることを契約執行の条件としていた。このため最終的に、輸銀融資を獲得できなかった日立造船と中国との契約は失効し、また四月三〇日には日紡プラントの契約も失効することとなった。

「吉田書簡（五・七）」が、日中関係の障害としてとりあげられ問題化されるようになったのは、まさにこの過程であった。一九六五年一月三一日、北京での岡崎嘉平太・日中総合貿易連絡協議会会長主催の招宴において、中日友好協会会長の廖承志が「単にLT貿易の廖承志事務所の代表としてではなく」と前置きした上で、中日貿易の障害の一つは蔣介石への吉田書簡であると述べたことが報じられた[52]。これを契機に、中国側および対中貿易関係者は、佐藤内閣の対中政策に対して「吉田書簡」に言及して非難や反対を表明するようになり、日立造船、日紡プラントの契約失効の責任は、吉田書簡の拘束を受けた佐藤内閣が、日中民間貿易に干渉したためだとの姿勢をとるようになった。そして、その後中国側は、関係改善への象徴的な第一歩として「吉田書簡」の破棄を日本側へ求めていく。六〇年代後半になると日本政府の立場は、「吉田書簡（五・七）」自体の拘束力については無力化しながら、政府の自主的な判断としてケース・バイ・ケースで対中輸銀融資を検討していくとの姿勢をとるようになるが[53]、実際には、七二年になるまで輸銀融資の許可は出されなかった。

日本の「政経分離」原則がどのような意味をもっていたのかについては、当時の駐米大使である武内龍次の説明[54]が非常に的確であろう。武内は、「①「政経分離」という言葉は日本がその対中関係における立場を説明する際の常用句」であり、「②政経分離は、日本政府が国民に対し北京不承認、中華民国支持の正当化を可能とする。それはほぼ全ての日本人が望む中共との貿易・文化的接触を許可するものである」とする[55]。武内は、この文書を日米首脳会談終了後に発表する共同声明のなかに「政経分離」原則を明記することを米国に対し主張するために書いている。したがって、②で指摘しているように、その言葉の挿入が日本国民への説明として非常に重要であると指摘しているが、同

＊　一九五〇年代に日本で人気の高かった台湾産バナナは、購買の独占権をもつ貿易会社を通じて輸入され、六〇年代に自由化された後も輸入割当てがおこなわれた。この権利をめぐり、台湾、日本の政治家、商社との間で相当な利権のやりとりがなされていた問題。

時にそれは、米国、そして台湾側に対して日中経済関係を正当化する重要な意味をも有していた。この「政経分離」によって、日本国民が望むところの中国との経済関係の進展が、日米、日華関係に影響を与えるものではないことを表明し、その上で中国との実質関係を進める枠組み作り、いわば「可能空間の創出」がなされていたといえよう。

（2）佐藤首相の訪台と蔣経国訪日

佐藤首相の訪台は、一九六五年に来日した沈昌煥外交部長が携行した「厳家淦行政院長の親書」(56)によって、一日も早く訪問されるようにとの要望に応えて、六七年秋のアジア・太平洋諸国歴訪のなかに組み入れられることになった。当初日本側としては、九月、一〇月の二回に分けておこなわれる外遊スケジュールの最後に予定をしていたが、台湾側が最後尾の訪問に難色をしめしたため、別に九月七日—九日に単独で訪問することになったものである。

この台湾訪問にあたり外務省が準備した主な議題の一つは、円借款の問題であった。同年三月に訪日した李国鼎経済部長は、すでに六〇〇〇万ドルの借款を要請していたが、これとは別に化学プラントの建設、港湾応力の拡張等のために一・五ないし二億ドルに達する新規円借款供与の要請があると予想されていた。この話題は、九月八日の厳家淦副総統表敬の際に、第二次借款と製鉄工場建設に対する協力要請として提示された(57)。佐藤首相は、これに関し渡されたメモの内容を検討するとしながらも、製鉄工場建設については業界での話し合いをつけるのが先であり、その後に輸銀・海外経済協力基金による延べ払いの検討となることを説明した。

さて、この台湾滞在中に佐藤・蔣会談は公的には二回おこなわれ、このなかで蔣介石は中共問題について、現在の中共の状況は「分裂した状態」であり、「ここ二、三年が大陸反攻には絶好の機会だ」としながら、「この本質を欧米の指導者たちは分っていないことに失望している」とした(58)。第一回目の会談は、こうした蔣介石のアジア情勢の見解を聞いていた佐藤であったが、第二回目の会談では沖縄問題をとりあげている。佐藤は、「日本として重要なのは、沖縄問題であり」、「自分も沖縄復帰を完成せねば、戦後は終らぬという気持をもっている」と沖縄返還に関する強い意思表明をしつつ、「これによって米国の極東防衛体制の弱化を招くことは自分の本意ではない」として、蔣介石の了承を求めた。沖縄については、中華民国政府は日本の潜在的主権を認めない立場をとっていたが、蔣介石は「沖縄問題は合理的に解決する日が来ると思う」として、強い反対は示さなかった。

佐藤訪台で正式に招聘された蔣経国国防部長は、同六七年一一月二七日、一行三三名で羽田に到着した。同日午後四時半から佐藤首相との一時間弱の会談があり、続いて三木武夫外務大臣を表敬訪問、翌日は石井光次郎衆議院議長、重宗雄三参議院議長らへの表敬訪問に続き、増田甲子七防衛庁長官と会談した。夜は天皇陛下に謁見するなど、一連の儀礼的な行事をこなした蔣経国は、二九日からは日産自動車工場、東芝工場の視察のほか、NHK放送センター、毎日新聞社、一〇月に亡くなった故吉田元首相のお墓に参拝した後、京都・大阪をめぐって一二月二日に特別機で帰国した。日本側は、蔣介石の後継者として意識しながら公賓として待遇し、政治的に緊密な日華関係が象徴的に表出された一年となった。

その後一九六〇年代後半の時期は、中国は文化大革命の時期を迎えて外交活動も停滞し、日中関係が進展することがなかったこともあり、佐藤政権は、中国の核への懸念をかかえながら沖縄返還実現に向けて、米国との協調関係を深めていった。一九六九年には、佐藤・ニクソン共同声明のなかで、韓国と台湾の安全が日本の安全にとって極めて重要であることを宣言した「台湾条項」も挿入され、一見するとこの時期の日本と台湾の関係も相対的に安定し、より緊密な関係にみえることになる。

(3)　一九七〇年の国連総会とその衝撃

大きな変動は一九七〇年に入ると明確に現れる。一九七〇年の国連総会で、国連から中華民国政府を追放しようというアルバニア案が過半数を獲得した。それに先立ち重要事項指定決議案が可決されていたため、単純過半数によりアルバニア案が可決されることにはならなかった。しかし、この表決結果が現れた直後、米国の代表団員は、「もし何か方法を考えなければ、中共が遅かれ早かれ君らにとって代わることになる」と述べ、中華人民共和国政府が中国として加盟することを容認する可能性も示唆した。(59) これらの事態に直面した台湾の中華民国政府では、まず人事面においては、駐米大使周書楷（五八歳）が、七五歳の魏道明に代わり外交部長に任命され、駐米大使には沈剣虹が就任した。

米国務省では、中国政府の国連参加阻止ではなく、台湾の中華民国政府の国連での議席保持に重点を置いた方策、すなわち中華民国政府の追放には反対し、その両方に国連での議席を与えるという「二重代表方式」を検討した。(60) しかし、これと同時に、ニクソン大統領とキッシンジャー補佐官は、水面下で中国との関係改善を進めていた。駐米大使に就任した沈剣虹が米国への赴任準備をしていた七一年の四月二三日、元政治担当国務次官ロバート・マーフィー（Robert D. Murphy）が台北を訪れ、蔣介石総統と会談した。(61) 安保理の議席に影響を与えないという前提のもとで、米国の提案する二重代表方式について、蔣介石は「不満ではあるが、無理して同意することはできる。……この提案が本当に提出されるのであれば、中華民国は反対票を投ずるが、親交のある国々がこれに反対票を投じるように要求しないことはできる。これが、われわれがこの代表権問題で米国と協力できる限界である」と答えた。(62)

米国へ向かう途中来日した沈剣虹駐米大使は、五月六日、まず台湾との関係を重視する自民党の長老である賀屋興宣との二時間にわたる会談をおこなった。(63) 沈大使はこの席で米国が二重代表制案（ＤＲ案）提出へ変更する構想であることを日本に告げ、その案では安全保障理事会のメンバーシップについては触れられていないことを強調した。そして、この会談のなかで、沈は一九六一年一〇月に米国が台湾に対して提示した「秘密保証」、つまり六一年の国連総会にあたり、中華民国政府代表がモンゴルの加盟問題をめぐり拒否権を行使しないことと引き換えに、米国ケネディ大統領が蔣介石総統に非公開かつ口頭で与えた非公式の保証まで持ち出して、安保理の議席確保への日本の支持をとりつけようとした。

また、五月七日、沈剣虹駐米大使、彭孟緝駐日大使、外交部国際組織司長らと日本外務省法眼晋作、国連大使中川融、国連局局長ほか関係者による会談、同日午後の愛知揆一外相との会談、さらに翌八日、国際組織司長翟と外務省国連局との会談が重ねられた(64)。こうした一連の会談のなかで、日本側は、台湾側の二重代表制案に対する最終的な許容範囲をさぐろうとしていたが、明確な回答を得ることはできなかった。

(4) 米中接近の衝撃

七月に入り、キッシンジャーの訪中成果としてニクソン訪中が発表されると、台湾の中華民国政府と日本に大きな衝撃をもたらした。七月一日、北京への秘密訪問計画を含めたパキスタンへの旅に出発する当日、キッシンジャー補佐官は沈剣虹大使就任後初めての会談をおこなったが、米国の行動を台湾の出先機関はこの時点で感じ取ることができないでいた。

七月九日から一一日までの三日間キッシンジャー補佐官は北京を秘密訪問した。そして、七月一五日のニクソン訪中を発表した。その突然さへの驚きと、これから起こりうる変化への不安を生み出し、大きな動揺を台湾に引き起こした。とはいえ、六九年のニクソン政権誕生以来、第七艦隊による台湾海峡パトロールの不定期への変更（六九年）やワルシャワ米中大使級会談（七〇年）など、中華人民共和国との関係改善に向けて徐々に進められていった米国の数々の措置は、中華民国政府首脳部の懸念を呼び起こしていた。このときの台湾の対応は、七一年六月国民党中央常務委員会（以下、中常会）で対米工作の強化を定めた議案を通過させ、宣伝工作などを中心として各種の具体的、戦術的な対策がはかられていた(65)。

日本では、米国とともにＤＲ案の共同提案国となるかどうかについて意見が分かれていた。最終的には総裁一任というかたちで、佐藤栄作首相が共同提案国となるという決断を下すが、この決定までの過程で、佐藤首相は張群秘書長らとも会談し、台湾側の意向をさぐろうとする。七一年七月末に来日した張群秘書長は、国連憲章改定が必要と主張する手段によって安保理の議席を確保する立場を強調した。[66]この方法は、国連憲章第五章第二三条および第一九章第一一〇条に、Republic of China＝「中華民国」の名前が出ていることを利用して、北京政府の中国の代表としての国連加盟には、国連憲章の改正が必要だと主張する方法である。そして、憲章第一〇八条には、国連憲章の改正には、総会構成国の三分の二以上の賛成と常任理事国全員の賛成が必要であるから、台湾側は、憲章改正の動議を拒否権を行使して斥けることができるというものであった。

これより先の七月初めのソウルでの会談で佐藤首相は、国際情勢が北京政府の参加を求める事態となっても、中華民国政府は国連を脱退すべきではないと張群秘書長を説得したという。[67]さらに、八月一日におこなった張群秘書長との会談を、佐藤首相は「中共の国連加盟はやむを得ないとするが、安保理の常任理事国とすることには絶対反対の様子」と日記に記している。[68]この前日に、佐藤首相は、米国は二重代表制と台湾の中華民国政府追放は重要事項とし、安保理の件は安保委員会の多数に従うことで台湾側を説得する計画であることをマイヤー大使から説明されていた。[69]そこで、佐藤首相は、中国が参加してきても台湾側が脱退しないように説得をおこなったが、この会談後張群秘書長は、非常に憤慨して帰国したという。[70]

(5) 中国代表権問題をめぐる国連での結末

しかし、八月末頃には、佐藤首相は台湾側が二重代表方式を一応受けいれそうだという感触を得て、[71]九月二二日に日本は共同提案国となることを発表した。その後、日本も福永健司・木村俊夫ら四人の特使を派遣して票集めに努力したが、こうした票集めの段階で、台湾側は苦しいジレンマを抱えていた。駐米大使沈剣虹は、親交のある国々に対して、中華民国としては何をして欲しいのかを明確に示すことができなかった点を失敗の原因の一つとしてあげつつ、以下のように述懐する。(72)

われわれは中共の国連参加を許容するいかなる動議をも支持することは出来なかったので、意見を述べるにしても、中華民国の国連における議席を保持していけるよう要求するだけであった。親交のある国の政府が、台湾側は自分たちにどのように投票して欲しいと希望しているのかとたずねてきた際には、どう答えてよいやら分からなかった。結局、彼らに我々の困難な状況を説明できるだけで、あとは自分自身の判断で票を投じてくれと要求するほかなかった。

台湾側は「二つの中国」を認めるような発言をすることができず、共同提案国と直接の会議以外の場で工作を進めたものの(73)、台湾の外交官の抱えるジレンマは深刻であった。

一九七〇年の国連総会では、中華民国を承認している国が六〇、一方中華人民共和国を承認している国が五九であった。しかし、同年のアルバニア案は賛成五一、反対四九で過半数の賛成を得ていた。七一年七月頃になると、中華民国を承認している国が五六カ国に減少し、中華人民共和国を承認している国は六三カ国に増加した。こうした状況で米国務省は「二重代表制決議案」と「逆重要事項指定決議案」を準備したが、このうち逆重要事項指定決議案は、台湾の追放だけを重要事項に指定するものである。したがって、中華人民共和国政府の招請については、「単純過半数で通るよう国連の門戸を大きく開いている」のであった。(74)

しかし、結局台湾の中華民国政府が国連に残っている限り、北京側が国連に入ってくることが考えられないとすれば、実質的にこの逆重要事項指定案は、北京側の国連参加を阻むものになる。各国の国連大使らは、毎日票読みをやったと言われている。当時の日本の中川融国連大使も、逆重要事項指定決議案はぎりぎりで通るであろうとの計算をしていた[75]。また、駐日大使館の林金莖参事官も、法眼晋作と票読みをおこない、「今年は大丈夫だろうと思っていた」[76]。しかし、キッシンジャー補佐官を二回にわたり訪中させる米国の真意をはかりかねる国もあり、中華民国政府の国連残留を支持する国のなかにも棄権する国が続出した。このため実際には、賛成五五、反対五九、棄権一五で逆重要事項指定決議案は否決との表決結果につながったのである。

米国は最後の努力として、アルバニア案の主文の後段部分、すなわち中華民国政府代表を追放するという部分を切り離し、それぞれに対し投票することを要求する動議を提出した。しかし、この動議も否決され、中華民国政府代表周書楷は、アルバニア案が表決に付される前に、その後の議事への不参加を表明して退場した。それは、まさに台湾の中華民国政府が、中国の代表としての議席を喪失し、また分裂国家の一代表としても、そして台湾の代表としても議席を確保することができず、国連から退出するという歴史の転換点を記す瞬間となったのである。

この時の台湾側の代表団は、二つの対応策を準備していた[77]。その対応策は、国連総会開催ぎりぎりの時間まで、周書楷外交部長が台北において蔣介石総統との間で練ってきたものだった[78]。その一つは、逆重要事項指定決議案が可決され二重代表方式で中国と台湾の国連参加が可能となったときのものであり、もう一つは、周書楷外交部長が読み上げた国連からの退出の宣言であった。

おわりに

一九五〇年代からの日中民間貿易協定交渉にみられる中国との関係進展は、日本が台湾の中華民国政府との関係維持を前提として進めたものであったが、それに対する台湾側の対応は、長崎国旗事件を転換点として日本国内の二分化を推し進めることになった。その結果として生み出されてきた一九六〇年代の日華関係の特徴は、「象徴的な友好、実質的な脆弱」の時代といえるであろう。米国の台湾の中華民国政府への支持継続のもとに、六四年の吉田茂訪台や政治的な「大陸反攻」への道義的・精神的な支持表明により、蔣介石・張群と自民党保守派との強いチャネルが形成・維持されているとみえた時期であった。そして、中国側が佐藤政権を「反中国」的であると位置づけ、反対姿勢を強めることによって日華関係が緊密なものとみえることになる。

しかし、実際には、政府間の正式な外交チャネルの強化や日本と台湾の間の多元的な関係の深化はそれほど進んでいなかった。また、政府間関係を補完しようとのさまざまな動きが、結局は正式な外交ルートの関係を脆弱なものとし、政権担当者の交代などによって一気にチャネルの効力を喪失するような事態を生み出す背景となった。そして、現実として必要とされるさまざまな工作を可能とするために、六〇年代半ばには総統府および蔣経国につながる非公式チャネルの形成が模索された。それは、日華関係においては、外交の正規チャネルとは別に、吉田・佐藤という政府・与党の主流派につながる個人的な信頼関係と、国民党の海外工作と反主流の岸との間の関係として形成されていった。この結果日華関係は、日本とのイデオロギー的、軍事的、精神的連帯を重視する蔣介石を中心とする強いチャネルとはなったが、逆に実務的な関係の多角的深まりという方向には進まなかった。

一方、陳誠および経済実務路線の高級官僚たちは、外交と経済関係の観点から、より経済的な連携などを求める行動をとっていた。陳誠が生存中は行政院主導のそうした行動可能性は残されていたようにはみえる。しかし、そうした外交力も、葉公超の失脚にみられる外交部の発言力の低下や、蔣介石の三選と蔣経国への権力継承路線がより鮮明化したことに加え、ナンバーツーであった陳誠の死去によって、蔣介石―張群主導の日華関係構築に拍車をかけることになった。

六〇年代の日華関係は、中国と台湾にある二つの政府との、より現実的な関係構築の可能性が潜在的には見出されるものの、それを拒絶することによって現状の変更を阻止しようとする中華民国政府の短期的な選択の積み重ねによって、最終的には七一年の国連からの退出へと至る。この時中華民国政府が、台湾を代表するかたちでも国連に残れなかったことは、その後の日中国交正常化と日華断交への大きな流れを作り出すことになった。

第四章　日華断交と七二年体制の形成
——一九七二—七八年——

清水　麗

はじめに

今日中国側からは堅持すべきものとして、あるいは台湾側からは打破すべき対象とされる「七二年体制」であるが、一九七二年以後の日中台関係の原型は、日中国交正常化と日華断交によって生み出されたものである。しかし、その関係の実態は、単に日中間の政府間関係と日台間の民間交流という枠組みでとらえられるものでもない。たしかに、日本と台湾は、七二年の外交関係の断絶以後民間実務関係を維持しているが、それは経済・文化・人的往来などの交流を指すだけではない。実際には、本来外交問題となりうる懸案に対して公式のチャネルを代替する準公式チャネルによって対応する関係である。八〇年代後半以降、日本は主に李登輝政権下の台湾に対して注目し、また李登輝訪日問題など大きな展開もあった。しかし、それ以前の断交からの十数年、それはちょうど蔣経国時代にあたるが、この時期の日台関係の研究は多くの課題が残されている。いわば、七〇年代後半は、日台関係に大きな展開がなかったようにみえる「静かな」時期を迎えるのであるが、これは七〇年代半ばまでに航空路や経済、その他さまざまな係争の処理を経て断交直後から形成された日台実質関係の枠組みのなかで、多くが問題化されることなく処理された結果でもあった。

　そして、その問題化されないことで積み上げられてきた実質関係の成果なくして、八〇年代以降の日台関係の新たな展開は可能とはならなかったであろうし、九〇年代以降の台湾の国際社会における位置づけを問い直す外交活動も展開することはなかった。いわば、七〇年代から八〇年代のまだ「台湾」としての自立した存在を国際社会に主張する以前の時期に、「一つの中国」原則を維持したままで積み上げられていった実質外交の成果が、そこに大きな制約があったにせよ、八〇年代後半以降の実効支配地域に基づく「台湾外交」をかたち作っていくことになる。

一　一九七〇年代初期の台湾の対外政策

(1) 対外経済関係の強化

　一九七〇年代に入り、台湾の中華民国政府は、アメリカ、日本、中国の対外政策の転換に対して非常に警戒感を強めた。そして、七一年の中国の対米政策転換を「中華民国と同盟国の離間を企図」するものであり、台湾の孤立化をはかる「統戦」(統一戦線工作)の一環であるととらえ、[1]「対外面においては経済外交を強化し」、新たな地域に市場を開拓することによって「一国に過度に依存した対外貿易の形態を打破しなければならない」として、国交のない国家に対しても民間貿易活動を促進していく方針を打ち出す。[2]また、国連から退出した直後の一〇月二八日、外交部次長は、立法院外交委員会で「若干の友邦国との二国間関係を強化し、対外貿易については多方面から促進し、国内建設と発展に寄与するよう協力する」とあらためて表明した。[3]
　この時期の台湾の対外政策は、一連の外交的挫折を中国側の台湾孤立化戦略によるものと位置づけつつ、国内建設のために対外経済関係の実質的拡大を模索したものだった。蔣介石から権力を継承し、実権を握りつつあった蔣経国にとって、その優先課題は政治改革と経済建設であり、その経済建設を支える外交環境を維持することが対外政策の一つの中心的課題であった。この時期の台湾にとって、日米は総輸入額および総輸出額の五割を超える割合を占める存在であり、いわば経済貿易活動を展開するための柱であった。[4]しかし、この時期日本では、七〇年春の「周四条件」に始まり、台湾と関係の深い住友化学・三菱重工や日華協力委員会有力メンバーであった三井物産を含む四大商社を日中貿易から締め出すという中国側の方針表明にみられるように、日本企業に対する圧力が強まってきていた。そうしたなかで、台湾では、国連での議席を失うことが経済貿易にどのような影響を与えるか、とりわけ日本との関係が議論の焦点となった。[5]

(2) 蔣経国体制のもとでの対外政策

こうした経済関係の拡大に続いて、外交政策全般についても難局打開のため、より積極的な活動方針が示された。一九七二年二月一八日の立法院会議において、周書楷外交部長は、「今後は、ただわが国の法統に反せず、わが国の基本国策に影響せず、また国家の尊厳を損なわないという三つの大前提のもとで、全面的な外交を進め強化していく」と述べる。[6]すなわち、外交活動を展開する対象について、反共かどうかという基準を明示せず、ケース・バイ・ケースの対応がありうるという含みをもたせた内容であった。しかし数日後、立法院会議において谷正鼎委員は、外交当局が最近よく使っている「弾性外交」「現実外交」は、原則を堅持する立場からいって妥当ではないと強く牽制した。[7]

こうした外交方針の柔軟化の兆しは、二月二一日のニクソン訪中を迎えてさらに動きを見せることとなる。二月二六日、蔣経国は各総司令を招集してその後の対応を協議し、アメリカ以外の国家からの武器購入を検討するよう指示したという。[8]米華相互防衛条約が取り消され、米中関係が正常化されるのはもはや時間の問題だとの考えに象徴されるように、米国への信頼は低下していた(9)。

この台湾をめぐる国際環境の悪化に歯止めをかけるため、周外交部長や頼名湯参謀総長らは「政治的原子爆弾」の使用をも検討した(10)。これを試すかのように、周外交部長は三月七日国民党三中全会において、外交観念の拡大をはかりながら次のように述べている(11)。

現代の各国の対外関係における新しい形態は、国交を結び外交官を派遣しおよび国際組織に参加することに完全に依存するものではなく、各種の方式によって対外的な連絡を推進し、利益を獲得することを重視する……（中略）……思想上、制度上は、われわれは引き続き共産主義に反対していくが、しかしわれわれの匪偽政権打倒・光復大陸の基本国策に影響を与えず、共匪の追随あるいはシンパでない限り、それらの国家と貿易・経済またはその他有利な双方の往来を生み出すことを研究してはならないというものではない。

そして続く三月八日、アメリカのハースト系新聞の調査団に対して周外交部長は、共産諸国との外交接触やソ連との関係接近を示唆する談話を残した。それは、まさに「政治的原子爆弾」であった。この発言は台湾の政府内部にも大きな波紋を呼んだ結果、一〇日の外交部スポークスマンの記者会見で事態の収拾が図られ、外交の重点は依然として自由主義諸国との関係強化におかれていることが強調された(12)。

七二年六月、台湾では蔣経国が行政院長に就任し、いくつかの新しい態勢および政策をとりはじめた。人事面においては台湾出身者の起用を拡大し、六〇年代半ばから叫ばれていた「青年才俊」とよばれる若手起用を具体化し、行政効率の向上など政治革新を唱えた。経済面においては、それまでの経済成長を持続させていくための政策を推進し、外交面においては、国連脱退以後厳しくなる一方である国際環境に対し、より現実的な政策をとろうとしていた(13)。この時の外交部長には、六〇年代に八年間も外交部長を務めた沈昌煥が就任し、前任者でニクソン訪中にあたり外交政策の変化を模索したかにみえる周書楷は、行政院政務委員として表舞台から去った。

こうしたなかで、日本との外交関係断絶の危機は、外交だけではなく経済関係をも含め、原則と現実的対応とをどのように両立させていくのかという重大な問題となった。蔣経国が行政院長に就任した直後の外交政策は、「現在外交関係を有している五一カ国との関係を維持していく以外に、すでに国交を断絶した国家に対しても、国交を断絶したからといって相互の往来をしないのではなく、より一層連係を強めていくべきである」(14)として、断交後の実質関係維持の方針が表明されている。

二　日中国交交渉進展への対応

(1) 対日強硬姿勢

沖縄返還を成し遂げた佐藤栄作首相は、一九七二年六月に退陣した。その後自民党総裁選に勝利した田中角栄首相が組閣、大平正芳が外相に就任すると、新内閣は中国との国交正常化へ一気に動き始めた。七月一三日、蔣経国行政院長は、行政院院会において「日本政府は近いうちにおそらく共匪といわゆる政府レベルの交渉を進めるであろう」との認識を示し、早急に対策を講じる必要を提起した(15)。そして、対日外交が外交部を中心とする行政院主導で対応されることがあらためて明確にされている。まず、七月一九日に蔣経国院長は宇山大使と会見して台湾側の立場を伝え(16)、翌二〇日には沈昌煥外交部長も日本に対して厳しい姿勢を伝えた(17)。

しかし、その後日本でおこなわれた外務省や外相との会談においては、かなり明確に日本が中華民国政府との外交関係を断って中国と国交正常化するとの姿勢が示される。七月二一日、外務省の中国課長である橋本恕は、林金莖政務参事官に対して、今となってはだれが首相となろうとも日中国交正常化は避けられないと述べた[18]。この報告を受けた台湾の外交部は、ただちに彭孟緝駐日大使に大平外相を訪ねさせた。七月二五日、田中政権成立後の第一回目の正式な会談がおこなわれ、大平外相は、この彭孟緝駐日大使、鈕乃聖公使、林金莖政務参事官との会談で、「経済・文化関係は維持してまいりたい」と外交関係の断絶をほのめかした[19]。これに対し彭孟緝駐日大使らは強烈な口調で抗議したが、大平外相は「やむをえない」と回答した[20]。しかし、この会談を中国国民党の機関紙『中央日報』は、日本外務省関係筋の情報として「大平外相は慎重にことにあたると言い、中華民国政府と日本政府はこの問題に関し密接な接触を保つべきであるとの認識で彭駐日大使と一致した」と伝えただけだった[21]。大きな動揺を引き起こしかねない日本との関係について、報道は抑制されたものとなっていた。

一方、大平外相は、一時帰国した宇山大使らと対応策を協議した。その結果、日本の台湾への姿勢としては、最大限の誠意を示して台湾側の理解を得るために全力を挙げることとされた[22]。そして、大平外相のこの台湾への外交姿勢が、後述する日本の「別れの外交」の展開へとつながっていくことになる。八月二日、日本の外務省中国問題対策協議会の初会合において、大平外相の方針が明らかにされ、翌三日、国交樹立への出発点として外務省から政府見解として発表された。しかし、この段階では日本側も、日中国交正常化の具体的な段取りや方法、田中首相の訪中、また首相・外相の訪中により一気に国交正常化するかなどの詳細は依然として決定されていなかった。

そうした状況のなかで、八月三日、蔣経国行政院長は、再び行政院院会において既定の政策に基づいた慎重な対応と、起こりうる状況すべてに対しての周到な対策を練るようにとの指示を出している[23]。これは、七月二七日の行政院院会に引き続き、関係各機関が十分に協議し、コンセンサスを得ることが再び提起されている点からみて、内部における意見や姿勢の相違があり、対策がまとまっていない状況がうかがわれる。さらに、韓国訪問の帰途日本を訪問した中国国民党中央委員会秘書長の張宝樹は、自民党の橋本登美三郎幹事長、鈴木善幸総務会長、桜内義雄政調会長らと会談したが、田中首相や大平外相と会談をすることはできなかった。大平外相は、「党の人間だから党の人間に会って貰うのが当然だ」といって応じなかったという[24]。張宝樹は、佐藤栄作前首相らとの会談はおこなったものの、政府要人との会談をついに実現できずに帰国した[25]。

田中首相訪中決定は、七月末に公明党竹入義勝委員長が周恩来総理との会談記録として持ち帰った「竹入メモ」を見て決意されたといわれるが、八月七日にその意向が表明された。翌日の八月八日、蔣経国行政院長はより強い調子で、「中華民国政府と人民に対して最も友好的でない態度であり、中華民国政府はこれを厳正に譴責する」との談話を発表した[26]。八月半ばには、断交と戦争状態の復活を含む一切の強硬手段を惜しまずにとるべきだと主張するものや、台湾海峡を通る日本商船への臨検、その安全を保証しないことを宣言するなど、さまざまな強硬論が現れた[27]。台湾の政府内にも感情的な強硬手段を主張する意見は存在したが、蔣経国および対日政策担当者のあいだでは、強硬論を実際の措置として考慮してはいなかった[28]。

八月一五日、田中首相が周恩来首相の訪中要請を受諾することを発表した。その翌日、彭孟緝駐日大使は、日中国交樹立の際には台湾の中華民国政府との国交は断絶する旨の大平外相発言に対し、口頭での厳重な抗議を申し入れ、その主旨を書いたメモランダムを手渡した[29]。大平外相は、これに対し「『日中正常化』は時の流れであり、中華民国との外交関係を持続し得ないことに関しては、『断腸の思いである』といいきった」という[30]。

(2) 米国の対日影響力行使への期待

その一方、八月一〇日におこなわれた院会において蔣経国行政院長は、今後日本政府の態度がいかなるものであろうとも、以下の四項の重要方針を把握して今後の措置をおこなっていくべきだとした。①経済発展を保持し、人民の生活を増進する、②全面的な政治革新をおこない、国民のためのサービスを強化する、③社会秩序の安定、並びに進歩のなかでさらに安定を求める、そして④国家の安全を強固にし、国防力を充実させる、というものである。[31] すなわち、蔣経国行政院長は、日本に対し強硬な姿勢を示しながら、具体的に対日外交として何をすべきかについては関係機関に対応策を練るように指示し、むしろ外交関係の変化によって台湾国内が動揺しないことに重点をおいていたと考えられる。

八月一六日の談話では、七月二〇日の外交部声明を再確認し、さらに重ねて「アジア太平洋地区の平和と安全を害する行動を停止」するよう「警告」していた。この時期、台湾およびアジア太平洋地区の安全、すなわち台湾の安全保障のために不可欠な日米安保体制がどうなるのかという問題にも焦点を置き、その枠組みに影響がおよぶことへの強い警告を発し、この点について米国の日本への圧力に期待した。

沈剣虹駐米大使は、外交部から「米国政府が田中政府に中共を承認しないよう勧告する、またもし米国が田中を阻止し得ないのであれば、田中にスピードを落とせと要求するように、米国に働きかけること」との指示を受けて、キッシンジャー補佐官やロジャーズ国務長官らへの説得工作をおこなっている。[32] 沈大使は、七月二五日にキッシンジャー補佐官との会談で米国の日本への影響力行使への期待を伝えたが、それに対するキッシンジャー補佐官の回答は、かなり強いメッセージを日本側に伝えることはできても「ニクソンは必ずしも目的を達するとは限らないだろう」というものだった。[33] 米国が日中国交正常化によって懸念することは、日米安全保障体制および台湾を含めたアジアの安全保障に影響がおよぶのかという点であり、日米首脳会談に向けて八月中旬から始められていた事務当局間での共同声明の草案作りでは、すでに共同声明においては日米安保体制の堅持を謳う一方、台湾問題には触れないことが決まっていた。[34]

八月末からのハワイにおける日米首脳会談では、日本側が貿易不均衡問題への善処を示し、また日中国交正常化にあたり日米安保体制の枠組みを損なわない立場でおこなうことを表明していた。この時、日本側では、すでに竹入メモなどから中国側が日中国交正常化に際して日米安保体制に触れないとの感触を得ていたが、この共同声明に対して中国が特別の反応を見せなかったことによって、あらためて日中国交正常化と日米安保体制を両立できるとの確信を強めている(35)。

日本に対する直接的な影響力を発揮しえない台湾側は、日中国交正常化を阻止しえないまでも、日本がそのスピードを落とすよう米国の影響力に期待をかけた。しかし、米国は、台湾の扱いが日米安保体制と米華相互防衛条約などの二国間条約のネットワークにより形成されてきたアジアの安全保障体制の範囲内であるかぎりは、それ以上日本を拘束する理由はなかった。台湾側の期待もまた、日米首脳会談後には、「日本はすでにニクソン大統領の十分な理解を得たと考えているのだから、中華民国やその他アジアの国々の反対について、もはや顧慮することはないだろう」との失望感へと変わった(36)。

（3）実質関係維持をめぐる策動

中華民国政府側は、強硬な抗議声明、厳重抗議などの一連の厳しい姿勢を堅持していたが、この時期から日本との外交関係が断絶したときの具体的な対応が急ピッチで作成されていた。八月一一日午前に開かれた外交部の「日本問題工作小組会議記録」での結論は(37)、①八月末の日米会談で出されるコミュニケでは、米国が日中国交正常化に理解を示す言葉を入れないよう駐米大使に米国と交渉させる、②駐日大使には大平外相に対して強い抗議を出し、書面による抗議もおこなう、ことなどを決めた。さらに、経済部、財政部、教育部、僑務委員会、交通部、中央党部などの各機構のそれぞれ次長レベルの担当者が楊西昆次長と今後の計画作成に秘密裏に当たっていけるよう手配し、情報の漏洩によるマイナスの影響に対して非常に慎重な態勢をとった。

八月一五日、鈕乃聖公使と劉維徳経済参事は、外務省中国課課長橋本恕と会うことになっていた(38)。しかし、関係が揺れる微妙な時期であるだけに、鈕公使は同席を控え、劉参事が橋本と会談する。ここで橋本は、「私自身と劉参事はともに事務官であり、政策的な問題について双方の政府を代表して話し合うことはできないが、日華関係が断絶した後の善後措置を早期に相談して決めておいた方がいいように思う。私は官僚を主管する立場として、この機会に劉参事と非公式会談をおこないたいと思うが、劉参事の意見はいかがか」と提案した。[39] あわせて、各項の善後策について、①華僑居留問題、②民間航空運航問題、③ビザ問題、④貿易機構、⑤大使館財産処理、⑥その他の日本における財経機構、⑦民間方式による分割借款買い付けの件、⑧関税の優遇、⑨在日華僑と投資、⑩日米関係、⑪大使館閉鎖問題、⑫宇山大使の件などの項目を挙げ、最後にこれらが法眼晋作次官の同意を得て、大平外相にも報告済みであるとつけ加えた。鈕公使は、急ぎ楊西昆次長と秘密裏にまず相談をしたいと考え、劉参事に手紙を持たせて帰国させ、一八日に楊次長に手渡した。このとき、彭孟緝大使にさえ報告をしていなかったという。[40]

また、より具体的な断交後に向けた動きも始まっていた。八月一四日駐日大使館から外交部に送られた「駐日大使館対処構想」[41]は、日本政府の進める中国との国交正常化政策はすでに阻止しえず、それが実現したときには中華民国との関係は維持しえないとの観点に立っている。そして、もし国交断絶という事態が生じた場合に、日本側が提案している「政経分離」原則に基づく経済文化関係の維持にどう対応するのかということへの駐日大使館側からの提案である。この構想では、政経分離の原則に基づいて現在の経済文化関係を維持する交渉をおこなうこと、その交渉のタイミングは非常に重要で、国交断絶後即おこなわなければ時機を失する恐れがあるとしていた。つまり、日本との関係が一旦切れてしまえば、中国の圧力によって再び取り戻すことは困難との判断である。

また、日台の経済文化関係維持のためには日本に機構をおくことが望ましく、第一案として領事関係を持つ機構の設置、第二案としては台湾商務代表処あるいは商務弁事処を残すという案であった。そして、その代表処あるいは弁事処の地位は、「官」の地位が維持できない場合は「半官」の地位を得ることが希望として出され、もし半官の地位が得られなければ、実際の経済貿易文化や領事事務にかかわる活動ができないと主張する。

さらに、代表処あるいは弁事処の規模や待遇などについては、少なくとも一四人の人員を台湾から派遣することが必要であり、日本現地での雇用人数は必要に応じて制限を受けないとしており、外交部のファイルに「備忘録貿易弁事処」の概要が一緒に綴じられていることや内容の類似点などからみて、中国の備忘録貿易弁事処を構想案作成のモデルとしているようである。断交後、実際の実務機構設立のための交渉過程では、台湾側からより規模の大きな機構や機能を想定した要望が出されていることからみて、これは非常に控えめな内容であった。

三　大平外相の「別れの外交」と台湾

田中角栄首相のもとで日中国交正常化が急展開で進められるなか、台湾に対する日本の外交活動は大平外相の「別れの外交」[42]として知られている。日本側の目指した日台関係の処理とは、台湾からの報復的な措置を受けることなく、「日台関係を破局に至らしめない」で「円満に事実上の関係は維持」することであり、「その点をきちっと台湾政府とつめておけ」という点にあった[43]。そのために、大平外相のイニシアティブのもとに外務省内の主として法律の専門家を中核メンバーとした小グループが形成され、①台湾への特使派遣、②田中首相から蔣介石総統への親書、③台湾への密使の派遣など、がおこなわれた。

（1）密使派遣

七月下旬に一時帰国した宇山大使は、「台湾政府は田中内閣による日中国交正常化のテンポを心配し、日本国内の事情を知りたがっている」と報告し、特使の派遣は歓迎されるであろう旨を伝えていたという[44]。宇山大使と台北の状況を協議した大平外相は、すでに述べたように最大限の誠意を示して台湾側の理解を得るよう努力する方針をとることになった。当時外務省アジア局参事官であった中江要介によれば、大平外相は当時「日中関係というけれど、実際は日台関係だよ」と口癖のように述べ、本当に難しいのはそれまで友好裡に発展していた日台関係の処理の方であると考えていたという(45)。

日中国交正常化交渉にあたり、日本は台湾との実質的関係を維持しながら中華人民共和国政府承認への切り替えというかたちで外交関係を樹立しようとしていた。このためには、台湾との外交関係を切ることになるが、この中華民国政府との外交関係断絶を日本側から宣言せずに、台湾側からの断交宣言かつ実質関係の維持を引き出す必要があったのである。もし、台湾側がより強硬な、報復的な措置をした場合には、田中内閣は国内における対抗勢力の攻撃をうけ日中国交正常化さえも頓挫しかねない。その意味でも、台湾との関係をいかに断絶し、さらに次につなげるかが、日中国交正常化の成否を左右する重要な点だった。このため当時の中江参事官は、アジア局長から「君には台湾の方を頼む」と依頼され、大平外相とはひそかに緊密な連絡をとり、情報交換をしながら台湾との関係処理にあたった(46)。

大平外相は、日本側の真意を台湾側へ伝えるために、密使の派遣を画策した。この密使として白羽の矢をたてられたのが辜寛敏である。このとき「日中国交正常化の直前、当時の田中内閣の大平外相が辜寛敏氏をまねき、密使として国府政権に田中内閣の意志と今後の日台関係のあるべき形を通告するように依頼した。……（中略）……辜氏はスペインに赴き、そこから極秘に台湾に入り、国府の実力者蔣経国に日本の意志を伝えた」という(47)。辜寛敏は、当時日本において活動する台湾独立運動家の一人で、「台湾独立聯盟」の委員長などを歴任したことのある人物であった。当時の台湾は、戒厳令のもと「ブラックリスト」に載せられた独立運動家たちは台湾への入境を拒否される状況であったが、彼は台湾の危機にあたり蔣経国の要請に応じて七二年台湾に戻ったといわれる(48)。

七月、大平の自宅に招かれた辜は、「日中国交回復は時間の問題だが、中華民国（台湾）との断交は日本として不本意だと本国に伝えてほしい」との依頼を受けた[49]。これを受けて七項目にまとめられた書簡をもち、辜は劉維徳経済参事官の助力を得て、七月下旬極秘裏に台北へと渡り沈昌煥外交部長にこの書簡を手渡したという[50]。メッセージの伝達が成功したかどうかはともかく、大平外相は、台湾側に極秘に日本側の意図を伝えるため、わざわざ台湾独立運動家を選び密使の役割を依頼したと考えられる。

(2) 特使派遣

米国への説明と了解のとりつけと並行して日本政府が進めていたのが、台湾への特使派遣であった。自民党内の日中国交正常化協議会では、親台派議員が妥協せずに議論がまとまらなかったが、日本政府の動きはこうした動きとは別であった。大平外相は、日中国交樹立時点では台湾との外交関係が維持しえないことを、すでに口頭で幾度も台湾側へ伝達していた。そうした状況で、空席であった自民党副総裁の地位に椎名悦三郎を任命し、日本政府は特使として椎名副総裁を台湾へ派遣することを発表する。八月二〇日、大平外相は田中首相と協議した結果、田中訪中以前に自民党代表団を北京に送ること、および台北に政府特使を派遣することを決定した。八月二二日の自民党総務会において、椎名は副総裁に指名されると同時に、特使の依頼を受諾した。

特使派遣の決定は、台湾側の合意確認がとれないまま発表された。七月下旬に宇山大使がこの特使派遣を提起した当初、台湾側が特使派遣を歓迎するとの情報のもとに動き始めた外務省としては、「いまさら根回しする必要はなかった」とのいい分であった[51]。日本政府は、日本の国交正常化への考えや現状を説明するために特使を派遣するといっていたが、実際にはその役割について、大平外相と椎名悦三郎とのあいだでは明確なやりとりはできなかった。椎名の基本的な考えとしては、「最善の方策として、日本は日本流に、まず中華民国との国交関係は現状のまま維持し、新たに『中共』と国交を開く方式を考える」というものであり、二つの政権が存在するという現実にたって北京政府との交渉にあたるべきだという姿勢であった[52]。大平外相との話し合いでは、大平外相が国家との付き合いは、片方を選択すれば片方は断念せざるをえないという考えを述べる一方であったのに対し、椎名悦三郎は、台湾の扱いに関しもっと含みのある解釈を中華民国側にできるような説明を求めた[53]。

当時の椎名の考えでは、「台湾と日本との現実を重視し、あくまで『現状維持』を政府の方針として堅持し、日中交渉において、ねばりづよく相手方に迫まる努力をすべきだ。結果として『断交』以外になし、となっても、台湾側がそれまでの日本側の誠意を認める余韻を残すだけの懸命の努力を払わねばならぬ」ということであり[54]、まさに台湾への特使という苦しい役回りを引き受けた彼の意図が表れている。しかし、大平外相や田中首相は、とにかく「ただ、椎名は台湾と友好的な関係があるから、うまくやってくれ」というのみで、台湾側に何を説明するのかも明確にはなっていなかった[55]。大平外相の側からいうと、「日中交渉のポイントが台湾の扱いであることは明白であり、そのへんのことは改めて言わなくてもわかると思う。台湾との実務関係をいかにして守るかをいま何か言えば、日中正常化はできなくなってしまう。だから、そのへんは察してほしい」ということだったのである[56]。

(3) 椎名特使受け入れをめぐる台湾の姿勢

一方、台湾側では、八月二四日の行政院院会において、蔣経国院長が「もし日本側が正式にこの議を提出した時には、中(中華民国)日両国には外交関係があるので、国際慣例に基づき受け入れを拒絶するものではない」(括弧内は筆者)との方針を示していた[57]。しかし、翌二五日付『中央日報』の社論では、椎名特使派遣について、「全く意義がなく、かつ必要もない」と受け入れ反対の立場を示し、「政府もこうした措置をきっと受け入れないものと信じる」とまで述べている[58]。これより先に、八月一九日付『中華日報』の社説でも、立法委員の行政院に対する厳しい質問がなされたことを指摘しつつ、「華日関係がここまでに立ち至った以上、もはや善後措置など話し合う余地は全くない」、

「余計なことである」との激しい拒絶の立場を表明した[59]。立法委員はじめ中国国民党の中にも、この受け入れに強く反対する意見があった。

こうしたなかで、八月三一日の行政院会における蔣経国行政院長の指示は、特使受け入れに対して示唆的なものであった[60]。

（現段階の対日外交問題に関して）われわれは終始国家全体の最高利益を顧慮する立場に立って、怠らず奮戦する。われわれの原則としては、現段階の利害得失を考慮すべきであるが、また同時に、どのような措置についても国家の今後の利益と生存環境に対して与えるその影響にまで顧慮しなくてはならない。（括弧内は筆者）

この間、椎名特使はじめ外務省も、特使は「説得大使」ではなく、台湾側の意見を聞き、日本の状況を説明しに行くのだと幾度も弁明し、九月一日外務省は専門員を台北に派遣し、九月一一日か一二日に特使を派遣して田中首相の親書を渡したい旨を伝達した。日米首脳会談を終えたタイミングで、中江参事官は松本彧彦の台北派遣へ動き出した。松本は、青年団の交流を通じて中国青年反共救国団（救国団）とのつながりをもち、この訪台でも、救国団の執行長宋時選を通じて張群への面会を申し込み、一一日に張群に椎名特使受け入れを要請した。張群との会談実現は、外交部を通さずに最高レベルでの政治的判断で実現した可能性が高いが[61]、特使受け入れにどのような役割を果たしたかは明らかではない。彼の行動には、日台関係が行き詰まりをみせると、駐日大使を通さずに直接張群を頼るという自民党の従来の発想が表れていた。そして、松本は「貴国の受け入れ承諾の返事がいただけない現状から、自民党内の貴国を擁護しようというグループが、次第に窮地に追い込まれてきております」として、自民党の親台湾派議員の国内的状況への理解を求めた[62]。外交部としても特使受け入れの最終段階まで、断交通告ではないことを日本外務省に再確認するなど慎重な姿勢をとっていたが、九月一三日に正式な受け入れを表明した。

四　日華断交と実質関係の維持

（1）椎名特使訪台

椎名特使一行は、九月一七日に台北へ到着した。空港では、約三〇〇名ものデモ隊が乗用車に卵をぶつけるなど、特使一行の乗った車を取り囲んだ。台湾側が組んだ日程は、一八日午前に外交部で沈昌煥部長、厳家淦副総統、午後に何応欽日華文化経済協会会長、再び沈昌煥外交部長との会談、一九日午前に蔣経国行政院長、午後に張群総統府資政、その間に「中華民国民意代表・日本国会議員座談会」など、宴席もないハードなスケジュールのなかで、台湾側の強硬な立場を十二分に日本側に伝達できるよう準備されていた。このほか台湾国内では、監察院外交委員会、立法院委員らから、日華平和条約の破棄による戦争状態への復帰や、台湾海峡を航行する日本船籍の監視、演習、日本との経済関係断絶など、非常に報復的な強硬意見も出された(63)。また、田中訪中後の二六日には、国防部が日本漁船を拘留し臨検をおこなったことが報道され、すぐに釈放されたものの報復措置かと思われる事件も起きている(64)。

こうした状況において、椎名特使が携行した蔣介石宛の田中首相の親書が九月一八日の会談において厳家淦副総統に手渡された。この親書には、「慎思熟慮して北京政府と新たに建交する」と表明しているが、石井明が指摘するように台湾との外交関係の断絶までを明確に記してはいない(65)。そして、「本政策を実行に移すに當っては固より　貴國との間に痛切なる矛盾抵触を免れず　時に又粗略有るを免れぬことと存じますが　自靖自献の至誠を尽して善処し　閣下至仁至公の高誼を敬請する次第であります(66)」として、「善処」とはあるもののそれが具体的にどこまでを指すのかは曖昧にされていた。

この椎名・厳会談での厳副総統の発言は、基本的には「なぜ日本政府の媚匪行動に反対しなければならないのか？椎名悦《ママ》との会談の参考要点試案」[67]に基づいてなされた[68]。同文書は、九月一四日に国家安全会議で原案が起草され、修正がおこなわれた後、厳家淦副総統、張群総統府資政、蔣経国行政院長、沈昌煥外交部長、張宝樹国民党秘書長らへ送付されたものであった。椎名・厳会談と同じ一八日午後四時からおこなわれた椎名・何応欽会談では、厳副総統と同様の内容を何応欽が述べたのに対し、椎名は「日華平和条約はある学者によれば、吉田首相はかつてその適用範囲は中華民国の実効力がおよぶ地域に限られるとし、将来中華民国が大陸を回復した後のことについては、のちにまた定めるとしたという。このことからいえば、日中国交樹立後、日華平和条約は廃棄されないということになる。田中首相はまだ日華平和条約への最終的な態度を決めていない」と述べている[69]。日華平和条約締結時に最ももめた適用範囲の問題については、その後外務省はこの条約が中国との戦争状態の終結を指し、通商その他実務的に必要な問題の処理に関して適用範囲が適用されるとの立場をとるようになっていたが、椎名は学者の説と遠まわしな意見表明として単純に日華平和条約が廃棄される可能性を何とかあいまいなものにしようとしていた。

翌九月一九日の二時間以上におよぶ椎名特使と蔣経国行政院長の会談では、椎名特使の説明は、日中国交正常化協議会の決定は田中首相・大平外相が北京で交渉を進めるにあたり準拠するものだと説明した[70]。蔣経国は、「日本政府および田中総理は必ず協議会の結論に準拠して中（中華民国）日関係を処理されるのか」とたずねたのに対し、椎名は「協議会設立の総会に田中総理、大平外相とも出席し、その席上、必ず協議会の意見に従ってやるとあいさつした」として、日華関係の具体的処理の仕方はまだ確定していないことを強調した。これについて、さらに蔣経国は、大平外相から彭大使への会談を「国交断絶の事前通告」と受け取っていることを提起し、さらに日本側の真意を尋ねる。椎名は、これにも「個人的な感想として、憂慮の念をいだきながら彭大使にこの見解を説明したもの」で「事前通告ではない」と説明した。

さらにこの会談で、蔣行政院長は私見として、「日華平和条約は、日本軍閥の失敗の後の日中友好の再出発点となったものであるが、今後ともこの基礎の上に友好関係を進めてゆくべき」と述べている[71]。これらのことから伺えるように、蔣経国行政院長らの関心の焦点の一つは、日華平和条約の取り扱いにあり、今後の日台関係が継続されるかどうかのポイントは、この条約の扱いいかんであることを示唆していたとも考えられよう。この会談が後日の日中交渉過程における大平外相の決断に影響を与えたかどうかは確認できないが、結果としては、外相談話による日華平和条約の終了という処理をした背景には、台湾側のこうした立場を考慮しつつ、戦争状態の復活など台湾国内の強硬論をかわし、日台実務関係を穏便に維持するための配慮が含まれていたとも考えられる。

こうした椎名特使の台湾における発言は、台湾側ではさまざまなとらえ方をされているが、「椎名は田中・大平と一体になって台湾に煙幕をかけにきたのではあるまいか」といった意見や、「椎名の真の狙いは、台湾の強硬な動きを制すること」という論もあったという[72]。一方、この会談メモを残した中江要介は、この二人のやりとりを双方が「嘘をついていた」との表現で、日台関係の継続を不可能にしない範囲内で互いの立場を公的に表明しあう場となっていたことを指摘している[73]。

(2) 対日断交声明発出をめぐる最後の決断

田中訪中までの最終段階を迎えて、日本とのつながりの強い斉世英と梁粛戎は日本での工作を続けていた。九月二二日、赤坂プリンスホテルで福田赳夫との会談をおこない、その報告を沈昌煥外交部長に送付した[74]。福田はこの席で法眼次官に電話をかけ「中共との国交樹立と同時に中華民国との従来の関係を維持することは、法理論的拘束を受けるのではなく現実の問題だ」と述べて電話をきると、「日華両国関係は特殊だから、過去には先例がなかったとしても、日本が新しい例を創りだすことができよう」と述べた[75]。これに対し梁らは、外交関係なくして経済文化関係の維持はありえないとして、台湾側の立場を伝え、福田から田中に対する最後の説得を依頼したのであった。八月中には陳建中が来日して、岸信介、賀屋興宣ら自民党保守派への説得工作をしており、六〇年代までに構築してきた対日チャネルを使った田中への説得工作をおこなっていたことがわかる。しかし、この間接的な説得工作は、田中訪中による一気呵成の日中国交正常化へのプロセスを引き延ばすことはできなかった。

田中訪中発表以降に外交部で作成されたと思われる「『日匪関係正常化』の最近の進展とわが方の対応方針[76]」という機密文書からは、「外交関係の維持はできない」としながらも正式には「断交」を口にしない日本に対して、台湾側が主導的に「断交」を宣言したような誤解を生じさせず日本側の責任を明確にするにはどうするかという点に苦慮していたことがわかる。この文書のなかでは、日中関係正常化に対する対応の原則として次の二つを挙げている。第一に、あらゆる外交チャネルを用いて田中訪中を阻止することである。そのために、声明の発表により厳正なる立場を表明し、日本政府に強い抗議を申し入れる一方、米国やアジア太平洋地域の友好国および日本各界の正義の人士と連携協力するとしている。

第二原則は、かりに田中が訪中を決意し中共との交渉を達成して外交関係の宣言に至った場合、その責任が日本政府にあることをいかにして各国、日本の国民および台湾の内外の同胞に認識させるかという課題であった。この時田中訪中で発表されるコミュニケや公報の内容として、三つの可能性が考えられている。第一に、可能性は最も低いとされているが、アジアの緊張緩和や世界平和への貢献のために、交渉を開始するだけにとどまる。第二に、中共が中国の唯一の合法政府であることを認め、国交を樹立する。この時中共は台湾はその不可分の領土であることを宣言し、日本側はこれに対し「承知」あるいは「理解」を示す。このとき日中間では台湾側が対日断交をすると予測してコミュニケ等には断交を提起しないであろう。また、第三には戦争状態の終了、「平和友好条約」締結などが宣言される可能性があり、日華平和条約は公的に廃棄が宣言されるのではなく、「自然消滅」として日本政府は日華平和条約廃棄の責任を逃れようとする。すでに、台湾側は日本側が中国との交渉において台湾との関係をどのように処理しようとしているかについて細かい情報をつかんでいた。

さてこうした情勢への対処の焦点となった問題は、日本との断交をどう処理するかであった。第一に、単に日本との断交を宣言すれば、それがどのようなかたちであれ、台湾から主導的に断交を宣言したと認識され、日本政府の責任を明確にすることができないことを懸念していた。それは、結果として日本国内に対する責任という点で田中を助け、日中間の矛盾や困難を解消することにもなり、台湾国内の一般民衆にも誤解を与えることになる。そこで、第二に、厳正なる声明を表明して日本側の責任回避をさせないよう対決を迫り、その後に断交声明ということになれば、国内においては政府の対応が慎重でかつ確固たるものであったこと、そして外交上も、中国共産党との闘争においても徹底的に最後まで意を固くして奮闘したことになろう。しかし、第三として、もしコミュニケなどにおいて断交の字句が提起されれば、選択の余地なく直ちに対日断交を宣言するとされた。

九月二七日の院会では、日中の国交樹立に際して発表する声明について、第一に日華平和条約の歴史性、合法性、その一方的な廃棄の違法性などについての政府の立場と見解、第二に断交の責任はすべて日本の田中政府が負うべきであり、外交関係は「中断」すること、第三に発表の際には田中首相の政策と日本人民を区別し、特に日本の反共民主人民との友誼を継続することを表明することが指示された[77]。しかし、二九日の日中共同声明と大平外相談話が発表された後、事前に準備されていたはずの「断交声明」はすぐに発表されなかった。このため外交部でも、日中共同声明発表に際して、「日本が台湾と本当に断交するのかどうか外務省に確認するように」との電報が駐日大使館に届くといったエピソードが示すように、一部に希望的観測もあったという[78]。

「本会議『日匪結託』対応工作への参加大事紀要」という手書きメモによれば、九月二九日に大平談話が発表された後、台湾側が当日夜に断交声明を出すまでの間、蔣経国行政院長、張群総統府資政、沈昌煥外交部長、黄少谷国家安全会議秘書長ほか、外交部および国家安全会議関係者スタッフは、午前中からずっと声明の最後の選択に時間を費やしていた[79]。日本側のこれまでの声明や親書などの文面には、「断交」の二文字は記載されていなかった。これを詳細に検討し、日本側の「狡猾な」やり方にいかに対処すべきか、ニュアンスの異なる甲乙二つの案を準備した。

このうち甲案では、「本政府は外交関係断絶を宣言する。そのすべての責任は日本政府が負うことを指摘する」ことが明確に説明されており、乙案では、「日本政府のこれら条約義務を顧みない背信忘義の行為が、中（台）日両国の国交関係の断絶をもたらしたことに対し、完全に責任を負うべきである」とあった。乙案には誰が断交したのかを直接提起しておらず、文面に若干のあいまいさが残されていた。この案および英文原稿を再三にわたり検討し、午後五時四五分には張群からの電話でさらに修正意見がはいり、六時一〇分、蔣経国院長、沈昌煥外交部長が国家安全会議に集結した。周書楷政務委員らも含めて討議したものの、「この重大な決断には慎重の上にも慎重を期さざるをえず」、七時二〇分になりやっと最終決定がおこなわれた。採用されたのは、断交および日本の友好人士との友誼保持を明確な姿勢で示している甲案であった。最終決定後、厳副総統と張群には電話で決定が伝えられ、午後一〇時半に外交部から声明が出された。

（3）実務関係の維持

周知のように一九七二年九月の日中国交樹立の過程において、台湾との関係や台湾の位置づけは日中間において一つの重要な争点であった。中国を代表する政府としての地位、台湾の帰属、日華平和条約の取り扱いなどをめぐる問題は、「復交三原則」として日本と中国との交渉の入り口における争点となり、最終的には日中共同声明の前文と本文および外相声明にちりばめられて処理された。特に台湾の帰属に関する部分については、日中共同声明第三項において、「中華人民共和国政府は、台湾が中華人民共和国の領土の不可分の一部であることを重ねて表明する」との

「立場」を日本国政府は「十分に理解し、尊重」するとした。そして、日本はサンフランシスコ講和条約において台湾を放棄したという法的な立場を堅持しつつ、「ポツダム宣言第八項に基づく立場を堅持する」と付け加えることによって、カイロ宣言の履行、すなわち台湾は「中国」に返還されるべきであるとの政治的立場を間接的に表明したのである。

また、日本と台湾との関係については、大平外相と周恩来首相との会談で、日台実務関係の継続に共同声明では一切ふれないものの、中国側が暗に認めるという意向を示したとされている[80]。日中共同声明調印後の記者会見において、大平外相は「日中国交正常化の結果として、日華平和条約は、存続の意義を失い、終了したものと認められるというのが日本政府の見解であります」と述べた[81]。日中国交樹立に対しての日本政府の基本的な立場は、「中国」を代表する政府の承認の切り替えということであり、この立場によれば相手当事者の存在しなくなった条約は終了したものと考えられるというのが政府の解釈であった。しかし、当時副総裁でありかつ台湾への特使として中華民国政府への説明の役を担った椎名悦三郎が、「大平声明は未だ死にもしない者の葬式を出した様なものだ」とその感想をメモに記したように[82]、現実には台湾海峡をはさんで二つの政府が存在するという分裂状況は解消されてはいなかった。

前述のように日中共同声明発表の同日、台湾の外交部は対日断交宣言を発表したが、断交宣言のなかで「わが政府はすべての日本の反共民主の人士に対し、依然、引き続いて友誼を保持する」と述べ、民間レベルでの関係維持が示唆されていた。日本側は、田中首相・大平外相をはじめとして政府首脳が幾度にもわたり「日台間の実務関係を維持したい方針」に言及していた。しかし、それは日中友好関係を阻害しない範囲内もしくは日中国交樹立の基本路線に基づく枠内でという限定つきであり、日台間の実質関係がどのレベルで維持されるのかは、一つ一つの係争処理過程を通じて形成されることとなる。

（4）実質関係維持機構の設立

まず断交後の日台間の実質関係を維持する機構として、大使館に代わる新しい民間機構を設立する話し合いが始められた。断交以前に民間での重要な交渉チャネルであった日華協力委員会は断交後一カ月をもって実質的な活動を終了したため、このチャネルは一旦切れることになる。(83) それは、断交以前の対日政策は失敗であったとの認識に基づき、台湾側での対日政策再編に伴って蔣経国行政院長のもとで新しい人事配置によって一から立て直しをはかっていこうとする方針の表れであった。(84)

一九七二年一一月二八日には彭孟緝駐日大使が、また三〇日には宇山厚駐華大使がそれぞれ帰国した。一二月一日に東京で「財団法人交流協会」、翌日台北にて「亜東関係協会」がそれぞれ設立され、二六日、交流協会と亜東関係協会は、「財団法人交流協会と亜東関係協会との間の在外事務所相互設置に関する取り決め」を締結した。この取り決めに基づき翌日から両協会の業務が開始され、領事機能を含む大使館業務を代替する役割を果たすこととなった。

実務関係の維持は、六〇年代以降は日本語教育を受けた世代が日台経済貿易関係の第一線で活躍をしている実態があり、また日本に滞在する華僑への対応も重要な問題であった。したがって、それは単に日華関係の枠組みだけで処理できる問題ではなく、日台の実質上の関係を処理しうる機構をいかに作るかという早急に対応すべき課題をもかかえていたのである。しかし、実質関係維持機構の設立および取り決め締結までの交渉は、それほど順調には進まなかった。

第一の争点は機構の名称問題であった。当初、日本側は「財団法人日台交流協会」を考えており、「華」「中」の字は使用できないとの立場をとり、一方の台湾側は、「日華」「日中」を使うべきであり「台」の字を使うことはできないという立場であったため、最初の名称問題から激しく意見は対立した。(85) 最終的には、日本側の機構は「日台」も「日華」も入れずに「財団法人交流協会」とし、台湾側の機構は社団法人として、その名称を「亜東関係協会」とするとの決定が、高いレベルの政治的判断として下された。ここで日本側は、中華人民共和国政府への政治的な配慮から「華」「中」の文字を使用できないとし、一方の台湾政府側は、「一地方」として解釈されうる「日台」の文字を名称に用いることを拒否したため、結局あいまいな名称を使うことによって、日台間の実質関係維持機構の性格を表面上は出さないよう決着したのである。

第二の争点は在外事務所の規模に関してであった。それは一見すると技術的な問題であるかのように思われるが、実質的には日本における台湾の活動空間と密接にかかわりあう問題であった。台湾側の断交以前の駐日大使館および各領事館の官員は六〇名を超え、そのほかに現地採用の職員が業務にあたっていた。当初日本側は、在外事務所は東京一カ所として台湾から派遣されてくる人員は一〇人以内という規模の構想をもっていたが、台湾側は実際問題として業務が遂行できないことを理由に猛反対したので、最終的には三〇名を限度としつつも、「業務上の必要に応じ、相互の話し合いによって増員することができる。上記の定員には現地雇用の補助員を含まないものとする」とされた[86]。そして、事務所は、東京と大阪に弁事処を置き、横浜に東京弁事処の支処、福岡には大阪弁事処の分処を置くこととなった。

これらの経緯から明らかなように、当初日本側は従来の大使館および領事館の規模を大幅に縮小して台湾との関係維持機構をできるだけ小規模なものとし、また可能なかぎり「官」の性格を持たせないようにするとの基本的方針で交渉を続けていた。これに対して台湾側は、実質的・技術的な困難からだけではなく、自らの存在が日中関係における台湾問題という枠に組み込まれていくことに抵抗し、中国政府とは異なる自立した存在としての活動空間を確保することが緊急の課題だったのである。さらに外交財産の処理をめぐる問題[87]などが続き、断交後の日台関係は、台湾側からみれば非常に憂慮すべき状態だった。また、日本政府は、財団法人交流協会と亜東関係協会の民間取り決めの締結に際して、「日本国内法の範囲内で、政府としても出来るかぎりの支持と協力を与える方針である」との支持表明を二階堂官房長官がおこなったが、この方針の範囲内でどのくらいの支持と協力をし、日台間の実質関係維持機構がどのような実質的機能を果たしうるのかについては、機構設立の段階においては依然として未知数のままであった。

五　「半公半私」の関係構築

(1) 外交関係なき外交交渉――日台航空路線問題

日中友好に反さない範囲内で台湾との関係を維持するという行動原則は、その判断基準を中国に与えることにもなるという点で、日台実質関係構築を不安定なものにした。一九七三年から七四年の断航に至るまでの日台航空路線問題は、まさに「日中国交関係下での、中華民国との関係の限界を明らかにする初めてのテスト・ケース」であった(88)。そして、断交後の日台関係のあり方が未確立な状況のなかで、台湾からは東京弁事処初代代表として馬樹礼*が着任し、まず航空路線問題への対応が迫られる。

日中航空協定の締結交渉にからみ、日台航空路が表立って問題化されたのは一九七三年の二月である。中日友好協会会長として来日した廖承志は、同じ空港に中国機と台湾機が並んだら漫画だと発言して台湾問題が避けて通れないことを日本側に示唆した。中国側は、この航空路問題を通じて台湾の位置づけについて日本の見解を明らかにするよう迫ったのである。

これに対して日本は、中華航空の名称変更や日本でのカウンター業務などの委託、機体にある青天白日満天紅旗を

＊　亜東関係協会東京弁事処初代代表として派遣された馬樹礼は、中国国民党中央党部海外工作組主任を一〇年にわたって務め、立法委員、国民党中央委員会委員であり、対日政策には断交以前に表立って携わることはあまりなかったが、蒋経国の信頼の厚い人物であった。

使用しないことへの協力を台湾側に求め、発着時間の調整など技術的解決をはかろうとしていた。一方台湾は、深刻な政治問題であるとの認識からこれら日本側の変更要求を拒否した。こうして航空協定の協議は膠着状態に陥り、これを打開すべく大平外相は七四年一月に訪中し、何らかの変更を直接台湾に求めることなく、別途日本政府の認識を表明することで中国側の了解をとりつけ、四月航空協定の締結にふみきった。

その際表明されたのが、中華航空の社名と旗の性格に関する日本政府の認識についての大平外相談話である。そこでは、「台湾の航空機にある旗の標識をいわゆる国旗を示すものとして認めていないし、『中華航空公司（台湾）』を国家を代表する航空会社としては認めていない」[89]と述べていた。台湾側に直接変更を求めるものではないことから、大平外相は日台路線を維持し、自民党内の親台湾派議員らも説得できると判断していたものだった。[90]しかし、台湾にとってこの問題は、「航空権の平等」や路線の実質的維持という技術的次元ではなく、政治問題であった。台湾側が断航を辞さないとの強い姿勢を崩さなかった背景には、「政治的視点から見れば、本件は中華民国と中共間の闘争の問題であり、中共と決して妥協しないわが基本的立場に基づき、およそわが国の尊厳および基本的立場を傷つけるいかなる建議にも、いささかも考慮しないものである」[91]との認識があった。特に七四年一月以降、台湾国内では立法院をはじめとして中国国民党中央常務委員会でも強硬な意見が強まり、航空問題での妥協が許される雰囲気はなかった。[92]

一方、台湾側の強硬姿勢を背景に、日本国内で台湾側の権益を守る動きをとっていた日華関係議員懇談会（以下、日華懇）や青嵐会に属する議員の一部の動きによって、日台航空路問題は日本の国内政争の道具と化してしまった面も否めない。七四年一月には、藤尾正行議員（日華懇副会長、青嵐会）が外務・運輸両省案をもって台北に飛び、蔣経国との直接会談で台湾側の強硬姿勢に変更のないことを確かめ、帰国後それを根拠に猛反対を繰り広げたのである。

馬樹礼代表らは、非公式には外務省事務次官、政務次官、運輸省政務次官らとそれぞれ会談し、また必要に応じて関係当局との電話などによる情報交換をおこなっていた。[93]しかし、国会議員への説得工作を中心とした対日工作は、日中航空協定問題の早期解決を望む日本政府首脳にとって反田中・反大平勢力からの圧力となり、台湾側からの情報として直接的に受け入れられなかった。大平外相および外務省は、こうした強硬姿勢を示す日華懇らの議員を通さない張群のように「柔らかい」かつ高いレベルの台湾とのチャネルを模索し、七三年一〇月マニラで外交部次長楊西崑との接触や、国民党中央党部秘書長張宝樹との会談を提案するが、台湾側はこうした提案を拒否した[94]。この蔣経国および外交部の決定は、日本とのチャネルを亜東関係協会に一本化させようとする馬樹礼に対する支持であった[95]。

(2) 日台関係の転換点としての航空路復活

一九七四年四月に断航した日台航空路線は、その後日航、全日空、東亜国内航空の国際路線参入への強い思惑を背景に、日本政府としても早急に解決したい課題だった。しかし、馬樹礼代表を中心として台湾側は、第一に大平外相談話の撤回や否定による復航の実現、第二に復航実現を前提としてそれ以後の日台関係に対する日本の基本姿勢について明確な言質を獲得することを目的として[96]、拙速な復航交渉には応じなかった。

七五年三月頃、日台間における水面下での復航への実質的決断がなされ[97]、その年の七月一日衆議院外交委員会における秦野章議員の質疑に宮沢喜一外相が応答するかたちで日本の日台関係に対する姿勢が示され、復航のきっかけが作られた。この二人の発言には、「世界の多くの国々が台湾にある政府を今日なお中華民国政府として認めている」、「今後、交流協会が一層拡充強化され」、「国際慣例に従い、相互に礼を失することなく互恵ということで友好的交流が一層促進されることを希望する」と今後の日台関係にも言及し、また大平外相談話により誤解を招いたことは不幸なことであったとしながら、「それらの国が青天白日旗を国旗として認識しているという事実は、わが方を含めて何人も否定し得ない」と大平外相の発言を否定したのである[98]。これに対し台湾は、「断航原因の消失」との判断を表明し、航空路線再開に関する民間協定に同意する政府声明を出した。

復航の鍵はまさにこの政治面の解決だった。日本側は、この復航に先立ちいくつかの台湾関係改善への措置をとっている。第一に、交流協会台北事務所のトップ人事に卜部敏男を起用し、大使級の人事配置によって台北事務所の格付けをあげ、第二に台北事務所の職員を数人ではあるが増員した。しかしながら、これによって台北事務所の機能が一気に改善されたわけではない。むしろ、重要な変化は台湾の駐日機構の位置づけにあった。すなわち、代表であった馬樹礼は、航空路問題解決までの過程で、台湾の政府最高指導者から対日政策における全面的な支持を勝ちとり、蔣経国行政院長のもとに対日政策のチャネルを「一本化」することに成功した。そして、日本側も断交後の日台関係における駐日代表の役割を認識し、外務省の態度も若干ではあったが修正され、日本における台湾との交渉窓口という意味でも、日台間のチャネルが一本化されたのである。

(3) 台湾の国内建設と日本

航空路問題を通して、「日中関係のなかの台湾」として完全に位置づけられてしまうことを免れた台湾であったが、その後日台関係が順調に発展したとはいえなかった。その要因の一つは、蔣経国行政院長のもとで国内経済建設が最重要課題となり、外交問題は対米関係が注目される時期となったことにある。蔣経国が進めた「十大建設」は、一九七三—七八年に五〇億ドルにものぼる大投資計画であった。一貫製鉄工業、石油化学工業のほか、桃園国際空港や南北高速道路など交通・運輸の基礎建設が含められていた。

日本からの資金協力については、六〇年代米国からの経済援助が終了した後、円借款が供与されていた。実際、日本から台湾への資金供与は、六五年四月の第一次交換公文の五四〇億円(うち一二四億九二〇〇万円が日本海外協力基金からの円借款、残りは輸出入銀行)と七一年六月に第二次交換公文で八〇億八二〇〇万円との調印がなされた。しかし、外交関係が断絶した直後、台湾側は七二年九月二九日以前に調印されたものを除き、未調印分については打ち切るとし、それ以降円借款供与はおこなわれず、八八年一〇月に完済されている[99]。

日本からの新たな資金供与を受けなくなったのち、この十大建設にかかわる資金については、米国からの借款に負うところが大きかった。一貫製鉄工業建設については、七一年にオーストリアからの借款を決めているが、このほか鉄道の電化費には英国・スウェーデン・米国からの設備供与と借款、十大建設の多くに米国輸出入銀行からの借款があてられた。そうしたなかで、台湾においては日本との貿易赤字是正が断交以来一層強く叫ばれるようになり、その後日台間の最大の懸案事項と位置づけられることになった。七〇年代末に米国から各種貿易制限撤廃を求められた台湾としては、日本のこの問題に対する「誠意」をさらに求めるようになった。

おわりに——七〇年代後半の衝撃を超えて

一九七〇年代初期の相次ぐ外交関係の断絶にあたり、蔣経国が展開した実質外交の本質は、台湾としての存在について国際的認知を獲得していくことを目的とした外交ではなく、むしろ中台関係の帰結については将来の状況の変化に可能性を残しながらも、短期的には「中共との妥協なき闘い」であり、「中共の対台湾孤立化戦略の打破」であった。そして、この「内戦の延長としての外交」が実質外交や外交の柔軟化を国内的に正当化する論理ともなる。それらの側面は、典型的に日台航空路問題にも表れていた。この時期の日台関係は、日本における台湾の活動空間の確保という実質関係の形成のために、沖縄—台湾間の海底ケーブル敷設交渉などにみられるように、政治問題化させず処理されてきた面も大きい。まさに「外交関係なき外交」と呼べるものであった。日本において中国とは異なる存在空間を確保しえたことは、準公式チャネルを含む日台関係を構築する上で重要な活動基盤であったのである。

台湾は七〇年代に入り各国との相次ぐ断交、国連および国際組織からの脱退という外交的挫折が続いていたが、米国との関係は、国交維持と米華相互防衛条約によって維持されていた。七〇年代後半にはいり、フィリピンやタイとの断交など東南アジア諸国との関係にも変動が続き、国際的孤立は深まる一方だったが、日本・米国との関係の新たな展開は、ウォーターゲート事件によるニクソン大統領の失脚（七四年七月）、ロッキード事件による田中角栄の退陣（七四年一二月）に加えて、中国内部においても周恩来・朱徳・毛沢東の死去（七六年）や四人組逮捕など国内的混乱があり、一気には進まなかった。この動きが再び動き出すのは、七七年半ば頃からである。カーター政権は、中国との国交樹立への動きを速め、七八年にはいるあたりから日本の福田赳夫内閣も日中平和友好条約締結へと交渉を本格化した。

こうした時期に、七八年五月蔣経国が第六代総統に就任した。その年の八月に日中平和友好条約が北京で調印されると、沈昌煥外交部長は「日本自身およびアジア・太平洋地域の自由諸国にも無限の災いをもたらす」と批判したが、それまでに条約の焦点をソ連との関係や反覇権条項の問題などを中心に説明してきており、実質的には大きな反応をみせなかった。また、米国が中国と七九年一月一日に国交を樹立すると宣言し、台湾は大きな衝撃を受けるが、七〇年代前半から予想されてきた事態であり、日本モデルでの台湾との関係維持を検討する米国に対して、それ以上の関係維持を模索する。それは、七八年一二月から開始された断交後の関係のための協議や台湾関係法へと結びついていった。

この時期、こうした外交的挫折による不安感を抑えるべく台湾国内での新聞報道もある程度抑制され、十大建設の成果として中正国際空港（現在の台湾桃園国際空港）が完成したこともあり、これに合わせるかたちで海外観光も自由化された。いわば、台湾はこの国際環境の悪化に対して、社会の安定化を重視しながら、世界との結びつきを多元化していく面をもみせていた。もちろん、国際組織への加盟の名称などを含め、政策の柔軟化に国内のコンセンサスがとれていたわけではないが、国際空間における北京との外交闘争という論理のなかでさまざまな活動が正当化される余地を残していた。そうした活動の積み上げは、結果としてその後の米華断交という外交的衝撃をも受け止め、八〇年代末以降展開される「台湾外交」への変容をもたらす基盤となっていく。

第Ⅱ部　国際構造変動下の日台関係

第五章　日台関係の安定化と変化への胎動
——一九七九—八七年——

松田　康博

はじめに

本章は、一九七九年から八七年までの日台関係の特徴を明らかにすることを目的としている。[*] 日華断交（日中国交正常化）の際に日中で合意された日台の「経済・文化を中心とする非公式な関係」は、後年「七二年体制」と呼ばれるようになった。対日断交直後の台湾にとって「七二年体制」とは現状を変更した不当な体制であり、打破の対象であり、挑戦の対象であった。日台間では航空路線問題で大きな摩擦を起こした記憶が残った（第四章参照）。正常化直後の日中関係も不安定であり、日台関係の動向に対して中国が先鋭的に反応することが多く、日本と台湾との関係は

＊ 第五、六、九章では、特に断らない限り、台湾とはおおまかに言って日本が一八九五年に清朝から割譲を受け、一九四五年に中華民国が接収した台湾地域、および台湾に撤退した以降の中華民国政府が実効支配を続けている全領域を意味する。また中国大陸あるいは大陸とはおおまかに言って台湾を除く中国を指し、中国とは中華人民共和国、中華民国、およびそれ以前の歴史上の中国を包摂した概念である。中華民国政府とは、中華民国国民政府（一九二五年に成立し、二八年に国際的に承認された南京政府）以降の中華民国政府を指しており、その実効支配領域の変化や国際的承認の多寡を問わず、便宜上国府または台湾当局と表記する（略称は、華とする）。

日中関係において政治問題化し、犠牲にされがちであった。他方日本では、日中国交正常化を大部分の国民が歓迎していたが、他方で台湾との断交をそのまま受け容れることに抵抗を感じている人々も少なくなかった。日本には台湾との関係が深い人々や団体が多く存在しており、台湾との外交関係がなくなったことは、日本国内でも大きな戸惑いや反発を生んだのである。

一九七二年から七八年にかけて、日中関係は不安定であり、日台関係も不安定であった。中国と台湾との間のゼロサム問題、すなわち両者の原則や利害が真っ向から衝突する問題が日台間で「政治化」すると、双方が支払うコストは甚大であるという日台航空路線問題以来の教訓は、台湾側の抑制を生んでいった。こうして、台湾にとって日本は、声高な非難の対象から徐々に静かな抱き込みの対象へと変わっていった。

このような背景の下、日台関係を分析する際、日本側の変化に注目する必要がある。なぜなら、この時期の日台関係は、日中関係の制約を受け、日本が中国からの圧力をどう処理し、台湾との関係をどこまで維持・発展させるかに強く依存していたからである。言い換えるならば、日本の台湾への影響力は断交後相対的に増大し、日本が台湾との関係を発展させようという意思を実行する、あるいは台湾に有利な現状を変更しないだけで、日台関係は発展したのである。つまり日台関係が変化する鍵は、日本に握られていたと考えられるのである。

本章の対象とする時期の日台関係は、日中関係や米中関係の陰に隠れて印象が薄く、また日中国交正常化（日華断交）時期やポスト冷戦期に比べると、先行研究がもっとも少ない時期でもある。たとえば、日本では武見敬三による日華関係議員懇談会（以下、日華懇）の機能や役割に関する研究や、中川昌郎や大橋英夫による日台貿易不均衡問題の研究、および田中明彦による国交正常化後の日中関係のイシューとして位置づけられた日台関係に関する研究がある。[1]台湾の何思慎もまた田中と同様に、日台関係を日中関係の裏面史としてとらえている。[2]中国では張耀武や臧国俊が、日中関係における台湾問題をテーマとした研究書でこの時期の日台関係に分析を加えているが、これらは日本の

「親台派」の活動や日台関係の発展を懸念する価値判断を明確に表明する、中国における「研究書」の典型的な特徴を有している。(3)

このほか、資料として、本章が対象とする時期以降の公文書は、日本や台湾ではまだ体系的に公開されていないため、公刊情報に加え、日台関係にかかわりを持つ政治家・官僚の回想録、オーラルヒストリー、および当事者へのインタビューを参考にした。

一　日台関係の「相対的安定」

(1) 日米中関係の緊密化と台湾

本章が対象とする時期（一九七九―八七年）の前半は、アフガニスタンにソ連が侵攻し、米国のレーガン（Ronald D. Regan）政権がソ連との対抗を強め、中ソ対立が継続した「新冷戦」の時代と重なっており、台湾が孤立を加速した七〇年代に比べて、米中関係や日中関係が相対的に安定した時期でもある。米華同盟が破棄されたことで、台湾の安全保障は米国の国内法である「台湾関係法」と日米安保条約の「極東条項」（第六条）のなかにかろうじて根拠を残すのみとなり、後述する中国の対台湾政策の変化（平和統一政策への転換）により、潜在化した。(4)なお、台湾側は、日華断交と米華断交の時期に、日、台、韓の反共政治家を網羅した「北東アジア安全保障会議」を開催したり、八〇年には日米安保条約二〇周年記念会に関係者を参加させたりするなどして、日米両国が台湾の安全保障問題にかかわっていることをアピールし続けた。(5)

国交正常化以降、日中間で様々な取り決めが結ばれ、その締めくくりとして、一九七八年に「日中平和友好条約」が締結された。七九年一二月に大平正芳首相が訪中した際に、日中間の定期的な閣僚級協議などが制度化され、日中関係は安定軌道に乗った。[6] 七九年一月一日には米中国交正常化がなされて米中関係も相対的に安定し、米国が「台湾関係法」を制定し、一定の米台安全保障協力関係を継続することが明らかになったことで、「いつ断交され、見捨てられるかわからない」といった「不安感」から解放され、米華断交が即台湾の消滅を意味しないことが実感されるようになり、皮肉なことに米台関係もまた安定していった。[7]

中国が対米関係に自信を持って台湾に接するようになったことで、台湾は目立ちさえしなければ、その国際的活動空間を確保し、さらには拡大することさえ可能となった。この変化は、中国が脱文化大革命化を進め、内政では一九七八年以降改革・開放政策を進め、外交では八二年以降「独立自主外交」（全方位外交）へと転換することで、内政や外交が単純な「闘争ゲーム」ではなくなったことにも関連しているものと考えられる。中国では、対米国交正常化を機に、対台湾政策を強制的に社会主義国への統一を図る「解放」から「平和統一・一国家二制度」政策へと転換させ、台湾に対する平和攻勢をかけるようになった。

一九八〇年代に入ると、日本では中曽根康弘政権、竹下登政権に見られるように、主要派閥の連合によるいわゆる総主流派体制が形成され、五五年体制下で国内政治が最も安定した時期になった。他方で、台湾では、米中接近から対米断交を経て、それまでの権威主義的な一党独裁体制が動揺を始め、蔣経国総統が自由化改革を進めた内政の不安定な時期に当たり、対外的に積極策を採りにくい受け身の時期であった。[*1] こうした事情が総合され、中国には日台関係の接近を、追いつめられた台湾を懐柔するために事実上黙認すること、いわば「片目をつぶる」ことが可能な状況が生まれた。

(2) 準公式・非公式チャネルの強化

断交に伴い双方の大使館が閉鎖されたため、日台は双方が日台準公式・非公式チャネルを徐々に整備した（第四章参照)。一九七二年一二月に、政府の支援体制の下で「民間機構」として財団法人交流協会(日本)と亜東関係協会(台湾)が設立され、相互にその「事務所」を台北と東京に開設した。(8) この時点で、日華懇はまだ成立していなかったが、後にその主要メンバーとなる親台派議員は、外交特権に準ずる「必要な便宜」を相互に供与するよう日本政府に働きかけ、それを一部実現させた。外交関係を失った日台双方は、政府関係に準ずるチャネルを再編し始めた。

一九七三年三月には自由民主党(以下、自民党)の親台派議員二七名が発起人となり、衆参両院一五二名をメンバーとして、日華懇が結成された。(9) 日台間には外交関係がないため、「議員連盟」より公式性の低い「議員懇談会」の形で発足したものと考えられる。日華懇事務局も会長である灘尾弘吉議員の個人事務所におかれた。日華懇の日常的活動は特に決まっていないが、主な活動としては、毎年双十節(中華民国の国慶節、一〇月一〇日)に台湾に訪問団を派遣することである。また会長交代の際には新会長が「顔見せ」のため訪台する慣行がある。このほか、相互訪問の際随時意見交換をおこなっている。*2

自民党の保守派政治家を中心とした日華懇の役割は「ハイ・ポリティクスにかかわる問題解決能力に欠如する交流協会を政治的に補完する日台間のパイプ役」(10) とされる。外交関係のない日台関係では、バイラテラルの首脳会談も閣

＊1　若林正丈は、国府が中華民国憲法を奉じ、全中国を代表する政権であるという前提に立つ「法統」体制のほころびと、米中接近に端を発する対外危機を、それぞれ内部正統性と外部正統性の危機であると解釈している。一九八〇年代の台湾とは、こうした体制危機をとらえて「党外人士」(新規政党結成が禁止されていたため、事実上の野党政治家)が、民主化運動を激化させ、蔣経国総統も漸進的な自由化改革を推進した不安定な時期だったのである。若林正丈『台湾——分裂国家と民主化』東京大学出版会、一九九二年、第五-六章、参照。

＊2　一九七三年には、蔣介石の米寿を祝うため、約九〇名の国会議員が飛行機をチャーターして台湾を訪問して日本の台湾重視の姿勢をアピールし、断交の際に高まった反日感情を緩和する機能を果たした。日華懇はまた七五年四月の蔣介石総統死去の際に弔問団を派遣したり、後に蔣介石総統の墓参団を派遣したりするなどしていた。

僚級会談もなく、それに向けた事務レベルの折衝もないのであり、日華懇はその代替物なのである。(11)

日中関係が安定したことと、非公式ながら台湾の安全保障を確保することを定めた「台湾関係法」に基づく米台関係モデルが出現したため、台湾は対日関係の強化を求め始めた。これに対応し自民党実力者のそろった日華懇は外務省の台湾政策を緩和するよう主導した。一九七九年以降、亜東関係協会と交流協会それぞれの駐在事務所における職員数の増加が認められ、八二年七月には断交当時の大使館の規模に回復した。亜東関係協会横浜事務所も開設が許可され、人員の滞在許可も一年間となり、しかも通常の外国人在留者とは異なり、在留資格取得のための指紋押捺を免除するようになった。(12)また「外交行嚢」に相当する貨物のやりとりを実質的に認めるなど、外交特権に準ずる「必要な便宜」が積み増しされた。(13)こうしたやり方に対して、これまで中国から公開の場で批判されたことはないとされる。

さらに、「一つの中国」原則にかかわるような「ゼロサム問題」であっても、一九八〇年代には台湾側から見ると「小さな突破」があった。たとえば藤尾正行のような親台派は八〇年代初頭には閣僚になり、台湾当局者との接触は官庁の外でおこなうという従来の慣例を破って、大臣室で馬樹礼亜東関係協会駐日代表に会うようになり、これが既成事実化していったという。(14)馬樹礼は、蔣経国の信任が厚く、蔣経国時代の前半において、対日関係の最大の窓口であった。*1

このほか、当時交流協会と亜東関係協会が「経済貿易会議」(台湾側の呼称は貿易経済会議)を開いていたが、台湾側は毎年局長クラスを参加させていたにもかかわらず、日本側は外務省と通商産業省(通産省)の課長補佐が出席し、しかもオブザーバー参加であったため、会議中発言さえしなかった。ところが、一九七八年以降、日華懇の実力者が中央省庁の課長を集めて、会議以外の非公式な会合で実質的な交渉の場を作ったとされる。日本外務省も、非公式ながら重要な案件は中央省庁の課長が直接会議に参加して担当するというやり方を支持し、経済貿易会議にも課長が参加し、発言するようになったという。*2

このほかに、日本の政府関係者がやむを得ない事情から亜東関係協会を含む国府側関係者と会う場合、政府の建物以外の場所で「私人」として会うという配慮が慣例として定着していった。[15] 日本の官僚が台北に渡航して台湾側と接触をすることに比べると、東京で双方が非公式に接触する方が表面化しにくいし、たとえ表面化したとしても、日中間で政治問題化するリスクが低い。表5-1にあるように、日本と台湾の準公式関係は、日華懇に加えて、機能別に続々と日台関係を維持・発展させるための枠組みが作られていった。こうした会議に参加するため、台湾当局の公務員が訪日して、水面下で日本側のさまざまな人員と接触する機会が増大したものと考えられる。

（3）保守政治家の台頭と中台ゼロサム問題

田中明彦によると、自民党内の親台派と親中派議員の分布は所属派閥によって明らかな傾向がある。[16] いわゆる親中派は日中友好議員連盟に所属する割合が高く、同じく親台派は日華懇に所属する割合が高い。ただし、両方に所属する議員も少なからず存在する。派閥別で見ると、当時の田中派および鈴木派（宮沢派）は、日中友好議員連盟に所属する割合が高く、福田派（安倍派）および無派閥は低い。他方で、日華懇は、田中派、鈴木派からの参加が少なく、

＊1　ただし、李登輝の回想によると、一九八〇年代半ばに至っても、蔣介石時代における対日関係の非公式な窓口であった張群が、実権を持たないまま大部分の問題を管轄しており、外交部は対日外交工作について全く自立性を持っていなかったという。李登輝筆記・李登輝口述歴史小組編注『見証台湾——蔣経国総統與我』国史館、台北、二〇〇四年、四二頁（李登輝著・中嶋嶺雄監訳『李登輝実録——台湾民主化への蔣経国との対話』産経新聞社、二〇〇六年、六三-六四頁）。

＊2　武見敬三氏へのインタビュー、二〇〇八年二月四日。ただし林金莖は、自身が一九九八年に亜東関係協会会長だった当時に、双方の官僚が会議中に直接発言できるようにし、歓迎会で大臣、次官、局長などが顔を合わせるようになったと記している。黄自進訪問・簡佳慧紀録『林金莖先生訪問紀録』、一〇八-一〇九頁。

表 5-1　主な日台間の準公式・非公式チャネル

名称	設立·開始	機能・特徴等
日華関係議員懇談会(日)	1973	断交前の日華協力委員会(台湾側の呼称は中日合作策進会)の政治部会が前身．台湾当局の実質上のカウンターパート*.
交流協会(日)	1972	外務省と通産省共管の財団法人．在外公館の機能を代替.
亜東関係協会(台)	1972	外交部系統の社団法人．在外公館の機能を代替.
経済貿易会議(日·台)	1976	交流協会・亜東関係協会間の定期的接触枠組み．東京と台北で交互に毎年開催（台湾側の呼称は貿易経済会議).
東亜経済人会議(日·台)	1973	日華協力委員会の経済部会が前身．経団連と日本商工会議所が共管．事務局は日本経済団体連合会に設置．東京と台北で交互に毎年開催.
日華科学技術会議(日·台)	1985	東京と台北で交互に毎年開催.
東亜科学技術協力協会(日)	1981	科学技術交流をおこなう民間組織.
日華科技協力議員クラブ(日)	不明	科学技術交流を支援する国会議員のグループ
日華文化協会(日)	1971	日華協力委員会の文化部会が前身．文化交流の民間組織.
日華大陸問題研究会(日·台)	1972	日本との断交の恐れを感じた台湾側の要望をふまえて設立.
マスコミ総合研究所(日)	1972	日華協力委員会の文化部会が前身.

出所：武見敬三「国交断絶期における日台交渉チャンネルの再編過程」神谷不二編著『北東アジアの均衡と動揺』慶應通信, 1984 年, 92-107 頁．武見敬三「日台関係——脆弱の中の安定」『世界』553 号（臨時増刊号), 1991 年 4 月, 58-59 頁．馬樹礼『使日十二年』台北, 聯経出版, 1997 年, 191-198 頁．中川昌郎「序章　断交後の日台関係　1972-1987」中川昌郎『台湾をみつめる眼——定点観測·激動の20年』田畑書店, 1992年, 12-13頁. 黄自進訪問·簡佳慧紀録『林金莖先生訪問紀録』台北, 中央研究院近代史研究所, 2003 年, 105-106, 269 頁．マスコミ総合研究所の設立時期については, 同研究所に問い合わせた.

*台湾側の名目上のカウンターパートとしては, 立法院に「中日国会議員聯誼会」があり, 名誉会長を立法院長, 会長を立法院副院長が務めているが, 活動は低調であり, 日華懇の方が活発な活動をしていると言われる．また日華懇は台湾の特定団体との組織的連携がなく, 定期的協議もない．機能面からみて, 日華懇のカウンターパートは台湾当局そのものであったのである.

福田派および無派閥には多い。中曽根派（渡辺派）と河本派の両組織への所属率は、自民党全体の平均に近いという結果が出ている。このことは、自民党の派閥対立が日中関係と日台関係に影響をおよぼす構造があることを示唆している。実際、一九六〇―七〇年代、自民党内の派閥抗争が中国と台湾のどちらを選ぶかという問題設定と結び付きやすくなり、日中国交正常化は、自民党内の主流派閥の交代によって実現し、また正常化は自民党内の派閥対立を深める要因ともなっていた。

一九八〇年代になると、自民党の日華懇内の力関係にも変化が生じ、高度成長期に政界入りした藤尾正行のような自民党の親台派保守政治家が影響力を増大した。さらに下の世代の親台派議員としては、佐藤信二、椎名素夫などがいた。(17) 当時自民党内で最大の主流派閥であり、親中派議員の多かった田中派を事実上継承した竹下登は、親台派議員の多い福田派を継承した安倍晋太郎と個人的に親しく、強い盟友関係にあった。これは当時「安竹連合」と呼ばれた。一九八〇年代に入ると、日華懇の政権における影響力は増大した。藤尾正行政調会長（安倍派）は中曽根康弘内閣の柱であり、後に政界の最高実力者になった金丸信（竹下派）も日華懇にいた。両派を中心とした自民党主流派が、中国と台湾に関する問題を処理していったことは、日台関係の安定化を促した。(18) 自民党政権が総主流派体制であることは、日中国交正常化前後のように、日中関係と日華関係のどちらかを一方的に犠牲にすることで「親中派」と「親台派」の路線対立というような政治問題を生みにくくし、中台双方とのバランスをとる傾向を生み出すことになったのである。

一九八〇年代には、教科書問題（八二年）や靖国神社参拝問題（八五年）のような、日中関係の「歴史認識」にかかわる問題が政治化した案件が多い。これらに加え、日本の保守政治家による、台湾を「国家」として扱う言動も目立つようになった。たとえば、後述する江崎ミッションは、台湾当局と協定を結んだが、そのなかには「両国」という文言が入っていたため、中国からの批判を受けた。(19) 八六年九月四日、岸信介元首相と灘尾弘吉衆議院議長などが発起人となって「蔣介石の遺徳を顕彰する会」を設立し、会場では中華民国国旗と日本国国旗が並べて掲げられた。九月二〇日の集会では政治家が二〇〇人ほど集まり、台湾との外交関係の回復を求める者や、日本も「台湾関係法」を制定すべきであると主張する日本の政治家もいたという[20]。こうした、中国の「一つの中国」原則に正面から挑戦する政治的動きは、現実味はないものの、中国から強い批判を受けたのである。

二　バイラテラル問題に対する日本の対処

(1) 中国の反対の程度が強い問題——「本家争い」

中国の反発により日台関係が政治問題化するという構造が、消えた訳ではなかった。むしろ、中台間での「本家争い」なら、中国が繰り返し原則的立場を表明し続け、トラブルとなったことも少なくない。日華懇ではなく日本政府が主導して台湾寄りに対処することが可能であった中台間のゼロサム問題に、アジア開発銀行のメンバーシップ問題がある。中国は一九七一年に国連の中国代表権を獲得した後、さまざまな国際組織への加盟を進めていた。そのうち、日本が最大の出資者であり、最も影響力を持つアジア開発銀行に、中国は自らの加盟と台湾の追い出しを図った。当時の林金莖駐日副代表（公使に相当）は、八三年にマニラでおこなわれたアジア開発銀行の年次総会の際、竹下登大蔵大臣と非公式に面会し、中国の加盟を遅らせるよう働きかけたことがある[21]。

中国は結局一九八六年にアジア開発銀行の加盟国となったが、台湾は日本など主要加盟国の支持の下で、"Taipei, China"（中国台北）という名義で残留することが可能となった[22]。日本が中台のアジア開発銀行でのメンバーシップ問題で指導力を発揮し、台湾を追い出すことなく問題を解決することができたのは、アジア開発銀行における日本の影響力が圧倒的に大きかったことに起因している。七九年の米中国交正常化（米華断交）に伴い、国府が国際通貨基金

（ＩＭＦ）や世界銀行の代表権を中国に取って代わられたことと比べると、そこには台湾との経済関係を維持しよう、あるいは少なくとも台湾との経済関係を弱める必要はないという日本政府としての意思が存在したことが示唆されている。さらに、この頃は中国がフルメンバーシップを持つことに加えて、台湾の代表団を"Chinese Taipei"（「中華台北」、中国では一方的にこれを「中国台北」と呼称する）という名義で参加させる、一九八四年のロサンゼルス・オリンピックへの中台同時参加以降定着したいわゆる「オリンピック・モデル」を、双方が受け容れ始めた時期でもあった。当時中国は、台湾の中国国民党（以下、国民党）へ「第三次国共合作」を呼びかけていた。このため台湾を完全に追いつめず、独立関税地域など「主権国家が加盟要件ではない組織」なら、一組織に中台が同時加盟することを容認した方が、中国にとっては最善ではないにしても、次善の策であった。また当時の台湾も国際的孤立を避けるため、かつての「国連脱退」のような「漢と賊は両立せず」（「正統政府」国府は「反乱者」中国共産党とは並立しない）という硬直した外交からより柔軟な「総体外交」への転換を進めていたのである。ただし、それでも八六、八七年、台湾はアジア開発銀行への代表参加を拒絶し、八八年に李登輝総統が「実用主義外交」の一環としてマニラに張継正中央銀行総裁を派遣するまで、従前の硬直した対応が踏襲された。

中国の反発が非常に強かった一方で、日本政府が全く対処不能であった問題が「光華寮問題」である（第一章第二節を参照）。光華寮とは、国府が日本と外交関係を有していた時期に購入した京都の中国人留学生寮であるが、中華民国籍でありながら中華人民共和国を支持する留学生が居住していたため、一九六七年九月に、国府が原告となって彼らの立ち退きを求め、民事訴訟を起こした。ところが、裁判中に日華断交にいたったため、台湾当局が法的な当事者能力を有するのか、光華寮の所有者は中台のどちらなのかが争われることとなった[23]。

一九七七年に、京都地方裁判所は、「中華民国」の当事者能力を認めながらも、光華寮の所有権は政府承認の切り替えによって中華人民共和国に承継されたとして、国府の訴えを棄却し、国府は敗訴した。ところが、大阪高等裁判所が八二年二月に国府への帰属を認める判断をし、この一審判決を京都地裁に差し戻すこととなったため、国府は事実上逆転勝訴した。八六年二月、京都地裁は差し戻し一審で、原告の当事者適格性を認め、光華寮の所有権も認めたことで、正式に国府の勝訴となった。八七年の差し戻し後の大阪高裁判決もこれに続いた。これに対し、八七年三月、光華寮に住む留学生は最高裁判所に上告した。この間中国は「二つの中国」を作り出す陰謀であると日本政府に対して非難を展開したのである。(24)

日本政府は、中国の非難を受けても、司法の独立を主張して判決を尊重するしかなかった。中国の批判に対して、日本は、第一に三権分立の原則から、司法府で係争中の民事訴訟に行政府が介入したり、論評を加えたりすることができない、第二に、今後とも日中共同声明に述べられた日本政府の立場を堅持する、第三に、中国側も声明を尊重し、この問題に冷静な対応をとり、日中関係に影響を与えないことを望む、というものであった。(25)ところが中国の対日批判はさらにエスカレートし、ついに、一九八七年六月、最高指導者である鄧小平中央顧問委員会主任が強い日本非難を加えるに至った。この対日批判を当時の柳谷謙介外務事務次官が「鄧主任も雲の上の人になったような感じがする」と評したことが、さらに中国側の怒りを買い、結果として柳谷次官の退官につながった。

日本政府が光華寮問題に対して全く何の措置もとらなかったかどうかは、検証の余地があるかもしれない。林金莖の回想によると、一九九三年当時、外務省は水面下で「国府による上訴取り下げ→中国より日本の某財団への寄贈→財団により中台双方の留学生が居住可能とする」という「解決方法」を模索していたとされる。*

(2) 中国の反対の程度が弱い問題——「日台固有のトラブル」

中国の反発が弱いかほとんど存在しないため、日台が交渉を通じて解決を図った問題として、台湾籍元日本兵への弔慰金問題がある。台湾籍元日本兵は、「日華平和条約」が発効したことで(一九五二年)、日本籍を離脱し、中華民国国民として扱われるようになった（第二章参照）。同条約によると、住民の対日請求権については「特別取極」を定めることとなっていた。ところが日中国交正常化により、「日華平和条約」が効力を失ったため、彼らは長年日本の「戦傷者戦没者等援護法」および「恩給法」の対象外となり、日本からは何の公的支援も受けられない状態におかれてしまった。そうしたなか、一九七四年にインドネシアのモロタイ島で、高砂族出身の元日本兵中村輝夫（李光輝）が発見されたことにより、元日本軍人軍属の台湾住民の戦死者遺族、戦傷者たちに対する弔慰金問題の根本的解決を図ることが必要であるという声が日本国内で高まったのである[26]。

この状況に対して、一九七七年に元日本兵を原告として、国を訴えた裁判が東京地裁でおこなわれた。八五年八月に判決が下りて、原告の訴えは却下されたが、判決は日本政府が四〇年にわたって「補償」を放置している責任を道義的観点から厳しく批判した。そこでは、「台湾人元日本兵等の問題懇談会」や日華懇が中心となって、台湾籍元日本兵に対して一人当たり二〇〇万円の弔慰金を支払う立法措置が図られた。八八年に関連法規が衆参両院全会一致で可決成立し、日本と台湾の赤十字社を窓口として台湾籍元日本兵に弔慰金が支払われることとなったのである[27]。ただし、訴訟自体は、一九九二年四月に原告の敗訴が最高裁判所で確定した。こうした日台間の不幸な過去の歴史にかか

＊　黄自進訪問・簡佳慧紀録『林金莖先生訪問紀録』、一一四－一一五頁。その後、二〇年の歳月を経た二〇〇七年三月に最高裁判所は、原告の当事者としての適格性を否定し、中華人民共和国政府に訴訟承継させて審理をやりなおさせるよう、大阪高裁に差し戻しをおこなった。光華寮の所有権に関する判断はなされなかったが、台湾の事実上の敗訴である。今回の最高裁の判断に対して、日本の行政府による影響力行使があったかもしれないという見方もある。なお、台湾側は京都地裁に訴訟参加を申し立てた。地裁が参加を認めれば、台湾が独立の当事者として審理に加わり、寮の所有権確認と明け渡しを求める可能性がある。中川昌郎「ASIA　STREAM　台湾——台湾の光華寮問題（二〇〇七年三月）」『東亜』四七九号、二〇〇七年五月、六二－六三頁。「光華寮訴訟　京都地裁に　台湾、参加申し立て」『京都新聞』二〇〇七年四月二一日。

わる問題に関しては、日台間の準公式チャネルを通じた解決が図られた。また日本はこの問題に関して中国と交渉を持ったが、中国はその場で日本と台湾が交渉をすることで「二つの中国」の状況が発生することについて懸念を伝達した。しかし、中国はこの問題が人道主義問題であることに鑑みて、公に批判することを避け、結局は日中関係を損ねることなく日本の主張が通った(28)。

ところが、中国が反発しないものの、日台間固有の解決困難な問題として、「沖縄（台湾側呼称は「琉球」）の帰属問題」がある[*1]。国府は、かつて琉球王国が明朝や清朝に朝貢していたことから、日本の沖縄領有を正式に承認しておらず、米国による日本への沖縄の施政権返還が国府との協議を経ずに進められたことに対して不満であった。こうした背景のため、国府は沖縄に対する日本の主権を認めるか否かについて態度を曖昧にし、県名として日本の統治が及ぶことを前提とする沖縄ではなく、「琉球」の名称を用いてきた。また、沖縄との通関統計なども日本本土とは別に集計し、発表するなどしてきた。

国府は、沖縄が米国施政下にあった一九五八年に、沖縄との交流のためとして事実上在外公館としての機能を持つ「中琉文化経済協会駐琉球弁事処」を設立した。日本側は、中琉文化経済協会駐琉球弁事処を、亜東関係協会東京弁事処の支部機構に切り替え、一本化するよう台湾側に要求していたとされる[*2]。両者はともに外交部系統であるが別組織であり、このような名称を台湾側が使用していること自体が、台湾がいまだに日本の沖縄領有を当然のこととして認めている訳ではなかったことを示していた。日本側の要求は、台湾側が日本による沖縄領有を事実上承認するように、という意図があったとされるが、こうしたやりとりは水面下でなされるのが通常であり、具体的な経緯は不明である。

三　日台経済関係の進展

(1) 輸銀融資の継続

一九八〇年代の日台関係で無視できない比重を占めるのは、経済貿易関係の発展である。日本は、米国の対台湾援助が打ち切られた六五年から対台湾経済援助を始めた。事実上、日本の対台湾援助は米国の肩代わりという位置づけで開始されたのである。その後日本は七二年九月に国府と断交したため、その後新規の台湾向け円借款案件を立ち上げることはなくなった。六五年に第一次交換公文で定められた約五四〇億円のうち、海外経済協力基金（ＯＥＣＦ）は一二四億九二〇〇万円の円借款を担当し、残りは日本輸出入銀行（輸銀）がおこなった。[29]この輸銀分の円借款に関しては、政治的に「微妙な問題」を含んでいたが、日本政府は、日中国交正常化の結果として円借款に関する政府間取決めは終了したものの、貸付契約は輸銀を当事者として合法的に締結されたものであり、その実行には支障がないとの見解を示し、既存の案件を継続したのである。[30]

輸銀は、台湾に輸出をする一般企業向けに融資をおこなった。一九七二年の断交時点で、輸銀は、円借款を除くと台湾関連案件に対して、貸付残高五四七億円（サプライヤーズクレジット五一九億円、海外投資金融二八億円）を抱えてい

＊1　黄自進訪問・簡佳慧紀録『林金莖先生訪問紀録』、一〇六－一〇七頁。日本の沖縄領有を認めないのは世界でも国府だけであると考えられ、この点で中台の立場は大きく異なる。他方日本政府はこの問題の存在自体を認めない立場にある。

＊2　日本側のこの要求は二〇〇六年五月に現実のものとなり、「中琉文化経済協会駐琉球弁事処」は「台北駐日経済文化代表処駐琉球弁事処」へと名称を変更した。ここで使用されている地名が沖縄でなく、琉球であることから、台湾当局の立場が根本的に変わったかどうかはいまだ不明であるが、台湾が日本の沖縄領有に対する異議の程度を低くしたことは確認することができる。「本土並み『駐日代表』に——台湾『中琉』の名称変更」『沖縄タイムス』（夕刊）二〇〇六年六月二日。

表 5-2　輸銀および国際協力銀行による台湾関連融資の承諾件数・金額

（単位：億円）

	年度	1950-1995 累計	1996	1997	1998	1999	2000	2001	2002
中国	件数	1,062	31	31	54	22	5	17	231
	金額	27,225	2,432	1,227	2,472	883	52	657	6,486
台湾	件数	904	2	1	--	--	1	--	5
	金額	3,677	4	119	--	--	21	--	126

出所：日本輸出入銀行『業務報告書』1994，1995 年度，日本輸出入銀行『日本輸出入銀行年次報告書』1996-2000 年度，国際協力銀行『年次報告書』2001-2003 年，関連各頁〔国際協力銀行提供資料による〕．日本輸出入銀行が，台湾向け融資承諾額について一般公表資料で数字を公開したのは 1994 年度以降であり，2003 年度以降は，年次報告書に台湾の欄が掲載されなくなった．

た。断交以降は、日本企業による延べ払い輸出に関して、通常条件による政府許可が発給され、この面での経済交流は継続された。したがって、輸銀も従来同様、台湾向け経済活動をおこなう日本企業に対する融資を継続したのである[31]（表 5-2）。つまり、日本は正常化以前の中国向け輸出と異なり、断交以降は、台湾向け輸出の輸銀融資に関して、対中国版の「吉田書簡」（第三章参照）のような政策をとらなかった。いわば、日本政府は日台経済の発展に有利な政策の現状を急速に変更することを避けたのである。

台湾向け輸出（インフラや重要産業にかかわるプラント輸出が多い）をする企業に輸銀がサプライヤーズクレジット（輸銀が輸出者に融資、輸出者は延べ払い輸出）で融資をするということは、日本の輸出者と台湾側の双方に大きなメリットがあった。当時は台湾の民間企業の対外債務について台湾の銀行が保証することがほとんどなかったためである。このため一九九〇年代のアジア金融危機当時、台湾の対外債務は事実上ゼロに近いほど少なく、リスクが非常に低くて済んだ一因となったと考えられている[32]。

一九七〇年代から八〇年代前半にかけて、台湾経済に対する日本企業の一般的な見方は、「長期的には低落する」というものであったとされる[33]。中国には、台湾などとの経済交流のある企業を取引相手としないことを宣言したいわゆる「周四原則」*があった。ところが、日本の主要企業は、ほとんどが台湾との関係を維持し続けた。いわば、「周四原則」は有名無実化しており、日本企業は中国から「友好商社」の指定を受けた会社でさえも、徐々に、そして後には堂々と台湾との取引を「正常化」していった。保険業界、金融機関も同様であり、徐々に事実上の駐在員（「ヤミチュウ（闇駐）」と呼ばれた）を置き始めたとされる[34]。輸銀融資は、台湾経済への懸念を有し、中国への政治的配慮をする日本企業が安心して台湾との経済活動を継続する大きな推進要因となったのである。

（2）日台貿易不均衡の政治問題化

日台経済関係は順調に発展していたが、構造的な要因から事実上解決不能であった問題として、貿易不均衡問題を挙げることができる。断交後の日台間の準公式・非公式チャネルは、あたかも国交正常化前の日中間にあった「覚書貿易事務所」を彷彿とさせるが、当時の日中関係とこの時の日台関係の違いは、日台間の交流が日中に比べてほぼ互角かむしろ大きかったことにある[35]。特に貿易はそうであり、日台貿易は、断交から一九八七年に至るまでの期間、年平均一八・二％の増加を続け、平均して日本の対外貿易の二・九％を占めてきた[36]。八七年に至っても、日本の対台湾貿易は対中国貿易を総額で上回っていた（対台湾一八四億ドル、対中国一五六億ドル）。これは、製造業を中心として、台湾の経済が順調に発展していたためである。図5-1を見ればわかるように、この時期、日本経済にとって台湾と中

＊　中国側はつぎの状況の一つに該当するメーカー、商社、企業とは貿易取引を行わない。（一）蒋介石一味の大陸反攻を援助し、朴正熙集団の朝鮮民主主義人民共和国に対する侵犯を援助するメーカー、商社。（二）台湾と南朝鮮に多額の資本投下を行っているメーカー、商社。（三）アメリカ帝国主義のヴィェトナム、ラオス、カンボディア侵略に兵器弾薬を提供している企業。（四）日本にある日米合弁企業およびアメリカの子会社。「日中覚書貿易会談コミュニケ（一九七一年三月一日）」外務省アジア局中国課『中共対日重要言論集』第一八集、一一二頁（田中明彦研究室ウェブサイト・戦後日本政治・国際関係データベース、http://www.ioc.u-tokyo.ac.jp/~worldjpn/より転引）。

図 5-1　日本の対米・中・台貿易の構成比

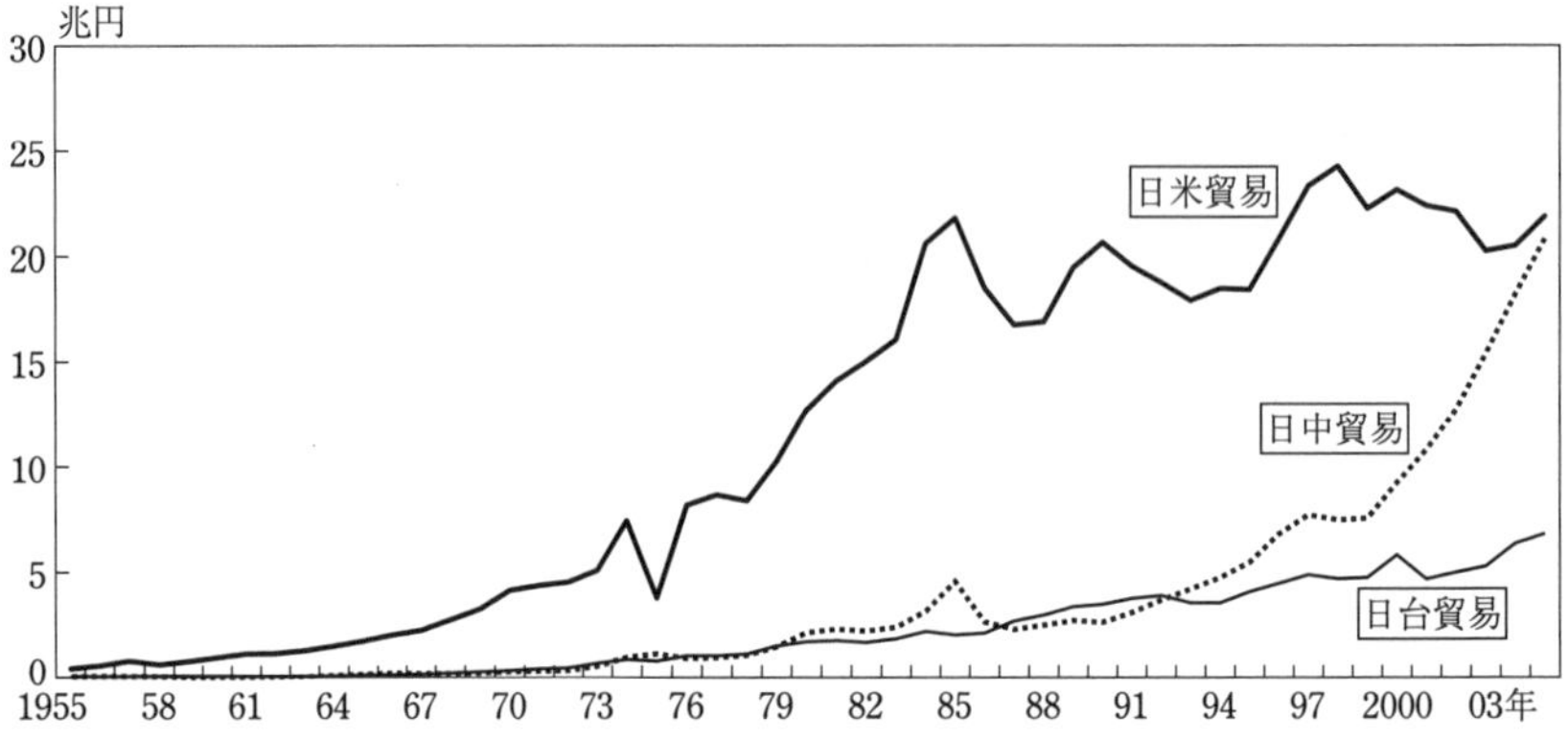

出所：『日本統計年鑑』各年度版，関連各頁を基に筆者作成．

国の占める地位はほぼ互角であったのである。

さらに、断交にもかかわらず日台貿易は順調に拡大し、日本にとって大幅の出超になっていった。日本の対台湾貿易の収支率（輸出額／輸入額、数値が一以下であれば入超、一以上であれば出超を意味する）は、一九七二年から八七年まで平均一・九五、すなわち日本からの輸出額が輸入額の約二倍という状況が続いていたのである。(37)

日台貿易不均衡問題が注目を浴びていた一九八二年二月、突然台湾の経済部は「経済不調の打開策」として、一五三三品目の日本製品輸入禁止措置をとった。禁止された品目の多くが台湾の産業（その多くが日系企業）が必須とする部品であったため、日本側は激しく反発をした。(38) 実際のところ、こうした輸入禁止が実際に効力を発揮し、長期間持続すると、台湾経済にも深刻な悪影響がでることは必至であった。この措置は、日台貿易不均衡問題に対する日本側の対応に強い不満と憤りを感じていた趙耀東経済部長が、蕭万長経済部国際貿易局局長と相談した上で、馬樹礼代表にも、行政院長にも、日本にも事前に知らせることなく独断で取った措置である。孫運璿行政院長は、突然公表されたこの措置を追認したとされる。(39)

貿易不均衡問題は、東亜経済人会議の席上で台湾側から繰り返し取り上げられたものの、ほとんど改善が見られなかった。政府間の公式

図5-2　台湾の対日・米・中貿易の構成比

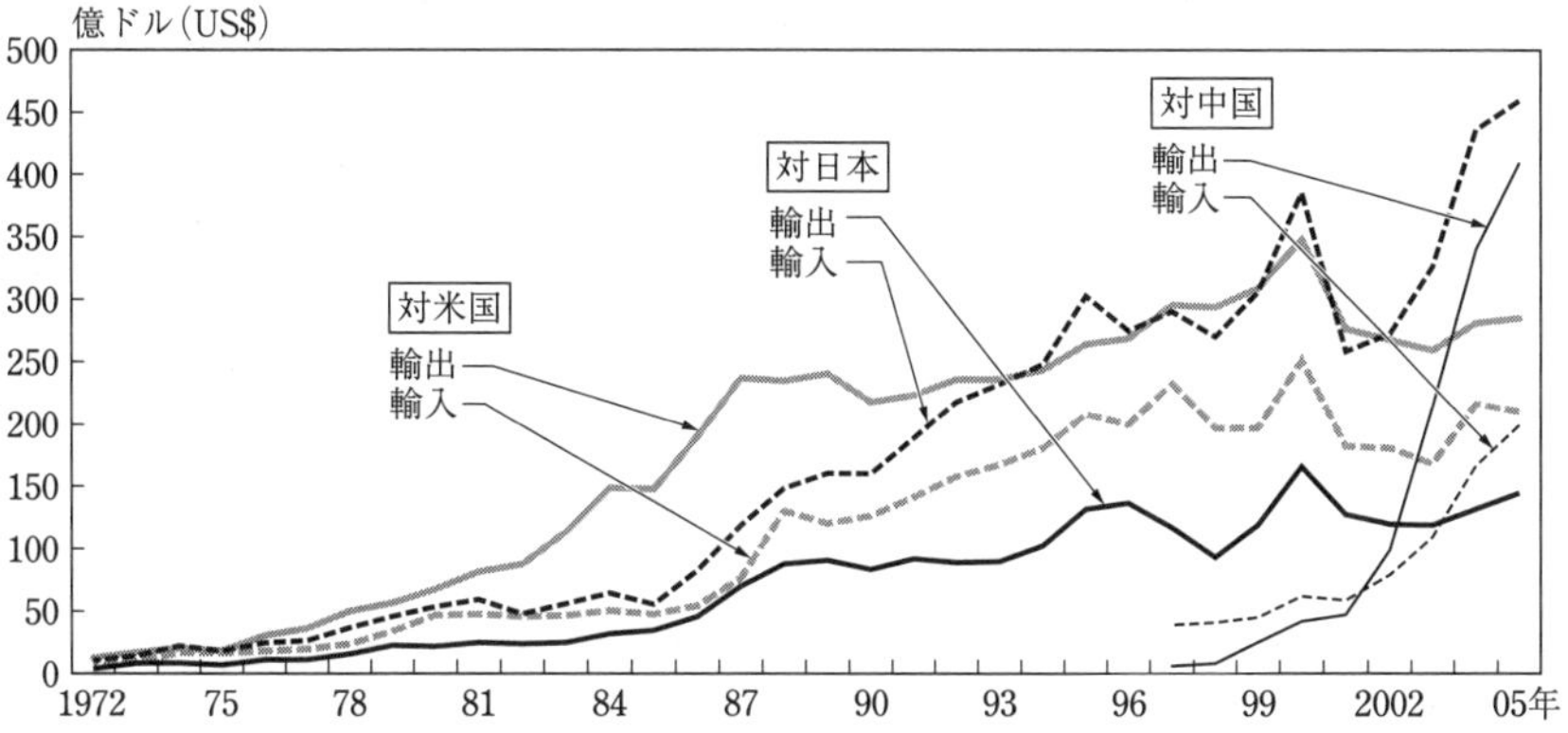

出所：Council for Economic Planning and Development, *Taiwan Statistical Data Book 1978*, Taipei: Council for Economic Planning and Development, 1978, p. 192. Council for Economic Planning and Development, *Taiwan Statistical Data Book 2006*, Taipei: Council for Economic Planning and Development, 2006, p. 218, 222を基に筆者作成.

チャネルがないため、米国がおこなっていたような「対日市場開放要求」を訴える交渉の場が台湾には存在しなかった。突然の輸入禁止措置発表はこうした台湾側の不満が累積した結果であると考えられる。こうした状況に対して、日華懇は一九八二年七月、田中派の有力者である江崎真澄前通産大臣を団長とする自民党国際経済対策特別調査会による台湾訪問（江崎ミッション）を斡旋して、その結果、この問題解決にかける日本側の「努力」や「誠意」を演出し、台湾側の「面子」を立てた。* 台湾側は日本の大臣経験者が訪台することで、政治的体面を保つことができ、日本側は禁輸措置の解除を勝ち取ることができた。

台湾にとって日本は工業用原材料、資本財の供給先であり、米国は工業製品の輸出市場である。当時の台湾は巨額の対米

* 中川昌郎「序章　断交後の日台関係　一九七二—一九八七」中川昌郎『台湾をみつめる眼——定点観測・激動の二〇年』田畑書店、一九九二年、一六頁。その後、台湾側は日本製品輸入禁止措置の撤廃をおこない、輸入振興策を採るようになった。他方日華懇は、後年（一九九一年）日本企業の台湾投資を促進するため、「日台ビジネス協議会」の開催を後押しした。

黒字を生み出しており、米国から市場開放要求を突きつけられていた。逆に日本にとってみれば、台湾は巨額の貿易黒字を生むと同時に対米黒字を削減することができる対外投資先でもあった。つまり、台湾は日本から輸入した生産要素で製品を製造し、米国に輸出しているのであって、台湾にとって対日赤字と対米黒字はワンセットである[40]。図5-2は台湾の対日、対米、対中貿易構成比を示したものであるが、こうした対日・対米経済貿易構造は、アジア新興工業経済（NIES）には典型的な構造であり、対米黒字を上げるためには対日赤字を甘んじなければならなかったのである。

ただし、台湾にしてみれば、米国からは黒字削減を迫られている一方で、赤字の日本に対しては何のクレームもつけられないという状況は文字通り理不尽であった。趙耀東経済部長の「独走」が台湾内部で最終的に容認されたことからわかるように、内政面や対米関係の体面上も、台湾には対日貿易不均衡問題で行動を起こすことを容認する政治的雰囲気があったものと考えられる。外交関係がないために通常の二国間貿易協議ができない台湾は、あえて政治問題化させる方式で日本との「ハイレベル交渉」を勝ち取ったことになる。つまり、台湾が「七二年体制」の打破ではなく、「七二年体制」の枠内でのブレークスルーを図るのであれば、それはある程度可能になったのである。

しかし、肝心の日台貿易不均衡問題は一九八六年以後さらに顕著になっていった。これは八五年のプラザ合意以降、台湾が対米輸出を拡大させた時期と一致する。日本企業も円高に対応して対台湾投資を拡大し、このため台湾および現地日系企業は大量の資本財、中間原料、部品・パーツを日本から調達することになった。フルセット型産業構造を持たない台湾では、産業の高度化を進めると、新たな産業分野の対外依存度が極端に高まる傾向にある。対日貿易赤字構造は台湾の産業高度化が進むにつれ、急速に深刻化したのであった[41]。日本では日台の貿易不均衡問題は、台湾の産業構造や米台間貿易と関係する構造的な問題であり、日台双方の当局が努力をするだけでは解決不能であり、徹底的改善は不可能であると考えられていたのである[42]。

おわりに

本章の考察を通じて、断交後の混乱から李登輝時代に至るまでの谷間にあった一九七九年から八七年までの時期における日台関係の特徴を、以下のように指摘することができる。

第一に、中国の主張する「一つの中国原則」に「違反」し、日中関係に深刻な影響をおよぼしかねない問題、すなわち中国と台湾のどちらかを選ばねばならないゼロサム問題に関して、日本が役割を発揮することには大きな限界があった。特に日本における司法の独立原則と中国の「一つの中国原則」が正面衝突した光華寮問題はそうであった。ただし、一九八〇年代のように中台関係・日中関係が比較的良好で、なおかつ政権主流派に日華懇の中心メンバーがいた時には、日台関係の実質的な強化が可能であった。また、たとえばアジア開発銀行のメンバーシップ問題などのように、中台の「ゼロサム問題」であっても、日本の国益や原則にかかわる問題では、双方の妥協を引き出し、同時に加盟する状態を創り出すことが可能だったのである。

第二は、中台双方が国力の限界を受け容れざるをえず、そのことが中台の外交合戦を緩和させたことである。中国は、日米両国との国交を正常化したとはいえ、その経済力・軍事力の双方で十分な影響力を発揮するには程遠い実力しかなかった。台湾も内部の正統性危機と国際的な孤立により、「漢と賊は両立せず」という硬直した外交を続けるわけにはいかなくなった。アジア開発銀行問題で、双方がオリンピック・モデルを援用して解決を図ることができたのは、そのためであろうし、日本がいくつかのゼロサム問題で台湾側に有利な行動をとることができたのも、基本的には中国の国力が足りず、また台湾の外交が柔軟になったことによる。

第三は、中国が台湾および日本の双方と安定した関係を求めていたことである。日中関係は一九八二年の「教科書問題」以来、歴史認識をめぐる問題で不安定化することが何度かあった。しかし、一九八〇年代は、中国の平和統一政策が鄧小平のリーダーシップの下で最も強力に推進されていた時期であった。日中関係が比較的安定し、中国の対台湾政策が柔軟化し、日中関係が相対的に安定したことで、日本の保守政治家は台湾当局への便宜を安心して図ることができたのである。

第四は、一九八〇年代が日本の親台派政治家の黄金期であったことである。それまで断交への不満や後ろめたさを感じていた日本の保守政治家は、総主流派体制の下で、中台双方のバランスをとる努力ができるようになった。特に日華懇の有力メンバーは政権の主流派を構成しており、日台関係の緊密化に政治力を発揮することができた。たとえば、「台湾籍元日本兵への弔慰金問題」のように中国の強い反発を招きにくい日台間固有の問題なら、議員立法のように日本側が一方的に努力するだけで立法にこぎ着けることができるなど、日華懇が有効に機能した。また、「日台経済貿易不均衡問題」のように根本的解決が極めて困難な問題でも、日本側の「努力」や「誠意」を示して、台湾の体面を保つことができたのである。

第五点は、外交関係がなくなったにもかかわらず、日台の経済関係がいっそう深化したことである。まず、輸銀融資を台湾向け輸出案件に供与し続けたことからわかるように、日本政府が、台湾との経済関係を維持することに利益と意義を見出していたものと推定できる。その背景にあるのは、好調な台湾経済であり、巨額の対台湾貿易黒字である。中国が問題視しないかぎり、輸銀融資も続けられ、日本は中国に目立たない形でそれまでの現状を維持し、自らの国益を守り続けたのである。

日華関係は、一九七二年に公式関係が「消滅」して正当性を失ったものの、準公式・非公式関係として継続されてきた。台湾側でその関係の中心にいたのは蔣経国や馬樹礼を中心とする外省人の旧世代であった。彼らは国際的孤立と政治的自由化・台湾化の波に洗われ、内外からの挑戦を受けていた。それにもかかわらず、日本側で反共イデオロギーを共有する保守政治家が台頭したことにより、黄昏にあった日華関係は一九八〇年代に徒花を咲かせることとなった。他方で、民間の経済関係を中心とした新たな日台関係はその基礎を年々強くしていたのである。「相対的安定化」の時期に、劣勢におかれていた台湾は「七二年体制」に正面から挑戦することを回避し、実質的な関係の強化を追求するようになっていた。この奇妙な静けさは、次章以降に見られるように、国際政治構造の大変動および台湾の民主化・台湾化とともに崩れ去り、日台関係にかかわるさまざまな事象や情報が日中間で問題の「政治化」する度合いを強めていくのである。

第六章　台湾の民主化と新たな日台関係の模索
——一九八八—九四年——

松田　康博

はじめに

本章は、一九八八年から九四年までの日台関係の特徴を明らかにすることを目的としている。第四章、第五章で明らかになったように、日中国交正常化以降には、中国が日華関係の残滓を消し去るための対台湾外交闘争を強化し、国府もそれに正面から対抗したため、日中関係も日台関係も不安定であった。七二年に日台航空路線が断絶され、その回復に一年四カ月もかかった問題がその好例である。日本外交は中台関係を巡って綱渡りを続けた。一九八〇年代には「歴史認識問題」が発生したものの、基本的に日中関係は安定し、また劣勢の現実を受け容れた台湾も中国とのトラブルを避け、対日関係を安定化させるようになった。

ところが、一九九〇年代に入ると、日台関係は新たな展開を見せるようになった。民主化過程にあった台湾は自己主張を始め、要人の外遊など新たな外交攻勢をかけ始めたのである。他方で中国は旧来の「中国側の解釈による七二年体制」（台湾を中国の一部であると日本が認めたと解釈）の枠組みに基づき、日本に対して台湾側の要求を全て退けるよう政治的圧力をかけ続けた。日本は、公式の立場として台湾を中国の一部であると「当然に認めたものではなく（中略）現実の問題としてどこに究極的に帰属するかどうかということについては、日本は物を申す立場にない」[1]のであり、七二年体制を中国よりも曖昧かつ緩やかに解釈する傾向にある。このため、民主化した台湾側の変化に対応し、実務関係の強化と一部の「ハイレベル接触」を容認した日本は、中国の警戒を引き起こし、批判を受けるようになっていく。一九九〇年代に日中台関係は新たな展開を見せ、不安定化するようになったのである。

民主化と台湾化の下で日台関係はどのような新展開を見せたのか、互いとの関係についての日中台間の認識ギャップはどう拡がっていき、そのことがどのような作用をもたらし、どのような関係が新たに模索されたのか。本章では、台湾が民主化を始めた時期の日台関係がどのように展開し、日中台間の認識ギャップが拡大したメカニズムを明らかにしたい。

一　東アジアの構造的変動と日台の接近

日本と台湾は、一九八〇年代の相対的に安定した国際関係を背景に、経済的な結びつきを深めた。ところが八〇年代末になると、東アジアの国際関係と各国・地域の内政が変化したことに影響を受けて日台関係は新たな展開を見せるようになった。冷戦終焉前後における、台湾での最大の政治的変化は、政治的民主化と政治社会の台湾化（本土化）である。台湾では民意に背く形で現状変更をおこなうことができなくなり、台湾が中国と統一する見込みは自ずと遠のいた。この変化は単に台湾内部にとどまらず、八〇年代の末から九〇年代初頭にかけて、中ソ和解、天安門事件、冷戦の終結、そしてソ連崩壊など国際政治の大変動と連動したことで、国際社会に大きなインパクトを持つようになった。またこの時期、韓国が「北方政策」を展開してソ連、中国と国交を樹立し、東アジアの冷戦構造は大きく形を変えたのである。

台湾の民主化は、言論の自由を伴い、それは従来タブーであった「台湾独立」の主張を解禁することになった。一九八九年末に、野党民主進歩党（民進党）が「台湾独立」を主張する言論を始めたが、当時の李登輝政権はこれを事実上容認した。これに対し、中国の楊尚昆国家主席は、「台湾当局」の「ある者」が「独立を考えている」との認識を示し、同時に「もしも台湾に独立の状況が出現したら、中国政府は座視し得ない」と武力行使を示唆して警告した。(2) これは中国が七九年に「平和統一」政策を打ち出して以来初めての警告であった。これ以降台湾で選挙がおこなわれたり、指導者が中国の意に沿わない発言をしたりするたびに、中国は武力を背景として警告や威嚇を加えた。台湾の新外交に対する中国の見方や対応も厳しさを増していった。しかも、中国はソ連（後にロシア）との関係を改善したことで先進兵器を調達することができるようになり、日米両国および地域諸国の中国への懸念は増大していった。

東アジアの構造的変動は、日台関係において、以下のような変化をもたらした。第一に、日本にとってソ連への対抗の点における中国の戦略的価値が低下した一方で、民主化により、日本が台湾を無視しにくくなったことである。第二に、民主化のもたらした政治社会の台湾化により、李登輝総統に代表される日本植民地時代に教育を受けた本省人が政権の主流となり、もともと日本との深い関係と日本への好意を有した人々が、当局においてより大きな影響力を持つようになったことである。第三に、中国が経済的・軍事的に発展したことに加え、中国で反日的要素を帯びたナショナリズムが昂揚したことに反応し、日本人の嫌中感情が強まった一方で、民主化し、日本への親近感を露わにするようになった台湾に対して日本人の多くが同情的になったことである。そして第四に、民主化と台湾化が日台関係の緊密化のみならず、台湾における日本の植民地支配や日中戦争にかかわる「歴史認識問題」を表面化させる結果をもたらしたことである。それまで台湾では戦略的考慮から抑制されてきた民間発の対日批判も、民主化したことによって可能となったのである。こうした背景の下、日台関係を制限してきた「七二年体制」の枠組みは、新たな挑戦に直面するようになった。

特に、日中台関係の大きな転換点が、台湾の民主化よりも、むしろそれ以前の一九八九年六月の天安門事件によって、中国が国際的に孤立し、内政が保守化したことにあるということに注目すべきである。日本は中国に対して政府開発援助（ＯＤＡ）の凍結などの制裁を加えた。中国は同事件を経て一時的とはいえ保守的・排外的な姿勢を強め、それを擁護する勢力は西側諸国にはほとんどいなかった。中国の国際的地位が急落したことにより、日本では台湾問題に関して、中国の懸念や反発を以前ほど考慮しなくてもよい状態が突然出現したのである。天安門事件は、台湾にとって国際空間を開拓するための千載一遇の「僥倖」であり、また断交以来台湾への「負い目」を感じていた日本人は、これを機に台湾との交流増大を進める空間を確保していった。

二　台湾の新外交と日台新チャネルの形成

（1）李登輝訪日問題の「政治化」

台湾は李登輝政権下でその国際的活動空間を拡大するための「弾力外交」あるいは「実用主義外交」（「務実外交」）を全面的に展開し始めた。「実用主義外交」の主要な内容とは、外交関係のある国との関係を維持し、外交関係のない重要な国との実質的な関係強化を図り、そして国際連合等国際組織への復帰を積極的に図ることなどである。台湾当局は一九八九年一月にパナマ共和国と外交関係を樹立し、同年三月には李登輝のシンガポール訪問（同国とは外交関係がない）を実現させた。郝柏村行政院長（首相に相当）は九〇年一二月にシンガポールを訪問した。

台湾にとって日本は外交関係のない重要国であるが、対日関係は一貫して重視されてきた。ところが、日台の交流チャネルには世代交代の問題を抱えていた。蔣経国時代に作られた日台の文化交流チャネルとしては、日華文化協会、日華大陸問題研究会、マスコミ総合研究所などがあったが（本書第五章の表5–1参照）、これらは蔣介石・経国父子とその側近の主導で反共を共通基盤とした交流をおこなうカウンターパートという色彩が強かった。一九八八年に蔣経国の急死によって総統職を継承した李登輝は「当時はカネもなく職権も限られていた。副総統時代、日本、中国、米国の各事情についてては白紙で、私は実権も人脈もなかった。自民党の関係者が来ても皆、蔣経国を訪問し、私に会いに来る人は少なかった」と回想している。[3] 李登輝は、日本との知的交流と多方面の関係強化を図って中嶋嶺雄東京外国語大学教授（後に学長）と「アジア・オープン・フォーラム」（「亜洲公開論壇」）を設立した。* 同フォーラムは、毎年大規模なシンポジウムを開催し、台湾と日本における主流の政界・官界・財界・学界を結びつける役割を果たした。

ただし、李登輝が日本と実質的関係を作り上げたのは、総統に就任してしばらくした一九九一年以降であったという。[4] それは、九一年六―七月に李登輝が蔣経国の二男である蔣孝武駐日代表に代わって許水徳内政部長を本省人として初めて駐日代表に任命したタイミングと重なっている。従来、蔣家の政権では、日本との関係が深い本省人に駐日大使や駐日代表を充てることに警戒感が強かったと言われている。[5] 蔣孝武は駐日代表を交代した直後に、医療上の手違いで急死した。蔣家の父子が相次いで死亡したことで、李登輝は、国民党政権内の権力と対日関係の主導権を立て続けに掌握することが可能になった。こうして、日台の準公式チャネルにおいて、いわば「日華」と「日台」の比重が逆転したのである。

ところが、一九九〇年代初頭の日台関係は必ずしも順調に緊密化した訳ではなかった。許水徳の回想によると、前

＊　黄自進訪問・簡佳慧紀録『林金莖先生訪問紀録』台北、中央研究院近代史研究所、二〇〇三年、一〇五―一〇六頁。李登輝・中嶋嶺雄『アジアの知略――日本は歴史と未来に自信を持て』光文社、二〇〇〇年、三―四頁。李登輝と中嶋嶺雄との個人的な関係は、一九八五年三月に李がトランジットで日本に立ち寄った時に始まった。なお、「アジア・オープン・フォーラム」のアイディアは、李が副総統の時にすでにあったという。中嶋嶺雄氏インタビュー、二〇〇八年一月三一日。

任者である蒋孝武駐日代表が、日本の若手国会議員との関係構築に重点を置いていたため、日華懇のシニア・メンバーが台湾に対して悪印象を持つようになっていたという。(6) いわば、台湾との関係をめぐって、自民党内部も世代間で分裂状況が発生していたのである。

一九九一年夏には、経世会（竹下派）最高幹部であり、日華懇のメンバーでもある金丸信元副総理が李登輝を日本に招待しようとした。(7) この李登輝訪日問題は、日中台関係における新たな試金石であり、いわば日本の決定次第でその後の流れが決まるともいえる問題であった。なぜかというと、台湾要人の非公式な日本「訪問」はすでに前例があったためである。李登輝はかつて副総統時代の八五年二―三月にウルグアイとパラグアイを歴訪し、その帰途に、サンフランシスコと東京でトランジットしたことがある。東京と横浜を訪問した李登輝は、四十名余りの国会議員の歓迎宴に招かれて懇談をおこない、学界の人々とも会見した。(8) 八五年になされた日本でのトランジットが政治問題化しなかったのは、当時の台湾外交が中国にとって大きな脅威になっていなかったためであると考えられる（本書第五章参照）。

ところが一九九一年当時、海部俊樹首相訪中を控えていた日本に対し、中国は圧力をかけて李登輝の訪日を阻止する動きに出た。しかしながら皮肉にも、李登輝訪日の最大の障害は中国ではなく、日華懇のシニア・メンバーである藤尾正行や佐藤信二であった。彼らは自分たちではなく金丸を頼った李登輝の訪日を「党主席ではなく総統の身分で訪日すべき」などの「原則論」を展開した上、日華懇会長および代表世話人職の辞意を表明するなどして抵抗し、結果として事実上、李の訪日を阻止してしまったのである。(9) すなわち、李登輝政権は当初、旧世代との交流に慣れきった日本の親台派国会議員との「老関係」をうまく引き継ぐことができなかった。いわば、国会議員の「面子」という全く本質的ではない日本の内部事情のため、最初の李登輝訪日計画はあっさりと流産したのである。*1

一九九一年以降も、李登輝の訪日は事前に計画が外で報道され、中国の反発を生んで結局実現しないというパターンを繰り返した。「アジア・オープン・フォーラム」は、一年ごとに台湾と日本で交互にシンポジウムを開催し、李登輝が訪日を図る機会となった。他方で、中国は李登輝訪日阻止を図り、会議は一九八九年から二〇〇〇年まで一二回おこなわれたにもかかわらず（日本では六回）、それは実現しなかった。[*2] 李登輝の新外交は、台湾住民に中国の外交攻勢により失われた自信を回復させ、台湾アイデンティティを強化するために不可欠な政策であった。他方、中国の外交当局にとっては、経済発展と民主化による良好なイメージの下で活発化しつつあった台湾外交を、抑え込む必要があった。両者の利害は、李登輝訪日問題に象徴的に集中し、日本が中台のどちらを選択するのかという一種の政治的「踏み絵」となっていったのである。

（2）変化の起点としての一九九三年

台湾の新外交が進展する一方で、天安門事件後の国際的孤立を打破するために、中国は日本を西側諸国の「突破口」としてとらえ、接近を図った。[*3] 中国では、日本との関係改善は欧米諸国との関係改善の呼び水になると考えられていたのである。他方、日本にとって中国の孤立とは、長年の懸案であった天皇訪中のチャンスを意味した。天安門

＊1　許水徳は、一九九一年東京に駐日代表として赴任した際、日華懇が主催した歓迎会に藤尾正行会長が出席しなかったことを印象深く覚えている。後日、許水徳は藤尾正行を台湾に招待した。李登輝総統が藤尾と親しく長時間にわたって接待したことで、藤尾は李登輝シンパとなり、代表処の活動にも積極的に参加するようになったという。許水徳元駐日代表へのインタビュー、二〇〇七年三月二二日。

＊2　このうち、総統在任中の京都会議（一九九二年）と退任後の松本会議（二〇〇〇年）が、李登輝訪日の可能性が非常に高い会議であったという。中嶋嶺雄氏インタビュー、二〇〇八年一月三一日。

＊3　当時の銭其琛外交部長は「日本は西側の対中制裁の連合戦線の最も弱い輪であり、中国が西側の制裁を打破する際におのずと最もよい突破口となった」と回想している。銭其琛『外交十記』北京、世界知識出版社、二〇〇三年、一九二頁（銭其琛著・濱本良一訳『銭其琛回顧録——中国外交二〇年の証言』東洋書院、二〇〇六年、一八五頁）。

事件で急速に悪化した日中関係は、一九九二年一〇月に国交正常化二〇周年を記念するため天皇訪中を実現させることで、いったん関係改善を果たした。天皇訪中当時、対日工作に長年携わった孫平化中日友好協会会長は、非公式に「これで日中は過去を乗り越え、完全な友好国になった」と発言したほどである[10]。ところが、中国は九三年ごろになると国際的孤立を徐々に脱出し、中国を取り巻く国際環境は改善され、中国の対日配慮は弱まり、日中関係も緊張を取り戻していった。

中台関係も、一九九三年に画期的な動きを見せた。民間交流機関という建前で実質的な当局間の交流を担う海峡交流基金会（以下、海基会）の辜振甫董事長と、そのカウンターパートとして設立された海峡両岸関係協会（以下、海協会）の汪道涵会長による会談（台湾では「辜汪会談」、中国では「汪辜会談」）が同年四月にシンガポールで実現した。「汪辜会談」が実現した九三年は、台湾の李登輝政権が本省人として初めて連戦を行政院長に任命し、脱退後初めて国連加盟への意欲を表明するなど、「台湾化」と「実用主義外交」が新たな段階を迎えたタイミングでもあった[11]。

日本における内政の激変と同時に、対中国・台湾政策が独自性を打ち出す変化の兆候を見せたのもまた一九九三年であった。同年八月に、自民党一党優位の「五五年体制」を打破して、非自民八党会派による連立政権として細川護煕内閣が成立した。国民は非自民党内閣に高い支持を与え、「改革」や「変化」を期待した。当初「五五年体制」の崩壊は、台湾当局が頼りにしていた自民党が野党になったため、日華懇の影響力が低下し、台湾側に不利だという印象を与えた。事実、短期間で内閣が交代することになったことで、陳情がしにくくなったという証言もある[12]。

ところが、台湾側の予想を覆し、日本の対台湾政策には変化の兆しが見られるようになった。連立政権の「影の実力者」と言われた小沢一郎新生党代表幹事は、代表作の『日本改造計画』の中で、かつて「台湾との関係は、中国の姿勢に配慮しつつも、今後は何らかの公的関係を模索する必要に迫られるかもしれない」[13]と書いた。それまでタブーであった台湾問題について、連立与党最大の実力者が触れたことは、台湾や中国で注目を受けた。小沢は、一九九三年八月に閣僚の訪台について「堅苦しく考える必要はない」とし、李登輝訪日について「その立場の方がおいでになれば歓迎するのは当然」として、ともに容認する発言をした(14)。実際にはどちらも実現しなかったものの、中国の主張する「一つの中国原則」に相反する発言を繰り返したことで、中国は小沢に強く反発した。

三　「ハイレベル接触」の増大による「政治化パターン」の確立

小沢一郎の発言だけではなく、日台関係は、実質的な新展開を始めた。目立った動きとしては、台湾の新外交が新たに展開し、日本側も台湾側との公式・非公式な「ハイレベル接触」を、会議参加や休暇といった形式を通じて進めたことである。台湾当局が期待する政治関係、あるいは政治や経済との区別がつきにくい分野での関係発展が図られるかどうか、他方でそのような関係発展が中国にとって受け容れられるかどうかが日中台間で問題となっていった。

表6-1は、一九八八―一九九五年の日台間の「ハイレベル接触」をまとめたものである。八〇年代の日台関係は非常に低調で目立たなかった。また、当時ハイレベルの接触があったとしても、それは水面下でなされることが多く、中国の注意を喚起するとは限らなかった。*ところが日本は、九〇年七月に劉松藩立法院副院長を団長とする「立法院訪日団」を受け容れた(15)。九三年二月には、銭復が外交部長として断交後初めて訪日し、要人などと面会した。さらに、平岩外四日本経済団体連合会（経団連）会長が訪台して李登輝総統と面会し、台湾の「関税及び貿易に関する一般協定」（GATT）復帰に関して議論したと伝えられた。九四年六月、劉兆玄交通部長が訪日し、断交後初めて、カウン

＊　たとえば、一九九一年に東京に赴任した許水徳駐日代表は、渡辺美智雄外相と非公式に接触していたが、当時それが明らかにされることは全くなかった。許水徳元駐日代表へのインタビュー、二〇〇七年三月二二日。

表 6-1　日台間の「ハイレベル訪問・接触」(1990-94 年)

時期	訪日した台湾高官	接触者
1990 年 7 月	劉松藩立法院副院長を団長とする「立法院訪日団」	不明
9 月	林洋港司法院長	不明
1991 年 4 月	章孝厳外交部次長	中曽根康弘，竹下登，福田赳夫元首相，宮沢喜一元副総理等
4 月	蕭万長経済部長	中尾栄一通産相
1993 年 2 月	銭復外交部長	福田赳夫元首相，三塚博自民党政調会長，田辺国男日華懇副会長，椎名素夫日華懇副会長，大内啓伍民社党委員長等
6 月	王金平立法院副院長	20 名以上の国会議員
1994 年	蔣彦士総統府秘書長 邱創煥考試院長 劉松藩立法院長	不明
6 月	劉兆玄交通部長	二見伸明運輸相
9-10 月	徐立徳行政院副院長（アジア大会出席のため）	日華懇主要メンバー
10 月	江丙坤経済部長（APEC 中小企業担当閣僚級会議のため）	橋本龍太郎通産相

出所：台湾研究所『中華民国総覧』台湾研究所，1989-1996 年，「対日」部分および，外交部外交年鑑編輯委員会編『中華民国外交年鑑』外交部，1991-1995 年，「第 3 章　中外関係」,「中日関係」部分を筆者が整理したものである．なお，『中華民国総覧』と『台湾総覧』は表題が違うのみで内容は同じである（前者が台湾販売用，後者が日本販売用名称）．本表は，政治的敏感さが高い台湾の現職高官の訪日を主にまとめたものである．日本の国会議員の訪台は，現職としては大石正光北海道開発政務次官（1992 年）が最高位であり，また元職としては福田赳夫元首相（1992 年）が最高位と記述されている．なお，1994 年は閣僚級以上の台湾側高官の訪日が，断交以来もっとも盛んになったとされる．

ターパートである二見伸明運輸相と会見した。当時、主要先進国の閣僚が次々に訪台していたため、中国は高官の訪台による台湾の他国との関係が事実上「格上げ」されることを恐れ、各国に対して政治的圧力をかけるようになっていた。

一九九四年一月には羽田孜副総理兼外相が北京を訪問して、中国の李鵬総理、銭其琛副総理兼外交部長とそれぞれ会談した。李鵬は台湾問題について「日本が『一つの中国』政策をとっていることを政府や人民は重視している」と述べ、銭其琛も「日本における日台関係の一部状況に注目している。民間レベルの交流はいいが、政府レベルではいかがなものか」と日本側をけん制した。羽田副総理は「日中共同声明を守ることには何ら変わりはない。台湾との関係は実務関係だ」と答え、台湾とは政府レベルの公式な接触はしないという基本原則は変えないとの立場を中国側に伝えた(16)。

一九九四年八月、広島で開催したアジア競技大会で、大会運営団体のアジア・オリンピック評議会（OCA）のアフマド・アル＝サバーハ（Sheikh Ahmad Al-Fahad Al-Sabah）会長は、李登輝総統に招待状を出した。この招待は、主催国である日本も招待を受ける台湾側も知らない状態で発出されたという。結局中国が猛反発したことにより、李登輝は招待状を受け取った上で自らの訪日断念を発表したが、李登輝の代理として徐立徳行政院副院長（副首相に相当）を派遣することとし、日本は徐の訪日を受け容れた(17)。日本としては、これで中国に対して十分な配慮をしたつもりであったが、中国は徐立徳の入国を許した日本を非難し続けた。日本側は台湾に関する中国外交がゼロサムゲームであり、中国側の意向に完全に従わない限り、非難を受けることを実感させられた。他方で中国への配慮を見せる日本に対し、台湾は不満であり、時には批判も加えた。

一九九五年一一月のアジア太平洋経済協力閣僚会議（ＡＰＥＣ）閣僚・首脳会議の際、日本の当局は「特使」を台湾に派遣して李登輝が参加しないよう台湾当局に要求した。ＡＰＥＣのように台湾がフルメンバーシップを持つ国際会議では、総統が招待状を受け取った後、代理人による参加がなされるというパターンが作られた[18]。こうして、日中台関係では、九三年を起点として、台湾が外交上のブレークスルーを求め、中国がこれを阻止するために日本に圧力をかけ、日本が中台の間で苦悩しながら、折衷的な対応をとり、結局中台双方から批判を受ける、という「政治化パターン」が形成された。日台関係の「政治化」は、李登輝の訪日計画をめぐって最も象徴的な形をとって展開された。そして李登輝本人の訪問が実現しなくても、その代理人による訪問や会議参加が実現することで、台湾の国際的活動空間はこじ開けられていったのである。

ただし、本章が扱う時期は中台間の対話が実現した時期でもあり、中国が日本や台湾に加える圧力は政治のレベルに止まっていた。中国が武力による対台湾威嚇を再開するようになり、台湾海峡が軍事安全保障問題の色彩を強め、米国や日本を巻き込むようになっていったのは、中国が武力による威嚇を始めた一九九五年以降である。

四　変化する日台のバイラテラル問題

(1) 実務レベルにおける関係の改善と進展

この時期、日台双方は、ハイレベルのみならず、中国からの牽制が比較的弱い実務レベルでも、バイラテラルなイシューにおける関係改善を地道に進めた。一九九〇年に公用旅券で台湾に出張した日本の公務員は延べ一五九名を数えたし、九一年に財団法人交流協会台北事務所に外務省課長級幹部を総務部長（同職位は在外公館における政治部長の役割も果たすと見られている）として派遣した[19]。

また、好調な台湾経済や人的交流の増大に着目し、一九九一年五月に東亜経済人会議が台湾に訪台経済・貿易ミッション（赤澤ミッション）を派遣したり、九二年二月に日本政府が技術支援を目的とした政府公式ミッションを台湾に派遣したりした[20]。赤澤ミッションは、八三年以来の大型経済ミッションであり、通産省の現職課長、ジェトロや中小企業事業団の理事などが参加したことで注目されたが、そのフォローアップのための機関として九二年に日本側に日台ビジネス協議会、台湾側に駐日商務協議会が新設された[21]。

また、当時の江丙坤経済部政務次長によると、一九九一年一一月にソウルで開催されたAPEC総会で、中国と台湾、香港が同時加盟した。これは、韓国がホスト国であったことが大きく影響している。韓国はこの時点でまだ国府と外交関係を有しており、台湾を排除することはできなかった。また返還前の香港も中国との対等な地位を獲得することができた。中台のAPEC同時加盟をきっかけに、「本省の課長以上の接触禁止、国立大学の教授は公務の訪台禁止」という日本外務省の内規は緩和されたといわれる。* 天安門事件後の中国が国際社会において弱い立場にあるという現実を受け容れて、中台のAPEC同時加盟を事実上受け入れたことが、日本の対台湾政策の調整につながったのである。

一九九二年五月になると、台湾当局の日本における代表部門である「亜東関係協会東京弁事処」が、「台北駐日経済文化代表処」に改称された[22]。旧称には台湾に関係する文字が入っておらず、名称の意味が不明であり、したがって

＊　清水勝彦「逆に結び付き深まる奇妙な関係——日台国交断絶二〇年」『AERA』五巻三八号（通号二三二号）、一九九二年九月二二日、二五頁。このほか、一九九一年には台湾住民の日本渡航に関して、マルチビザが発給できるようになった。それまで日本政府は台湾住民に対して七二時間のビザ免除渡航を認めていたが、日本政府は六月一日付でこれを取り消すことを、日本政府は直前に何の事前協議もなく台湾当局に通知した。法務省が「出入国管理法」改正に伴い「自動的」に決定してしまったのである。台湾側はこの処置に抗議し、まず七二時間のビザ免除渡航取り消しの二カ月間猶予を勝ち取った。次に同年八月一日からは一年間有効の一五日以内のマルチビザ発給を実現させた。台湾研究所『中華民国総覧』台湾研究所、一九九一年、五一六‐五一七頁。武見敬三氏へのインタビュー、二〇〇八年二月四日。

業務にも不便が生じていたためである。これは、「首都」である「台北」の地名を冠したことにより、台湾の代表部門であるということを意味する。このことは中国が強く反発して政治問題化しかねない敏感な問題であったため、日本側は「経済文化」という文言を入れることで、その懸念に反論できるようにしたものと考えられている。

一九九三年五月には岡松壮三郎通商産業省通商政策局局長が、同年一二月に後任の坂本吉弘局長が台湾を訪問し、江丙坤経済部長と会談した。APECという多国間会議枠組み内での出張が名目であったとはいえ、中央省庁の局長が訪台するのは、七二年の断交以来初めてであった。日台間では、各レベルにおけるコミュニケーションが増大し、台湾側の期待は増大した。

こうした日本側の対応のみならず、台湾も内政面で対日文化交流の規制緩和を進めた。一九九三年五月、行政院新聞局は、映画フィルムを除く日本のドラマ番組のVTR輸入を解禁した。九四年一〇月には日本映画輸入制限の撤廃がなされた。七三年から二一年にわたる映像文化にかかわる禁止・制限は撤廃され、ケーブル・テレビの合法化により、日本語のテレビ番組が大量に放映されるようになり、日本教育を受けた世代や日本文化に関心を持つ若い世代に歓迎された。かつて台湾社会の日本への接近を恐れていた国府は、「民主化」と「台湾化」の進展により、社会の底辺に至るまで対日接近を許すようになったのである。

(2) 争点化する「過去」

一九九〇年代の日台関係は、緊密化の一方向だけに発展したわけではなかった。日本の植民地支配や戦争の記憶・経験に関係する問題も日台のバイラテラル問題として噴出した。これは日中関係、日華関係、そして日台関係がマルチトラックで問題を複雑化させたためである。

一九八八年、日本の政治団体が尖閣諸島（台湾では「釣魚台」、中国では「釣魚島」という）に設置した灯台を、海上保安庁に正式な航路標識として認可するよう申請し、中国と台湾が反発する事態となった。尖閣諸島は七一年から日中・日華間で問題化したが、当時国府は日本との外交関係を失うことを恐れ、対日批判を控えていた。ところが、八八年に台湾側が断交を恐れる心理はなかったし、台湾内部においていわゆる統一派と独立派の対立が始まるタイミングにあった。しかも、台湾の漁民は、日本統治時代に尖閣諸島付近の海域を自分たちの漁場としていた経緯があり、彼らは自由化が進んだことにより声を上げ、与野党の立法委員への働きかけを始めた。

当時国民党政権は内部に日中戦争を戦った世代の外省人がいまだに長老として影響力を有していた。一九九〇年に尖閣諸島問題が再発した際には、当時の行政院長が非主流派の象徴的存在であった郝柏村元参謀総長であったこともあり、野党・民進党が政権批判を強め、マスコミも問題を拡大する方向で報道をおこなった。こうして台湾内部の政治対立を受け、尖閣諸島問題は政治化の様相を見せたのである。尖閣諸島問題は、このの後中国や香港の活動家と「新党」系活動家が連携を深めて、繰り返し再三メディアに取り上げられていった。

日中間のいわゆる「歴史認識問題」に関して、一部台湾住民の中で同様な反応を引き起こす事例もあった。一九九四年五月、永野茂門法相が、『朝日新聞』のインタビューで南京大虐殺を「でっちあげ」であると発言したところ、中国に加え、台湾の外交部が抗議するに至った。同年八月、桜井新環境庁長官が、太平洋戦争を「侵略戦争ではない」と発言したことも、同様に政治問題化した。前述したように八〇年代に起きた保守政治家の台頭は、日台関係の緊密化をもたらしていた。しかしそれは、戦前の歴史における日本の侵略行為を必ずしも正面から認めない発言を露出させ、それは中国のみならず台湾からの反発をも生んだのである。日華関係と日台関係の比重が逆転したことは、この意味で日本にとって諸刃の剣でもあった。

台湾内部の政治的対立がその対外関係と連動する中、李登輝は、一九九四年に日本の国民作家と評される司馬遼太郎と対談をおこなうなどして、日本のメディアでの露出度を高め、日本社会の中で「親日的台湾」のイメージを定着させる役割を積極的に果たした[23]。このとき李登輝が表明した植民地時代を含む日本への敬意や中国や中華に対する率直な批判を含む発言は、多くの日本人と一部台湾住民の共感を呼び起こし、同時に中国および中国アイデンティティを有する一部台湾住民から激しく糾弾されることとなった。このため、李登輝への反発を強め、九二年八月に国民党から分裂した「新党」およびその支持者は、日本との「歴史認識問題」が発生するたびに対日抗議行動を強め、日本との良好な関係を重視する李登輝政権への批判と対日批判を同時におこなうようになっていった。「中華民国」を代表する勢力は、台湾政界において非主流派・野党になったことで、中国と同様に過去の歴史に関する問題で日本を糾弾する立場に回るようになったのである。

一九九四年に首相に就任した日本社会党の村山富市は、日本がアジア諸国に対して与えた戦争の惨禍について深い反省の意を表明し、さまざまな政策措置を講じたが、その一部は台湾に対してもおこなわれた。九四年一二月、閣議で台湾籍元日本兵弔慰金問題、慰安婦問題、未払い給与や軍事貯金の返還問題（確定債務問題）等を処理することを決めた。日華懇は、「台湾戦後処理問題議員懇談会」（井上計会長代行）を支援し、九五年には終戦五〇周年の予算の一部として議員立法で可決に持ち込んだ。ただし、台湾側は当局のみならず、野党を含めた立法院が「交渉相手」として前面に出てきたため、選挙を控えた各党籍立法委員が争って要求をエスカレートさせ、「交渉」は難航したという*。

日本の対応措置は、一方で不十分であるという批判を招いたものの、これまで外交関係がないことを理由に回避されてきた台湾における「未決の戦後処理」を、村山内閣と一部保守派政治家が人道的観点から推し進めたという点で画期であった。

おわりに

本章の考察を通じて、一九八八—九五年に日台関係がどのように展開したかについて、以下の四点を導き出すことができる。

第一点は、台湾の民主化・台湾化が、日中台関係において「政治化パターン」の展開を見せるようになったことである。天安門事件と冷戦の終結により、中国の国際的地位は低下し、台湾は民主化・台湾化により自己主張を始めた。李登輝訪日のような日中間のゼロサムゲームに典型的に見られるように、台湾は外交上のブレークスルーを求め、日本は中台それぞれとの関係に配慮しながら決定を下し、その過程において、日本は中台それぞれから批判・期待を受け、結果についても批判を受ける、というパターンが繰り返されたのである。

第二点は、台湾の民主化と台湾化により、日台のバイラテラルな問題が接近と反発の二方向に分裂したことである。台湾では、日中戦争の経緯から国民教育や宣伝広報の中に「反日的要素」が盛り込まれてきた。李登輝政権による民主化・台湾化は、こうした「反日的要素」を減少させ、台湾社会に広く潜在的に存在した「親日的要素」を表面化させ、日台関係の親密化をもたらした。他方で「新党」の主要メンバーに代表される一部の外省人第二世代は、蒋介石や張群のような知日派の多い外省人第一世代とは異なり、国民教育の中で抗日戦争を教えられ、留学先に米国を選ん

＊　松尾康憲「五〇年目の清算?——台湾住民への『確定債務』」『世界』一九九四年八月号。黄自進・簡佳慧『林金莖先生訪問紀録』、一六四—一六七頁。「日本の戦後処理、曲がり角——『国家補償』の実現遠のく」『朝日新聞』、一九九五年八月一五日。確定債務については、一九九四年一〇月から五年間の受付期間中に、一律額面の一二〇倍の金額を支払うことで一応の「決着」が図られた。ただし、こうした「少額の決着」に対して不満を持つ者は、受け取りを拒否して抗議行動を続けるなどした。

だ者が多く、対日理解に欠ける傾向がある。むろん外省人＝反日であるという考えはステレオタイプに過ぎないが、「中華民国」にアイデンティティを有する人々の多くが非主流化・野党化し、政治的に対立する李登輝とともに日本に対して、遠慮なく批判を加えるようになったのである。

第三点は、台湾内部の政治変化に伴い、ハイ・ポリティクスの問題に取り組んできた日華懇の限界が露呈してきたことである。日華懇は基本的に日本の与党と台湾当局・与党とをつなぐ準公式チャネルである。このため、民進党や「新党」など台湾の野党が大きく関与した「尖閣諸島問題」、「台湾籍元日本兵弔慰金問題」、「確定債務問題」などでは対応が困難となった。米国の政府および共和・民主両党は民主化支援の経緯から民進党とも伝統的なチャネルがあるが、当時日本の与野党はともに台湾の野党とのチャネルがほとんどなかった。世代交代とともに、かつて台湾当局・与党が同意すれば全て解決した時代が終わったのである。

第四点は、李登輝という個人的要因が日台関係の緊密化に影響を及ぼしたことである。日本統治時代に高等教育を受け、京都帝国大学への留学経験を持つ李登輝は、流ちょうな日本語を操り、それまで政治的にタブーであった「親日的」言論や、中国のみならず中華文明そのものへの鋭い批判を展開して、国会議員を含めた多くの日本人訪問客を魅了した。また、李登輝周辺のブレーンには日本語を話す日本通も多かった。なによりも李登輝は日本のメディアをアジアで最も上手に利用し、国会議員や各界の要人に対する「招待外交」を最も成功させた政治家であった。このため、李登輝の総統就任後に、日本において李登輝シンパは急速に増え、台湾に対する認識や好意も強められたのである。

一九八〇年代末と九〇年代初頭にかけての国際政治上の大変動は、日台関係を「七二年体制」からある程度自由にし、経済・文化交流を媒介とした「事実上の政治的関係」の緊密化を促した。反共で緊密につながっていた日華関係は、むしろ「戦争の歴史」を題材に離れていき、その一方で日台関係は、台湾の政治社会の台湾化と日本の五五年体制の崩壊を機に「植民統治による近代化の歴史」と「中華への批判」を題材に接近を進め、関係を複雑化させていった。台湾とは、日本にとって、植民地統治の対象であった人々が、戦争をした相手の人々に独裁的に支配されてきた場所である。民主化と台湾化が日台関係を複雑化させたのは、当然のことであったといえる。台湾の民主化は、政治社会の「脱中華民国化」と「台湾化」をもたらしたが、それは李登輝という個人的要因を介して、日本との関係においても「日華」の周縁化と「日台」の主流化をさらに進めることとなったのである。

第七章　安全保障の二重の三角関係
——一九九五—九九年——

楊　永明

はじめに

日台関係の発展と変化を分析する上で主軸となるのは日本の対台湾政策である。なぜなら、一九七二年以来外交関係が欠落してしまったことにより、日本では外交政策全体と日中関係という二つの要因が対台湾政策を変えることに制約を加えてきたためである。しかし、冷戦終結後、日本の外交政策には一連の変化が生まれ、そのことが対中国・台湾政策にも影響を及ぼした。なかでも対台湾政策は日本の外交政策が最も厳格な形で現れる縮図であると言えよう。日本はかつて実質的に「二つの中国」政策をとっていたが、徐々に事実上の「一つの中国、一つの台湾」政策へと転換してきた。東アジア情勢の変動と「一つの中国」政策という制約を受けているため、日台関係は常に実務関係を主体としてきた。言い換えるならば、日本の対台湾政策は外交・安全保障の分野に関しては極めてあいまいな性質を有していたのである。日本の対台湾政策の変化が、多くの構造的・政策的制約を受けているからこそ、日本の外交政策の方向転換は、そこにより顕著に反映されるのである。

日台関係にとって九〇年代後半という時期は、日本の外交政策の変化が段階的に検証できる時期である。日台関係はつねに密接であったが、双方とも公的な接触が大きく制約を受けており、日本の対台湾政策はより伝統的な主権の概念という制約を最も強く受けてきた。したがって、日台関係と日本の対台湾政策を分析することを通じて、日本の対外政策がどのように変化してきたかという軌跡とその展開を検証することもできるのである。また、この時期の日台関係は、東アジアの地域情勢の変化からも大きな影響を受けている。よって、本章では地域という切り口から日台関係の変化を分析する。ただし公文書の一部は未公開であるため、本章は理論的・構造的分析を枠組みとして、日台関係の深層構造と発展過程を整理する試みとしたい。

日台関係の発展と変化を分析すると、国際政治・地域環境・相互関係・国内政治・政治指導者の五つの要因から大きな影響を受けている。この五項目の間に優劣があるというわけではない。例えば、国内政治より地域環境の方がより主導的に日台関係に影響を与えるということではなく、むしろそれぞれの段階において、異なる環境特性と政策変化に基づいて日台関係が決定づけられるのである。しかし、大きな意味での環境の構造的要因から日台関係がより大きく影響を受けることは否定できない。また、相互関係・国内政治・政治指導者などの要因も、国際政治や地域環境という要因に影響を受けるという枠組みとしての制約が存在する。特に、李登輝という個人および台湾民主化など国内政治要因は、日台関係の相互作用の緊密化を促進する上で重要な役割を果たした要因として指摘できよう。

九〇年代後半においては、これら五項目の要因全てが日台関係に大きな影響を与えたが、なかでも特に国際政治および地域環境という構造的要因が鍵となった。つまり当時の日台関係は、主に安全保障を主軸とする「二重の三角関係」の影響を大きく受けていたのである。ここで言う安全保障の二重の三角関係とは、「米・中・台」と「米・日・台」の三角関係である。九〇年代後半、米中台の安全保障の三角関係には次のような微妙な発展が見られた。台湾海峡危機により米国は台湾海峡の平和を維持するという意志をより明確に表明したが、同時に中国の発展という不確実性を考慮し、関与政策と戦略的パートナーシップにより、中国が米国主導の東アジア秩序を受け入れるよう促した。

こうした発展は、日本がその対台湾政策を転換せざるを得ない状況にあることを認識させたのである。また、当時は「米・日・台」の安全保障の三角関係が徐々に形成されつつあった時期であったが、日米安保体制における台湾ファクターは、皮肉にも事態的概念と地理的概念の論争の中で逆に明確化し始めた。こうした変化の結果、後に小泉政権が米日台の安全保障の三角関係強化を志向したのではないだろうか。

安全保障の二重の三角関係という概念を使用する理由は、「米・中・台」の三角関係は日台関係に、「米・日・台」の三角関係は台湾の安全保障情勢に重要な影響を与え、これまで実務関係に制限されてきた日台関係に、安全保障問題に対応することを契機として間接的に政策転換が促され始めたことにある。同時に注目すべきこととして、これら二重の三角関係は単一の安全保障関係として単純化できず、あくまで「米・中・台」および「米・日・台」という二重の安全保障の三角関係であり、決して「日米・中・台」という特殊な関係であると単純化することはできないことが指摘できる。なぜなら、このような単純化は、日本の日米安保、中国、台湾に対する政策の基本的態度への誤解を招きかねず、日台関係および日本の対台湾政策の本質を真に深く理解することへの障害となるからである。本章は九

＊1　日本は、米国の行動や米国が日本に要求する現実主義的な要求に対して、実質的に支持することが多いにもかかわらず、様々な制約要因により受け身であるため、マイケル・グリーンとベンジャミン・L・セルフはこれを「気の進まない現実主義」と名づけた。日本国内における日本の安全保障政策に関する議論については、以下を参照のこと。Michael Green and Benjamin L. Self, "Japan's China Policy: From Commercial Liberalism to Reluctant Realism," *Survival*, Vol. 38, No. 2, Summer 1996, pp. 35-58. Michael J. Green, *Japan's Reluctant Realism: Foreign Policy Challenges in an Era of Uncertain Power*, New York: St. Martin's Press, 2001.

＊2　小泉政権には大衆迎合的な劇場政治を戦略として活用する傾向があったという認識は広範に指摘されている。このような大衆迎合的な劇場政治手法により獲得した高い支持率を背景に進めた小泉政権の外交上の動きを、多くの評論家が日本でネオナショナリズムが発展している兆候として分析していたことを踏まえ、筆者はこれを「大衆迎合的ナショナリズム」と命名した。小泉政権期における日本のナショナリズムについては、以下を参照のこと。Eugene A. Matthews, "Japan's New Nationalism," *Foreign Affairs*, Vol. 82, No. 6, November/December, 2003, p. 74-90.

〇年代後半の日台関係を検討する上で、上述した各観点から日台関係の変化を分析し、この時期が、日本の対台湾政策が「気の進まない現実主義」(reluctant realism)[*1]から徐々に後の「大衆迎合主義的ナショナリズム」(populistic nationalism)[*2]へと移行するまでの過渡期・転換期であったことを指摘するものである。

一　変動する北東アジアの国際環境

冷戦後の九〇年代前半は、北東アジアの国際関係が不安定な時期であった。まず、米国の東アジア政策が米国の国家安全戦略全体の影響を受けて不明確になり、なかでも米国の東アジアにおけるプレゼンスおよび米国の対中政策が調整期の不確実状態を呈した。また、米国が政策的調整期に突入し、東アジア諸国の間でも権力構造に流動性と調整の兆しが出現した。東アジアに権力の真空状態が出現し、国家の安全保障に関わる事態が出現しかねないことを懸念した東アジア諸国では、冷戦終結にもかかわらず軍備調達や軍事支出を増加させる傾向が見られた。

しかし、九〇年代後半に入ると情勢が一変する。米国のクリントン(William Clinton)政権が日米安保体制の強化を打ち出し、同時に中国への関与政策をとったことから、地域の安全保障情勢が安定に向かい、各国が地域貿易と交流を強化するようになった。東アジア情勢は、冷戦期のサンフランシスコ体制および米国を主軸とした多重の二国間関係により構成される地域構造から、多元的相互作用による地域構造へと変貌し始めた。それと同時に、一九九七年のアジア金融危機の衝撃と東南アジア諸国連合および日中韓(ASEAN+3)の枠組みが発展したことにより、東アジア諸国が相互協力と統合への動きの重要性を認識するようになったのである。また、中国の経済発展と地域外交政策の変化により、東アジア諸国と中国の経済貿易面での交流および外交上の相互作用が増加する結果となった。こうした動きは、九〇年代後半の東アジア情勢に重要な構造的変化・発展をもたらしたのである。

また、脅威均衡理論（balance of threat）の観点から見れば、[*]米国が主導した九〇年代の東アジアの安全保障環境において、中国は不確実国家（uncertain state）に分類される。なぜなら、中国政府の対外政策や態度が不明確であり、東アジア地域の政治経済安定秩序に対して協力しつつも、挑戦的でもある政策や態度をとり続けており、その証拠に日米安保に対し反対を唱え、一九九六年には台湾海峡でミサイル演習をおこなっているからである。しかし、こうした不確実国家に対しては和解あるいは関与政策（policies of accommodation or engagement）をとるのが常であり、それにより徐々に明確かつ現状を支持する政策をとるよう促していく、つまり、平和的な変化（「和平演変」）を促すことで現状維持国家（status quo state）にしていくことが試みられる。そこで、九〇年代には米国および日本は中国との交流を拡大する政策をとりつつ、日米軍事協力強化により、中国が台湾海峡や東アジアの現状と平和的秩序に対して挑戦的な政策をとるような修正をおこなわないよう抑止していたのである。

東アジアの国際情勢における変動が日中・日台関係の方向性を牽引したのは自然な出来事である。実際、台湾海峡危機から「新ガイドライン」（本書一八〇頁）を経て米中相互交流に至るまで、この時期の東アジアで発生した国際的変動は、全て台湾および地域諸国の相互作用に影響を及ぼした。しかも、こうした変動はほとんどが安保問題に集中しており、特に米中台・米日台という安全保障の二つの三角関係という側面に集中している。

＊　「脅威均衡」理論は「勢力均衡」（balance of power）理論を修正したものであり、国家は単に国際システム内における他国のパワーの消長により対外政策を変えるのではなく、必ず他国の外交政策に表れるその意図と行為に鑑みるという分析をする。例えば地域に新たに出現した強国が国際システム内で既得権益を有する国にとって挑戦的である場合、関係国はこうした脅威に対し勢力均衡を図り、システムの秩序と安定に対する変化を予防しようとする、と考える理論である。脅威均衡論は以下に詳しい。Stephen M. Walt, *The Origins of Alliances*, Ithaca, N.Y.: Cornell University Press, 1987.

二　台湾海峡危機——米中台の安全保障の三角関係

米中台の安全保障の三角関係は一見、日台関係には無関係のようであるが、実際には日台関係の発展を促す結果となった地域環境要因である。米中台の安全保障の三角関係から構成される地域的要因とは、主に二つの側面に表れている。一つ目は一九九六年、中国が台湾海峡で弾道ミサイル試射および三軍統合演習をおこなったいわゆる台湾海峡危機であり、米国が危機のさなか、「戦略的明確さ」(strategic clarity)とも言える台湾保護行動を打ち出したことに表れている。もう一つは九〇年代後半、第二期クリントン政権において米中間で戦略的パートナーシップを目指す目標が確立されたことである。この二つの事件から、日本と台湾は地域環境および米中関係の変化を痛感し、七二年体制の限界を認識し始めると同時に、日台関係が過度に民間交流に依存してきたことへの問題点と課題も認識し始めたと言えよう。

一九九六年三月、台湾初の総統直接選挙がおこなわれる直前に、中国軍は台湾海峡付近で集中的な軍事演習をおこなった。中国は、まず台湾北部基隆港北東約三六キロメートルの海域と台湾南部高雄港南西約五四キロメートルの海域を標的としてミサイル試射をおこなった。三月八日にはM－9地対地弾道ミサイル三発を発射し、うち一発が基隆近海に着弾し、残りの二発は高雄南西海域に着弾した(1)。三月一三日、中国は再度第四発目となるミサイルを発射し、高雄南西海域に着弾した(2)。さらに中国は、三月一二日から二〇日の間に台湾海峡南端の大陸沿岸地域で、一八日から二五日には馬祖に近い大陸沿岸海域で実弾演習をおこなった(3)。しかし、三月二三日には台湾総統選が無事終了し、李登輝総統が過半数で第九代総統、すなわち直接選挙による初の総統に当選したのである。

中国が台湾の総統選直前におこなったこの大規模な軍事演習に直面し、米国は台湾海峡の安定を破壊すれば深刻な結果を招くこと、そして武力の誇示が平和には無益であるということを言明し、同時にある程度行動をもってそれを示した。一九九六年三月八日、中国の軍事演習第一波の初日に、米国のウィリアム・ペリー（William Perry）国防長官は、空母インディペンデンス（USS Independence）が台湾付近の海域で中国の軍事演習を監視すると発表した。一〇日には、ウォーレン・クリストファー（Warren Christopher）国務長官が、インディペンデンスが台湾水域に接近すると発表、翌一一日にはクリントン大統領がペルシャ湾の空母ニミッツ（USS Nimitz）部隊を台湾付近の水域に派遣し、インディペンデンスに合流させる指令を発したのであった。

台湾海峡危機は米中台の安全保障の三角関係を変え、米国は二隻の空母部隊を台湾海峡付近の水域に同時派遣することで、中国のミサイル試射・軍事演習の進行を監視し、同時に米国が台湾海峡の平和を維持する態度と決心を誇示したのであった。二隻の空母部隊の台湾海峡への派遣は、必ずしも米国が対台湾安全保障政策を「戦略的あいまいさ」*（strategic ambiguity）から戦略的明確さへ転換したことを示すものではないが、米国が台湾海峡の平和を維持するという態度はかなり明確になったと言えよう。この後、米国はかえって中国との軍事的相互作用を強化する動きを見せたが、当然その目的は双方の相互信頼レベルを向上させることで、相互の台湾海峡政策の判断ミスや誤解による

＊「戦略的あいまいさ」（strategic ambiguity）政策とは、「上海コミュニケ」や「台湾関係法」（Taiwan Relations Act: TRA）など関連政策に基づくもので、米国の対台湾政策があいまいかつ柔軟であることを示している。その内容は、台湾の前途と台湾の安全保障という米国の対台湾政策の最も重要な二つの部分から構成される。「台湾の前途」については、米国は中国の台湾に対する態度を「認知」（acknowledge）したが、必ずしもそれを「承認」（recognize）した訳ではない。また、米国は「台湾の前途」について台湾海峡の両側が自ら解決するものであることを理解し、介入や仲裁をおこなわず、両岸問題解決方式は平和的でなければならないと強調するのみであるというものである。「台湾の安全保障」については、「台湾関係法」が軍事同盟条約ではないことから、同法では台湾の安全保障と安定は米国にとって重大な関心事（grave concerns）であると指摘するにとどまるが、米国は台湾が軍事的脅威に直面したときに自己防衛できるよう防衛的性格の武器を提供することになっている。「台湾関係法」に基づき、米国は台湾を防衛するかどうかについて態度を不明確にしていることから、このようなあいまいな安全保障上のコミットメントは、主に中国の台湾に対する軍事攻撃を抑止する目的を持っている。

軍事衝突の勃発を回避することであった。また同時に、米国は台湾との軍事連携を増加させ、台湾が軍事的自衛能力を高めることを希望したのであった。

台湾海峡危機は、台湾の安全保障に対する日米両国の基本的態度の側面でも転換点となった。両国は当時、依然として戦略的あいまいさ政策を維持していたものの、台湾海峡の平和を維持するという態度の確実性に関しては十分明らかな態度を示し、徐々にではあるが戦略的あいまいさから戦略的明確さに政策が転換する趨勢にあった。よって、九〇年代後半はいわば二つの政策が段階的に変化する時期であったといえよう。つまり、ある程度あいまい政策による抑止を維持しつつ、現状の平和を維持する基本的立場をはっきりと表明したのである。過去においては一般的に、米国の台湾関係法による台湾の安全保障の重視と戦略的あいまいさ政策を通じて中国の対台湾武力行使を抑止できると考えられてきたため、日米安保や米台軍事連携において台湾の安全保障を過度に明確に強調することは避けられてきた。しかし、台湾海峡危機により台湾海峡で戦争が勃発する可能性が高いことが示唆されたことから、米国と日本は台湾海峡の安定に対する重視の度合いを明確かつ強いメッセージとして発信する必要性を感じたはずである。その結果、一九九七年九月に日米安全保障協議委員会（SCC）で共同発表された「日米防衛協力のための指針」（以下、新ガイドライン）における「周辺事態」という概念を通じ、米国と日本は共同で東アジアの平和を維持する決意を東アジア諸国に理解させようとしたのである。

一九九六年の台湾海峡危機は、中国が対台湾政策を平和統一政策に転換して以来、日本が米中軍事衝突に巻き込まれかねないことに気づかされた、おそらく初めての事件であった。特に台湾の安全保障問題において米中の軍事対立が発生すれば、巻き込まれるのを回避できないということを日本は痛感したと考えられる。折しも事件発生時、日米安保体制は転換期を迎えており、日米安保関係と米国の東アジア安全保障政策における冷戦後の見直しが激しい議論の対象となっていたことから、台湾海峡危機は結果として、直接および間接的に日米が安全保障協力を強化することを後押ししたのであった。同時に日本が地域安全保障と台湾海峡両岸関係（中台関係）において、間接的ではあるものの、ある程度の役割を果たす地位にあることが避けられないことにも気づかされたのではないだろうか。なお、ここで言う日本が果たす間接的な役割とは、日本が日米安保体制を通じて米国が台湾の安全保障において果たす役割と政策に協力と支持を提供することを選択することを指している。

一九九六年三月の台湾海峡危機発生時、日本政府は中国のミサイル試射と軍事演習の行為とそれが及ぼす可能性のある影響について自発的に意見と関心を表明している。橋本龍太郎首相は三月一日にバンコクでおこなわれたアジア欧州会合（ASEM）に出席した際、中国の李鵬総理と会談し、中国の台湾海峡における演習時には極力自制的に対応するよう求めたとされる。(4) 三月一一日には外務省の加藤良三アジア局長が中国駐日本国大使館の鄭祥林参事官（公使代理）と会見し、軍事演習に対して再度憂慮を表明し、中国に自制を求めた。(5) これは将来台湾海峡において軍事衝突が発生した場合、事態が米中の軍事衝突と政治的決裂状態に発展するだけでなく、日本の地域安全保障政策やその役割に対する試練となるであろうことも、日本政府が理解していたことを示唆している。朝日新聞社の船橋洋一記者が著した『同盟漂流』（岩波書店、一九九七年）で指摘されているとおり、当時の橋本龍太郎首相が最も懸念した問題は、台湾で軍事衝突が発生した場合、台湾滞在中の邦人救出、大量の難民対策、沿岸警備・テロ対策、対米支援などをどうするかであった。(6)

日本政府はまた、米国が提供する情報が限定的であり、台湾海峡の軍事演習情勢などの関連情報を独自に効率的に掌握するには不十分であることにも気づかされたであろう。日本政府は事件の発展や米国の戦略的配置意図などについて十分に掌握できなかったことから、当時の日米安保体制における日本の受動的役割の限界と無力感を感じたはずである。

例えば、三月三日に米国が在日米軍基地に停泊するインディペンデンスを台湾付近の海域に派遣することを決定した際、米国は日本政府に対する事前通知をおこなったものの、日米安保条約に基づく「事前協議」を日本政府とおこなわなかった。[*] さらに、空母ニミッツ派遣を決定した際には、そのことが三月一一日のニミッツ派遣命令前に日本政府に通知されなかった。このことから日本政府は日米間の情報交換および戦略協力の連携ルートが欠乏していることを痛感させられたのであった。同時に、日本は両岸の軍事衝突が日本自身の利益と日米安保体制に与える衝撃と影響について認識するようになった。日本の政界や学界では、両岸の安全保障問題で日本の利益と立場に合致する態度や政策はいかなるものであるのかという問題が重視され、議論が展開される結果をもたらした。

米国が台湾海峡危機においてとった武力による威嚇と日米安保体制は密接に関連しており、日本にとっても他人事ではなかった。米国は二隻の空母を台湾近海に派遣したが、そのうちの一隻であるインディペンデンスは神奈川県横須賀港を母港とする空母であり、一〇日には駆逐艦および護衛艦が横須賀港を出航し、空母インディペンデンスを中核とする機動部隊として合流を果たしている。(7) このことが証明しているのは、日米安保条約と米国による台湾防衛のコミットメントが構造的に結びついて、日本の安全保障政策における「台湾ファクター」を形成したということである。日本が台湾海域において米軍の行動に直接参与したわけではなかったが、米国が空母を派遣したことで日本の重大な安全保障上・経済貿易上の利益に関わる台湾海峡の平和を守ったことから、日本のいわゆる「気の進まない現実主義」の基本的態度が十分に示されたと言えるであろう。つまり、米国の台湾海峡危機における行為を実質的に支持はしたが、国内の法律的制約と日中関係という制約があり、直接の政策提示や米国の軍事行動への参与という決定はできなかったということである。

三　日米安保体制——米日台の安全保障の三角関係

日米安保とは、現在の経済・政治・軍事の各分野における大国が二国間で結んでいる軍事同盟であるというだけではなく、両国が共同でアジア太平洋地域の安全と平和を保護するという政策設計でもあり、対処メカニズムでもある。冷戦期にはソ連の脅威に対応するものであったが、冷戦後は再調整により米国のアジア太平洋安全保障戦略において最も重要な位置づけを持つものとなった。米日台の安全保障の三角関係は日米安保と台湾の関係を主とするもので、一九九七年の「新ガイドライン」が米軍の東アジアにおけるプレゼンスと日米による東アジアの安全と安定維持協力を再度確認し、「日本の周辺事態」という概念により台湾海峡の安全を日米安保の範囲内に組み込んだ（本書一八五－一八七頁）。この「新ガイドライン」は、日本がより自立した東アジア安全保障・外交政策を持つことを可能にしたと同時に、日台が安全保障問題でも対話と相互作用を強化することを促すこととなった。

台湾海峡の平和は日米安保体制において重要な要素として考慮されてきたが、台湾ファクターは当初から日米安保条約において明確な位置づけがなされていた訳ではなかった。例えば、一九六〇年二月二六日の「極東地域」に関する統一見解で日本政府は台湾ファクターについて触れてはいるものの、極東は地理的概念ではないと述べている。しかし、日米安保条約に基づき米国が日本と共同で極東地域の国際的平和と安全に関心を持ち、「一般的に言って極東地域とはフィリピン以北並びに日本およびその周辺の地域を指し、韓国および中華民国の支配下にある地域である」とも指摘しており、断交後には「中華民国の支配下にある地域」の代わりに「台湾地域」という表現が使用されている(8)。

一九七〇年代に日本政府が日中国交正常化を進めた際、日中国交正常化が日米安保条約には影響を与えず、台湾と断交したとしても日米安保条約が確認する台湾の地位を日本政府が変更することはないという確約を米国に対しておこなっている。よって、戦略的観点および日米両国の解釈という観点から言って、台湾は依然として日米安保の適用

＊　日本政府は後に、インディペンデンスの活動は「作戦活動」ではなく、「監視活動」であるため、事前協議の対象とはならないと解釈した。船橋、前掲『同盟漂流』、四三三頁。

範囲にあると言える。しかし実際に、日米安保における極東条項とは日本および東アジアの安全保障に対する米国のコミットメントを獲得するためのものであり、台湾ファクターは日本政府自身の戦略的選択ではなかった。むしろ当時の米国の東アジア政策および日米安保体制の実状に対応したものであり、日本が自発的に台湾の安全保障ファクターを日米安保体制または日本の地域安全保障政策の一部としたのではなかったのである。

一九九四年九月、ハーバード大学のジョセフ・ナイ（Joseph S. Nye, Jr.）教授は、米国国防次官補に就任すると、米国の国際戦略・東アジア安全保障戦略の全面的見直しを推進し、クリントン政権が冷戦後の米国の世界戦略およびアジア太平洋安全保障戦略を再調整する動きを代表する人物となった。一九九五年春にはナイ次官補が中心となり米国防省が『東アジア戦略報告』（通称ナイ・レポート）を発表し、同年一一月に日本も新しい「防衛計画の大綱」を発表した。一九九六年四月には日米両国が「安全保障共同宣言」を発表し、一九九七年には「新ガイドライン」が発表された。この一連の報告、宣言および「新ガイドライン」は、米国の主導の下で日本の安全保障・国際問題における役割をさらに尊重することを通じて、日米安保体制を再定義し、それが米国の東アジア安全保障戦略の主軸であり、同時に日本のポスト冷戦期の防衛・安全保障政策の核心となったことを表面化させたのである。

一九九五年のナイ・レポートの重点は、第一に、米国は東アジア地域に一〇万人規模の米軍配備を継続することを決定したことで、冷戦後に米国が外国に駐留する米軍を削減するのではないかという観測を排除した。第二に、米国は関与政策を対中政策の主軸に据えることを決めた。第三に、日本を東アジア地域における米国の戦略的パートナーとし、このパートナーシップを米国の東アジア安全保障政策の柱とすることを明確にしたことである(9)。

一九九六年四月一七日、すなわち台湾海峡危機の約一カ月後、クリントン大統領と橋本首相は「日米安保共同宣言――二一世紀に向けての同盟」を共同発表し、日米安保条約再定義の重要な一歩を刻んだ。日米安保共同宣言には、①地域情勢、②日米同盟関係と相互協力および安全保障条約、③日米間の安全保障面の関係に基づく二国間協力、④

地域における協力、⑤地球的規模での協力の五点が含まれた。[10] 特に日米が一九九六年三月の台湾海峡危機後まもなく日米安保共同宣言を発表したことから各界の注目を浴びたが、この宣言は一九九四年から討論が始まっており、本来は一九九五年に発表することが計画されていたことから、台湾海峡危機との関連は明確なものではない。むしろ一九九四年に発生した北朝鮮の核開発との関係を指摘した方が自然である。とはいえ、台湾海峡危機はこの宣言に間接的な効果を及ぼしており、台湾海峡危機における米軍の行動と日米安保共同宣言において触れられている「日本周辺地域において発生しうる事態」への関心が、日米安保条約と台湾の関係を突出させることになった。

もちろんその際に日本の対中政策と台湾海峡の安全保障問題も重視され、地域および台湾海峡の安全保障を維持するための用意があることがかなり明らかになったことから、中国政府がこれに対して強烈な反応をしたことは必ずしも意外ではない。そこで、日米安保における台湾問題が一つの争点になり、一九七二年後はほとんど話題にならなかった「台湾ファクター」が浮上してきたのであった。

一九九七年末に改訂が完成した「新ガイドライン」は、冒頭の目的部分でガイドラインの三大要素、すなわち、日米間の平素からおこなう協力、日本に対する武力攻撃による「有事」の際の協力、日本の周辺事態への対応が指摘されている。[11] このことからも、「新ガイドライン」の重点は、日本の本土防衛に加え、日本周辺の不安定な情勢を処理することにもあるのが見て取れる。周辺の定義問題については、日米両政府が「地理的概念」ではなく「事態の性質」の概念、すなわち「日本の平和と安全に重要な影響を与える事態」であるかどうかにあることを強調した。同時に、この解釈は問題を故意に回避しているのではなく、一種の戦略であるとともに軍事的現実の常識でもあると指摘されている。[12] これは一種の「戦略的あいまいさ」の維持であるとも言えるし、また現状に挑戦する武力行使を抑止すると同時に、封じ込められているという感覚をいかなる域内国家にも直接抱かせないようにするための政策でもある。「新ガイドライン」の主な争点は、「日本の周辺事態」が台湾を含むかどうかであったが、前述のとおり、一九六〇年以来、日本政府の統一見解で台湾は日米安保条約の「極東」の範囲に入っているとしており、両者は厳密には異なるものの日本が武力を行使する米軍を支援するため台湾海峡は「周辺有事」の範囲に含まれるというのが一般的な見方である。梶山静六内閣官房長官は一九九七年八月にさらに踏み込んだ見解を示し、「周辺事態」の地理的範囲について、中国と台湾との紛争は「当然入る」とし、中台の間に紛争が現実に起こり、米国が軍事行動を起こした場合「その行動を支援しないで、日米安保が有効か」と語り、支援せざるを得ないとの考えを明らかにした。[13]

また、米国も「新ガイドライン」において台湾海峡の緊急事態は排除されていないとの見解を示した。米国防省のカート・キャンベル（Kurt Campbell）次官補代理は「米国には台湾関係法があり、台湾への脅威に対処する責任がある」とし、「この法律に基づいて米国は、台湾が安全を確保するための手段を提供するし、台湾有事に対応するために必要な兵力をアジア太平洋に維持している」と説明した。[14] キャンベル国防次官補代理が言うアジア太平洋に維持している兵力とは、主に在日米軍およびその他の関連軍事的配備のことを指しているため、この発言は、日米安保条約と米国の台湾防衛に対するコミットメントの連携構造が「台湾ファクター」を形成していることを意味している。

とはいえ、基本的に日米両国政府は中国を過度に刺激しないよう、「周辺事態」をかなりあいまいな概念として定義し、「周辺」に台湾が含まれるかどうかを明確にすることを避けてきた。日米は「新ガイドライン」の前文中に「見直しは、特定の地域における事態を議論しておこなったものではない」と強調した上で、「周辺事態」を「周辺事態は、日本の平和と安全に重要な影響を与える事態である。周辺事態の概念は、地理的なものではなく、事態の性質に着目したものである。日米両国政府は、周辺事態が発生することのないよう、外交上のものを含むあらゆる努力を払う。（中略）周辺事態に対応する際にとられる措置は、情勢に応じて異なり得るものである」[15]と規定している。

日米ともに周辺は地理概念ではないと強調しているが、ガイドライン見直しの中間報告（interim report）によると、周辺事態について「日本の周辺事態とは、日本の平和と安全に重大な影響を与える事態」を指す[16]としている。また、日米安保共同宣言とガイドライン見直しに参与した外務省の田中均北米局審議官は、地理的範囲が日本の安全保障に与える影響を故意に無視することはできないとしている。田中がここで強調したのは、一九六〇年の日米安保条約中に台湾を含む「極東」の概念がすでにあり、安保条約は日本が本土防衛のために米軍に協力するだけでなく、米軍が極東地域においておこなう国際的平和・安全保障行動についても同様に協力を提供するということを規定していることに対してであろう(17)。このことからもわかるとおり、日本の安全保障政策には確かに「台湾ファクター」が存在するが、依然として相対的にあいまいな概念と説明にとどめており、結果として日本政府の台湾海峡問題における役割は受動的なものとなり、政策も自制的になっている。しかし、地域の安全保障環境や日本の安全保障における姿勢が変化するにつれ、日本も台湾海峡の安全保障問題という新たな課題に直面したことから現実主義的になり始め、まさにグリーンの言う「気の進まない現実主義」的態度に合致する傾向が表れ始めたのである。

日米両国は冷戦後の東アジアの主な脅威と紛争の源は日本本土ではなく、朝鮮半島と台湾海峡であり、いかなる準地域的軍事衝突も東アジア地域全体の安全と安定に大きな影響を与えるという共通認識を持っている。そこで、「新ガイドライン」においても日本は米国が求める後方地域支援（戦闘行動がおこなわれている地域とは一線を画され、武器・弾薬の補給を除く）と施設の使用を認めることなどを決めた。これにより、米軍はより大きな柔軟性と支援を得て潜在的な軍事衝突に備えることが可能になったのである(18)。新ガイドライン体制における日本の役割には極めて大きな変化があった。これまで日本は単に米軍に基地を提供するだけであったが、新体制では米国の軍事行動に支援を提供することになった。一九九六年の台湾海峡危機および一九九七年の「新ガイドライン」制定から、日本が台湾海峡情勢の展開とそれが東アジアの平和と日本自身の国益に及ぼす影響に対して、正面から向かい合うようになったことを見て取ることができる。

また、台湾では一九九四―二〇〇〇年が李登輝政権期に当たり、米日の元政府関係者と台湾の政府関係者を交えた非公式の対話メカニズムを始動した時期でもあった。このメカニズムは「明徳専案」と呼ばれ、米日台の関係者が東アジアの安全保障情勢から中国の武力脅威に至るまで、さまざまな議題に関して意見交換をおこなう非定期的な会談であった。これにより、米日台の政策決定者に情報を伝えうる位置にある関係者が認識を交換する、直接対話と相互作用のルートが確立され、米日台の重要な安全保障対話メカニズムが構築されたと言うことができる。

四　日台の実務関係および相手に対する政策

日本の対台湾政策については、一九七二年の「日中共同声明」および一九七八年の「日中平和友好条約」で明確に示されているというのが日本の政府関係者の公式説明であるが、実際の対台湾政策はますます柔軟になっていった。安全保障の二重の三角関係が展開したことにより、日本の対台湾政策には重要な変化が見られるようになった。一般的に言えば、経済的利益と地域の安定という二つの要因を考慮し、日本は両岸問題において積極的な政策を打ち出し、役割を果たすようになっていると言える。日本の経済や貿易は平和的な両岸関係に依存しており、安定した米台関係は地域の安定に大きく貢献するものである。また一方では、中国が二一世紀に入ってから地域政治や国際経済において強国として台頭し始めたため、日本は経済的・地政学的に、中国との関係においてリスクをとることを避けたかったのである。

このような状況下で、日本が台湾安全保障問題における積極的な役割を果たそうとする要因は三つある。それは、日本の民衆および政治家の間で親台湾的な論調が徐々に広がってきたこと、米台安全保障関係の中において積極的な役割を果たすことで米国の東アジア政策をサポートし、日米同盟の強化につなげられること、そして日本自身が新たな国際・地域安全保障問題において果たす役割に自信を持ち始めたことである。

一九九〇年代中期以降、台湾の対外関係は元首外交の推進をその重点としており、元首による外国訪問を通じて台湾の国際的知名度と地位を向上させようとしていた。一九九四年のアジア競技大会では、李登輝総統に代わって台湾の徐立徳行政院副院長（副首相に相当）が開幕式に出席し、日中間に争議をかもした。さらに台湾は李登輝総統の訪米と大阪で開催されるアジア太平洋経済協力閣僚会議（ＡＰＥＣ）首脳会議の出席に全力を注いだ。結局、李登輝訪米は「非公式かつ私的訪問」として一九九五年六月に実現したが、ＡＰＥＣ首脳会議への参加はかなわず、辜振甫海峡交流基金会理事長が代理出席するという形をとった。

村山富市首相（一九九四年六月―一九九六年一月）の率いた自民党・社会党・新党さきがけの連立内閣においては、対中・対台湾政策で新たな展開があった。一九九四年八月のアジア競技大会広島大会において、大会主催者が李登輝総統を開幕式に招待する計画であったが、中国政府の強い反対と妨害に遭い、結局は徐立徳が代理出席することになった事件でも、日本政府はこの招待はアジア競技大会がおこなったということを強調したが、台湾の政府高官の訪日が実現したことから、日本の対台湾政策にも変化の兆しが出てきたことが読み取れると言えよう。

ただし、台湾の元首外交と訪日に関して、一九九五年五月二三日に村山首相は、日本が「日中共同声明」と「日中平和友好条約」の精神に基づき日中関係を維持しており、日本の対台湾政策が不変であり、日本と台湾の間が非公式関係であるという基本的構造を保つと発言している。また河野洋平外務大臣はその直後の六月に訪中した際、中国の李鉄映国務委員（国家経済体制改革委員会主任を兼任）との会談で、日本は「日中共同声明」を遵守し、李登輝訪日には同意しないと発言している。

橋本龍太郎内閣（一九九六年一月―一九九八年七月）では、地域安全保障と外交をさらに重視する傾向が顕著になったが、まさにこの橋本政権期は両岸関係の緊張が高まった時期であった。日本は中国人民解放軍が総統選挙を進める台湾に向けておこなった軍事演習について、初めて首相・外相がそろって台湾海峡の平和と安定に関心を示した。台湾海峡危機後も、一九九六年四月には日米安保共同宣言、一九九七年「新ガイドライン」の制定に見られるように、日米両国は冷戦後の新たな協力関係を展開し、周辺事態に台湾海峡問題が含まれるかについて激しい議論を呼んだのであった。日米安保とガイドライン見直しは朝鮮半島などの背景があるとはいえ、一九九六年の危機が橋本内閣に台湾海峡問題と日米安保をさらに重視させる要因になったと考えてよいはずである(19)。

一九九六年三月に初の総統直接選挙がおこなわれ、李登輝が台湾初の民選総統として当選したが、これは台湾の民主化にとって重要な分水嶺であり、台湾政治の「本土化」(台湾化)の観点から重要な事件であった。この二点が要因となり、台湾の民主化と外交問題が米国や日本など関係国が非常に重視する議題となり、ひいては日台関係の相互作用にも大きな影響を与えた。

日本の国会議員と台湾政府の相互作用は総じて密接ではあるが、長期にわたり自民党が政権を担当してきたため、台湾と日本の国会議員同士の交流も自民党議員が構成する日華関係議員懇談会(日華懇)に依存するものであり、日本のその他の政党は台湾と密接な交流メカニズムを有していなかった。村山内閣発足後、台湾との議員交流にも超党派議員団体が必要だという声が高まり、自民党主体の日華懇が、一九九七年二月に超党派の「日華議員懇談会」(略称は同じく日華懇)に改組され、自民党議員二〇二名、当時最大野党の新進党議員八六名など、各党から計三〇〇名以上の国会議員が参加した。これは国会議員の間でも日台関係重視の動きが推進されたことを示すものであった(20)。

小渕恵三内閣(一九九八年七月―二〇〇〇年四月)では、一九九八年六月のクリントン訪中で「三つのノー」*談話が発表されたことを受け、中国が日本にも「三つのノー」を表明するよう迫り、小渕首相が拒絶したと伝えられたが、このことは台湾内部で日本が明確に自主的な対台湾政策を打ち出したものと受けとめられた。日本は一九九九年五月に「周辺事態法」を成立させたが、この法案で台湾が「周辺」には含まれないという表現がなかったことが中国の反発を呼んだ。また、一九九九年九月の台湾での大地震発生に際しては、日本政府が人道的見地から国際緊急援助隊を他国に先駆けて台湾中部に派遣し、大量の人道物資も提供したことは、台湾各界からの感謝と賞賛を受け、日本国内でも大きく支持された。さらに石原慎太郎東京都知事が同年一一月には災害救助問題に関連して訪台したことから、日本の対台湾政策において人道的考慮は政治的な制限とは無関係だという前例が生まれたのである。これにより日台関係において人道的考慮が優先されるという考え方は定着し、後に李登輝総統が退任後、心臓病治療という人道的考慮から訪日が実現する重要な前例となったのであった。

森喜朗内閣（二〇〇〇年四月―二〇〇一年四月）では、森派は親台的ではあるものの、自民党内で森内閣を支持する橋本派が中国外交重視の傾向にあったため、森政権は重大な政策や事件ではむしろ中国に妥協的であった。例えば、二〇〇〇年五月に退任した李登輝元総統が、同年一〇月に長野県松本市で開かれる「アジア・オープン・フォーラム」第一二回会議に参加したいという希望を示したときも、森政権は敏感な時期であるとしてビザ発給を拒否した。

李登輝訪日は当時日台関係における重要問題となり、日台両政府が中国の対日政策の真意を探るための試金石ととらえられると同時に、日本にとっては日本が自主的な外交政策を打ち出し、ナショナリズム的傾向で対中・対台湾政策を推し進めるのかということを試す試金石ともなった。「アジア・オープン・フォーラム」出席はかなわなかったが、二〇〇一年に李登輝の健康状態が悪化し、日本で心臓病治療を受ける必要があるというニュースが伝わると、人道的考慮という見地から日本政府にビザ発給を求める李登輝訪日推進運動を、日台各界が全力で推し進めた。特に日

＊　クリントン大統領は「①台湾独立を支持しない、②二つの中国、一つの中国と一つの台湾を支持しない、③国家を要件とするいかなる組織のメンバーになるべきだとも信じない（三つのノー）」という発言を繰り返した。もともと、この「三つのノー」は、ニクソン大統領以降、米国の対台湾政策の一部であったが、大統領によって公の場で表明されたことは、台湾に自律的な行動の抑制を求める政治的シグナルとなった。James Mann, *About Face: A History of America's Curious Relationship with China, from Nixon to Clinton*, New York: Alfred A. Knopf, Inc., 1999, pp. 366-367（鈴木主税訳『米中奔流』共同通信社、一九九九年、五五〇―五五一頁）.

本国内では李登輝にビザを発給するかどうかで大きな意見相違があったが、李登輝がすでに総統職から退いていることと、医療的見地から日本で治療を受ける必要があることから、政界においても訪日容認が多数意見となり、メディア各社も訪日支持を表明した。その結果、森内閣は二〇〇一年四月に李登輝へのビザ発給を決定したのであった。

李登輝訪日の成功は、日台関係がさらなる発展を迎えた象徴であると考えられたが、これが持つもう一つの意味は、日本政府が中国の定義する「一つの中国」という枠組みを必ずしも守らず、より自主的な外交政策を展開したことにあった。特に、より自主的な外交政策の展開という意味においては、日本政府や政界にとって、李登輝訪日が日本の対中政策およびアジア政策における重要な変化としてとらえられ、また日台関係とその利益を重視することを反映したものとして一般民衆からも受け取られたのであった。台湾における政権交代というプラスのイメージと米国のジョージ・W・ブッシュ（George W. Bush）大統領の台湾支援姿勢や、小渕内閣時の人道的考慮による震災支援への高い評価など、李登輝訪日は同時に多数の側面における成果によりもたらされたものだと言えよう。

日本と台湾の間には公式な外交関係はないが、経済・イデオロギー・文化の面で類似点が多く、日本側の台湾への同情は強まり続けている。台湾の経済発展、民主化の進展、日本のポップ・カルチャーの定着などを見ても、日本人にとって台湾は東アジア地域における「最も親しい友人」としての地位を占め続けている。日本専門家のベンジャミン・L・セルフ（Benjamin L. Self）が指摘するとおり、「台湾と日本の社会は関係が深まり続け、日本は両岸関係に関わらざるを得ないようになり、中国が日本に対して厳しい態度を取る要因となっている」(21)のである。

五　李登輝要因と日台双方の認識態度

日台関係に関しては、これまで個人的要因、国内的要因に比重をおいた先行研究が多かった。これらの要因は確かに日台関係の発展過程において非常に重要な役割を果たしてきた。李登輝要因は影響力を維持しており、九〇年代後半に李登輝が中国国民党（以下、国民党）および台湾政府双方の権力を真に掌握してからは、日台の準公式交流および民間交流を推進してきた。また国内的要因について見れば、台湾の民主化が日台関係発展を推進する上での重要な原因ともなった。李登輝が一九九六年に初の直接選挙による総統として当選したことは、国際社会から台湾政治における民主的移行の重要な分水嶺として広く認識されている。日台関係にも民主化という台湾の国内政治要素が加わったことにより、日本社会が台湾を重視し、好感を抱く要因を自然と構成したのである。もちろん台湾社会にはもともと日本に対する特殊な感情が存在しているため、さらにそれに加えて自由・民主・人権などの政治的な価値観も共有するという親近感が生まれたのであった。

日台関係の発展プロセスを分析すると、台湾社会と日本社会の間に存在する相互認識態度の違いが重要な影響を与えていることを看取することができる。一般的に言って、日台間では相互に友好感情が存在するという基本的認識がある。台湾はおそらく世界で最も親日的な社会であり、日本でも台湾に対する好感が広範に存在するのである。しかし、さらに深く観察すると、日台間の相互認識にはより複雑な要素が存在している。一九九〇年代に入ってからの日台関係には、日台双方の社会内部において二種類の大きく異なる相互認識が存在し、それぞれが日台双方における複数の政策態度や認識を構成している。

まず、台湾社会についてみると、九〇年代においても台湾には「日本語人」*と「伝統的国民党員」との間で対日認識の格差が存在する。日本語人とは、主に日本統治期に日本の教育を受け、当時の環境を記憶する世代の本省人を指

＊　台湾の「日本語人」については、若林正丈『台湾の台湾語人・中国語人・日本語人』朝日新聞社、一九九七年、に詳しくその姿が描写されている。

すが、彼らは戦後国民党の権威主義的統治を経験し、同時に日本社会の発展と経済発展を目にしたことから、日本に好感を抱いているのが普通である。伝統的国民党員とはその大多数が外省人第一世代、すなわち一九四九年前後に大陸から台湾に渡った軍人、公務員、教員およびその家族である。過去の抗日戦争やその後の国共内戦による家族との別離や国外逃亡などの経験から、日本の軍国主義に対する反感を持っているのが普通であり、戦後日本の平和主義的政策にも懐疑的な態度を保持している者が非常に多い。対日政策、特に日本の軍事・安全保障関連の政策や日本の両岸関係における役割に至るまでの問題について、九〇年代になっても台湾社会に全く異なる見方が存在するのは、こうした認識ギャップに起因している。しかし、このギャップは主として歴史的要素により生まれたもので、単純に個人的背景によるものではない。例えば外省人第二世代では日本に対して好感を持つ者の方が多数派なのである。

日本社会では、省籍の違いによる対日観の違いが、一部メディアでしばしば取り上げられ、日本人の台湾社会に対する先入観を形成している。この傾向は強いか弱いかの違いはあるが、日本の政界、メディア、学界で広く見られる認識傾向である。特に台湾政治の観察において日本では一般に「族群」(エスニック・グループ)要因の役割や影響を過度に強調する傾向にある。この観点が台湾の政治文化や投票行為の深い分析に役立つことは否定できないが、この要素を過度に強調すると焦点がずれる可能性があり、台湾の南北間に存在する地域格差や中産階級の存在など台湾政治に影響力を持つほかの要素が軽視されかねない可能性は指摘しておきたい。上述した台湾社会における対日認識による影響から、日本では一部に外省人は「親中・反日」で、本省人は「親日・台湾独立支持」だというステレオタイプがあり、それがある種の偏ったイメージを形成してきた観がある。しかし、日台間の民間、政治レベルにおける交流が拡大するにつれ、相互が互いの政治社会の特性や地域政治上の構造的制約などを理解するようになっており、こうした理解不足による認識のギャップも縮まりつつあると言えよう。

おわりに

九〇年代後半は日台関係の発展にとって、重要な時期であり、転換期であった。米日台および米中台という二つの安全保障の三角関係における変化をはじめとして、関係各国に安全保障上の重大な変化があった。米日台で言えば、それは日米安保体制を主軸とする安全保障上の相互作用と安保対話の展開であり、米中台で言えば、それは台湾海峡危機が引き起こした米中・米台の安全保障関係の変化であった。「米中台」および「米日台」という二つの安全保障の三角関係が出現したこととその変化は、日台関係と台湾の安全保障情勢に重要な影響を与えた。これにより、日本がその伝統的主権の概念という制約を与えられている七二年体制に関しても、安全保障問題という要因に対応するため、間接的な政策変化がもたらされた。その結果、日台関係も実質的な民間交流というレベルに留まらなくなったのだと言えよう。

さらに、台湾内部の民主化の発展に李登輝要因が加わり、日台双方に互いへの親近感が深まったことで、非公式ではあっても交流や相互作用が強化され続けたことも大きい。民間レベルにおける日台間の友好関係や友好感情が深まり続けていることは、日本が政治レベルで日台関係発展に有利な政策的行為をとる意欲を側面から支えると考えられる。日台双方の社会および政府は、本章が分析を加えてきたこの時期においては、国際・地域環境の変化を受け、日台関係にとってはプラスとなる変化を続けてきたのではないだろうか。特に小渕首相による「三つのノー」政策の受け入れ拒否や、森首相による李登輝への訪日ビザ発給などは、いずれも日本が対台湾政策を変化させたという印象を、台湾の社会と政府に強く与えたのであった。

第八章　東アジアの構造変動と日台関係の再編
――二〇〇〇―〇七年――

楊　永明

はじめに

一九七二年以降、日台関係は断交により一種の特殊な状況を呈し、実質的だが非公式な関係を主軸とする「七二年体制」を構築したが、それは日台関係の基本構造になっている。冷戦の終結後、国際環境、東アジア地域、日米関係、日中関係の変化に伴い、日台関係も重要な変化が生じている。特に二一世紀に入ってから、台日米中各国で政権が大きく変貌した。台湾では与党の国民党が下野し、陳水扁総統が政権を掌握したし、日本では小泉純一郎が首相に就任した。米国ではブッシュ政権で影響力を増大した新保守主義勢力が国際政治を主導し、中国では胡錦濤が中国の指導者となった。こうした権力構造の変化はバイラテラル、トライラテラル、マルチラテラルの関係を変え、ひいては地域問題や国際問題の変化をもたらしていった。

日台関係にはこうした複雑な政権の変化により新たな方向性が出現した。なかでも最も特殊だったのは小泉首相の対中、対米、対東アジア政策などの外交政策であり、これが日台関係に直接的・間接的影響を及ぼした。また、陳水扁総統も外交において同様に積極的な政策を展開した。国際社会への積極的参与から対米外交・対日外交の展開に至るまで、いずれも陳水扁外交の中軸となっている。特に日台関係の促進は、重要な政策と位置づけられていた。本章では、新世紀に入り変動する東アジア環境の下で、小泉外交と陳水扁外交が日台関係の発展にどのような影響を与えたのかを分析する。

一　東アジア環境の構造変動と日台関係

二一世紀に入り、東アジア地域には大きな構造的変化が発生した。それにより二〇〇〇年から二〇〇六年までの期間に東アジアの国際関係が大きく影響を受けたと同時に、日台関係もその結果新たな展開を見せた。東アジア地域の構造的変化として指摘できるのは以下の六項目である。

① 主要国の政治指導者の交代により、大国関係に生じた変化
② 米中関係の変化と九・一一同時多発テロ事件および反テロ戦争後に生じた米国の対外政策の変化
③ 中国の経済的台頭と軍事的現代化
④ 日台関係に影響を与える「米・中・台」の戦略的三角関係と「米・日・台」の戦略的三角関係の強化
⑤ 小泉首相による改革のアピールにより喚起された民衆の国内政治および地域問題（regional issues）への新たな認識
⑥ 民主主義の新たな一頁としての民主進歩党（以下、民進党）による政権獲得

なかでも第四項の「二つの戦略的三角関係」は、二〇〇〇年以降、台湾海峡情勢の安定と日台関係の発展に影響を

持ち続け、さらにそれらは強化される傾向を強めた。以上の要素は、いずれも東アジアの地域環境とともに、権力分配構造を左右する主な要素であり、また日台関係の展開にも大きな影響を与える。日本および台湾の内部変化については別途それぞれ詳述することとし、まず①から④までの構造的変化について分析を加えたい。

（１）北東アジアの新時代と政治の新世代

二一世紀に入り、日台関係に影響を与える関係国ではほぼ同時期に政権が交代し、新時代と新世代が多重に交錯する複雑な局面が出現した。台湾では民進党の陳水扁が総統選挙に勝利し、長期にわたり政権を担当してきた国民党が下野した。米国では、共和党を代表するジョージ・W・ブッシュが米国の大統領選を勝ち抜き、新保守主義勢力が政権の中枢を担当することになった。日本では、小泉純一郎が自民党の派閥による封鎖を突破し、「小泉旋風」は日本政治にポピュリズムの時代の幕を開けた。中国では鄧小平の指名した第四世代の指導者として、胡錦濤が温家宝総理と共に「胡・温体制」を構築した。

政権交代がもたらした政策面での変化は、東アジアおよび日台関係に最も重大な影響を与える要素である。各政府の政策とその前政権の政策には連続性はあるものの、多くの政策には調整がおこなわれ、これにより日台関係に重大な変化を生ぜしめる結果となっている。また、上記の政治指導者には、長期政権を実現しているという共通点がある。ブッシュおよび陳水扁は再選を果たして二期を務めたし、小泉内閣は構造改革をアピールし、選挙に大勝した。長期政権は政策に連続性と一貫性を実現させる傾向が強いことから、二〇〇〇年から二〇〇六年の期間を日台関係における変化を観察するための具体的で整合性のある時期および政策段階としてとらえることを可能にしている。

日台関係に影響を与える主要国が、いずれも政権交代を経たことにより、互いの政治的関係にも変化が表れた。米中関係は新たな定義づけに直面し、日中関係はいわゆる「政冷経熱」（政治関係は冷たいが経済関係は熱い）の傾向を見せ、両岸関係は深刻な政治的膠着状態に陥った。このなかで、日米、台米、日台の三つのバイラテラルな関係だけが大幅な改善を見せたのである。

(2) 米中関係の変化、反テロ戦争の衝撃

ブッシュ大統領は、最初の大統領選期間中、クリントン大統領の対中国関与政策を批判し、中国をクリントンの提起した「戦略的パートナーシップ」ではなく、「戦略的競争相手」としてとらえるべきだと強調した。大統領就任後、ブッシュは、政府の国防・外交関係の主要閣僚に著名な新保守主義者の人材をあて、より現実主義的な基礎の上に米中関係を構築するべきであると考えた。米中二国間の交流は案件ごとの再検討が必要とされ、特に軍事交流は慎重に検討されるべき問題であると位置づけられた。そのため、米中関係はブッシュ政権一期目の成立によって修正段階に入ったが、さらにその直後の二〇〇一年四月一日に発生した米中軍用機接触事件[*1]が両国関係に暗い影を投げかけたのである。

また、ブッシュ政権の閣僚は日米関係の進展に非常に積極的で、要職を多くの知日派が占めた。彼らは個人的にも日本との良好な協力関係を持ち、日米間の相互作用を強く推進した。特に日米安保の強化と日本の国際安全保障への積極的参与に関して、米国の閣僚はそろって公の場で支持を表明した。なかでもリチャード・アーミテージ(Richard Armitage)国務副長官は日本通であり、日米同盟が米国のアジア政策の基礎であるべきだと主張してきたことでも知られている。[(1)]

米国の対台湾政策についても大幅な進展が見られた。ブッシュ政権は台湾に対して空前の大型武器売却案を承認し、インタビューでも「どんなことをしてでも台湾の自衛を助ける」と強調した。[(2)]この表現は後に修正されたものの、台湾の防衛力強化をブッシュ政権が強く支持する政策とそのメッセージは、台湾を奮起させ、中国を不安にさせる結果

を招いた。

しかし、九・一一事件発生後、ブッシュ政権の焦点が反テロ戦争に移行した結果、アフガニスタンに潜伏するアルカイダ組織を効率的に攻撃するためには、中国による国連安全保障理事会での協力と、パキスタンや中央アジア地域での協力が、米国にとって必要になったのである。その後、北朝鮮の核開発問題が再発し、中国は六者会合を主催して北朝鮮と関係各国との間で調停・斡旋の役割を果たすようになった。さらに、中国が経済的に台頭したことにより、米中間の貿易関係が深まり、複雑化するようになった。こうした状況が米中関係の基礎に変化を与え、米中間に存在する問題は台湾問題、経済貿易問題、人権問題であるといった従来の単純な様相から、複雑で交錯した国際的、地域的、二国間という三層の相互作用へと発展していった。その結果、米中関係は相互不信から米国による対中関与政策にふたたび回帰していったのである(3)。

(3) 中国の経済的台頭と地域の国際関係・軍事情勢

中国の台頭は二一世紀初頭最も注目される問題である。この現象は東アジアの国際関係と権力構造に直接的な衝撃を与え、中国経済の発展と中国との貿易関係が世界的な注目を浴びるようになった。中国は二〇〇三年に台湾にとって最大の貿易パートナーとなり、二〇〇五年に日本にとっても最大の貿易相手国となった。米中貿易の総額は二〇〇六年に二〇〇〇億米ドルに達し[*2]、中国と主要国との間で経済貿易問題が最重要課題となったのである。各国は中国市場という巨大な利益に鑑み、相次いで中国との貿易を積極的に推進した。政治問題で摩擦を抱える日本や米国にあっ

＊1　二〇〇一年四月一日に米国海軍のEP-3型偵察機が、中国海軍航空部隊F-8戦闘機と中国海南島東南七〇海里（一一〇キロメートル）の公海上空で接触し、中国の戦闘機が墜落した。同機を操縦していた王偉パイロットはパラシュートで脱出したものの行方不明となり、後に中国により死亡が確認された。米国機は海南島の陵水空港に緊急着陸した。

てもこの傾向は同様で、両国ともその影響を中国との貿易関係に及ぼさないよう努めたのである。

中国政府は経済的台頭の利益を得ると同時に、周辺諸国に対する外交政策でも懐柔的な関与政策とソフトパワー戦略を展開した。中国政府は周辺諸国に対し「善隣友好、近隣関係の安定、近隣国の経済成長促進」(「睦隣、安隣、富隣」)の三隣政策を展開することで、かつて外交的脅威や潜在的軍事脅威とみなされた中国が、新たなイメージを構築し、近隣国に責任ある地域大国として認識され、アジアの経済成長を牽引する国となる方策を模索した。アジアでは中国の台頭に対する懸念が叫ばれているものの、中国のアジアにおける地位と影響力は、当時すでに軽んじることのできない事実となっていた。

その一方で、中国の軍事力の強化・近代化は経済発展にともない大幅に進展し、各種の軍事力発展計画は中国が軍事大国化を目指しているためだと懸念されるようになった。また、中国の不透明な国防予算と国防政策は、日米両国を始めとする国々から疑念を投げかけられる原因となった。台湾海峡両岸の軍事バランスという観点から見ても、中国が台湾向けの短距離弾道ミサイルを急速かつ大幅に増加させたことは関係国の懸念を強めた。台湾への「非平和的手段」行使を正当化した「反分裂国家法」を制定したことは、台湾の「法的独立志向」に対する警告であると見なされ、地域諸国が中国の軍事力強化を懸念する事態を招いたのである。また、日本と台湾は中国の軍事的発展から脅威や圧力を感じるようになり、日台が共有するこの圧迫感こそが日台間で「安全保障対話」を発展させようという動きの重要な要因となったのであった。

(4) 二重の戦略的三角関係と新たな三角関係の出現

二一世紀初頭における東アジアの安全保障環境は、表面上安定や平和を保っていたが、各国における軍事力整備および各国間の戦略連盟の構築は加速化した。北東アジア各国の経済貿易関係は急速に発展したものの、政治問題と安全保障問題が依然として外交政策を主導する位置づけにあり、この傾向が日台関係の方向性にも影響を与えたのである。

前章で説明したとおり、九〇年代後半の日台関係は主に安全保障問題を主軸とする「米・中・台」三角関係と「米・日・台」三角関係という二重の三角関係の影響を受けていた。二〇〇〇年以降もこの二つの戦略的三角関係は、依然として台湾海峡情勢の安定と日台関係の発展に影響を与えており、さらに強まる趨勢にさえある。

「米・中・台」の戦略的三角関係に関して言えば、米国でブッシュ政権が登場したことにより、その安全保障戦略に重大な変化が生じた。まず、米国は中国の位置づけを戦略的パートナーからいったん戦略的競争相手と置き換えたものの、反テロ戦争後は米中関係が交錯した複雑な発展を見せ、再度中国の位置づけを「責任あるステークホルダー」(responsible stakeholder) に換えたのである。また、米中間には依然として安全保障問題（特に台湾問題）で、それぞれ観点や立場に大きな開きがある。一方で、陳水扁が総統に就任したことにより、両岸関係は日中関係よりもさらに深刻な「政治が冷たく、経済が熱い」状況を呈するようになった。米国の両岸均衡政策は両岸関係に直接影響を与えるようになり[4]、そのことが日本の対台湾政策にも影響を与えていった。

「米・日・台」の安全保障の三角関係は、二〇〇〇年以降さらに緊密な連携を維持した。日米安保体制は一九九七

＊2　中国税関当局の統計では、二〇〇六年にEUが引き続き中国の最大の貿易相手先となっている。中国・EU間の貿易総額は二七二三億米ドルで、前年比二五・三%増、同年の中国輸出総額の一五・五%を占めている。米国は中国の貿易相手先第二位で、米中間の貿易総額は二六二六・八億米ドル、前年比二四・二%増であった。中国の貿易相手先第三位は日本で、貿易総額二〇七三・六億米ドル、前年比一二・五%増である。香港特別行政区、東南アジア諸国連合（ASEAN）、韓国、台湾がこれに続く。二〇〇六年の中国・台湾間の貿易総額は初めて一〇〇〇億米ドルを越え、一〇七八・四億米ドルとなった。中国の対台湾輸出は二〇七・三億米ドル、輸入は八七一・一億米ドルで、六六三・八億米ドルの貿易赤字である。「二〇〇六年我国與前三大貿易伙伴貿易額均超過二〇〇〇億美元」、新華網、二〇〇七年一月一〇日、http://news.xinhuanet.com/fortune//2007-01/10/content_5589784.html.

年の「新ガイドライン」による再確認と強化を経て、台湾海峡情勢に対しては「戦略的あいまいさ」に基づく周辺事態概念を維持したが、二一世紀に入ると、日米安保関係はさらに緊密化し、両国がともに「戦略的明確さ」に近づいた政策をとり始めるようになり、「台湾海峡を巡る問題の対話を通じた平和的解決」が日米共通の戦略目標であると明確に宣言した。* 米台間の軍事的連携および二者間・三者間の民間安全保障対話により、安全保障の三角関係はさらに明確で強固なものになったと考えられる。この時期、日米両国は日米安保および国際安全保障問題で緊密な協力をおこなっており、日本が米国の対台湾海峡政策に従来に比べ踏み込んで協力をするようになったことから、この二つの戦略的三角関係には徐々に微妙な変化が生じた。それは「米・中・台」と「米・日・台」の両者が融合し始めたことにより、「日米・中・台」という新たな三角関係が浮上するという趨勢を見せるようになったことである。すなわち、日米が台湾海峡を巡る安全保障問題で二人三脚の協力協調関係を見せ始めたことにより、日台関係にも新たな発展がもたらされるようになったということである。

二　小泉外交と日台関係

二一世紀に入り、日本の政治では世代交代が進展し、戦後世代の政治家が活躍し始めるようになった。小泉純一郎は構造改革を政権の掲げる理念としてアピールし、国民の強い支持を背景に自民党の総裁選挙を勝ち抜いた。小泉は伝統的な政治スタイルとは異なる言動をする政治家であり、二〇〇一年四月、日本の第八七代内閣総理大臣に就任した。小泉の個人的魅力は日本の政界を席巻していわゆる「小泉旋風」を巻き起こした。小泉政権は成立当初国民から九〇%前後という未曾有の支持率を獲得し、史上最も人気のある首相となった。小泉首相は主要人事や構造改革の推進にも独特のスタイルを堅持した。例えば、党幹部の若年化を重要な変革と位置づけ、四〇歳代の安倍晋三を党幹事長に抜擢したことなどが挙げられる。

小泉政権の外交政策（本章では「小泉外交」と呼ぶ）にも、やはり特有の内容と方向性があり、特に日台関係に影響を与えたという意味では、日華断交後の歴代首相の中で突出している。小泉外交の内容としては、日米関係の強化、日本の国際的地位の向上、アジアにおける主導権確保が指摘でき、これらを簡略化して言えば、日米関係、国際社会への参与、アジア外交である。また小泉外交の二大特質として、ポピュリズムとナショナリズムがある。小泉外交はこれらの結果、複雑な骨格を形成しており、この期間における日台関係の変化はその影響を深く受けたのである。

（1）小泉外交における対台湾政策の変化

日台関係の側面に関して言えば、日本政府は台湾問題に関して一貫して慎重な立場を取っており、日台関係は基本的に七二年体制と一つの中国政策という枠組みの中における発展に限られ、双方は非公式の民間による交流を維持してきた。しかし、二一世紀に入り、東アジア情勢に変化が生じ、日台間の民間交流がより緊密で友好的なものになってきていたという状況に加え、小泉外交の影響と日台のエリート層によるイニシアティブの下、小泉政権は対台湾政策の改善が国民世論の支持を得られると考え、過去の日台関係における制約を超える発展の道を歩み始めたのである。

小泉政権発足後、日台関係のレベルアップは必ずしも日中関係の悪化に直接起因するものではなかった。実は日台

＊　二〇〇五年二月一九日の日米安全保障委員会共同発表に、日米の共通の戦略目標に「台湾海峡を巡る問題の対話を通じた平和的解決を促す」ことが列挙された。外務省「共同発表――日米安全保障協議委員会」、外務省ウェブサイト、二〇〇五年二月一九日、<http://www.mofa.go.jp/mofaj/area/usa/hosho/2+2_05_02.html>。日本政府は従来の方針から変化はないことを強調したが、米国のワシントン・ポストを始め、欧米主要メディアはそろって日本が台湾海峡有事の際に軍事的役割を含めた関与拡大への決意を示したという解釈を報道した。「米欧メディア『台湾有事、日本が関与拡大』、政府『従来通り』強調」『読売新聞』二〇〇五年二月二一日。

関係と日中関係の良さは必ずしも反比例するわけではない。国際政治の現実という要素に基づいて見るならば、日本の対中政策には大国間のパワー・ポリティクスが考慮されているため、確かに日中関係は日台関係と連動するが、小泉政権は台湾問題を日中関係のカードとして利用するつもりはなかったものと考えられる。そんなことをすれば中国から強烈な反応を招き、日中関係がさらに複雑化し、悪化する可能性があったからである。むしろ小泉政権は、日台関係強化により日台関係と日中関係の関連性を希薄化させ、中国とも台湾とも関係を発展させようと試みた。

厳密に言えば、小泉外交下の対台湾政策はグランド・ストラテジーを欠いているといわれる(5)。しかし、小泉政権は事実として日台関係を推進することで対台湾政策の戦略的ポジションを高め、台湾との交流をより広範で深いものにしようとした。その主な目的は、根本のところでやはりより密接な日台関係を構築することで、日本が台湾海峡情勢を重視し、米国の東アジア戦略を支持していることを表明することにあると考えられるのである。

日本国内の一部世論と中国からの圧力のため、日本政府は台湾海峡問題において依然として受動的な役割を担うにとどまっており、自制の利いた政策を維持している。しかし、地域環境と日本の外交姿勢が変化するにつれ、台湾海峡の安全保障問題で新たな課題が浮上した時に、日本は徐々に現実主義的な傾向を見せるようになった。日本にとって両岸関係および台湾海峡問題が関連する問題は、経済的利益と地域安定という二つの重要な国益に関わる問題なのである。日本が台湾海峡問題に関してより積極的な役割を果たそうとするようになった要因は三つある。第一は、日本の一般国民および政治家の間で親台湾的な声が徐々に高まってきたことである。第二は、米台間の安全保障関係で積極的な役割を果たせば、日本が米国の地域政策を支援することとなり、かつ日米同盟の強化が可能になることである。第三は、日本自身が国際政治、地域政治、および安全保障政策に関して自信をつけてきたことである。

小泉外交の影響下における対台湾政策には三つの重要な側面で発展があったものと考えられる。第一は、「七二年体制」に対する柔軟な対応である。第二は、「戦略的あいまいさ」と「戦略的明確さ」の併用である。日米両国は台湾海峡有事について、主としてあいまいな事態概念で対応することになっているが、他方日本は日米安保の枠組みを通じて、台湾海峡の平和に対する関心を明確な態度で示し始めているのである。第三は、日台間の実質的交流を積極的に推進したことであり、民間レベルの友好感情を育てようとしたことに見られる。

(2)　七二年体制に対する柔軟対応

七二年体制は、日本の台湾問題に対する一貫した態度を象徴している。日本政府は「日中共同声明」を踏襲して、「台湾が中華人民共和国の領土の不可分の一部である」という中国の主張を理解し、尊重している。この枠組みによって、日本は台湾との関係を政経分離の実質的および非政府間関係とした。また、両岸問題については双方が対話を通じて平和的に紛争を解決することを希望するというのが、日本政府の政策的立場である。

九〇年代に入ると、七二年体制では日台交流と東アジア情勢の変化に対応しきれないという声が日台双方で強まり、七二年体制は新世紀に向けた日台関係の障壁になっているという批判が高まってきた。二〇〇〇年以降は日台双方で七二年体制は自己規制が厳しすぎるという考え方が定着し、日台関係の実質的な発展のため、より柔軟な方法をとるべきであると認識されるようになった。実際、台湾と日本の双方でこのような主張が高まったことにより、七二年体制に基づく制約を緩め、より柔軟に対応する政策措置がとられるようになっていった。

台湾政府は七二年体制に対して一貫して批判的である。国民党と民進党はともに、日本政府が中国の出方をあまりに気にしすぎており、日台関係に関して日本の官僚が過度に規則通りの対応をする傾向があり、そのことが緊密化の進む日台関係をさらに発展させる上で阻害要因になっていると考えている。そこで、陳水扁総統の就任以来、民進党および台湾政府の要人は、日台双方が七二年体制の制約を変革し、日台関係正常化実現のための話し合いを持つべきであるという呼びかけを様々な場でおこなった。また、多くの日台間対話の場で話題に上っているが、日本政府が米国にならって日本版の「台湾関係法」*を制定し、七二年体制の打破と日台関係の発展を期する法的枠組み・根拠にすべきだとの主張もあるが、これは日本政府から重視されていない。

しかし、小泉政権はケースバイケースで実際の必要性を元に、徐々に弾力的な方法で日台交流の制約を調整することで、特に実質的な準公式関係など台湾との各分野における関係をさらに拡大した。こうした措置が良好な先例として活用されることで、七二年体制による制約が緩和され、より柔軟になっていったと言えるのである。特に最も明確なケースとしては、台湾が政府間国際組織に参与することに対する支持、日台の準公式ルートにおける交流方式の改善、日台間の反テロ協力、日台漁業交渉の実施という四つの例を指摘することができる。

第一に、台湾の政府間国際組織参加への支持についてであるが、世界保健機関（World Health Organization: WHO）の活動に台湾がオブザーバーとして参加することについて、二〇〇二年に米国と欧州連合（EU）に続き、日本政府も事実上の支持表明をおこなった。当時の福田康夫内閣官房長官は、台湾が何らかの形でオブザーバー参加することが望ましいという見解を発表したのであった(6)。この支持は、重症急性呼吸器症候群（SARS）や新型インフルエンザが伝染する際、台湾が国際組織から抜け落ちていることの危険性を日本が認識し、さらに米国政府のおこなった政策変化に追随した結果とも考えられるが、台湾の観点や他国との比較という観点から見れば、日本政府の台湾WHO参加支持は、台湾が国際社会へ参与することへの支持を具体的に表明したことをも意味している。つまり伝統的な七二年体制の下で、日本が台湾との公的関係や国際外交問題を完全に回避していた時代とは異なる対応がなされるようになったのである。

第二の事例である日台の準公式ルートの「昇格」に関してであるが、二〇〇三年一月に元陸上自衛隊将官である長野陽一を交流協会台北事務所に派遣したことで、それまで設置されていなかった防衛駐在官に類似した職位を担当させたことに見て取れる。ワシントン・ポストの報道によると、長野は台湾の政府関係者および軍関係者と会談をおこない、頻繁に本国に対し関連情報および報告を打電していたという。(7) 日本が初めて事実上の防衛駐在官を台北に置いたことは、日台間の準公式関係が「昇格」したことを示唆しているのであり、日本が台湾海峡の安全保障と安全保障面での日台間交流を重視し始めたことの象徴的行為なのである。

第三の事例は日台間の反テロ協力である。九・一一同時多発テロ事件の後、日本と台湾は反テロ問題において、準公式協力の重要な一歩を踏み出した。台湾の行政院は二〇〇四年八月六日に、亜東関係協会と交流協会の出入国管理協力協定締結を承認し、日台双方とも必要に応じて担当者を相手側の空港に派遣し、自国への入国者に対し旅券・査証の検査を出発前におこない、不審者の早期発見とその自国への入国阻止をおこなえるようにした。翌八月七日には、日本側から四名の担当職員が桃園中正空港に派遣され、四日間の試行を経た上で、台湾側担当者と共同で検査カウンターおよび空港ラウンジで、日本へ向かう旅行者に対し偽造旅券および偽造査証の調査を実施した。(8) この協定の締結は日台間で重要な政策的協力がおこなわれた事実を形成しており、実質上七二年体制が揺らぎ始めたことを示している。

第四の事例は日台漁業交渉の実施である。日台間の漁業紛争処理とその交渉過程から、日台双方は、実質問題に直面した場合は、事実上七二年体制の制約を棚上げし、直接問題処理に当たると解釈することができよう。日台間の漁業問題は長い歴史があり、影響が波及する範囲も広範にわたり、釣魚台（日本名、尖閣諸島）の主権問題に関わるだけ

＊　二〇〇五年一〇月一二日、平成国際大学法学部の浅野和生教授が東京財団における講演会で正式に発表した「日台関係基本法」であり、日台相互交流基本関係を規定した「日本の学者版台湾関係法」との別称もある。これは七項目の条文から構成され、二つの重要な基本理念を含有している。一つ目は日台間でより広範、密接、友好的な商業・文化・その他各分野での交流を促進することであり、二つ目はアジア太平洋の平和と安全という基礎に基づく外交の推進こそが、日本の政治・経済・安全保障上の利益に合致するというものである。「日学者版台湾関係法草案出爐」『自由時報』二〇〇五年一〇月一二日。

でなく、「経済水域」の重複、漁業管理、漁業秩序、出漁区域、漁獲種、漁獲量および海洋資源の保護育成などの問題にも関連する。日本は水域の重複に関して中間線を主張し、台湾の漁船が中間線を越えて日本の水域で操業しないよう要請している。しかし、これでは台湾の漁船が伝統的に操業してきた漁場を失うことを意味する。宜蘭の漁民にとっては蘇澳沖へ一時間余り航行しただけで日本の主張する経済水域に進入することになるが、さらに日本側に航行しなければ台湾の漁民が伝統的に漁場としてきた水域に達しない。したがって、台湾としては重複している水域に関して暫定的な境界線を設定し、合意達成までこの暫定線以西で操業を続けたいと主張した。いわゆる日本の経済水域で操業する台湾漁船を強制的に退去させる動きがあり、台湾社会の注目をあび、反発も噴出した。[*1]

釣魚台（尖閣諸島）主権紛争に関して、台湾政府は一九九六年に「釣魚台専案小組」を設置し、釣魚台列嶼の領土主権主張の堅持、平和的・合理的方法による問題解決、中国との共同処理の否定、漁民の権益保護優先という四項目の原則を定めた。(9) 第四項の漁民の権益保護優先に基づき、台湾は主権の争いを棚上げし、漁業権問題を優先して交渉するという方法をとっている。日本側も漁業権問題優先の立場に立ち、一九九六年八月に、「第一次日台漁業会談」が開催されてから、二〇〇五年までに一五回の会談が亜東関係協会と交流協会との間で開催された。[*2] ただ、双方の漁業権の主張は平行線をたどっており、一〇年以上経っても紛争は解決に向かわなかった。それどころか、日台それぞれが国内法制定により自身の権益確保の動きさえ見せていた。

七二年体制は日台関係における一種の構造的制約であるが、同時に日中関係における政治的保証でもある。日中関係を発展させたいのなら、日本が対台湾政策における七二年体制を主導的に変えたり、放棄したりすることは困難である。このため日本は徐々に「公式には一つの中国、実質的には一中一台」という両面政策、すなわち公式には中国が一つであるという認識を変えることなく、対台湾政策としては実質的関係の発展を図るという政策を形成するようになった。当時の東アジアの国際環境と日台それぞれの内部環境は変わりつつあり、従来の厳格な基準による七二年体制では現在の東アジアや日台関係に対応しきれなくなってしまうため、日本は対台湾政策の調整を必要とするようになったのである。

(3) 対台湾安全保障政策――「戦略的あいまいさ」と「戦略的明確さ」

台湾海峡の安全保障における平和と安定は日本にとって重要な戦略的利益であり、日本政府は一貫して両岸関係と台湾海峡の安全保障問題に関心を示してきた。一九九六年の台湾海峡危機の際、日本政府はこれを注視し、懸念しているという態度表明をおこなった。しかし、台湾海峡の安全保障に対する日本の態度は、一貫して主に日米安保体制

＊1　二〇〇五年六月八日、台湾の南方澳の漁船が日本の水産庁所属の漁業取締船「白嶺丸」に退去させられたことから、台湾の漁船が逆にこれを包囲して抗議をおこなった。そこで台湾の海巡署は巡視艇を派遣し、重複している水域において日本側の取締船と交渉をおこない、この状態が一時間継続した後、日本側が譲歩した。台湾政府は釣魚台列嶼が台湾の領土であることを再度表明し、駐日代表処が日本側と交渉をおこない、即時日台漁業会談を開催し、日台間の経済水域の重複問題を解決するよう呼びかけた。「台日漁業糾紛亟待解決」『二〇〇六世界年鑑』台北、中央通訊社、二〇〇五年、三三六―三三七頁。

＊2　日台双方は第一五回漁業会談で、以下の四項目におよぶ具体的進展を見た。①台湾は日本側に対し、「日台漁業作業グループ」を設置し、定期的に協議をおこなうメカニズムとして緊急の事故や救助支援の処理をおこなうこととし、三ヵ月に一度会議を開催することを提議した。日本側はこの提議に積極的な反応を示し、原則的に実行可能であると認識している。②双方が共同で日台漁業者交流および協議対話の件を推進し、具体的な実行や交流のスケジュールに関しては別途協議することとした。③日台漁業紛争の解決努力を継続するため、双方は翌年三月台北で「第一六回日台漁業会談」をおこなうことを決定した。④双方は台湾漁船に対する緊急の際に必要な経済的担保や安全な通過、すなわち経済水域の自由航行権に属する実質問題について、前掲の作業グループが相談に応じ、詳細な検討をおこなうことで、十分な意思疎通をはかることとし、漁業および海洋資源の保護育成に関して新たなメカニズムを構築することを望む。「日台第一六回漁業会談」は本来二〇〇六年三―四月に開催される予定であったが、資料準備や手続の手配の関係から延期された。「外交部説明台日第一五次漁業会談情形」、二〇〇五年七月二九日、台湾の外交部ウェブサイト、http://www.mofa.gov.tw/webapp/ct?xItem=16676&ctNode=94.

の下で対応してきている。日米安保体制の範囲が台湾海峡を含むかどうか、また台湾海峡で武力衝突が発生した場合、日米両国がどのような対応をとるのかということに関して、日本は周辺事態概念のようなあいまいな態度に終始し、明確な地理的範囲の明示や安全保障上のコミットメントを避けてきた。これはもちろん中国を刺激しないための配慮であり、同時に戦略的抑止機能を維持するためであり、いわゆる「戦略的あいまいさ」政策である。

小泉内閣が成立して以来、米中関係が改善し、中国が経済的・軍事的に台頭してきたという事実から、両岸情勢にも変化が生じた。さらに北朝鮮の核開発問題や日本人拉致問題も日本人の対外警戒心を強めた。これらの要素により、小泉首相は日米安保の緊密化を徐々にしかし着実に進め、米国の東アジア政策およびテロ対策に対して積極的に支持表明をすることとなった。加えて、日本の新世代の政治家が急速に台頭したことにより、台湾海峡の安定が日本の安全保障に対して持つ重要性が小泉の大衆迎合主義的ナショナリズムのアピールを通して強調されやすくなった。その結果、小泉外交は、国際環境および地域環境の変化を十分に利用することで、日本が国際および地域安全保障問題に対して主導的かつ積極的態度で臨むことを可能にし、日本をまた一歩いわゆる「普通の国」に近づけることに成功したのである。

小泉外交の影響により、日本の対台湾政策は、安全保障問題の側面では、「戦略的あいまいさ」に加え、「戦略的明確さ」の考え方が漸次的に強まってきたと言えるだろう。いわゆる戦略的明確さとは、日本が台湾海峡の安全保障情勢に対する注目が明確な態度に転換し始め、台湾海峡の平和に影響を与える両岸間の事件についてでさえ、日本の立場を明確に表明するようになったことを意味する。小泉政権がとった新たな手法とは、戦略的あいまいさである周辺事態の概念と戦略的抑止を維持しつつ、他方で日本にとって重要な利益関係にある台湾海峡の平和という問題において、日本政府が日本の政策を表明する意欲を見せ始めたことを指す。またそれは日本が日米安保体制の枠組みを通じて、台湾海峡の安全保障を重視しているというメッセージを外部に伝達することでもある。したがって相手が中国であろうと台湾であろうと、台湾海峡の安定と東アジアの平和に危害を与える可能性のある行為をとる場合、日本政府は自らの態度や立場を主体的に表明するようになったのである。

例えば台湾海峡の安定への注目ということで言えば、二〇〇三年に与野党が総統選挙の熾烈な競争を繰り広げる中、陳水扁政権は総統選投票日と同じ日に「国防強化の是非を問う住民投票」を実施すると発表した。これは、具体的には中国の台湾向け短距離弾道ミサイル配備が加速していることに対して、台湾が防衛的武器として弾道ミサイル防衛を導入するかどうかを問うことになっていた。この住民投票に対し、米国のブッシュ政権は、両岸の平和と安定に影響を与えるものだという内容の批判を加えた。日本政府は住民投票問題について、同年一二月二九日に交流協会台北事務所の内田勝久所長を総統府に派遣し、当時総統府秘書長であった邱義仁に対して台湾の住民投票や憲法制定などの問題に対して日本政府が持っている憂慮を直接伝え、台湾海峡両岸の安全保障問題に対して慎重な態度をとることを希望するという立場を表明した。しかも日本側は東京と台北の双方で記者会見をおこなったことから[*1]、日本政府のやり方は日台関係を傷つけるものだという不満を、台湾政府から買うはめになったのであった。

こうした動きは、台湾海峡情勢に関する見解を日本政府が断交後初めて準公式ルートを通じて台湾に対して公式に伝えた事例であった。これは、両岸関係問題に対して日本の立場を正式に表明することで、日本が地域の安全と安定に対して主導的な態度を持っていることを示しており、日本の外交・安全保障政策における重大な転換点であったということができる。さらに、小泉政権の対米関係の緊密さから推察すると、この動きの背後には、米国による日本政府への働きかけがあり、日本の態度表明が実現したと見ることも可能である。このため陳水扁政権が進めていた「国防強化の是非を問う住民投票」に、さらに強い圧力が加わった。小泉政権は、これを機に日中関係を改善しようとしたり、万一両岸関係が悪化した際の日本の役割とは、紛争の発生をくい止める予防外交であると考えていたりしたのかもしれない。なお、中国政府は日本政府の動きに対し、異例な賞賛の意を示した。

二番目の事例は、二〇〇四年の『防衛白書』において台湾海峡の安定と中国の軍事力強化の影響を重視する明確な記述をおこなったことである。小泉政権には日本の安全保障政策をいわゆる「普通の国」の方向へと転換する傾向があり、専守防衛政策を強調する路線は維持しつつも、二〇〇四年に発表された『防衛白書』と「防衛計画の大綱」では、地域安全保障環境に対する課題を重視し始めたのであった。一例としては、「防衛計画の大綱」で、「朝鮮半島や台湾海峡を巡る問題など不透明・不確実な要素が残されている」とし、中国について「核・ミサイル戦力や海・空軍力の近代化を推進するとともに、海洋における活動範囲の拡大などを図っており」、「このような動向には今後も注目していく必要がある」[*2]と強調している。二〇〇五年の「二プラス二」共同発表（本書二一六頁）で日本政府が台湾海峡の安全保障を重視する姿勢を示したのも、日本の国益に重大影響を与える地域安全保障問題について「普通の国」として当然とるべき態度だったのである。

また、ＥＵによる対中武器禁輸解除の検討[*3]に関して、二〇〇四年から日本は異なる場面で重ねて反対の態度を表明している。二〇〇六年四月、東京で開催された日・ＥＵ首脳会議で、小泉首相はＥＵの対中武器禁輸措置解除に反対の意を表明した[(10)]。当時の安倍晋三内閣官房長官もＥＵのソラナ（Javier Solana Madariaga）共通外交・安全保障政策上級代表と会談し、ＥＵが武器禁輸解除問題を慎重に処理するよう希望すると発言している[(11)]。反対の理由として、米国は台湾海峡の安全保障への影響懸念を指摘したのに対し、日本政府は同様の理由を指摘せず、中国の軍事的発展が東アジア地域の安全保障バランスにもたらす影響への懸念を指摘することで、ＥＵの対中武器禁輸解除反対の理由としたのであった。

もう一つ事例を挙げるなら、二〇〇五年三月に中国が「反国家分裂法」を制定した際、日本政府がこれに反対を表明したことである。「反国家分裂法」は、中国の反台湾独立政策、「一つの中国」と台湾の法的地位、および両岸関係の相互作用の枠組みと内容を定めた法律で、武力を含む非平和的手段の行使を「合法化」している。この法律の制定

はふたたび両岸の緊張を引き起こし、国際社会も中国の行為を譴責した。日本は「反国家分裂法」の制定に対し、台

＊1　二〇〇三年一二月二五日、森喜朗前首相訪台時に陳水扁総統との会見で、日本側は台湾が住民投票に関して慎重に考慮することを望む旨を伝えていた。日本は同月二九日、さらに一歩進んだ行動をとった。日本外務省が駐台北の交流協会台北事務所内田勝久所長を通じて邱義仁秘書長に以下の立場を伝えた。外務省アジア大洋州局中国課は、「一、台湾に関するわが国政府は日中共同声明にあるとおりであり、わが国としては台湾を巡る問題が当事者間の話し合いを通じて平和的に解決されること、そのための対話が早期に再開されることを強く希望する。二、しかし、最近の陳『総統』による公民投票の実施や新憲法制定の発言は中台関係を徒に緊張させる結果となっており、わが国としては台湾海峡及びこの地域の平和と安定の観点から憂慮している。わが国としては現在の状況が今後さらに悪化することは回避する必要があると考えており、陳『総統』が就任演説でおこなった『四つのノー、一つのない』を遵守され、この地域の平和と安定のため慎重に対処していただくことを希望する」。邱義仁は内田所長が立場を伝えた後、台湾政府としては情勢の安定化のために最善を尽くしたいと述べつつ、以下の反応を示した。「一、陳総統は『四つのノー、一つのない』を守ること、また公民投票は独立問題とは関係なく、現状を変えるものではないことを何度も発言している。二、公民投票の目的は民主化の促進であり、それは民進党の歴史的使命である。民進党のいかなる指導者もその責任を有している、台湾海峡の平和と安定は民進党の責任であるだけでなく、中国の責任でもある。我々は平和と安定の維持に最善を尽くしているが、中国は継続的にミサイル配備を増加し、軍備を強化し、武器を調達している。これらの活動は台湾海峡の緊張を高めるものである。公民投票は、国際社会が中国の台湾に対する脅威を当然のこととして受け止めることのないよう注意を喚起しようとするものである」というものであった。「断交後首見、日本透過交流協会関切我公投」『聯合報』二〇〇三年一二月三〇日。内田勝久『大丈夫か、日台関係「台湾大使」の本音録』産経新聞出版、二〇〇六年、一八七―一八九頁。「四つのノー、一つのない」とは、陳水扁が二〇〇〇年五月の就任演説で「任期内に独立を宣言することはないし、国号を変えることもないし、二国論を憲法に書き込まないし、現状を変更する統一・独立を問う国民投票を推進しないし、また国家統一綱領と国家統一委員会を破棄・廃止するという問題もないことを保証する」という内容であり、対外的に台湾海峡の現状を維持することを約束したものである。

＊2　「平成一七年度以降に係る防衛計画の大綱について」、二〇〇四年一二月一〇日。首相官邸ウェブサイト参照。http://www.kantei.go.jp/jp/kakugikettei/2004/1210taikou.html.

＊3　ＥＵの対中武器禁輸は一九八九年の天安門事件後、当時の欧州共同体（ＥＣ）閣僚理事会の決議で加盟国が中国との軍事協力を中止し、中国との武器貿易の継続を禁止したことに端を発する。ＥＵの対中武器売却解除問題は、手続き上ＥＵが一九八九年の欧州共同体閣僚理事会の中国に対する政策声明を解除することが必要である。内容的には主にＥＵの対中国一般武器売却および技術移転問題を解決することである。

湾海峡の安定に対して強い関心を示す態度を引き続きとる立場を主体的に表明した。細田博之内閣官房長官をはじめとして、外務大臣、外務次官がそれぞれ異なる場でともに中国政府に反対の立場を表明した。外務省の千葉明報道官は、日本政府は両岸問題に対して「平和的解決以外のいかなる方法にも反対である」と発言し、同法の「非平和的手段」が「台湾海峡の平和と安定、また最近緩和しつつある両岸関係への否定的影響の観点から懸念を有している」と述べた(12)。

(5) 二プラス二共同発表

小泉外交が台湾の安全保障に関する政策を「戦略的あいまいさ」と「戦略的明確さ」を併せ持つものへと転換したことが最も顕著に現れたケースが、二〇〇五年二月一九日にワシントンで開催された日米安全保障協議委員会（SCCまたは二プラス二）後に発表された共同発表である。この共同発表には地域の共通の戦略目標として「台湾海峡を巡る問題の対話を通じた平和的解決を促す*」ことが含まれた。この共同発表は、米国が同盟国の協力関係と責任を強化する目的に加え、日本がその安全保障政策をいわゆる「普通の国」の水準に引き上げ、日米安保体制の態勢を新たなものに転換するという二つの重要な安全保障戦略上の転換を意味していた。すなわち、この共同発表により、日米安保体制の強化は新段階に突入し、日米両国が台湾海峡情勢を含む地域安全保障に関わる緊密な協力を進めることを示唆していたのであった。

この二プラス二共同発表は、アジア太平洋における一二項目の日米共通の地域戦略目標と七項目のグローバルな共通戦略目標を確定したものであるが、その中で台湾海峡の安定と平和を共通の地域戦略目標として冷戦後初めて公けに列挙した。台湾および中国の観点から見れば、これは日本政府の対台湾戦略における重大な転換点であり、「戦略的あいまいさ」と「戦略的明確さ」を併せ持つ戦略への転換を意味する。ここで言う「あいまいさ」とは、日米両国がどのように台湾海峡危機に対応するかは、事態の性質によって決定することを指し、明確さも兼ね備えているという意味は、日本政府が他方で台湾海峡の平和という現状の維持に関して、より明確にその立場や政策を示すようになってきたことを指す。

これを日米安保体制の枠組みから表現すれば、以下のようになるだろう。一九六〇年に改正された日米安保条約第六条は有名な「極東条項」で、「極東地域の平和及び安全に寄与するため、アメリカ合衆国は、その陸軍、空軍及び海軍が日本国において施設および区域を使用することが許される」と規定している。一九九七年の「新ガイドライン」では、「日本周辺地域」という表現が使われているが、突き詰めれば問題は周辺地域の範囲をどう定義するかが焦点である。日米両国政府はそろってこれを地理的概念ではなく、事態の性質によって決まる、つまり「日本の平和と安全に重大な影響を与える」事態であると強調している。しかし、二プラス二共同発表後の同年四月には、日本の町村信孝外務大臣が「もともと台湾は日米安保条約の対象になっている」と発言して日米安保条約における「極東」に台湾地域が含まれることをあらためて確認した[13]。そこで、今回の日米両国による二プラス二共同発表が台湾海峡の安全保障に焦点を当てたということは、周辺地域の概念を具体化させただけでなく、ある意味で日米両国が今後も台湾海峡情勢を含めた地域の安全維持への協力をさらに緊密化させていくことを示唆したものである。

もちろん、「戦略的明確さ」とは、主に台湾海峡の平和を重視するという明確な態度表明のことであり、日米両国

＊　その他中国と台湾海峡の安全保障に関する共同の戦略目標として、日米は「中国が地域及び世界において責任ある建設的な役割を果たすことを歓迎し、中国との協力関係を発展させる」こと、および「中国が軍事分野における透明性を高めるよう促す」ことなどを定めている。「共同発表——日米安全保障協議委員会」、二〇〇五年二月一九日、外務省ウェブサイト、http://www.mofa.go.jp/mofaj/area/usa/hosho/2+2_05_02.html.

は両岸の衝突を決して歓迎しないことを明確に表明したが、台湾海峡で軍事衝突が発生した場合に、軍事介入するかどうかを明示した訳ではなく、事態概念のあいまいさはある程度保たれている。二プラス二共同発表が明確に指摘したのは、むしろ日米両国に共通する台湾海峡の安定に対する関心である。今後この原則に従い、必要とされている安全保障対話、軍事協力、軍事的準備にもかなりの可能性が開かれたことを意味した。

(6) 小泉時代の日台実質関係の発展

小泉首相の在任時期を振り返ると、二〇〇一年四月の就任以降、日台間の実質的関係には大きな進歩が見られる。それは、日本の国会議員との会見の際、陳水扁総統をして日台関係を「ここ三〇年来最も良い状態」とまで形容させたほどである。小泉政権の時期には、以上に述べた事象以外にも、以下のような日台間の実質関係の進展が促進された。

二〇〇〇年一二月　日本の企業連合が台湾高鉄公司と台湾高速鉄路システム（新幹線）の導入契約を締結。
二〇〇一年　四月　李登輝前総統訪日。
二〇〇一年一一月　林信義経済部長と平沼経産大臣が日台ＦＴＡの民間研究を提案。
二〇〇三年一二月　交流協会が台湾で「天皇誕生日祝賀会」を初めて開催。
二〇〇五年　二月　日本政府が愛知博覧会期間中に限り、台湾からの旅行客の査証を免除。
二〇〇五年　九月　日本政府が台湾からの旅行客に対する査証免除を決定。

この時期、李登輝訪日に関する日中台間の駆け引きに終止符が打たれ、また台湾からの旅行者に対する恒久的な査証免除が実現したが、この二つのできごとは日台間の実質的関係発展を代表する重要な里程標（マイルストーン）である。まず李登輝訪日に関してであるが、李登輝総統は二〇〇〇年五月に退任して一般市民に戻った後、基本的にいつでも自由に日本を訪問できるはずであった。しかし、李登輝が代表する政治的意味合いを要因として、中国政府は日本が李登輝にビザを発給することに反対したため、二〇〇〇年には訪日を実現することができなかった。

しかし、日本国内では李登輝訪日を支持する政治家やメディアが多数派となっていた。一般の民間人としての李登輝に訪日ビザ発給を拒否し続けることは、日本外交の自主性を傷つけ、日台関係へも悪影響を及ぼしかねない問題である。そこで、二〇〇一年四月に海南島沖で米中軍用機接触事件（EP-3事件）が発生して米中関係が悪化し、日本国内でも自民党が総裁選中で外交問題が総裁候補間で議題となりやすかった政治的背景をとらえ、李登輝が「心臓病の治療」という目的でビザを申請した際には、当初反対を続けていた河野洋平外務大臣さえもビザ発給に同意せざるを得なくなったのである。これは日本政府が対台湾政策において、柔軟な対応をとり始めることになった分水嶺であったと考えられている。(14)

次の台湾からの旅行者に対する恒久的査証免除であるが、台湾から日本を訪問する旅行者数は韓国に次いで二位であり、しかも観光目的の旅行者がそのほとんどを占める。二〇〇五年における日台間の訪問者数の総計はそれぞれ一〇〇万人を超えている。* 二〇〇五年二月に日本は「外客来訪促進法」を制定し、また主として愛知万国博覧会期間中（二〇〇五年三月一一日―九月二五日）、台湾旅行者に対する査証免除を決定したが、自民党では台湾からの旅行者に今

＊　二〇〇五年に日本を訪れた台湾人は一一八万四〇六人、台湾を訪れた日本人は一一二万四三三四人であった。中華民国（台湾）交通部観光局「観光統計累計月報表」、http://admin.taiwan.net.tw/statistics/File/200512/table19_200512.pdf、http://admin.taiwan.net.tw/statistics/File/200512/table03_200501_12.pdf.

後も恒久的に査証免除を与えるべきだという意見が強く、自民・公明の連立与党が民主党との協議を経た上で、法務委員長提案の形式で入管法の特例法案を提出した。つまり、日本は議員立法の形で、台湾住民に恒久的な査証免除を決めたのであった。同年九月一六日には、閣議で台湾からの観光客への訪日査証免除恒久化の細則が正式に承認され、二六日から施行された。ただし一回につき九〇日という時間的制限があるためそれ以上の滞在はできず、訪問目的も観光に限定されている(15)。

三　陳水扁外交と日台関係

二〇〇〇年三月、民進党の総統候補者であった陳水扁前台北市長が総統選挙を勝ち抜き、五月二〇日に中華民国第一〇代総統に就任した。陳水扁総統率いる民進党政権がスタートを切ったことは、国民党による長期政権が幕を下ろしたことを意味し、平和的政権交代が実現したことは、台湾で民主的な政治発展が進み、民主政治の基礎が定着したことを意味していた。

日台関係もまた新たな時代が幕を開けた。つまり日台関係イコール「国民党と日本の関係」、あるいは日台関係イコール「年配の日本語世代と日本人の関係」であった時代が終わったことを意味した(16)。民進党は野党の時代に日本の政界との積極的な連携を必ずしもとってこなかった上、指導者に植民地時代の経験がない戦後生まれが多く、日本に関連する経験も持たない人材が大部分であった。ただし民進党の指導層に若干の日本留学経験者がおり、民進党に深い関わりを持つシニア・アドバイザー層に豊富な日本人脈を持ち、日本政治の実状に詳しい人材がいたため、こうした人々が民進党政権の対日交流推進に一役買うことになった。日本と台湾は共に準公式関係において新たな時代と新たな世代に直面していることを理解してから、日台間の連絡チャネル構築を積極的に進め、日台関係の延長と拡大を維持するようになったといえるであろう。

（1）　陳水扁外交の内容と特色

本章における「陳水扁外交」とは陳水扁が総統に就任してからとった対外政策の意味で用いられている。台湾の外交は内外の環境から強い影響を受けている。外部環境とは主に台湾の外交的孤立状態と両岸関係の情勢を指しており、内部環境とは選挙政治と台湾アイデンティティが外交に与える影響を意味している。当然陳水扁外交はこうした内外の構造的要素に左右されて展開した。

陳水扁外交の内容は、対米外交・対日外交・訪問外交・国際組織への加盟申請の四つに分けて考えられる。対米外交は、台湾の対外関係と安全保障の二重の意味で最も重要である。陳水扁の任期中は対米関係に起伏が生じたとはいえ、対米外交は常に陳水扁外交における最も重要な位置を占めていた。訪問外交は、外交的に孤立を深める台湾をめぐる国際環境の下で、国際政治上、台湾に注目をひきつける好機であるが、同時に台湾の外交能力と主権的地位を確認するために必要な行為でもある。国際組織への加盟申請とは、陳水扁外交における重点項目であるが、特に国連およびＷＨＯが重視されており、台湾が国際社会に参与する希望を表明する機会となっている。

そして対日外交は陳水扁の総統就任以来、重要な外交政策であり続けたが、その原因は以下のような要素が多面的に絡み合ったことにある。第一に、台湾の対外関係の中で対日関係は外交、経済貿易、社会など各領域において伝統的に重要な位置を占めている。第二に、東アジアの国際環境が変動し、日本と中国が歴史問題や政治問題で対立を深めるなか、日台関係を強化することで、中国による政治・外交圧力を軽減し、東アジアの民主国家の相互交流を強化する意図があったものと考えられる。第三に、日米関係が緊密化する中、対日関係のレベルアップは特に安全保障・軍事問題における米台間の相互作用を強化する上でプラスとなった。第四に、それまで野党だった民進党には日本の各界との総合的な交流が欠けていたため、陳水扁政権は短期間で対日関係を強化しなければならなかった。

(2) 台湾の対日政策の変化

陳水扁外交が推進した対日関係の強化策とは、総統府、外交部、立法院、民進党、民間シンクタンクに至るまで総動員した大がかりなものであった。また対日外交推進の対象となった作業および問題も多岐にわたったが、主に①対日政策事務部門の組織強化、②「米日台安保対話」(トラックⅡ)の推進、③「価値同盟」理念の主張、④日台実質交流の促進という四つが中心であった。

(a) 対日政策事務部門の組織強化

対日外交を効率的に推進するため、陳水扁総統は政府(総統府および外交部を含む)、民進党、立法院の対日外交事務および対日交流の担当部門を大幅に強化した。こうした機構調整は、日台関係の発展に積極的な効果を挙げている。まず、政府機関に関してであるが、二〇〇一年一一月、総統府内に「対日工作特別小組」(小組はグループの意味)が設けられた。このため、総統府秘書長が対日外交事務の計画を統括管理するようになり、対日事務に関連する部門がその会議体の構成メンバーになった。国家安全会議のスタッフとしては、日本留学を経験し、日本の学界を熟知する幹部が諮問委員(閣僚級)を務め、最高指導者が日本との連絡をとる際の重要なルートを構成した。

外交部では、二〇〇一年に「対日工作小組」が設立され、対日外交事務と日台関係促進がさらに強化された。また、総統府の指示により、二〇〇五年一〇月一五日に外交部の亜東太平洋司(アジア大洋州局に相当)と台日関係会および亜東関係協会など日本関係事務に関わる人材を結集し、陳唐山外交部長が招集人を務める「日本事務会」が設立された。日本事務会は任務別の編成方式をとり、外交部長が招集人を務め、亜東関係協会秘書長が執行長、同協会副秘書長が副執行長を務め、その下に政務、経済、文教、行政、資料の各部署を有し、さらに無給職の委員や諮問委員を置いた[17]。そのほか、台湾の駐日代表に羅福全や許世楷という日本在住歴の長い人材を起用し、同様に金美齢や黄昭堂らを国策顧問に登用した。こうした人材の持つ日本人脈と活動ネットワークを利用し、民進党政権は日本政府との接触や意思疎通を強化しようとしたのである。

また、民進党に関しても、前述したように政権担当以前は日本との関係が密接でなかったが、指導部やブレーンに日本留学経験者や台湾独立建国連盟関係者がいたため、民進党の政権担当後は、日台関係に新たな進展があった。例えば、京都大学に留学した謝長廷高雄市長は党主席を兼務していた時期に、党内に対日工作小組を設立し、対日外交に力を入れた。二〇〇一年八月一五日に、民進党は「台日友好協会」を設立し、日台間の政党外交推進と日台間の連絡機能を強化し、政府と政権党の力を結集する制度を構築し、日台間の協力と交流を深め、日台関係増進につなげようとした[18]。このほか、民進党中央党部の国際事務部は、交流協会台北事務所の協力の下で「日本語研習班」を共同企画した。交流協会側が日本語教師を派遣することで二〇〇三年二月に開講し、民進党および政府職員の日本語学習を推進したのである。

第三に国会に相当する立法院において、民進党は関連の交流団体を通じ、自民党および民主党との友好交流を推進するようになった。二〇〇一年八月に、民進党籍の立法委員は「台日国会議員友好連盟」を設立し、日本の国会議員との交流活動を促進した。超党派の「立法院台日交流聯誼会」は二〇〇二年に設立され、会長を務めた江丙坤立法院副院長（副議長に相当）は、訪問団を率いて日本を訪れた[19]。民進党と日本の民主党も二〇〇二年一一月に「第一回台日政党シンポジウム」を共催し、台日関係はさらに大きな一歩を踏み出すことになった。

日本側でも、陳水扁が総統に当選した後に、民主党が「日台友好議員懇談会」を立ち上げ[20]、自民党は超党派の日華懇を通じ、与野党の国会議員が陳水扁総統の就任式に出席した。また、日華懇の若手議員が一九九九年に超党派で立ち上げた「二一世紀委員会」という内部グループや、自民党青年部国会議員が二〇〇一年五月に設立した「日台友好議員連盟」などは、いずれも日本の国会議員が台湾の政府や立法院と交流をはかるチャネルとなった。[21]

（b）「米日台安保対話」の推進

台湾の民主化および政権交代は、台湾が他の民主国家と制度や価値観の上で連携する基礎を提供し、中国の軍事的台頭や軍事力の不透明性は、台湾が米日両国と安全保障戦略上で連携する基礎を提供した。陳水扁政権はこの二点の有利な条件を十分に掌握し、国会議員やトラックⅡのチャネルを通じて、積極的に日台間の政治的交流関係の構築を試みた。その際には共通の利益や民主主義的価値観を強調し、米・日・台三者間のネットワークを立ち上げ、台湾の地域主義への参与や安全保障上の相互作用を強化しようとした。日台間についても、陳水扁政権は日本の各界に対して双方が台湾海峡の平和を維持するという点で共通の利益を持つことを理解するよう絶えずアピールし続けた。[22]

いわゆる「米日台安保対話」と「安保連盟」は陳水扁が任期中に日台関係を推進する上で重要なアピールの手段となった。この「トライアングル安全保障ネットワーク」構想は、陳水扁が総統選期間中の一九九九年に政権公約として発表した『外交政策白書』の中ですでに提唱されていたものであり、日台が東アジアにおける安全保障の共通の利益を作り出し、日米台のトライアングル安全保障ネットワークを構築することを主張していた。[23] 二〇〇二年三月に、簡又新外交部長は、日本の高層部との相互訪問、日本政府との接触強化、安全保障対話メカニズムの構築、日本との自由貿易協定（FTA）締結と、台湾の国際組織参加に対する日本政府の支持取り付けを含む対日外交政策事務の「五項重点」を提唱した。[24] なかでも特徴的なのは、トラックⅡによる「安保対話」の推進であり、台・米・日の間における「民主連盟」や「共通の安全保障上の利益」などの可能性を強調した部分であった。

中国の軍事力強化は台湾にとっても日本にとっても安全保障上の脅威であるという共通の感覚は、日台の関係者が安保対話を促進する上での重要な要素になった。陳水扁総統は日台関係と日本が台湾の安全保障に果たす役割に対して一貫して強い期待を寄せ、公開の場でも日台協力の強化で日本が「アジアの指導者の地位」としての役割を果たすことを希望すると述べ、同時に台湾海峡の平和と安定はアジア太平洋地域の安全保障に関わる日米台共通の関心事であると述べたことがある。外国メディアによるインタビューでも、陳水扁は日本が「台湾防衛を支援する必要も義務もある」と述べ、日米台三者が「事実上の軍事同盟」（quasi-military alliance）関係を構築することができるよう希望すると述べたが、日本側からは何の反応もなく、類似の言論が展開されることもなかった[25]。

台湾政府は、民間のシンクタンクが日台、台米日などの安全保障戦略対話会議を開催することを非常に積極的に後押ししてきた。台湾の一部民間シンクタンクは、日米両国の元官僚や退役軍人および元自衛官、戦略問題専門家などを招待し、ワシントン・東京・台北の三ヵ所で持ち回りの安全保障対話会議を開催している。台北での開催時には、政府高官が講演や討論への参加をするのが通例である。また、東京・ワシントンでの開催時には、台湾の官僚が個人の身分で参加し、日米の政府関係者と私的接触をおこなっているケースも見られる。日米台の三者間の安全保障戦略対話に関しては、民進党と関係の深い台湾シンクタンク（「台湾智庫」）、米国のアメリカン・エンタープライズ・インスティテュート（American Enterprise Institute: AEI）またはヘリテージ財団、日本の岡崎研究所が安全保障戦略対話を共催していた。日台間の安全保障対話に関しては、多くの機関が開催しており、主要なものとして、台湾政府と関係の深い中華欧亜基金会と日本の世界平和研究所が二〇〇二年から共催した「日台フォーラム」、台湾独立建国連盟の黄昭堂主席が率いる台湾安保協会が主催する「台湾安保フォーラム」などがあった[26]。これらは台湾政府が間接的に支援し、参与したトラックⅡの安全保障対話であり、日米台トライアングルの安全保障ネットワークを構築すると同時に、政策決定者と研究者の間を取り結ぶ対話の場として重要な貢献を実現してきた。

表 8-1　2000 年以降開催された主な日台間の民間安保対話

名　称	主催機関	主な参加者	設立年
日華大陸問題研究会議(2005 年に日台「アジア太平洋研究会議」に名称変更)	政治大学国際関係センター(台)	学者，官僚*，評論家	1971
日台フォーラム	中華欧亜基金会（台） 世界平和研究所（日）	学者，官僚*，評論家	2002
台湾安保フォーラム	台湾安保協会（台）	軍事関係者**，学者，官僚*	2001
東京―台北「アジアの平和」国際交流会議	国防大学（台） 国策研究院（台） 両岸交流遠景基金会（台） 東京財団（日）	軍事関係者**，学者，官僚*	2002
日米台戦略対話	台湾シンクタンク（台） AEI（米） ヘリテージ財団（米） 岡崎研究所（日）	学者，官僚*，評論家	2002
日台研究フォーラム***	台湾大学政治学系台湾安全研究センター（台） 慶應義塾大学東アジア研究所(日)	学者	2002

出所：筆者作成.

注記：*ここで官僚とは主に台湾の官僚を指す. **軍事関係者とは台湾の軍関係者と日本の元自衛隊高級幹部を指す. ***「日台研究フォーラム」は台湾大学政治学系台湾安全保障研究センターと慶應義塾大学東アジア研究所の共催で，二〇〇〇年から東京と台北の持ち回りで開催されている．この会議は安全保障戦略および政策を学術的に討論する会議である．Taiwan Security Research　ウェブサイト，http://club.ntu.edu.tw/~yang/TSRC/JTRF.htm.

(c) 「価値同盟」理念の主張

台湾における民主化と平和的政権交代は、日台関係をより高い関係に昇格させることになったのは明らかであり、同時に日台それぞれの社会における基本的価値観にも共通性が生まれ、多くの理念を共有できるようになったのである。民進党と陳水扁政権は価値・理念をアピールし、日本の各界との交流強化を推進した。また、日米台のような民主国家が「価値同盟」関係を結び、共通の利益、政治制度、ライフスタイルを維持すべきだと主張した。

民進党内部では、民進党の対日政策および関連問題の政党としての立場について正式かつ厳粛な討論がおこなわれ、国際事務部、民族族群部、中国事務部など各部門の責任者が議論に参加した。これをまとめたものが「民進党対日関係論述」という政策文書であり、日本の報道によると、日本の台湾に対する植民地統治や中国への侵略戦争を批判すると同時に、台湾として日本への恨みを乗り越え、日本を「準戦略パートナー」として関係強化を目指し、台頭する中国にともに対抗するよう呼びかける内容だったとされる。同文書はまた、日本が日台関係を日中関係から切り離し、同時並行で二つの関係を発展させるべきだとも主張している。すなわち、日台関係の発展に関して今後の目標は、①「自由・民主・人権」の価値観を持つ台日が共同で東アジアの平和的枠組みを推進することと、②一九七二年の台日断交後、政府間接触が制限されている現状から双方の交流レベルを向上させることなどを提起している(27)。

しかし、この文書は最終的に非公開扱いとなり、内部文書として分類され、記者会見の形式で同文書関連の情報を対外発信するにとどまった。あるいは内容の一部に論争を呼び起こしかねない問題が含まれており、民進党の選挙戦にプラスとはならないと判断したか、外部に対して過度に親日的な印象を与え、両岸関係に悪影響を及ぼさないよう配慮したか不明であるが、内部文書とされて、外部には公開されなかった。いずれにしろ報道内容から分析する限り、この文書には、台湾新世代の対日観または民進党の対日観を構築しようとする試みと、日台関係の新たな方向性を提出し、日本と連携して中国を牽制しようとする含意の二つの目的があったと考えられる。いずれの試みも大胆であり、台湾内部に激しい論争を引き起こしかねないものであったが、議論が起こる前にお蔵入りとなった。

民進党政権は、日本政府と良好な相互関係を築こうとする期待が高かった。日本政府を不愉快にさせたり、誤解させたりしないようにという配慮から、議論を呼ぶ日本の政策や行為に対して受動的な処理をしたり、故意に回避したりする方式で処理をしたと考えられる事例があるため、台湾の一部で疑念を呼び、野党やメディアから「民進党は日本政府寄り過ぎる」と認識されたこともある。問題によっては逆に台湾の立場や台湾の利益保護を効率的に展開できないのではないかと批判を受けることもあった。こうした批判を受けた具体例としては、漁業権問題や靖国神社参拝問題、慰安婦問題、台湾籍元日本兵の補償問題、日本の教科書問題などがあった。

（d） 日台実質交流の促進

日台が外交関係を断絶した後、最も密接であったのは経済貿易関係であった。日台経済交流は一貫して成長傾向にあり、二〇〇五年現在、日本は台湾に対する外国からの対内投資額で第二位、輸入相手先としては第一位、輸出相手先としては第三位の位置を占めている。二〇〇五年の日台貿易総額は六一一億米ドルであり、日本にとって台湾は、米国、中国、韓国に次ぐ第四の貿易相手先である。ただ、日本の対台湾輸出総額は四六〇億米ドルで、台湾の対日輸出総額が一五一億米ドルであることから、台湾の日本に対する貿易赤字は三〇九億米ドルに上り(28)、日本は最大の貿易赤字相手国でもある。

観光客数の増加以外にも人的交流が進展した。台湾外交部の対日部門である「日本事務会」がアレンジしたものだけでも、二〇〇六年に日本からの台湾訪問者は二八〇団体、国会議員一〇一名を含む二八八〇人に上った。同年、台湾から日本を訪れた団体は四〇〇団体を超え、政治家では王金平立法院長、馬英九国民党主席、游錫堃民進党主席などが訪日した。

民間交流活動に関しては、外交部に日本事務会が設立されてから急激に増加しており、二〇〇六年には日台間交流でも複数の特筆すべき活動が展開された。例えば「日本大相撲台湾場所」、「二〇〇六年台日学術交流国際会議」、「第一回台湾日本大学生会議」などが挙げられる。こうした活動は以前から開催すべきものであったが、やはり日台民間交流が今後の発展に向け基礎を固めたことは確かである。

日台の社会的交流活動は明らかに増大しているが、これは単に日台関係がますます密接になりつつあることの表象に過ぎず、断交後の特殊な関係と比較すると、あたかも人為的に交流が促進されているように見えるかもしれない。他方で、韓国や中国のように小泉政権下の日本と政治的見解を異にする国でも、社会学術交流推進では非常に積極的であり、広範に活動が展開されている。いうならば、東アジア全体の交流活動が拡大している中で、日台交流だけが取り残されることこそ不自然なのである。したがって、日台関係推進をいかに継続し、政治交流から民間交流に至る全面的なレベルアップを図るかという問題は、依然として今後も努力が必要とされる問題である。

おわりに

二一世紀に入り、日台関係にも大幅な発展が見られた。日台双方が十分に日台関係の推進を重視し、日台関係の発展推進にとって重要な成果を挙げた。日本は七二年体制による日台関係の制約を柔軟に変え始め、漸進的な方法ではあるが、日台間の政治・交流に関してより弾力的・実務的な方法に変えつつある。小泉外交が日米安保・アジア外交重視を基調としていたことから、日本の重大な利益に影響を及ぼす台湾海峡の平和問題に対しても、より明確な立場を主導的に示す結果をもたらした。同時に、対日関係の推進は陳水扁外交の重点政策であり、対日政策事務部門の組織強化、「米日台安保対話」の推進、「日台価値同盟」の提唱、日台実質交流の展開などからも、民進党がいかに日台関係を重視しているかが見て取れる。

日台間の交流が日増しに密接になり、日台双方の政府が交流強化に意欲を見せる中、東アジア情勢と日台双方で起こりつつある国内的な変化は日台関係推進のチャンスであると考えられる。その反面、日台関係には構造的制約が存在する。台湾問題は一貫して日中関係において政治的に敏感な議題として位置づけられ、外交関係がない日台関係の発展が日中関係という枠組みの制約を受けることは回避できない。しかし、台湾と日本の間には、様々な側面で類似の経験があり、共同の利益が存在する。日台双方が日台関係における歴史的束縛から歩みだし、過去を越える発展を実現したことは、今後、日台の互いに対する関与政策を改善し、日台間の友好的な相互作用を強化していくことにつながるだろう。

第九章　安定化する中台関係下で展開する日台関係
――二〇〇八―一六年――

松田　康博

はじめに

本章は、馬英九政権期（二〇〇八年五月―二〇一六年五月）における日台関係の特徴を明らかにすることを目的としている。[1]前任者の陳水扁は、二〇〇二年以降台湾アイデンティティの政治的動員を繰り返し、中国大陸との緊張を高め、結果としてアメリカとの関係も悪化させてしまった。[2]しかも、その時期はちょうど中国が経済的にも軍事的にも台頭したタイミングと重なっていたため、台湾にとって中国大陸との対立はますます大きな負担となった。

馬政権は、中国大陸との関係を安定化させ、制度化することを通じた経済発展を追求した。そして、その政策路線はアメリカや日本との関係強化を後ろ盾とすることが前提であった。言い換えるなら、アメリカと日本を不安にする形で中国大陸との関係改善をすることにはリスクがあった。中国と米日台は、安全保障上異なる陣営に位置しており、特にアメリカに対中接近を疑われると、台湾の安全保障が動揺するためである。このため馬政権は、中国大陸、アメリカ、日本との良好な関係を同時に追求するという政策目標を設定した。それは「親米、友日、和中（または「和陸」）」と表現された。そして、馬政権は、その目標を持続的に実現した初めての政権なのである。

馬政権が誕生した時、日本では福田康夫内閣の末期に当たり、九月には親台派で有名な麻生太郎首相に政権が移ったが、約一年経った二〇〇九年九月には日本でも歴史的な政権交代が起き、民主党の鳩山由紀夫、菅直人、野田佳彦が続けて首相となった。日本にとって、対中国政策および対台湾政策で経験の少ない新政権が誕生した。約三年三カ月続いた民主党政権は、一期目の馬政権との間で、関係の緊張と緩和を繰り返し経験した。二期目の馬政権は、親台派として有名な安倍晋三政権と大部分が重複している。双方は、尖閣諸島（台湾名、釣魚台。中国名、釣魚島）をめぐる緊張関係と、その後繰り返し発生した日台関係のトラブルに対処しながら、関係の安定化を図り続けた。

日本において、危機管理に責任を負う当局を別にすれば、陳水扁政権期（二〇〇〇年五月―二〇〇八年五月）の日台関係は、悪化した米台関係とは異なり、全体として必ずしも悪くなかった。財団法人交流協会（二〇一二年四月より公益財団法人。以下、交流協会）の池田維在台北事務所長のように、「一九七二年の日台断交後では最も良好な関係」[3]と描写する人さえいたのである。本省人を中心とした民主進歩党（以下、民進党）政権は日本との紐帯が比較的強い。また日本は中国からの影響や圧力をアメリカよりも身近に感じる地政学的位置にある。同時にアメリカとは異なり、台湾の安全保障に関して、日本は間接的な役割しか果たせない。アフガニスタンとイラクという二つの戦場を抱えたアメリカと、台頭する中国に隣接する日本とでは、台湾海峡の安定に対する敏感度が異なっていた。したがって、馬政権が誕生したことで、日本では、中台関係の安定を歓迎しつつも、他方で中台接近に対して困惑する反応が出ることも少なくなかった[4]。台湾から見ると、馬政権にとって、対日関係は、まさに大きな課題だったのである。

馬政権期の日台関係を研究した先行研究を見ると、日本でなされた研究は、馬政権の性質から日台関係の変化を探ろうとする傾向がやや強い。丹羽文生は、「親日的住民」が多い台湾での選挙戦略として、馬英九が「親中、反日の印象を拭う」ことに力点を置いていたことに注目している[5]。石原忠浩は、馬英九の「反日説」に与せず、むしろ前政権からの「継続性」や「実務交流枠組みの形成」に注目している[6]。福田円もまた、中台和解の中で馬政権が「台日特別パートナーシップ」を提起して日台関係のレベルアップを図った点や、日台間の実務取決めの積み上げなど「制度化」が進んだことに注目している[(7)]。佐橋亮は、馬政権の重点が中国大陸との関係にあったことから、その関係の本質を、「実用主義的で非戦略的関係」と表現した[(8)]。尖閣諸島をめぐる日台関係について、小笠原欣幸は、馬政権が中国大陸との共闘を選択せず、いわゆる「日台漁業取決め」の締結を選択した過程を、馬英九の博士論文を読み解くことで明らかにしている[(9)]。民進党のブレーンである頼怡忠は、理論的検討から議論を展開し、「米日台」と「日中台」の二つの三角関係のうちで、どちらを重視するかで、台日関係の性質が決まる、すなわち前者が陳政権であり、後者が馬政権であるという論点を提起している[(10)]。

これらの先行研究の多くは、馬政権の最中に執筆されているため、いまだ馬政権期全体を通して、なぜ「反日」と目された馬総統の下で日台実務関係が進展したのか、そしてなぜトラブルが頻発したのか、そしてトラブルがあっても決定的な対立には到らなかったのか等についての総合的な考察がなされていない。歴史的な観点から見ると、かつて日本と戦争を経験した中華民国政府が、日本に植民統治された台湾を統治しているという、「台湾社会の二重性」に基づき、日台関係には、「日華関係」と「日台関係」の二重性が存在する（序章参照）。ただし、馬政権期の日台関係には、中台関係が安定したことにより、台湾の内部にある「中華民国要因」と外にある「中華人民共和国要因」が共鳴する局面が増えたことにも留意しなければならない。本章は、資料的制約があるものの、従来の「日華関係」と「日台関係」という二重性に加え、中台関係安定化の要因が日台関係にどのような影響を及ぼしたかに注目し、馬政権と日本政府が、なぜ関係の緊張と緩和を繰り返したのかを明らかにしたい。

一　日台および中台関係の安定化

（1）「良好な民間関係」から「政府が無視できない関係」へ

そもそも台湾の政治家にとって、日台関係を悪化させることは政治的にプラスにならないし、日本の政治家にとってもそれは同じである。なぜなら日台間の民間関係が非常に良好だからであり、政治家が日台それぞれの社会における現実に背く政策をとることは不合理だからである。二〇一四年現在の日台貿易総額は、六四四億米ドルに達しており、台湾は日本にとって第四位の貿易パートナーであり、日本は台湾にとって第二位の貿易パートナーである。台湾からの訪日者数は二〇一四年に過去最高の二八三万人にまで増加し、日本からの訪台者数も一六三万五〇〇〇人と過去最高となった前年度と同じ水準を維持している[11]。

馬政権期において、日台双方で、互いに対する印象に関する世論調査が複数回行われた。それ以前は、新聞社やシンクタンクなどが類似の調査を散発的に行っていたに過ぎない。これらの世論調査をまとめた表9-1を見ればわかるように、台湾で交流協会が行っている対日世論調査によると、台湾住民が最も好きな国は、日本が他を引き離して圧倒的な一位である。しかも二〇一三年の世論調査は、後述するように二〇一二年に尖閣諸島をめぐって日台関係が緊張した後に実施されたにもかかわらず、「最も好きな国」の割合は（誤差の範囲内かもしれないが）下がるどころか、四一％から四三％へと上がっている。台湾において、日本は、中国はおろかアメリカさえも抜いて、圧倒的に好かれている国なのである。

他方表9-2にあるように、二〇一一年に台北駐日経済文化代表処が日本で行った対台湾世論調査では、九一・二％が日台関係を「良好である」、八四・二％が台湾を「信頼している」、六六・九％が「身近に感じる」と答えている。日本では、アメリカへの親近感が一貫して強く、中国への親近感が一九八九年以降長期下落傾向にあるが、台湾への

表 9-1　台湾における対日世論調査の主な結果

質問	回答	2008	2009-2010	2012	2013	2015
あなたの最も好きな国（地域）はどこですか？	日本	38	52	41	43	56
	台湾	31	NA	NA	NA	NA
	米国	5	8	8	7	5
	中国	2	5	8	7	6
今度台湾が最も親しくすべき国（地域）はどこですか？	中国	34	33	37	36	22
	日本	31	31	29	29	39
	米国	20	16	15	15	14
日本に親しみを感じますか？	感じる	69	62	79	65	80
	感じない	12	12	10	15	7

出所：「台湾における対日世論調査」，公益財団法人日本台湾交流協会ウェブサイト，https://www.koryu.or.jp/Portals/0/images/business/poll/2015seron_kani_JP.pdf，2020年4月24日アクセス．2008年の調査においては31％が一番好きな国を台湾と回答した．質問の設計にミスがあったものと考えられる．台湾と回答した人数を除いた残りの69％の回答者を母数として計算した場合，一番好きな国を日本と回答した割合は54％となる．選択肢に台湾があったにもかかわらず，日本が1位を獲得したことは驚異的な現象である．

表 9-2　台湾に関する意識調査の主な内容

質問	回答	2009	2011
あなたは台湾を身近に感じますか，感じないですか	感じる	56.1	66.9
	感じない	43.2	33.1
あなたは現在の台湾と日本の関係は良いと思いますか，悪いと思いますか	良い	76.0	91.2
	悪い	11.3	8.8
あなたは台湾を信頼していますか，信頼していませんか	信頼している	64.7	84.2
	信頼しない	23.0	15.8

出所：「台湾に関する意識調査――調査結果報告書（2009年4月27日）」，「台湾に関する意識調査（2011年6月1日）」，台北駐日経済文化代表處，http://www.taiwanembassy.org/public/Data/9581946871.pdf，http://www.taiwanembassy.org/content.asp?mp=247&CuItem=203131，2016年4月30日アクセス．

親近感は、強まる趨勢にあることが見てとれる。馬英九政権が終わった直後に日本でなされた世論調査では、「もっとも親しみを感じるアジアの国・地域」を「台湾、中国、韓国、それ以外」で選択させたところ、台湾は五九・一％で圧倒的な一位であった(12)。

二〇一一年三月一一日に発生した東日本大震災に対し、台湾側からは破格の各種支援が提供された（義捐金約一八七・四億円、二八人の救援隊派遣、五六〇トンの物資提供等(13)）。金額だけを取ってみれば世界第二位、一人あたりの金額では圧倒的に世界第一位であった。ところが、東日本大震災の一周年追悼式典の際、台湾の羅坤燦駐日副代表は、外交関係がないため、外交団とは離れた席に配置され、しかも指名献花することが許されなかった。この措置に対して日台双方から批判の声が上がり、後に野田首相が国会の場で不適切だったことを認めた[14]。

天皇皇后主催の春季園遊会に、初出席した馮寄台駐日代表に対して、天皇と皇后は異例にもわざわざ歩み寄り、震災に関する台湾からの支援に対して感謝の意を述べた[15]。つまり、外交関係がないことに起因する日本政府の台湾に対する欠損儀礼は、事実上天皇によって補われたのである。二〇一二年には、日台双方の関係者が、台日関係を再び「断交以来最良」と表現するようになった[16]。そして二〇一三年の東日本大震災の二周年の集会で、台湾の沈斯淳代表は外交使節団とともに席につき、指名献花を行った。中国はこれに抗議して欠席した。そして二〇一四年以降も基本的に同じことが繰り返された。

東日本大震災は、それまで全体として台湾に冷淡であった日本人に、台湾の極めて友好的な印象を与えた。その後も、日台のどちらか一方で地震が起きた時に、もう片方の一般民衆が即座に声援を送り、支援を申し出る関係になった。二〇一二年以降、日中関係が悪化したことも相まって、日本において、従来のように中国への配慮から台湾に対して無視をしたり、冷淡な態度をとったりしにくくなる政治的雰囲気が生まれたと言うことができる。

(2) 中台関係の緩和、安定化、制度化

二〇〇八年の総統選挙では、野党中国国民党（以下、国民党）の馬英九前台北市長が、与党民進党の謝長廷元行政院長を大差で下し、二度目の政権交代が実現した。民進党が提起した国連加盟の是非を問うレファレンダム（公民投票）も、国民党が提起した国連復帰の是非を問うレファレンダムも、投票率が基準に達しなかったため、成立しなかった。馬英九の当選とレファレンダムの不成立に加え、陳水扁前総統が汚職容疑で逮捕・収監されたことにより、台湾アイデンティティを高揚させて劣勢を跳ね返す陳水扁時代の選挙政治は終わりを告げた。馬英九は、「統一せず、独立

せず、(中国大陸に)武力行使させず」(不統、不独、不武)という現状維持のスローガンを訴えた。なにより馬政権は、李登輝政権(一九八八年一月―二〇〇〇年五月)の後半と陳政権において台湾が中国大陸と対立した根源は、「一つの中国」をどう取り扱うかにあったと判断した。そこで、馬政権はいわゆる「九二年コンセンサス」を持ち出すことで、中国大陸と安定した関係を構築しようとした。これは、「一つの中国」の定義に関する中台間の口頭のコンセンサスであり、一九九三年に海峡交流基金会(以下、海基会)と中国大陸側の海峡両岸関係協会(以下、海協会)の初めてのトップ会談を実現させた要因であると考えられている。実は中台間で同コンセンサスに関する解釈は異なるが、どうであれ「一つの中国」にかかわるコンセンサスであるという点で、一致を見ている。[17]

さらに、国民党が二〇〇八年一月の立法委員選挙で大勝し、野党の政策チェック機能が低下したことで、馬政権は対中接近へと大胆な政策転換をすることが可能になった。海基会と海協会との定期会談が復活し、中台間で直行便が就航し、中国大陸からの団体観光が進められるなど、一連の経済緊密化策が取られた。

同時に馬英九は承認国を奪い合ったり、国際組織から相手を追い出そうとしたりする外交闘争を休止するいわゆる「外交休戦」を大陸に呼びかけた。[18] 中台の実力差が拡大し、台湾に不利になったためである。他方で、陳政権の「挑発」に手を焼いた中国もまた現状維持重視に傾いたことから、馬政権の路線転換は中国大陸から事実上受け入れられ、中台関係は相対的な安定化の局面をむかえたのである。アメリカもまたこのような変化を歓迎した。

中台は、馬政権期に「両岸経済協力枠組み協定(ECFA)」を含む二三の協定に調印した。これにより、中国は台湾への経済的・政治的抱き込みが進展することを期待し、他方台湾は輸出競争力の強化、対中投資の優遇条件の確保、他国との自由貿易協定(FTA)や経済連携協定(EPA)または類似の協定の締結が促進されることを期待したものと考えられる。このように同床異夢ではあるものの、中台関係は経済を中心に安定化および制度化の軌道に乗った。こうして、中台は経済を中心として共通の利益を増大させるようになった。

中台関係が安定化したことで、アメリカの台湾海峡に関する懸念は大幅に減少した。加えて、馬英九は対米関係についても、中南米諸国を訪問する際にアメリカ東部でのトランジットを避け、トランジット先でも目立った活動を避けるなどして、陳水扁とは異なる対応をした。こうして、対米関係もまた安定していった[19]。

二　日台関係の改善

(1)　馬英九による「反日イメージ」の払拭努力

劇的に進んだ中国大陸およびアメリカとの関係改善に比べると、馬英九にとって対日関係の課題は多かった。最大の問題は、馬英九個人が「反日的」であるというイメージが早くからあったことである[20]。馬英九は蔣経国以来約二〇年ぶりの外省人総統である。日本との戦争を経験したとはいえ、外省人の中には蔣介石のように留学などを通じて日本と深い関係を持つ者が少なくない。ところが、馬英九はより若い世代に属しており、日本との関係が非常に薄かった。馬英九はアメリカのハーバード大学で博士号を得て、アメリカの法律事務所での仕事をした経験があり、蔣経国の英文通訳もしていたアメリカ通である。しかし、馬の日本との関係は、中華民国による尖閣諸島の領有権を主張する「保釣運動」との関係が主であった。「馬英九の主だった政治活動は、尖閣問題、日中および日華の外交問題で、日本を非難することから始まった[21]」と言われている。

馬英九が対日感情の比較的良好な台湾で総統になるには、選挙活動中から「反日、親中」のイメージを払拭することが必要だった[22]。馬英九は、二〇〇七年一一月に訪日した際、日本の右翼の厳しい敵意を感じとり、「もしも将来政権につくなら、必ず対日関係を適切に処理することで、バランスをとろう」と考えたと回顧している[23]。台湾における日本の「事実上の大使」に相当する交流協会の池田維台北事務所代表は、過去に尖閣諸島の領有権が中華民国にあるという主張に言及する論文を書いたことや、二〇〇五年に国民党主席に就任すると、五〇年間の日本統治下の台湾で抗日活動を行ったリーダーの肖像を中央党部に掲げさせたことなどから、二〇〇八年の馬英九の総統就任の際に「一抹の不安」を感じていたという[24]。

また、馬英九の「反日イメージ」に加えて、「中国に対する特別な親近感」を警戒する論調もあった[25]。つまり、中台関係が安定したことは、アメリカに比べて、日本における中台接近の懸念を生む可能性があったのである。いずれにせよ、日本から馬英九に投げかけられた視線は厳しく、しかも「親日か、反日・親中か」という単純な構図からの発想が強かった。

二〇〇八年に当選した後、最初の単独外国プレス会見相手に日本メディアを選んでインタビューに応じるなど、馬総統は日本との関係重視の姿勢を打ち出した。これに対し、日本政府は同年五月二〇日、交流協会を通じて断交後初めて総統就任祝賀メッセージを伝達した。アメリカも祝電を打ったが、欧州連合（ＥＵ）は見送ったという[26]。

馬英九は、「親日派」ではなく、「知日派または『友日派』になりたい[27]」という言説を好み、日本関係のイベントにも積極的に参加し、日本からの賓客とも頻繁に面会した。付言するならば、華語で「親日」とは、歴史的経緯から「日本に媚びる者」（媚日）に近いネガティブな意味で使われることがある。ところが、日本語で「親日」とは「日本に友好的である」という意味に過ぎず、華語では「友日」の意味に近い。同じ漢字を使っているため、日台間では微妙な誤解が生まれていることにも留意すべきである。

さらに馬政権は二〇〇九年一月に「台日特別パートナーシップ[28]」を唱えるなど、日台関係強化に前向きな姿勢を見せた。「台日特別パートナーシップ」とは、台日関係を「歴史、文化、経済、安全保障等の各方面でいずれも深い特別パートナー関係」と定義し、「二〇〇九年を『台日特別パートナー関係促進年』と定め、今年度内に台日間の経済貿易、文化、青少年、観光、対話の五つの方面で協力と交流を全面的に推進する」というイニシアティブであった。

馬政権は、この政策を総統直属の国家安全会議を中心に進めた。[29]

二〇一一年の東日本大震災に際しては、地震発生の一週間後、馬英九総統は周美青夫人とともに、テレビのチャリティー番組に出演して募金を呼びかけ、特別の配慮を日本に示した。二〇一八年に出版された馬英九の回想録の対日関係のハイライトは、まさにこの場面であり、馬英九の「反日イメージ」払拭が成功した瞬間である。[30] こうした努力は日本側からも評価され、馬英九の「反日」という見方は減った。[31] 尖閣諸島問題に関して言えば、そもそも領土や主権に関する問題で台湾住民が「台湾の公的立場を堅持すること」と「反日であること」は論理的にイコールではない。それは、この問題に関して自国の公的立場をとる日本人がすなわち「反中、反台であること」とイコールではないのと同じである。

さらに、馬英九は植民地時代、台湾南部の水利設備を整備して農業生産増大に寄与し、現地住民からいまだに尊敬されている土木技師、八田與一を積極的に評価した。しかも八田與一を繰り返し取り上げて評価したのは李登輝である。これは統一派の歴史観からは受け入れにくい態度であるが、馬は「事実を事実として論じ、恩と仇をはっきり区別する」として、その態度を変えなかった。[32] こうした点も日本からの馬英九に対する印象を改善するのに役立った。

(2) 実務関係の大幅な進展

中台関係の安定化と馬英九総統の対日関係重視の姿勢は、日台の実務関係の進展にとって大きな促進要因となった。中台関係が改善したことで、台湾が他国との関係発展をはかる時に、中国がそれを阻止しにくい雰囲気が生まれたのである。実際、台湾が日本との関係改善を進めている時に、それを目立つ形で阻止すれば、馬政権は台湾内部で政治的に不利な立場に立たされ、民進党に有利になってしまう。こうして、日台関係の政治的敏感性は低下した。

加えて、馬政権は、陳政権のように、台日関係の「ブレークスルー」のために様々な政治的チャレンジをしなかった。陳は、訪日を模索したり、日台関係を「静かな同盟関係」と表現したりしたことがある。陳政権時期に、日台関係の強化は、中国を最も刺激するテーマであった。馬英九の側近である馮寄台駐日代表も、後任の沈斯淳も外交部出身の経験豊富な外交官であり、目立つ政治的要求を控えた。したがって、馬政権の下で日台関係をめぐり比較的静かな環境が保たれたのであった。

馬政権下で、日本と台湾はさまざまな実務的な関係を進展させた。台湾における日本研究を支援したり、利便性の高い東京（羽田空港）＝台北（松山空港）間の航空便を開設したり、外国人観光客のうち台湾人が最上位を占める北海道の札幌に台湾の駐日経済文化代表処の事務所を開設したりするなど、一般の人々の目に見える形で実務関係は進展した。

二〇一〇年の札幌事務所開設は、馬政権が最初に増設した「在外公館」であり、それは自らが提唱した中国大陸との「外交休戦」に抵触する可能性があった。「外交休戦」は中台が互いに外交関係の奪い合いをしないという「黙契」であったが、果たしてそれが「在外公館の数を増やさない」ことまでを意味していたかは、不明確だったからである。しかし、中国はほぼ同時期に日本と駐新潟総領事館を開設する交渉をしており、結果として札幌事務所開設は、政治問題化しなかった。

これら実務関係進展の中で、最も注目すべき変化は、表9-3にあるように、双方の代表事務所に相当する交流協会（日本側）と亜東関係協会（台湾側）との間で、さまざまな合意文書が作られたことである。二〇一〇年には「交流と協力の強化に関する覚書」が、二〇一一年にはいわゆる「投資保護取決め」や「オープンスカイ取決め」などが結ばれた。特に日台間の「投資保護取決め」は日中間のそれ（一九八八年八月）よりも後であったとはいえ、中台間のそれ（二〇一二年八月）より先に結ばれた。日本が中国よりも台湾と先に協定を結ぶという、中国の「面子」に関わるかもしれない順序であったにも関わらず、これもまた政治問題化しなかった。

表 9-3　馬政権期の交流協会と亜東関係協会の間の合意文書（取決め，覚書，交換書簡）

時期	合意文書の名称
2008.8.18	「在外事務所定員に関する交換書簡」
2009.4.3	「ワーキング・ホリデー・ビザに関する交換書簡」
2009.4.28	「台北駐日経済文化代表処札幌分処に関する解説の交換書簡」
2009.12.11	「民間航空業務の維持に関する交換書簡」
2010.4.30	「交流協会と亜東関係協会との間の 2010 年における日台双方の交流と協力の強化に関する覚書」（*その後，2011 年以降も継続していくことで合意された）
2010.11.10	「地震，台風等の発生時の土石災害防止及び砂防に関する技術交流の協議書」
2011.9.22	「投資の自由化，促進及び保護に関する相互協力のための財団法人交流協会と亜東関係協会との間の取決め」
2011.11.10	「民間航空業務の維持に関する交換書簡」
2012.4.11	「特許手続分野における相互協力のための公益財団法人交流協会と亜東関係協会との間の覚書」
	「マネーロンダリング及びテロ資金供与に関連する金融情報の交換に関する公益財団法人交流協会と亜東関係協会との間の覚書」
2012.9. 12	「台北市日本人学校が台湾銀行及び財政部国有財産局の経営する土地を借用する賃借料の計算・徴収に関する了解覚書」
2012.11. 29	「公益財団法人交流協会と亜東関係協会との間の日台産業協力架け橋プロジェクトの協力強化に関する覚書」
	「相互承認に関する協力のための公益財団法人交流協会と亜東関係協会との間の取決め」
2013.4.10	「公益財団法人交流協会と亜東関係協会との間の漁業秩序の構築に関する取決め」
2013.11.5	「優先権書類の交換分野の相互協力のための公益財団法人交流協会と亜東関係協会との間の了解覚書」
	「公益財団法人交流協会と亜東関係協会との間の鉄道分野における交流と協力の強化に関する了解覚書」
	「日台薬事規制協力枠組みに関する覚書」
	「公益財団法人交流協会と亜東関係協会との間の海上における航空機の捜索救難の協力に関する取決め」
	「電子商取引に関する相互協力のための公益財団法人交流協会と亜東関係協会との間の取決め」
2013.11.28	「金融監督分野における相互協力のための公益財団法人交流協会と亜東関係協会との間の覚書」
2014.11.20	「公益財団法人交流協会と亜東関係協会との間の特許手続上の微生物の寄託の分野における相互協力に関する覚書」
	「公益財団法人交流協会と亜東関係協会との間の出入境管理分野における情報の交換と協力に関する覚書」
	「公益財団法人交流協会と亜東関係協会との間の原子力エネルギーの平和利用における原子力及び放射線安全規制の分野に係る覚書」
	「公益財団法人交流協会と亜東関係協会との間の日台双方の観光事業発展に関する協力強化についての覚書」
2014.11.27	「ワーキング・ホリデー・ビザ申請費用免除に関する交換書簡」
2015.11.26	「防災実務に係る交流及び協力の強化に関する公益財団法人と亜東関係協会との間の覚書」
	「公益財団法人交流協会と亜東関係協会との間の競争法適用に関する了解覚書」
	「所得に対する租税に関する二重課税の回避及び脱税の防止のための公益財団法人交流協会と亜東関係協会との間の取決め」

出所：「馬総統上任後我国與日本簽署之協定（協議，備忘録，換函）一覧表（総計有効件数：28）」，中華民国外交部，<https://www.mofa.gov.tw/Upload/WebArchive/1587/馬總統上任後我國與日本簽署之協定(協議, 備忘錄, 換函)一覽表.pdf，2020 年 4 月 24 日アクセス．なお，馬政権は，「日台間の取決めは 61 あるが，そのうちの 28 の取決めが馬英九政権時期に結ばれた」というディスコースを強調する．「後馬時代的台日関係」『聯合晩報』2015 年 11 月 27 日．

二〇一一年には「日台『絆』イニシアティブ」が発表された。これは、東日本大震災からの復興支援と観光促進を目的とした具体的な行動計画である。二〇一二年には、さらに「特許手続分野における相互協力のための覚書」と「マネーロンダリング及びテロ資金供与に関連する金融情報の交換に関する覚書」が結ばれた。

さらに、二〇一三年一一月には、「日台電子商取引取決め」を始めとする五つの取決めおよび覚書が交わされた。二〇一五年一一月の「日台租税取決め」もまた、日台双方でビジネスを展開する企業や個人にとって待望の合意文書であった。しかも、これらの経済関係の取決めは、いわゆる「日台自由貿易協定（FTA）」の検討過程から派生したものであり、実際に必要性がある取決めである。実際に、日台間のEPAを議論する協議は、「日台経済パートナーシップ委員会」という名称で、二〇一四年六月から開始された(33)。「民間取決め」の建前をとり、政府の行為を縛らないという建前はあるものの、日本がこれらの取決め締結に向けて協議を始めた意義は大きい。

以上のような合意文書の締結に対して、中国は日本に対して目立った形での抗議を行っていない。つまり、中台関係が安定していて、さらに中台間で協定が多く結ばれ、政府高官同士の接触も拡大しているなかで、日台関係の強化を実質的に進めた場合、中国の反対は、あったとしても「形式的抗議」（"proforma demarche"）に過ぎないと判断することが可能となっていた。中台関係が安定することで、日台関係を強化する動きがあっても、台湾の民意が反発することを考慮し、中国はそれに真っ向から反対しにくくなる状況が発生したのである。

こうした変化は、外交関係がないことを理由に、日本がかつて台湾との関係強化に慎重に対応していた立場を変化させたことに起因している。しかし、台湾の対日政策決定過程の情報に比べ、日本国内の対台湾政策の情報は圧倒的に少ない。二〇二〇年現在、日本政府内でどのような決定過程を経て、このような実務関係の大幅な進展がなされたのかははっきりしない。ただし、こうした変化は、目立たないものが多いとはいえ、政府中枢レベルの政策判断なしには困難であると考えられる。

(3)「非公式の政治関係」の発展

外交関係がない日台関係には、経済と文化を中心とする「非公式な実務関係」しか存在しないはずであるが、現実には「非公式の政治関係」といえる関係が存在する。李政権と陳水扁政権は、不安定な中台関係と良好な日本との関係を背景に、「外交的ブレークスルー」を実現しようとして、日本に様々な要求を打ち出してきた。中国が強く反対していた李登輝訪日問題などが、この典型である。[34] 李登輝総統が(退任後を含め)、日本訪問を希望し、中国がそれを阻止しようと日本政府に圧力をかけた結果、日本政府は中台の板挟みとなり、決断を迫られるのであった。

当時の日本は、中台それぞれから「牽制」や「抱き込み」の対象となっていた。国際関係におけるバランサーとは、自らが能動的に他国と同盟関係を結ぶことで脅威国に対してバランスをとろうとする主体である。中台関係において日本が果たしていた役割とは、「受動的なバランサー」とでもいうべきであった。[35] 馬政権以前は、中台関係が不安定であったことにより、日中台関係において、中台双方が日本に対する政治的要求を突きつけるという「政治化パターン」が存在していたのである。

日本の歴代内閣は、中台の利害関係がゼロサム関係にあり、中国の反対が強い領域でも、①日本の安全保障や日米同盟に関わる領域、②日本の主権に関わる領域、③経済・社会に関わる非政治的領域、④人道問題に関わる領域であるならば、「日本の譲れない国益や価値」や「日本の主体的な判断」を重視して、結果としていくつか中国の意図に反する「台湾寄り」の政策決定をしてきた。[36]

おそらく、迫られれば、日本はこれらの領域でならいつでも結果として「台湾寄り」の政策決定をすることになるだろう。しかし、中台間の交流が制度化し、定期的かつ包括的な交流が進むにつれ、中台それぞれが相手の反応を強く考慮することになった。こうして、中台関係が不安定な中で、中国からの牽制を受けつつ日台関係を発展させなければならないという日台関係の「政治化パターン」は、国民党の馬政権の打ち出した新政策とそれに呼応する日本政府の政策により、潜在化していった。具体的には、日本の元首相の台湾訪問が慣例化したことが挙げられる。

二〇一〇年には、麻生太郎、安倍晋三、森嘉朗の元首相が台湾を訪問した。政権を失って野党に転落したことにより、自由民主党（自民党）政治家の台湾訪問の敷居が低くなったことが日本側の原因と考えられる(37)。ただ、こうした訪問が、もしも日本が自民党政権であり、台湾が陳水扁政権であるタイミングで行われたのであれば、中国の反発は非常に強いものとなっていたであろう。二〇一一年に入ると、東日本大震災関連で、日台双方の政治家の動きが大きくなった(38)。前述したように馬英九は、テレビチャリティー番組に出演して震災への募金を呼びかけた。一カ月後には、菅直人首相の"Thank you for the Kizuna"（絆に感謝する）とする感謝の書信が交流協会台北事務所を通じて公開された。また、四月と五月の二回に分けて、王金平立法院長の慰問団が訪日し、首相経験者との会見などが実現した。

二〇一一年五月以降になると、現役の衆議院副議長である衛藤征士郎、元首相の森嘉朗、安倍晋三、麻生太郎および平沼赳夫日華関係議員懇談会会長が相継いで訪台し、震災に対する台湾の支援に感謝表明をした(39)。二〇一一年は、海部俊樹を入れると、四名の元首相が台湾を訪問したし、安倍元首相は二〇一〇年に続いて二年連続訪台した(40)。さらに、野田首相は、二〇一一年九月に衆議院本会議において、「台湾からの友情あふれる破格の心からの御支援に対して、深く心から感謝申し上げたい」と述べた(41)。二〇一二年四月には、森元首相が三年連続となる訪台を行った(42)。二〇一三年には鳩山由紀夫および菅直人の民主党元首相が台湾訪問をした(43)。二〇一五年四―五月には、野田元首相が台湾を訪問した(44)。

日本には、政権担当期間が短いため、元首相が多数健在であるという特殊な政治事情がある。とはいえ、かつて日中関係の重要性に鑑み、元首相の台湾訪問は控えるべきであるという不文律が機能していた時代と比べれば、中曽根康弘、村山富市、小泉純一郎、福田康夫などのような「訪台しない元首相」の方が珍しくなってしまった観がある。これは、日本における政権交代と大震災のもたらした変化である。

このほか、二〇一二年九月にウラジオストックで行われたアジア太平洋経済協力（ＡＰＥＣ）の首脳会議では、日本の野田首相と台湾の連戦元副総統との間で会談が行われた[45]。これは、断交後初めて行われた「日台首脳級会談」である。こうした会談に関して、中国が強く抗議して政治問題化した形跡は確認できない。むしろ、野田政権においては、尖閣諸島をめぐる日中関係の悪化が進んだことにより、日台関係の政治的側面を強化しようという明確な意図が見られたと言っても過言ではない。これは二〇一二年一二月に始まった第二次安倍政権でも継承され、二〇一三年のＡＰＥＣ首脳会議では、台湾の代表である蕭万長元副総統と安倍首相が会談を行い、ＡＰＥＣ首脳会議での日台会談は、その後も慣例化されたのである。

さらに、安倍政権の重要閣僚である菅義偉官房長官は、二〇一三年八月八日に、李嘉進亜東関係協会会長と首相官邸で面会したと報道された[46]。安倍首相は、二〇一五年七月に、公式には否定されているものの、訪日中の李登輝元総統と「偶然」同じホテルで遭遇し、面会したと報道された[47]。同年一〇月に訪日した蔡英文民進党主席（当時総統候補）も、都内のホテルで「偶然」を装って実際には面会したのではないかと報道された[48]。いずれのケースも、（公には否定されている場合もあるが）首相や官房長官の公開または半公開の行動であり、もしも事実であれば、全て初めての事例である。

このように、馬政権期には、良好な民間関係と安定した中台関係とを背景に、実務関係と「非公式な政治関係」の双方がともに改善され、進展したのである。

三　日台関係の波状的緊張

（１）「中華民国要因」に起因するトラブルの頻発

馬政権には、それまでの李・陳政権時代に比べ、「主権国家としての台湾の尊厳」や「対等な台日関係」を重視する傾向があるとの指摘がある。[49]筆者は、むしろ馬英九には、「主権国家としての中華民国の尊厳」への強いこだわりがあり、日本側の対応がそれに抵触した問題が、日台関係の緊張を招いたと考える。後述する尖閣諸島をめぐる関係の緊張はその一例であるが、それ以外にもトラブルが悪化したケースは枚挙にいとまが無い。

二〇〇九年五月に、齋藤正樹交流協会台北事務所代表があるスピーチの中で「台湾の国際法上の地位は未定」、それが「日本政府の立場である」と発言をしたため、日台関係が一時ぎくしゃくした。[50]そもそも、日本は一九七二年以降、台湾の国際法上の地位について、「何ら物を申すべき立場にない」（伊達宗起外務省条約局参事官答弁、一九七五年二月二八日）のが公式な立場であり、これは明らかに失言であった。齋藤代表は、しばらく台湾側と気まずい関係を続け、翌年事実上更迭された。

これで日台関係が明白に悪化した訳ではない。しかしながら、「台湾の地位未定論」は、台湾内部では独立派の理論的基礎であり、「中華民国の尊厳」を重視する馬英九にとっては看過できない言論であった。齋藤代表の失言は「中華民国の尊厳」に挑戦するような言動に対して、馬政権が強い不快感を見せるパターンの先駆けとなった。

二〇一四年六月には、「台北　国立故宮博物院展」が東京国立博物館で開催された。ところが、日本のメディアが作成したポスターに「国立」の二文字が抜けていることで、馬政権が対応を硬化させ、展示中止を示唆してファーストレディである周美青が開幕式に合わせて予定していた訪日をキャンセルした。関係者が「国立」の二文字をポスターに追加する応急対応をとったことで、展示は無事開催され、七月には周美青もあらためて訪日した。[51]「一つの中国」という認識が普及している日本から見れば、これは、（日本政府ではなく）美術館や民間企業に対して馬政権がとった過剰反応であった。[52]民進党籍の立法委員である林佳龍、蔡煌瑯などは、「台日関係を傷つける」、中国への対応と比べ日本に厳しい「二重基準」であるとして馬政権を批判したし、許世楷元駐日代表（陳水扁政権期）もまた、主権を争うにも対日関係とのバランスを考えるべきであると馬政権を批判した[53]。

二〇一五年三月に、日本の東北産食品が、台湾に輸出された後、別の地域産として「偽装表示」される問題が発生した。詳しい経緯は明らかではないが、台湾は同年五月に東日本五県産食品に対してとられていた既存の輸入規制を強化した。日本では、東日本大震災と原発事故に関わる「風評被害」は感情的になりやすい問題であり、「産地証明」や「放射能計測安全証明」を求める台湾側に対して、強く反発したものと見られる。この問題に関して、民進党籍の林淑芬立法委員が、食品安全の問題であり、日本の対応を台湾に「不公平」で「失礼」なものであるとして強く反発した[54]。台湾内部で、日本の対応を評価し、馬政権を批判する論調は極めて少なかった。

ただし、日本は特別な食品を台湾に輸出しようとしているのではない。台湾のメディアでは、あたかも日本が放射能汚染を受けた食品を台湾に輸出しようとしているかのような誤った認識がメディアを通じて広まっている。しかし、事実は、馬政権は、日本国内の安全基準に合格し、安全に流通し、日本国内で日常的に飲食されている食品に対して輸入規制を強化したのである。このため、日本側では、馬政権の対応を「非科学的」であるという批判がなされ、政権の「反日への転換」ではないかという報道さえなされた[55]。

かつて、一九八二年に、対日貿易赤字に対して不満を強めた蔣経国政権が、一五三三品目の日本製品輸入禁止を決定し、政治問題化したことがある（第五章、一四五―一四八頁）。貿易赤字を理由に輸入禁止をするのも「非科学的」であるが、台湾と日本が「対等」であることへの願望が、この政策の引き金だったと考えられており、当時日本は「江崎ミッション」を派遣して政治解決を図った。今回、安倍政権は台湾への事実上の特使として岸信夫衆議院議員（安倍首相の実弟）を派遣したにもかかわらず、馬政権は妥協を拒んだ。馬政権が導入したこの輸入規制により、前年すでに開始されていた事実上のEPA協議（前述）を、日本は延期した。

「齋藤発言」および「国立」問題は、「台湾の中の中国」、すなわち「中華民国の尊厳」だけに挑戦した「日華関係」のイシューであり、台湾社会全体を捲き込んだ対日抗議にはならなかった。「齋藤発言」の場合、むしろ「台湾の国際的地位未定論」を共有する独立派に歓迎される言説でさえあった。したがって、着任間もない時点で発生したトラブルであったためもあり、齋藤代表は翌年まで「更迭」をされずにすんだ。「国立」問題もまた、（政府当局ではなく）日本の民間部門の迅速な対応で事なきを得た。他方で、「食品輸入規制問題」は、一般の台湾住民の食品安全に関わる問題であり、馬政権は台湾社会やメディアの反応を考慮しつつ強硬策に出たものと考えられる。

（２）最大の試練——尖閣諸島問題の悪化と日台漁業取決め

「中華民国の尊厳」と「台湾の漁業利益」が結びつき、馬政権期の日台関係にとって最大の試練となったのが、尖閣諸島をめぐる問題の悪化である。馬政権は、成立当初からこの問題への対処に苦慮している。馬政権成立間もない二〇〇八年六月一〇日未明、尖閣諸島沖八キロに近づいた台湾の遊漁船と日本の海上保安庁（海保）の巡視船が衝突し、遊漁船が沈没した[56]。死者はでなかったが、台湾は外交部を中心として、「海難事故」というよりむしろ「領有権問題」として対応した。劉兆玄行政院長は、立法院で「日本との間で、いざとなれば一戦も辞さず、ということだな」と詰問され、「そうだ」と答えた。

日本の海保は巡視船の非を認め、「遺憾の意」を表明したが、台湾側はこれを受け入れなかった。台湾の民間抗議船が六月一六日に尖閣諸島の領海に進入し、台湾の海巡署の巡視船六隻がそれをエスコートしたことで、収拾が難しくなった。ただし台湾では総統直属の国家安全会議が対応を始め、最終的には海保の第一一管区海上保安本部長から遊漁船船長に「お詫び」する書簡を出し、補償金を支払うことで政治決着した。馬英九は、知己である当時の福田首相を信頼しており、日本側の迅速な対応に満足したという[57]。

ただし、就任直後の「聯合号事件」の比較的強硬な事件処理により、馬英九の「反日イメージ」は強まってしまった。しかし、実際の経緯を見ると、馬は国家安全会議を使って事態収拾を図っており、日本との関係強化を求めるプラグマティストであったことが見てとれる。この後、馬英九は自らの外交顧問である馮寄台駐日代表に任命して日本重視を印象づけた。さらに、二〇〇九年に「保釣運動家」の船が尖閣諸島に向けて出港しようとした際、当時の国家安全会議高官が、中華保釣協会の黄錫麟執行長らと面会し、出航しないよう説得した。理由は、「日本との関係は次第に改善中。台日関係の緊張は望まない」というものだった。運動関係者は出航を堅持したが、当局は法律を持ち出して出港を阻止しようとした。彼等がそれを無視して出航しようとしたものの、港の外に海軍艦船が集まっていたため、出航を断念したという(58)。

これらの阻止行動は、馬政権が日本との関係改善を進める中で進められたものであるが、二〇一二年に発生した尖閣諸島を巡る日台関係の緊張は、馬政権を窮地に追いやった。二〇一二年四月に訪米中の石原慎太郎東京都知事が、尖閣諸島を東京都が購入すると発言した。事態の沈静化のため、七月には日本国政府がやむを得ず私有地である尖閣諸島の三島の購入を決めた。このことは、中国や台湾の不満を引き起こし、政府による島の購入は日本による現状変更であるという言説が繰り返し流された。同年六月から八月にかけて、台湾や香港の活動家による尖閣諸島への接近や上陸が繰り返され、実際に日本政府が尖閣三島の購入を閣議決定した九月には、中国各地で暴力を含む過激な反日デモや破壊行動が繰り広げられた。

中国は「一つの中国」の立場から「対外的に一致すべき」であるとして、暗に台湾に尖閣諸島問題での共闘を呼びかけた(59)。九月二四日には、七〇隻を超える台湾漁船が尖閣諸島の領海内・附近に押し寄せ、日本の海保の巡視船が台湾漁船に放水し、台湾の海巡署の巡視船が日本の海保の巡視船に放水するという事件に発展した。たとえ自国の領海内であっても他国の政府公船に放水するのは国際法違反である。国際法の観点から見ると、これは日本の海保が海巡署の巡視船を政府公船として扱った一方で、台湾の海巡署が海保の巡視船を政府公船として扱わなかった珍しい事例である。しかも、台湾はこの際、海空軍部隊まで近海に展開させた。日本では台湾との良好な関係を当然視する者が多く、馬政権による強硬な対応を見て、台湾が中国との「共闘」したと見られかねない行為であった。台湾の動きは、アメリカの疑念をも急速に増幅させた(60)。馬政権は、ここで中国大陸からの期待と日米両国からの懸念の板挟みに遭ったのである。

他方で、馬英九は問題悪化に先立つ二〇一二年八月に「東シナ海平和イニシアティブ」を発表して、主権と統治権を分離し、理性的に問題を解決すべきであるという呼びかけを行っていた(61)。馬英九は日本との漁業交渉を、そのイニシアティブのプロセスの一部として位置づけた。日本はこの点で必ずしも台湾側と認識が一致していたわけではなかったが、玄葉光一郎外相声明などにより、漁業交渉を進めようとする積極姿勢を見せた(62)。馬英九は、かつて「保釣運動」に参加したことがあるが、必ずしも主権一辺倒の強硬姿勢をみせたわけではない。むしろ馬英九はかつて海床と資源開発について共同開発の法的基礎を示す理性的な博士論文を書いたことがあり、交渉により漁業に関する日本との合意形成を求める姿勢を強調していた(63)。

馬政権は、二〇一三年二月に中国大陸とこの問題で協力しない方針を書面で発表することで応え、「中国との共闘」の疑念を払拭した(64)。日本は法令適用除外の面積で大幅な妥協をし、また台湾側も領海を取決めの範囲から外すなど、「主権」にこだわらなかったため(65)、二〇一三年四月にいわゆる「日台漁業取決め」が締結された（表9-3参照）。その後、同取決めに基づいて漁業委員会が設立され、二〇一四年一月には操業ルールが合意され、東シナ海における新たな日台間の漁業秩序が形成された。

この政策決定過程は、馬政権にとって、日中関係と日台関係が同時に緊張し、しかも台湾側が強硬策をとったことで、初めて日本側の妥協が引き出されたという経験になった。通常、日台のバイラテラルな関係だけでは、日本が台湾に対して優勢である。しかし、当時は中台関係が安定しており、中国が日本に対して強硬化する局面にあった。こういう局面で、台湾が戦略的な外交を展開し、利益が最大化したと判断した時点で妥協を図れば、その利益は台湾の手に落ちる。他方、これは日本からは強硬な瀬戸際外交に見えたはずである。

日台漁業取決めに対して、中国は目立たない形で抗議をしたものの、この合意そのものを阻止するような物理的手段による行動に訴えることはなかった。台湾の対日抗議活動は同取り決めにより沈静化した。この漁業取決めは、単なる漁業問題への対処ではなく、「日中台間の偶発的な紛争を防ぐための危機管理」[66]の意味合いを持っていたのである。前述したように、筆者は冷戦後の日中台関係における日本の役割を「受動的なバランサー」と表現したが、まさに日本は、中国と台湾からの強硬な行動を受けて、台湾との関係改善のため妥協せざるをえなくなったのである。

(3) 二期目に繰り返した「中華民国要因」のトラブル

二期目に入った馬政権では、「中華民国要因」のトラブルがさらに頻発した。二〇一二年一二月に再登板を果たした安倍首相は歴代首相の中でも祖父岸信介以来の親台派として知られている。しかしナショナリストとして知られるその政治的立場は、中国と韓国から強い警戒と批判を受け続けた。

「中華民国」を代表する馬英九は、かつて抗日戦争（日中戦争）を戦った歴史的経緯に鑑みて、親台派であるからといって無条件に安倍首相の言動を受け入れたわけではなく、その反応には微妙なニュアンスがつきまとっていた。二〇一三年一二月に安倍首相が靖国神社を参拝した際には、「抗議」という用語こそ使わなかったが、「史実を正視し、歴史の教訓をくみ取り、近隣国の国民感情を傷つける行為を決してしないでほしい」[67]との表現で批判を加えた。他方、戦後七〇周年となる二〇一五年八月に発表されたいわゆる「安倍談話」については、「おわび」がはいったこともあり、これを事実上評価している。[68]「過去の歴史」に関連するこの二つの事例は、ともに日本に対する要求が「中華人民共和国」（および韓国）と一見類似し、重複していることを示唆している。

ただし、馬政権が安倍首相の靖国神社参拝に対して「抗議」をしなかったことには伏線がある。それは、安倍が野党議員だった二〇一〇年一〇月に台湾を訪問した際、抗日戦争等の戦死者を祭る忠烈祠に自ら参拝したことである。安倍はこの時「犠牲になった方々でありさえすれば、感動し懐かしむべきで、だからこうして特にお参りに来たのです」と発言して、馬英九に強い印象を与えた[69]。日本社会では死ねば皆成仏するという仏教の死生観の影響が強く、一般に死者に善人か悪人を問わない。安倍が忠烈祠を参拝し、靖国神社を参拝することには、一定の一貫性がある。

二〇一五年になると、馬英九総統は、その一年を「抗日戦争勝利七〇周年」と位置づけ、大規模な記念行事を数多く開催した[70]。特に国軍が催した行事で、経国号戦闘機（IDF）とF-16戦闘機の機体に、第二次大戦での米中共同作戦で撃墜した日本軍戦闘機の数に相当する数の日本国旗を塗装した。ただし、結局、交流協会の職員が働きかけをした結果、空軍はその塗装をやめたのである[71]。一連の抗日戦争記念行事について、李登輝元総統は、『Voice』という日本の月刊誌で「日本に対する嫌がらせ」、「中国の『抗日』と同調することで、中国側の歓心を買おうとしている」と批判した[72]。ただし、九月三日に北京で行われた軍事パレードに連戦元副総統が台湾最高位の元高官として出席したことに対して強い批判キャンペーン[73]を張ったことから見ても、抗日戦争を強調することが、「中国の歓心を買う」ことに目的があったとは考えにくい。

むしろ、馬英九は中国共産党こそが抗日戦争で指導的立場にあったとのプロパガンダに対抗し、蒋介石が指導する中国国民党と中華民国政府こそが抗日戦争の主役であった事実を強調し続けた[74]。その副産物ともいえる結果として、日本と戦ったという国共間に対外的な共通項が生まれているのである。しかし、李登輝のように外省人統治集団に対して同胞的な共感を有しない台湾出身者には、この微妙な差異は気がつかないか、あるいはそれは政治的に無視すべき差異であるのかもしれない。李登輝の馬英九解釈は、前述した安倍首相との面会の際に語られた可能性がある。そうでなくとも、そうした解釈は『Voice』の記事等ですでに広く日本人に知られていたのである。微妙なニュアンスを持つ馬英九政権の対応よりも、李登輝が言い放つような単純明快な解釈の方が日本では受け入れられやすい。*
李登輝がアジア女性基金の成立や活動の経緯に基づき慰安婦問題を解決済みであるとしていたのと対照的に、馬英九は、日本はこれまで謝罪したことがないという韓国と同じディスコースを続けていた[75]。馬総統はメディアで日本批判を繰り返し、慰安婦の「記念館」に相当する施設（おばあちゃんの家　平和と女性の人権館）の開設を支持してきた。二〇一五年一二月、日韓両国で慰安婦問題に関する合意が成立した際、馬英九総統は、駐日代表に、慰安婦問題で即日本と交渉に入るよう下命した[76]。これに対し、菅義偉官房長官は「韓国とはやはり状況が違う」として馬政権との間で交渉に入ることはないことを示唆し、台湾から申し入れの事実があったことさえ否定した[77]。

以上の馬政権の言動、実際に発生したトラブル、そしてそれらに対する「李登輝的解釈」が累積し、安倍政権は、末期の馬政権に対する不満を募らせていたものと考えられる。二〇一六年一月の総統選挙で蔡英文候補が勝利した際、安倍首相と岸田文雄外相が声明を発表してこれを祝賀し、アメリカの訪問団に先駆けて、大橋光夫交流協会会長を長とする訪問団が台北に派遣された。ところが、大橋会長は蔡英文次期総統には会ったが、現職の馬英九には会わなかった。同年三月に大橋会長が訪台した際、馬英九は外遊中であり、会見は二回続けて見送られ、四月の訪台時にようやく会見が実現した[78]。大橋会長が馬英九と会わなかったのは日台間の「外交慣例」上、異例と言ってよい。

それから間もない二〇一六年五月、「沖ノ鳥島沖台湾漁船拿捕事件」が起きた[79]。これは、日本が沖ノ鳥島周辺に設定した排他的経済水域（ＥＥＺ）で操業した台湾の漁船を日本の海保が拿捕し、保証金を要求した事件であり、それまで台湾は沖ノ鳥島が「島か岩か」（岩礁の場合日本はＥＥＺを設定できない）を曖昧にしてきたが、「島ではなく岩礁である」と明言するにいたった。馬政権は、日本の行為を「違法」として強く抗議し、当該海域に巡視船の派遣を行った。小笠原欣幸は、馬英九の言動を評して、自ら提起した「東シナ海平和イニシアティブ」の「対立行動をエスカレートしない」という精神に反する行為であると断じた[80]。馬政権は、日本重視、「友日」のディスコースと業績を積み上げてきたにもかかわらず、最後に双方の不快感を増幅させる選択をして政権を去ることとなったのである。

おわりに

本章が明らかにした馬政権期の日台関係の特徴をまとめると以下の通りである。

第一に、良好な日台関係には、強い継続性がある。経済交流、人的交流、そして友好感情の面で、日台は長年良好な関係を形成しており、特に日本の大震災後にそれが双方向に発展している。また、日本は台湾の安全保障に最も重要なアメリカの同盟国である。したがって、日台関係を対立的に処理するということは、双方の政治家にとって非合理的な選択である。馬英九が、自らの「反日イメージ」を払拭するために、特に台日関係の強化を打ち出したことや、関係緊張のプロセスにおいて決定的な決裂を避けたことは合理的な政策選択であった。

第二は、中台関係の安定化が、日台関係の政治的敏感性を下げ、結果としてその実務関係の進展に貢献したことである。かつての李登輝訪日問題に典型的に見られた日中台三角関係における政治化パターンは潜在化した。台湾が日

＊　一九九六年に日本国内閣総理大臣として、橋本龍太郎が「おわびの手紙」を公表し、その後三代の首相がその手紙に署名している。「日本政府およびアジア女性基金の文書」、デジタル記念館慰安婦問題とアジア女性基金、http://www.awf.or.jp/6/statement-12.html、二〇二〇年四月二四日アクセス。また、一人あたり約五〇万NTドルの「償い金」を支払った。台湾では、婦女救援基金会（婦援会）が日本に国家賠償を求めるという方針のもとに、同基金からの「償い金」を受け取らないよう、元慰安婦に様々な働きかけがなされた。これに対して、頼浩敏弁護士と立法院が、元慰安婦に不利益が生じないように対応を行った。つまり、李登輝政権期に、日本の政府および民間と、台湾の立法院および民間が、協力して慰安婦問題解決に尽力した歴史があり、少なからぬ元慰安婦は、日本の首相の「おわびの手紙」と「償い金」を受け取っている。「各国・地域における事業内容――台湾」、デジタル記念館慰安婦問題とアジア女性基金、http://www.awf.or.jp/3/taiwan-01.html、二〇二〇年四月二四日アクセス。

本に対して強い政治的要求をつきつけることも、日本に対して中国が強い抗議を申し入れることも、日本政府が苦渋の決断を迫られることもほとんどなくなった。平穏かつ安定的な雰囲気の下で、日台間では、それまで懸案であった多くの実務的な協力項目が実現するようになったのである。

第三は、中台関係の安定化が、日台の「非公式な政治関係」の進展にも寄与したことである。台湾の対外関係に関する政治的敏感性の低下は、かつてタブーであった日本の元首相の台湾訪問の慣例化を許容した。さらに二〇一一年の東日本大震災後は、日本の現職の政権担当者が繰り返し台湾尊重を明言するようになった。この点で民主党政権は、中国の反発を恐れるだけであった従来とは明らかに異なっており、自民党の安倍政権もまた、その流れを継承している。

第四は、日台間のトラブルに、「中華人民共和国」の要因が加わると、従来の「日華関係」がさらに複雑になることである。「中華民国の尊厳」にこだわる馬政権は、時に蔣家政権の後継であるように見えることがある。馬英九にとって、台湾優先を掲げつつも、「中華民国」の存続こそが最大の関心事項なのである。そのことは抗日戦争勝利七〇周年記念行事や尖閣諸島問題などに見られるように、より広い意味の「中国」における「中華民国政府の代表性」を強調することにつながり、中華人民共和国政府と、競争しつつも共鳴する現象を産む。つまり「中華民国」として自らの正当性を強調し、日本との「対等さ」を強調すればするほど、日本との関係が対立性を帯び、結果として中華人民共和国との利害や立場が一部重複することとなる。

しかしながら、第五に、最大の試練であった尖閣諸島問題で、馬政権が最終的に日台間の合意による安定を選択したことは非常に重要である。尖閣諸島問題の悪化を受けて、台湾の漁民・活動家および中華人民共和国から日本に対して厳しい態度をとるように圧力を受ける一方、良好な日台関係の維持と、それを望む日米両国からの働きかけを受けて、その両者の板挟みとなった馬政権は、最終的には当初の主張通り、理性的な問題解決を選択した。もしも馬政権が「中華民国の主権重視」を貫徹すれば、日本との漁業取決めを結ぶことは不可能であり、日台関係と日中関係は不安定なままであっただろう。馬政権が、この問題で中国大陸とは協力できないことを文書化した上で日本との漁業取決めの締結を選択したことは、東アジア地域の安定を維持する上で極めて重要な意義を有しているのである。

このように、馬政権期八年の日台関係を縦観してみると、それは単に「中華民国要因」が強まって「日華関係」が復活したのではなく、中台関係の安定を背景にしたことにより、関係を複雑化させるケースが増えたことに気づく。馬政権が対日関係を順調に改善させ、発展させることができた最大の要因は、中台関係の安定化による日台関係の政治的敏感性低下であった。日本側でも、同様に日中関係の悪化が、日本に対台湾接近を選択させる強い誘因となっている。

二期目に頻繁に発生した日台間のトラブルは、馬英九総統が習近平国家主席との首脳会談を目指して、対中国大陸接近を強めた時期と重なっている(81)。馬英九と習近平の会談は、馬英九が政権のレガシーとして「中華民国の存在」を世界に認めさせるための努力の一端であり、そのプロセスにおいて日本の重要性はもはや極めて低くなっていた。このことが、李登輝が解説するような「中国の『抗日』と同調することで、中国側の歓心を買おうとしている」という解釈を生み、それが日本に伝達されて安倍政権を刺激し、末期における蔡英文および民進党への傾斜姿勢、馬政権軽視姿勢を産んだものと考えられる。そして、日本のその姿勢が馬政権の「中華民国の尊厳重視」および「対等願望」を刺激し、次第に強硬な対日政策を選択するという循環を生んだものと考えられる。

第一〇章　「失われた好機」と深化する積み上げ式実務関係
――二〇一六―二〇年――

清水　麗

はじめに

二〇一六年五月に出発した蔡英文政権、その一期目の四年間で、日台関係には当初期待されていたほどの大きな進展は見られなかった。日本の安倍晋三首相率いる政権と台湾の蔡英文総統の政権との間では、相互に関係を重視するとのメッセージを幾度にもわたり送り合いながら、一方で食品輸入規制などの具体的な問題の処理は容易には進んでいない。この四年間、日本からの食品輸入規制の解禁問題をはじめとする、日台関係をステップアップさせるいくつかの好機が、さまざまな要因によって失われていったと言われる。しかし、その一方で、日台間を往来する観光客は増大を続け、二〇一八年は台湾から日本への旅行客が約四八三万人、日本から台湾へは約一九七万人と、七〇〇万人近い往来となっている。そのほか、企業連携、地方都市間の交流拡大など、経済貿易のみならず交流関係の層は厚みを増し、大きな後退もない状態にある。期待と失望という強い思い入れによって捉えられることも多い日台関係のこの四年間は、実際何が進み、何が進まず、そして今後にどのような影響を残すことになるだろうか。

一　蔡英文政権の対外政策と中台関係

（1）対外政策、中台関係、内政問題の取り組みのバランス

政権発足後の蔡英文総統は、二〇一六年五月の総統就任演説にもみられるように、中国との関係を安定させることを模索しながら、はじめに内政におけるいくつかの改革に手をつけた。労働基準法改正や軍人・公務員・教員の年金改革などは、既得権益者の大きな反発を生みだし、その政権運営の手腕が問われる事態を招いたことは、支持率の低下につながっていったとみられる。二〇一八年時点で蔡英文は、「この二年は準備に費やした」「これからの二年で実行を加速する」とメディアに述べているが[1]、高い支持率をもってスタートした政権が、改革の成果を順次出していきながら支持率を確保し、国民の政権に対する期待を維持し続けるような政権運営はできなかった。そして、結果としてみるならば、二〇一八年の統一地方選挙での民進党の大敗に表れたように、実行を加速させ、人々の理解を獲得し、政権への評価を上げることはできなかった。

この間、中国からの「九二共識」（九二年コンセンサス）受け入れの圧力、「一つの中国」原則の受け入れ圧力が強まるなか、蔡英文政権は「現状維持」を掲げながら、性急な反応はせず辛抱強い姿勢を保ち続けている。二〇一六年五月の就任演説において、

一九九二年に両岸の両会（海峡交流基金会と海峡両岸関係協会）が相互理解と求同存異（小異を残して大同につく）の政治的姿勢で、意思疎通の話し合いを行い、若干の共通の認知と理解が得られました。私はこの歴史的事実を尊重します。九二年の後、二〇数年間にわたり双方が交流し、話し合いを積み重ねて形成された現状と成果を、両岸はいずれも共に大切にし、守っていくべきであり、この既存の事実と政治的基礎の上に、引き続き両岸関係の平和的な定と発展を推進してまいります。新政権は中華

民国憲法、両岸人民関係条例およびその他関連する法律に基づき、両岸の実務を処理してまいります。両岸の二つの与党は歴史の重荷を下ろし、良性的な対話を行い、両岸の人々の幸福を作り出すべきです。（下線は、筆者）

と述べ、一九九二年の両岸両会会談の歴史的事実及び求同存異の共通の認知は歴史的事実であるという表現で、「九二年コンセンサス」に触れながら、さらに中華民国憲法に基づくとすることによって独立宣言をしない姿勢を示した。しかし、中国側は、この演説内容を「未完の答」として、完全否定はしないものの受け入れず、中台関係は、対話チャネルを開かないままにスタートすることになった。

二〇一七年一〇月一〇日には、蔡英文総統は中国指導者に対して「交流のための新しいモデル」を作りだすための協力を呼びかけ、また一〇月二六日、習近平政権が二期目に入ったことを受けて、「新たな思考」で「両岸（中台）関係の突破」に向けて知恵を絞るよう改めて呼びかけをし、「変化のチャンスだ」との演説を行った。二〇一六年の就任以来、中国との関係安定化に大きな進展をみることなく時が流れたが、中国側が対話の門戸を開くまで蔡英文は辛抱強く呼びかけを続けていく姿勢を崩していない。

しかし、中国側の強い圧力が続けば、それをはねのける言動も若干強まらざるを得ない。二〇一八年一一月の統一地方首長選挙大敗後、蔡英文は党主席を辞任したものの、二〇二〇年の総統再選への意欲は揺らぎなく進み始める。二〇一九年一月二日、中国の国家主席習近平が、「台湾同胞に告げる書」発表四〇周年式典で、中国大陸と台湾が一つの国に属するという「一つの中国」原則を基礎として中台交流を推進し、高度な自治を保障する「一国二制度」を用いて平和統一を実現する方針を強調した。「両岸の各政党や各界」との統一に向けた協議を呼びかけ、選挙に大敗した民進党及び蔡英文政権以外の勢力への働きかけを強化することが示唆されている。

これに対する蔡英文政権の反応は、見事なまでに準備周到なものであった。蔡総統は同日に「一つの中国」原則を受け入れないとし、「一国二制度」を拒否することも「台湾のコンセンサスだ」と述べて、中国から投げられてきたボールを打ち返している。習近平政権が台湾統一に向けた工作を政治的なスケジュールに加えていると警戒を強め、それに対して台湾側のゆるぎない姿勢及び方針を、明確にかつ迅速に提示することによって、その政権担当能力を国内外にアピールすることとなった。

その台湾にとって、米国と日本との関係強化のみならず、国際的な活動空間をいかに確保し、国際的な関心を呼び起こすかは、中国との関係においても、台湾社会の安定においても、安全保障のために重要な要素である。蔡英文総統は、初外遊として、二〇一六年六月二四日にパナマ、パラグアイ訪問へと出発、往路で米国マイアミを経由し、復路ではロサンゼルスを経由したが、パナマはその後二〇一七年六月に台湾と断交し、中国と国交を樹立した。二度目の外遊は、二〇一七年一月九日に八泊九日の予定で中米四カ国訪問として行われ、米国ヒューストンを経由してホンジュラス共和国、ニカラグア共和国、グアテマラ共和国、エルサルバドル共和国を回り、サンフランシスコ経由で帰国した。さらに同年一〇月二八日からは、オセアニア地域のマーシャル諸島、ツバル、ソロモン諸島を回り、往路でハワイを経由、復路でグアムを経由する機会を作っている。また、二〇一八年四月一七日から国交のある国が二カ国であるアフリカへと向かい、スワジランドを訪問した。ムスワティ三世国王を表敬訪問し、パートナーシップ関係の強化にむけた共同声明を発表し、国連での台湾の存在をアピールする協力をとりつける対外活動であった。こうした国交のある国々への訪問という機会を利用して、国際社会における台湾の存在を示す機会を創り出している。

しかしながら、これらの外遊は、米国を経由することへの中国の抗議がむしろ台湾の国際社会における存在をアピールすることはあるが、それ以上の大きな効果には限界がある。五月一日には一九四一年来の外交関係を有していたドミニカ共和国が台湾との断交を宣言した。二〇一七年夏の外交部長、国防部長の訪問による関係強化策も功を奏さなかったことになる。同月二四日の記者会見で西アフリカのブルキナファソとの断交が発表され、同年八月には、エルサルバドルと断交し、一七にまで国交のある国は減少した。

総統の外遊は、対外的なアピールというよりも、むしろ国内的に閉塞感に陥らないためのアピールという意味が大きかった。しかし、経済支援、技術協力などの従来の方法での関係構築は、さらに大きな規模での支援・協力を提示しうる中国の前では、中国側がひとたび最後のボタンを押せばいつでも台湾の外交的孤立は深まりうる状態にあるという意味で、もちろん台湾側もそのことを認識しているが、(2) 非常に脆弱な状態にある。

二〇一九年三月に行われた六回目の外遊では、二〇一七年にも訪れた太平洋のパナマ、ナウル、マーシャル諸島の三カ国を歴訪し、さらに七回目の外遊は一九年七月にカリブ海四カ国を訪問しただけではなく、往路でニューヨーク、復路でデンバーを経由、それぞれ二日間ほど滞在した。台湾の総統が米国を経由する際に、ニューヨークを訪問したのは初めてのことであった。二〇一九年までに、蔡総統の外遊は七回を数える。しかし、二〇一九年九月にソロモン諸島、キリバスとの断交が発表され、国交のある国は一五カ国にまで減少したことに表されているように、中国側が圧力を強めカードをきれば、総統の外遊により表出される国際活動空間はいつでも縮小されていくという構造は変わっていない。

(2) 台湾の国際活動空間と日本

台湾の国際社会における存在感と中台関係の状態は、中台二者間によってのみ決まってくるものではなく、日本はじめ国際社会がそれをどのように認識しているかによって影響をうける。そのため、中国は九〇年代以降、アフリカ諸国との関係樹立に際しても、国際機関への台湾の関わりに際しても、細やかな布石を怠っていない。中国と関係樹立国との共同声明において、「一つの中国」原則の厳守に必ず触れてきただけではなく、馬英九政権時代に可能となった世界保健機関（WHO）の総会（WHA）など国連組織へのオブザーバ参加が阻止され、さらに一般的な国際会議、イベントでの「台湾」の参加についても、問題が生じる事態が発生している。

こうした状況のなかで、台湾海峡の安定、ひいては東アジアの安定の阻害要因が何かについての認識が作られていく。つまり、問題はどこにあるのかについての認識であるが、「一つの中国」原則の受け入れを迫る中国の強硬姿勢か、あるいはそれを受け入れない台湾側かについて、これを第三国はどう認識するかである。

日本では、おおむね中国の台湾に対する圧力が大きく報道され、台湾の存在とその苦境への同情というかたちで一定の効果を生み出している。日本のメディア、世論は、この中台関係を「中国側の露骨な圧力強化」とみている。中国政府が外国企業のウェブサイトでの「台湾」の表記を「中国台湾」に変更するよう要求し、日本のANAや日航では、中国と香港の顧客向けサイトでの表記が変更された。台湾側から「横暴な圧力を加えている」と抗議が出されたが[3]、独ルフトハンザ、エア・カナダはじめ大手航空会社がこうした表記変更を行ったほか、LCC系列でもこうした動きが起きており、同様に台湾からの抗議がなされている。日本企業は、中国向けと台湾向けとに分けて技術的に処理することで切り抜けようとしている。中国とのビジネス関係に影響がでることを懸念して、一般の企業は技術的な問題として処理しようとするなかで、そうした圧力を肌身で感じることになり、それは中台の対立構造が中国側の圧力の強化によって深刻化しているとの認識につながっていく。

馬英九政権の二〇〇九年から八年間、WHAへのオブザーバー参加が可能となった台湾であったが、これは中国の承諾なくしては参加できず、いつでも中国が拒否しうるという構図を生み出すことでもあった。しかし、台湾がオブザーバー参加をしたという実績自体は、その後の各国の対応の基礎となりうる。日本は、台湾のWHAへのオブザーバー参加については、SARSが問題となった陳水扁時代から支持する姿勢を示してきた。蔡英文政権発足後の二〇一七年に、中国の反対により台湾のWHAへのオブザーバー参加が阻止された後も、日本は支持表明を明確に行っている。二〇一九年のWHA開催にあたっても、台湾との関係を繋いできた日華関係議員懇談会が声明を発表しただけではなく、河野太郎外務大臣や日本台湾交流協会台北事務所沼田幹夫代表が、台湾の参加について支持する立場を表明した。このほか、米、英、カナダ、EU関連部局など、十数カ国が直接、間接に台湾の参加を支持する立場を表明している。人々の健康や保健、安全にかかわる問題を政治問題と結びつけるべきではないとの立場が繰り返し主張されていくことによって、その支持のもとで台湾が参加することに結びつくかどうかが将来的には重要となる。

二 日台関係の連携深化と課題

技術的に処理しやすい多くの問題はすでに馬英九政権で進展をみていた一方、残された処理の難しい問題、例えば食品安全の問題のうち牛肉解禁、日本の被災地五県からの食品輸入規制は残されてきた。しかし、問題が残されているといっても、深刻かつ山積みというわけではなく、むしろ問題処理のチャネルが機能しているかどうかが重要である。

(1) 馬英九政権時代の協定締結以後

一九七二年以降、四〇年余りの間に、日台間では六一項目の取り決めや覚書が交わされてきた。そのうち「オープンスカイ」「青年ワーキングホリデー協議」「日台投資協議」「日台漁業協議」ほか二八項目は、二〇〇八年以降馬英九政権下で日台間で締結された(第九章、二四九頁参照)。このほか運転免許の相互承認(二〇〇八)、「日台交流協力と強化の覚書」(二〇一〇・四・三〇)、「絆」イニシアティブの発表、特許ハイウェイ覚書、マネロン・テロ資金供与防止覚書(二〇一二・四)、産業協力架け橋プロジェクト協力覚書、相互認証協力民間取り決め、電子高取り決め、特許等優先権書類電子的交換覚書、薬業規制協力取り決め、鉄道交流了解覚書、航空機捜索救難協力取り決めなど、民間交流、経済貿易活動の必要性に基づく制度的な整理が進んでいった。

馬英九時代になぜそれほど多くの協定が日台間に結ばれたのかについての一つの見方としては、中台関係の安定により、日台関係の実務的な進展について中国が干渉してこなかったことが指摘されている(4)。この見方によれば、日台関係の進展のためには、中台と日中の安定化が必要となるが、蔡英文政権の台湾と中国の間の関係の安定がなされない状況において、現段階での日台関係にも大きな進展がみられないという。この構図は、これからも成り立つのだろうか。

懸案として取り上げられやすい食品に関する問題は、中国との関係というよりも台湾国内における世論、野党対策という要因が強く働いている。政権発足当初、これをきっかけとして日本とのEPA交渉へと進むタイミングは失われた。しかしながら、二〇〇三年日本でのBSE発生をうけて輸入が禁止され、二〇〇四年頃からの懸案の一つであった日本産牛肉の台湾への輸入問題については、二〇一七年九月に台湾の衛生福利部食品薬物管理署による輸出施設についての審査が終了し、解禁されている。このほか、製品安全協力覚書、「文化交流の協力に関する覚書」や「税関相互支援のための日台民間取り決め」など、技術的に、実務的に問題の処理が進められ、できるところから進んでいる状況にある。

漁業問題などの対話チャネルについては、主権問題を棚上げにする形で尖閣諸島周辺の漁業権をめぐる取り決めが交わされたのち(二〇一三年)、二〇一八年三月の第七回日台漁業委員会ではマグロ漁期を前に二〇一八年度の操業ルールの話し合いがなされ、三月初めに起きた台湾漁船が日本の取締船から追跡を受けた出来事についても政治問題化せずに実務的な処理がなされている。漁業問題を含め、日台間での交渉案件はあるが、その対話チャネルは機能しており、実務的に処理できる案件については、粛々と処理されているという意味で、ある意味安定した関係が存在している。

また、沖ノ鳥島をめぐる問題は、日本がこの島周辺二〇〇海里を排他的経済水域（EEZ）と設定しているのに対し、島ではなく「岩礁」としてEEZ設定に反対をする中国、韓国に加え、台湾側も「国際法上の地位について争いがある」とする立場をとっていた。日台間では、すでに陳水扁時代、馬英九時代に台湾漁船が拿捕されたことがある。二〇一六年四月末に台湾漁船が海上保安庁に拿捕され、これまでと同様の処理方法で、台湾漁船の船主が一七〇万台湾ドル（約六〇〇万円）の「保証金」（裁判への出廷を保証するお金）を支払い、保釈され船も返還された。しかし、政権交代を迎える直前の馬英九政権は、南シナ海や尖閣などでのパフォーマンスと同様に、この案件を「日本が一方的かつ不当なEEZを設定し台湾漁船を拿捕」と喧伝して政治問題化した。

蔡英文政権は、発足後に、まずこの問題に取り組むことになる。就任直後の五月二三日、この問題で「法律上特定の立場を取らない」との方針を示し、日本との友好関係は重要であり、相互に緊張を高めるよりも海洋事務上の対話と協力を重ねるべきであるとの観点から、日台間の海洋問題に関する対話メカニズムとして「日台海洋協力対話」を設立させることを発表した(5)。

この日台海洋協力対話は、二〇一六年一〇月末に第一回会合が開催され、日本側は日台交流協会、外務省、海上保安庁、水産庁、文部科学省などの関係者が、台湾側は台日関係協会、行政院海岸巡防署、農業委員会漁業署、科技部、国家安全会議の関係者から担当者が出席している。ここで漁業協力、捜索救助協力、海洋科学技術協力などについて意見交換を行い、漁業協力と海洋科学調査に関してはワーキンググループを設置すること、翌年以降も毎年定期的に対話を行うことに合意した。その後、継続されている会合の成果として、二〇一七年一二月の第二回会合では「海難捜索救助分野の協力に関する覚書」、二〇一八年一二月の第三回会合で「密輸密航対策の協力に関する覚書」及び「海洋科学研究協力に関する覚書」が、日台交流協会と台日関係協会の間で交わされた(6)。

二〇一九年五月二三日、沖縄県石垣島新川漁港から出港した日本漁船が行方不明になり、翌二四日に石垣島北方約一二〇キロの地点で台湾漁船がその漁船及び漁民を発見し、通報を受けた台湾の海洋委員会海巡署は巡視船「和星艦」を派遣して漁民を救助するという案件が発生した。その後、日本の海上保安庁が派遣した機動救難士三人を乗せたヘリ「MH971」が「和星艦」と協力しながら夜間での吊上げ救助作業を行い、漁民は石垣島の病院に搬送され、命に別状はなかったという。[7] こうした案件は、覚書に基づく日台協力の具体例とされている。

(2) 食品輸入規制問題

東日本大震災の被災地からの食品輸入問題は、馬英九政権時代に生じた問題だった。二〇一一年の福島第一原発事故の直後から、台湾では福島、茨城、栃木、群馬、千葉の五県からの食品の輸入が禁止されたが、日本側が輸入規制の緩和を求めていたなかで、二〇一五年五月、台湾側はさらに、日本から出荷される全ての食品に都道府県別の産地証明を義務づけることを決定し、規制を強化した。日本側は、政権の最終時期にあたる馬政権での解決を望まず、次期政権にこの問題の解決への期待をかけることとした。

蔡英文政権は、発足当初から食品輸入規制の緩和について動き出した。福島県以外の四県からの食品輸入規制について、一部品目は除き、安全証明書を添付した上で輸入を解禁するとの提案を行い、各地で公聴会を開催した。しかし、公聴会には反対の立場をとる地方議員、消費者団体などが押し寄せて混乱し、また本来ならば輸入が制限されているはずの食品が見つかるなどしたため、世論をはじめとして規制緩和が一層厳しい状況へと陥っていく。[8] 結局、蔡英文総統は二〇一六年一二月三一日の内外メディアとの会見で、「具体的なスケジュールはないが、理性的に討論するべきだ」と述べ、食品輸入規制の緩和を事実上見送らざるを得なくなった。[9]

食品輸入規制の問題は、蔡英文政権成立当初に、日本との関係を一気に進展させるカードとして有効なものとみられていた。もし、馬英九政権からの政権交代の早い段階でこのカードを使っていれば、日本側が準備していた台湾との関係強化の施策はいくつか動いていたかもしれないが、その好機は失われた。

政治的、象徴的な問題となってしまった食品輸入規制問題は、日本の対台湾輸出にどのような影響を与えるものなのだろうか。まず、日本からの食品輸出は、中国と台湾のWTO加盟を機に総額として拡大を続けた[10]。食料品のうち果実及び野菜の農産物では、総輸出が一〇四・二億円（二〇〇〇年）から二三四・五七億円（二〇〇七年）へと伸び、東アジアへの輸出の占める割合が高く、二〇〇七年には七四・八％にもなっている。さらにこの東アジアへの輸出のうち、台湾への輸出は、二〇〇〇年には二一・九億円で三七・九％であったが、二〇〇七年には一二四・三億円で六三・五％となっており、台湾への輸出を軸として拡大していた。その軸となっていたのは、りんごやもも、梨などの高品質の果物である。農産物の輸出は、東アジアの経済発展の進んだ地域の消費者向けに、多国間競争が激しく、安全志向が強く且つ検疫制度なども厳しい相手国の状況に適応しながら、高品質な果物や農産品が軸となり拡大していった。

このうち、一例をあげると、東北からの輸出品はりんご、梨、桃、ぶどう、長芋などを中心として、特にりんごなどは、ほとんど東北から送られ、生産者も相手国の事情に合わせた改良や検疫に対応できる状況へと工夫を凝らしてきた。特に、りんごや桃はある時期の贈答品として選ばれていたこともあり、安全と品質への意識は高いものとならざるを得ないという。二〇〇〇年のりんごの輸出総額は二六二五・七億円であるが、台湾への輸出は一八一五・五億円で六九・四％を占め、二〇〇九年の輸出総額は二兆九二九億円に拡大し、台湾への輸出は一兆九一三九億円と九一・四％を占めるまでになっていた。二〇一一年の震災以後の台湾への輸入規制は、こうした状況に打撃を与えているのかというと、そうでもない。二〇一二年の財務省統計[11]ではいったん落ち込むものの、それ以降も順調に拡大を続けている。こうした日本からの農産物のうちもともと植物検疫証明書などが必要とされていたものについては、新たな産地証明書の添付も深刻な懸念事項にはなっていない。

また、水産物などについては、もとより検疫をしていた部分もあり、証明書をつけての輸出が個々の生産者の努力によって進んでいるものもある。例えば、石巻市の水産加工業の山一水産と川崎商店は、台湾向けに宮城産のカキを出荷しており、放射性物資検査証明書の添付が義務づけられているが、二〇一八年八月末までに約三〇〇トンの輸出予定であるといい、翌年はその三倍の出荷要請がきているという(12)。個々の農産物や水産物の台湾への輸入状況は、それぞれに異なる展開をしている具体的な状況がある。

しかし、生産地の偽装問題をきっかけに、二〇一五年から東北五県以外の地域もすべて規制がかかり、納豆のタレさえ問題視されるような過敏な反応を台湾内で生み出す状況になり、これが台湾の世論、野党の政権批判のターゲットになりやすいテーマとなった。実際には、四〇〇万人を超える台湾の訪日客が日本の農産品、水産品を各地で口にしているという実情はあるのだが、台湾側だけではなく日本側も、原発に対する対応や考え方、安全アピールなど日本国内で批判のある部分も含めて、より具体的な状況を踏まえて対応を検討するなかで、きっかけやタイミング作りをしていく努力も必要となっている。

そして、この食品輸入規制の緩和をめぐる問題は、同年一一月の統一地方選挙と同時に行われた住民投票において、国民党は福島など五県産日本食品の輸入解禁阻止案に関する署名を集め、住民投票の議題となることで、決定的に国内政治問題化し、総統の外交判断、政治判断ということが許容される状況ではなくなった。「政府が福島とその周辺四県（茨城、栃木、群馬、千葉）を含む福島三一一原発事故に関連する地域の農産物や食品の輸入禁止を維持することに、あなたは同意するか」という住民投票は、賛成七七九万票、反対二二三万票で可決されることとなる(13)。この結果を受けて日本政府は、菅義偉官房長官が台湾の消費者の理解を得られなかったことが「極めて残念である」と表明したほか、河野太郎外務大臣は台湾をＷＴＯに提訴する可能性を示し、台湾のＣＰＴＰＰ加盟に悪影響が出る可能性も示唆した(14)。

二〇一八年の統一地方選挙を終えた台湾は、二〇二〇年実施の総統選挙に向けた選挙の年へと突入する。民進党の予備選挙に立候補した頼清徳や立候補の可能性が注目された台北市長柯文哲らは、米国に続き日本も訪問し、食品輸入規制の解決についてもアピールした。[15] これに対し、再選を目指す蔡英文総統は、二月末に『産経新聞』のインタビューで、日台間の安全保障上の協力の重要性に言及したが、[16] 菅官房長官と河野外相が「非政府間の実務関係維持」という一九七二年以来の立場を確認するにとどまった。[17] 安全保障面において、蔡英文政権側から日本への期待の表明はなされるものの、日本は台湾に対する従来の立場を表立って大きく変更する方針は現段階では有していない。

この食品輸入規制問題を始めとして、蔡英文政権下においては日本に関係する問題が台湾政治において争点化することが増えている。「移行期の正義」や党資産回収などの蔡英文政権の諸改革が野党となった国民党の反発を招き、領土問題、歴史問題、食品輸入問題などを取り上げ、蔡英文政権の姿勢を「親日」、「媚日」であると批判する国内政争の道具と化している。食の安全など生活に密着した容易に反論しにくい問題でもあり、日本側は、「親日」台湾への甘えからくる蔡政権の「決断」への期待ではなく、実務的に小さなステップを積み上げ実質的な成果を求める姿勢が必要とされている。もちろん、それは台湾側においても、必要とされている姿勢である。

三　日台関係の課題――つながりの象徴と次世代の人的チャネル

一期目の蔡英文政権における食品輸入規制問題は、ある意味で、日台関係の信頼と相互尊重を再構築していく課題となっただけでなく、リーダーシップと外交課題の国内政治問題化が絡み合う複雑な課題となった。二〇一七年三月頃になると、駐日経済文化代表処の謝長廷代表ほか、日本を訪問した王金平前立法院長らも規制緩和は政府に委ねるべきだとして、規制緩和に前向きな発言もみられるようになる。[18] 同月、赤間二郎副総務大臣が日本台湾交流協会が主催する地方ＰＲイベント「多彩日本」に出席するために台湾を訪問したが、これは七二年の断交以来最も高いレベルの要人（副大臣級）による公務での訪台であった。[19]赤間副大臣は、ここで改めて福島県を含む五県産食品の輸入再開を要望した。[20]赤間副大臣の訪台に対し、中国外務省の報道官は抗議の意を示したが、菅官房長官は定例記者会見で「日本と台湾との間の経済関係、人的往来をさらに深めていく観点から意義がある」と述べて、問題にしなかった。[21]

ちょうどこの時期、二〇一七年一月に日本側の窓口機関である「交流協会」が「日本台湾交流協会」へと名称変更し、五月には台湾側の窓口機関である「亜東関係協会」が「台湾日本関係協会」へと名称が変更されるなど、関係の強化を表象する出来事が重ねられた。さらに、菅官房長官は、五月九日の記者会見において、「国際保健問題への対応に地理的な空白を生じさせないよう台湾がなんらかの形で参加することが望ましい」と述べ、ＷＨＡ（世界保健機構総会）への台湾のオブザーバー参加を支持する姿勢を示した。[22]加えて、同年六月に林全行政院長が日本経済新聞のインタビューにおいて、米国を除く一一カ国の環太平洋経済連携協定（ＴＰＰ）への台湾の参加意欲を示したことに関し、「歓迎したい」と述べ、「台湾をはじめ関心のある地域や国に必要な情報を提供したい」とも述べており、日本側は台湾への多くのメッセージを積み上げていった。[23]

しかし、蔡英文政権は、国内的な課題や政権運営の稚拙さなどが露呈し、そのリーダーシップが懸念される状況となっていく。日本側では、訪問客に対する蔡総統の対応が、馬英九総統に比べてそっけないと感じたり、直接会う機会が減少しているという状態のなかで、その政策決定のスタイルもなかなか理解されず、蔡英文総統への不信感、失望などが出されるようになる。一方蔡総統側も、当初は外国訪問客との会談に実質的な意義を強く求め、形式的な会談は時間がもったいないといった合理的な姿勢もあり、日本側との多くの形式的な会談には関心が薄かったようだ。そうしたすれ違いは、蔡総統のリーダーシップへの厳しい評価へと結びついていった。その後、蔡総統の日本の政治家ら訪問客への対応には、若干の変化がみられ、友好関係の基盤づくりとしての重要な役割を果たし始めている。

戦後日本と台湾は、経済貿易および文化交流、人の往来など密接な関係を築きながら、その一方で歴史的、政治的な相互理解が十分に進んでいない部分がある。そうした欠けている部分を補ってきたのは、実はある意味情緒的なシンボルの存在であった。(24) 戦後の一時期、一九五〇―六〇年代の日華関係のなかで、なぜ台湾の中華民国と日本が国交をもち、日華平和条約を結び、緊密な関係を構築することになったかについて、日本では一般的にはそれほど理解が進まなかった。そのため、台湾側はわかりやすいシンボルとして「蔣介石」を活用し、日華関係の緊密さの一つの象徴としてきた。

しかし、一九七〇―八〇年代の蔣経国時代は、そうした象徴を作り出すことができなかった。蔣経国は「母を日本軍に殺され、反日的だ」とのイメージが日本では強く生み出されたが、実際、政策的に反日であったわけでもなかった。結果として、その時代は、駐日代表であった馬樹礼を中心として多くの問題に取り組み、日本との実務関係を静かに積み上げていくことになる。その静かさゆえに、日本人にとってはその時代は記憶に薄い。

その後九〇年代には李登輝の登場とその対日工作によって、日本は台湾に対して、中華民国との歴史関係以外に、植民統治時期の台湾との関係という歴史の記憶を取り戻すことになり、その絆の象徴的な人物として「李登輝」は新たなシンボルとなった。

現在の日台関係のつながりの象徴は、二〇一一年三月一一日に発生した東日本大震災における台湾の日本に対する支援を軸とした「絆」である。さらにたどれば、一九九九年九月二一日の台湾大地震における日本側の支援につながるが、人道的支援によるつながりは、日台間の「親しみ」を醸成し、友好協力関係の構築に大いに寄与することとなった。この象徴的なつながりが、災害や他の機会に多く使われ、日本では台湾を語る一種の枕言葉と化しているといっても過言ではない。この国民、民間レベルにおける親近感は、相互に安定した社会への信頼を基盤として、観光客、修学旅行客の増加など、さらなる交流の動きを生み出し、厚い層を形成している。

そもそも、この震災を通じての日台の情緒的な関係強化は、二〇〇八—二〇一六年の馬英九政権の時代に生じたものであるが、日本と台湾との人道的支援をめぐる絆のイメージと、馬英九政権とは結びついていない。震災以後の友好都市などや、東北と台湾の交流は深まり、いくつもの協定が締結されたにもかかわらず、一方で馬英九政権が繰り出す歴史的な問題や発言について、日本側が困惑するなど、政権側の馬英九への警戒からの脱却は一線を越えることはなかったようにみえる。馬英九自身も、この間、日本からの議員や学者はじめ数々の訪問客に丁寧に対応していたが、表面的な関係以上のものに結びつくことはなかった。

これは、日本側の問題でもあり、台湾における複雑な歴史、政治状況に対する理解の欠如がみられる。第一章で述べられているように「日本と台湾」が、国共内戦での敗戦により台湾にわたった中華民国と日本との歴史／政治外交関係と、日本の植民統治を経験し、文化経済貿易においてより密接な関係を有していた人々と日本との歴史／政治／経済関係との二重性をもつこと、台湾における中華民国の台湾化が不完全な形でいまだ継続中であることなどと関係している。

日本側は、こうした歴史的、政治的、社会的な面での複雑性に対して十分な理解をするに至っていない。そのため、国民党の馬英九政権から民進党の蔡英文政権への交代に際して、「親日台湾」出現への過大な期待を生み出し、日本側ではある種台湾への「甘え」として政権発足直後に食品規制問題の解禁への期待がたかまっていった。台湾が食品安全や原発、環境問題に対して高い関心を持つ成熟した社会であることを含めて、より現状への理解をふまえ関係をどう進めるかへの考慮が必要となっている。そのうえで、蔡英文政権においては、何らかの新たな象徴を創り出す工作を進めない限り、「震災復興をめぐる物語」は表面的な、外交カードの一つにすぎないものとなり、次第にその効力を失っていく可能性がある。

おわりに

二〇一九年秋、台風による被害が日本各地で深刻な状況を生み出したが、この時も蔡英文総統は、ツイッターで「日本はわれわれにとってもっとも大事な友人です。いつでも支援に駆けつけます」とメッセージを寄せた。これに安倍首相は、「古くからの友人である台湾の皆さんからのお見舞いをいただくと、台湾が常に我々と共にある、という気持ちになります」、「台湾は、我々にとって、基本的な価値観を共有する重要なパートナーであり、大切な友人です」と謝意を表明している。

蔡英文政権第一期の日台関係は、当初日本側が期待していたような進展はみていないが、すでにある制度的な枠組みのなかで問題を実務的に処理するチャネルが機能しており、大きな後退や問題を抱えているわけではない。二〇一九年一〇月三〇日、公益財団法人日本台湾交流協会と台湾日本関係協会との間で、「環境保全分野における交流と協力に関する覚書」、「特許審査ハイウェイ（PPH）本格実施に関する覚書」、「意匠出願の優先権書類の電子的交換（意匠PDX）に関する覚書」、「有機食品の輸出入に関する協力の促進に関する覚書」についての署名がなされ、実務協議が進んでいる。一つの条約を一〇や三〇の覚書に置き換えて積み上げていくような、日台間の「実務積み上げ方式」によって、馬英九政権時代から蔡英文政権へと続く流れのなかで、すでに日台間のさまざまな分野の対話チャネルが構築され続けている。この多様な実務チャネルは、もし双方の知恵と経験があれば、困難な状況にも多くの役割を果たす可能性があり、中国からの圧力が強まったとしても、国際活動空間において台湾を容易に孤立化させない状況を生み出す。

しかしながら、長期的な観点から見れば、「親日」イメージの台湾に過度に期待し、日台指導者間でのツイッターでの発言による相手国重視の姿勢の相互表明に終始し、「震災に代わる物語やシンボル」の模索がなおざりにされることになれば、一見表明上は安定した良好な関係は、あたらな関係構築には結びつかない可能性もある。台湾の「尊厳と誇り」を体現する蔡英文総統の時代に、日本との実務協議の締結とそれによる実際の問題の処理が積み上げられ、相互に相手の尊厳を尊重しつつ、課題の政治問題化を避ける努力を続けていくことが重要となっている。振り返ってみれば、断交後の日台関係の基礎を形成していった一九七〇年代にも、同じ課題に直面していた。ことを政治問題化せずに、静かに実務的な処理を積み上げ、量的な積み上げが質に転換をする基盤を作り続ける。将来へさまざまな可能性を残していくために、日台の実務関係構築の本質は、いまだ静かに引き継がれているようでもある。

二〇二〇年一月一一日、台湾では総統選挙が行われ、現職蔡英文総統の再選が決まった。一期目の早い段階から支持率を下げていた蔡総統だが、二〇一九年一月二日に中国の習近平国家主席が「台湾同胞に告げる書」発表四〇周年の演説で、「一国二制度」による統一を提起したことに対して、当日午後に談話を発表して即座に拒絶する対応をみせた後、徐々に支持率を上げ、香港情勢の悪化につれて支持率をさらに伸ばした。今回の台湾の総統選挙について、日本ではこれまでにない関心の高まりがみられた。野嶋剛が指摘したように、一二月半ばの選挙公示の際に、読売新聞と産経新聞のみならず毎日新聞を含む各紙が社説を掲載し、いずれも台湾の民主主義、選挙を高く評価する一方、中国の台湾に対する圧力に批判的な見解が出された[25]。当時、翌春の習近平主席訪日を控えて、台湾問題で中国から圧力が強まることを警戒する日本の事情を背景としていたかもしれないが、さらに選挙結果をうけて各紙論評は台湾の民意を尊重する姿勢が強く示された。

そして、この選挙最終盤で発生した新型コロナウイルス感染症（COVIT-19）への初期対応とその後の成果は、日本における台湾の認知および認識に大きな影響を与えた。コロナウイルス拡大を抑え込んだ台湾の対応や、「トランスジェンダー、不世出の天才、高いＩＱの『ＩＴ大臣』」と評される唐鳳政務委員（無任所閣僚）への高い関心は、ある意味、日本政治に欠如する若い力、危機管理能力、決断力、ＩＴの活用などさまざまな要素を投影して台湾へのまなざしを形成した。中国の情報公開への不信感やテドロス（Tedros Adhanom Ghebreyesus）WHO事務局長の中国寄りの立場が国際的に批判をうけるなか、台湾から人権差別的な中傷を受けているとするテドロス発言にも、台湾政府は理性的な対応をし、肯定的な評価はさらに高まった。こうしたなかで、米国、カナダ、ドイツ、フランスをはじめとして、日本政府および日華懇らが保健衛生分野での空白を作るべきではないと、台湾のWHOオブザーバー参加を支持する立場をあらためて表明した。

五月二〇日の台湾の総統就任式は、コロナウイルス状況を踏まえて、ソーシャルディスタンスをあけ出席者を最低限にしぼるなかで粛々と開催され、蔡総統は演説のなかであらためて「一国二制度」を拒否しつつ対話への可能性を閉ざさない「現状維持」の姿勢を示した。日本からは岸信夫議員、日華懇、日本台湾交流協会大橋光夫会長らの祝意メッセージが送られた。

この年の七月三〇日、八〇年代後半以来日台関係の礎を築いた李登輝元総統が逝去した。このニュースは、日本でもすぐに速報で伝えら、安倍晋三首相をはじめとして、菅義偉官房長官、茂木敏允外務大臣、二階俊博自民党幹事長、斉藤鉄夫公明党幹事長、枝野幸男立憲民主党代表、玉木雄一郎国民民主党代表らも、それぞれ哀悼の意をささげるコメントを発表、個人的な経験談や尊敬する政治家だったと述べるなど、李登輝元総統が幅広く日本の政界とのつながりを築いていたことをあらためて印象づけた。政府からの使者を派遣する予定はないと言った菅官房長官は、自ら東京の台北駐日経済文化代表処に弔問に訪れたほか、麻生太郎副総理、森喜朗元首相、福田康夫元首相、岸信夫衆議院議員、小池百合子東京都知事ら多くの政界関係者も記帳を行った。

また、八月九日には、安倍首相の〝意向〟を汲んだという森喜朗元首相が九名の現職議員を含む超党派の弔問団を率いて台北を弔問に訪れ、総統府で蔡総統とも短時間ながら会見し日帰りで帰国した。李登輝の訪日が実現した際の首相であった森は、その時の思い出を台北で語りつつ、多くの日本の政治家が「李先生の教えを請うた」と述べたその言葉は、まさに日台の特殊な絆の一面を表していた。この「李登輝」という日台関係のシンボルをいかに引継ぎ、次につなげるか。しかし、その一方で大人向け漫画雑誌『ビッグコミック』の表紙に蔡総統の顔がイラストで描かれた最新号を総統府でプレゼントしたり、台北での弔辞で「台湾総統」と呼び、植民統治時代の出来事を懐かしげに語るなど、相手への敬意を欠いた「親しみ」への甘えは、通用しない時代を迎えている。

新しい時代に向けて、蔡英文総統は「台湾の尊厳」を体現する存在となっているものの、脱中国依存をかかげる経済構造の再構築や経済の活性化などの課題は、容易なものではない。新型コロナウイルス感染症の影響で二〇二〇年では日台間の相互往来が難しくなる状況のなかで、二〇一四年以来、高校の海外修学旅行先としてトップを占め、その結果、中国語を学びたい学生の層を着実に作り出し、一般の人々の台湾への敬意が高まる一方、台湾側の日本への信頼は揺らぎ、日台関係が静かなる変容を起こしているかに見える。この時代に、日本の側も新しい地図を描きながら対応していくことになるのか。日台のみならず、それぞれの地域社会、人々の生活、人権、命を守る取り組みが長期的に優先順位の高い課題となるなかで、新型コロナウイルス感染症への対応を経て変容しつつある日台の相互認識をふまえ、時代状況に即し現実的な関係基盤の再構築にむけて、一つ一つの実務的な積み上げを継続することが必要となっている。

引用・参照注

■序章

（1）日台関係に関する主要な先行研究に関しては、巻末の「日台関係文献目録」を参照のこと。

（2）台湾における日本研究の概況に関しては、川島真『台湾における日本研究』財団法人交流協会、二〇〇四年、を参照のこと。

（3）若林正丈『台湾の政治――中華民国台湾化の戦後史』東京大学出版会、二〇〇八年、三六七－三六九頁。

（4）金熙徳著・須藤健太郎訳『二一世紀の日中関係――戦争・友好から地域統合のパートナーへ』日本僑報社、二〇〇四年、九〇－一〇四頁。

■第一章

（1）蔣介石は戦勝の時にはすでにソ連を日本に代わる「新しい恥」だとしていた。『蔣介石日記』（一九四五年八月一五日、スタンフォード大学フーバー研究所所蔵）。

（2）「駐日代表団案」（中華民国国軍檔案、国防部史政局、062.43/7031.4）。

（3）川島真「中国外交における象徴としての国際的地位」『国際政治』〈特集・天安門事件後の中国〉一四五号、二〇〇六年夏。

（4）松田康博『台湾における一党独裁体制の成立』慶應義塾大学出版会、二〇〇六年。

（5）周婉窈著・濱島敦俊監訳『台湾の歴史』平凡社、二〇〇七年、一五九頁。

（6）三谷太一郎編『岩波講座　近代日本と植民地　八　アジアの冷戦と脱植民地化』岩波書店、一九九三年。

（7）戴国煇・新島淳良「思想方法としての台湾」『新日本文学』二六巻一一号、六－一八頁、一九七一年一一月。

（8）劉進慶（はじめに＝駒込武）「『戦後』なき東アジア・台湾に生きて」『前夜』九号（二〇〇六年秋）。

（9）川島真「台湾の8月15日」川島真・貴志俊彦編『資料で読む世界の八月一五日』山川出版社、二〇〇八年。

■第二章

（1）日本貿易研究会編、通商産業省通商局監修『戦後日本の貿易二十年史――日本貿易の発展と変貌』通商産業調査会、一九六七年。

（2）一九四八年八月、管理局総務課作成「旧領土関係事情調査資料第二号　台湾経済概観――日台経済関係とその将来：最近の台日貿易」（『中華民国経済関係雑件』、日本外務省外交記録公開文書：E.3.1.1.1、リール番号：E-0046）。

（3）日台通商協定については、徐年生『戦後日本の中国政策の模索と日華関係の研究――一九五〇年代を中心に』（北海道大学大学院法学研究科博士論文、二〇〇七年五月）を参照のこと。

（4）陳思宇『台湾区生産事業管理委員会與経済発展策略（一九四九－一九五三）――以公営事業為中心的探討』台北・国立政治大学歴史学系、二〇〇二年。

(5) 廖鴻綺『貿易與政治――台日間的貿易外交（一九五〇―一九六一）』台北・稲郷出版社、二〇〇五年。

(6) 沈雲龍編『尹仲容先生年譜初稿』台北・伝記文学出版社、一九九三年。

(7)「日本台湾間通商協定締結に関する件」『日華貿易及び支払取極関係一件』（日本外務省外交記録公開文書、B.5.2.0.J/C(N)1、リール番号：B-0023）。

(8) 実際に、軍事面での会合ももたれていた。「麥帥訪台会議資料」（国軍檔案、国防部史政局、0175.3/5608）。

(9) 外務省記録（注記9の文書）にも、「『マックアーサー』元帥の台湾訪問以来総司令部は至急日台通商協定の締結に決したるものの如く」とされている。

(10) 劉進慶「ニックス的発展と新たな経済階層――民主化の経済政治的底流」若林正丈編著『台湾――転換期の政治と経済』田畑書店、一九八七年、一六四頁、参照。「日台通商協定成る」『朝日新聞』一九五〇年九月七日付。

(11) 許雪姫監修・川島真日本語編集『許丙・許伯埏回想録』中央研究院近代史研究所、一九九六年。

(12) 細谷千博『サンフランシスコ講和への道』中央公論社、一九八四年。

(13) 細谷千博前掲書、袁克勤『アメリカと日華講和』柏書房、二〇〇一年、陳肇斌『戦後日本の中国政策――一九五〇年代東アジア国際政治の文脈』東京大学出版会、二〇〇〇年。

(14) 田中明彦、坂本一哉、豊下楢彦、菅英輝「吉田外交を見直す」『論座』二〇〇二年一月号、陳肇斌「『吉田書簡』再考――『西村調書』を中心に」『北大法学論集』第五四巻第四号、二〇〇三年一〇月。

(15) 西村成雄『中国外交と国連の成立』法律文化社、二〇〇四年。

(16) 浅田正彦「日華条約と国際法（一）」京都大学法学部『法学論叢』、二〇〇〇年。

(17) 石田浩「戦後日本における台湾研究について――日台交流の深化に向けて」『台湾史研究』一六号（一九九八年十月）。

(18) 川島真「戦後日本の台湾史研究――政治史・経済史を中心に」亜東関係協会編『「日本之台湾研究」国際学術研討会論文集』中華民国外交部、二〇〇五年一二月。

(19) 中村孝志「台湾史概要（近代）」『民族学研究』〈台湾研究特集〉一八巻一・二号、一九五四年三月、同「世界史上の台湾」『日本歴史』一九号（一九四九年九月）参照。

(20) 人類学の動向については、日本順益台湾原住民研究会編『台湾原住民研究概覧　日本からの視点』風響社、二〇〇一年など、多くの整理、議論がなされている。

(21) 入江啓四郎「台湾の国際的地位」『世界』一一二号、九一－九四頁（一九五五年四月）、田端茂二郎「『二つの中国』論と台湾の国際法的地位」『法律時報』二八巻一〇号（一九五六年一〇月）などを参照。

(22) 酒井哲哉『近代日本の国際秩序論』岩波書店、二〇〇七年。

(23) 陳肇斌、前掲書。

(24) 一九六三年五月一日「台湾独立運動について」（中国課作成、日本外務省外交記録公開文書、ファイル管理番号 0120-2001-05162）。

(25) 細谷千博「日米中三国関係の構図――吉田書簡からニクソン・ショックまで」細谷千博・有賀貞編『国際環境の変容と日米関係』東京大学出版会、一九八七年。

(26)「外交の根本方針は変らない」『毎日新聞』一九五四年一二月一三日付。

(27)「ともに独立国　鳩山首相談、中共と国府」『朝日新聞』一九五四年一二月一五日付夕刊。

(28) 一九五五年三月二六日、衆議院予算委員会議事録。

(29) 一九五五年四月五日、芳澤大使発重光大臣宛電報要旨「国会における鳩山総理の中共問題答弁の件」『日本・中華民国間外交関係雑件』(日本外務省外交記録公開文書第一四回公開、A.1.21.7、リール番号：A-0356、一八九頁)。

(30) 一九五五年六月二四日、重光外務大臣発在台北芳澤大使宛書簡「日本の対中共政策に関し在日中華民国董大使との会談の件」(別添甲号備忘録)(日本外務省外交記録公開文書第一四回公開、A.1.21.7、リール番号：A-0356、二〇八-二一〇頁)。

(31) 一九五五年七月一六日付「中国大使館楊公使と会談の件」(同上、二一八頁)。

(32)「拒否権行使決意変らず」『朝日新聞』一九五五年一二月一二日付。

(33) 一九五六年一月一三日、在中華民国特命全権大使堀内謙介発外務大臣重光葵宛第八号電報「日本、国府関係に関する件」『日本・中華民国間外交関係雑件』(日本外務省外交記録公開文書第一四回公開、A.1.2.1.7、リール番号：A-0356、二六四-二六六頁)。

(34) 一九五六年一月二七日、在台北堀内大使発重光大臣宛第十四号電報「国府外交部長内話の件」(同右、二七二-二七三頁)。

(35) 一九五六年三月二八日、重光大臣発在台北堀内大使宛第六九号電報、往電第三九号に関し、「中国要人招待の件」『日本・中華民国間外交関係雑件』(日本外務省外交記録公開文書、A.1.6.1.2-1、リール番号：A0139、一一-一四頁)。

(36) 一九五六年五月一一日、在台北堀内大使発重光大臣宛、台普第五三四号、「中華民国各界日本親善訪問団名鑑送付の件」(同右、一一〇-一一三頁)。

■第三章

(1)『新国策』一九五八年四月五日。

(2) 横山宏章「日中破局への道(2)」『東亜』四四一号(二〇〇四年三月号)、参照。

(3) 同右、六五-六七頁。

(4) 長崎国旗事件の詳細な経緯については、横山宏章「日中破局への道」(1)―(4)『東亜』四三九号(二〇〇四年一月号)、四四一号(同三月号)、四四四号(同六月号)、四四五号(同七月号)参照。

(5) 福井治弘『自由民主党と政策決定』福村出版、一九六九年、二七六-三七一頁参照。

(6) 菅英輝「冷戦の終焉と六〇年代性」『国際政治』一二六号(二〇〇一年)参照。

(7) 一九六一年の国連における中国代表権問題とモンゴル加盟問題をめぐる米華間の外交交渉については、清水麗「台湾における蔣介石外交——一九六一年の国連問題をめぐる原則と妥協」『常磐国際紀要』第六号(二〇〇二年三月)参照。

(8) Memorandum of Conversation, March 17, 1961, *Foreign Relations of the United States* (以下 *FRUS* と表記), 1961–63, vol. 22, Northeast Asia, USGPO, 1996, pp. 33-36.

(9)「民国五〇年三月三〇日呈文副総統與葉大使公超会談記録」国史館所蔵資料『蔣中正介石総統檔案 特交檔案』。

(10)「民国五〇年三月三〇日呈文中國政府對我國在聯合國代表權問題的立場」『蔣中正介石総統檔案 特交檔案』。

(11) Telegram From the Department of State to the Embassy in the Republic of China, April 5, 1961, *FRUS*, 1961, Vol. 22, pp. 46-48., Memorandum From Secretary of State Rusk to President Kennedy, May 26, 1961, ibid., pp. 66-69.

(12) Letter From President Kennedy to President Chiang, July 14, 1961, *FRUS*, 1962–63, vol. 22, pp. 95–97.

(13) Telegram From the Department of State to the Embassy in the Republic of China, September 6, 1961, *FRUS*, 1961–63, vol. 22, pp. 134–135.

(14) Ibid., p. 137.

(15) Telegram From Secretary of State Rusk to the Department of State, September 29, 1961, ibid., pp. 140–141.

(16) Ibid.

(17) Message From the Chief of the Central Intelligence Agency Station in Taipei (Cline) to the President's Special Assistant for National Security Affaires (Bundy), October 14, 1961, ibid., pp. 156–157;「Draft 1 October 1961」国史館所蔵資料『蔣中正介石総統檔案 特交檔案』。

(18) Telegram From the Department of State to the Embassy in the Republic of China, Washington, October 16, 1961, ibid., p. 160.

(19) 一九五〇年代末から六〇年代の米華関係については、前田直樹「『反共』から『自由中国』へ――末期アイゼンハワー政権の台湾政策の変化」『日本台湾学会報』第六号（二〇〇四年五月）、石川誠人「国府の『大陸反攻』とケネディ政権の対応」『国際政治』一四八号（二〇〇七年三月）、佐橋亮「ジョンソン政権と台湾海峡両岸――信頼性と自己抑制」『日本台湾学会報』第五号（二〇〇六年六月）など参照。

(20) 吉次公介「池田＝ケネディ時代の日米安保体制」『国際政治』一二六号（二〇〇一年）参照。

(21) 伊藤昌哉『池田勇人　その生と死』至誠堂、一九六六年、一七五－一七六頁。

(22) 同右、一七七－一七八頁。

(23) 添谷芳秀『日本外交と中国　一九四五－一九七二』慶応通信、一九九五年、一六九頁。

(24)「日匪貿易之検討」「日匪貿易問題説帖」台北・外交部檔案『我対日匪貿易問題之対策』(005.24)、『我対日匪貿易態度』(005.24)。また、日中貿易の展開に対する台湾側の反応を、宣伝と外交の面から分析したものとして、清水麗『台湾外交の形式』名古屋大学出版会、二〇一九年、二九－一三二頁参照。

(25) 張群（古屋奎二訳）『日華・風雲の七十年』サンケイ出版、一九八〇年、一八九－一九〇頁。

(26)「吉田茂来譯文」台北・外交部檔案『吉田茂訪華』。

(27) 張群、前掲書、一九四－二〇二頁。

(28) 周鴻慶事件については、石井明「一九六〇年代前半の日台関係」『国際法外交雑誌』第一〇一巻第二号（二〇〇二年八月）参照。

(29) 石井、前掲論文、一五〇頁。

(30)「民国五三年三月一二日付　外交部（亜）発駐米蔣廷黻大使宛電報」台北・外交部檔案『吉田茂訪華』および「民国五三年三月一九日付　外交部（東）発駐米蔣廷黻大使宛電報」台北・外交部檔案『吉田茂訪華』、サンケイ新聞社『蔣介石秘録　第一五巻』サンケイ出版、一九七七年、一六四頁。

(31) サンケイ新聞社、前掲『蔣介石秘録　第一五巻』、一六五頁。

(32) 張群、前掲書、二二〇頁。

(33)「特秘第一五七号　昭和三九年三月一一日一九時五二分発暗在中華民国大使宛　大平大臣発」『本邦要人アジア・太平洋諸国訪問関係　毛利外務政務次官中華民国訪問関係』（外交記録公開文書、A.1512-1）。

(34)「蔣総統との会談における総統の談話要旨」『本邦要人アジア・太平洋諸国訪問関係　毛利外務政務次官中華民国訪問関係』

（外交記録公開文書、A.1512-1）。

(35)「総統致吉田茂先生箋函稿」台北・外交部檔案『特交檔案分類資料　外交対日本外交　第065巻』および「所謂吉田書簡発出等の経緯について（報告）」外交記録公開文書『中華民国の抗議関係』。

(36)「所謂吉田書簡発出等の経緯について（報告）」外交記録公開文書『中華民国の抗議関係』。

(37)「対中共延払い認めぬ　吉田氏が張群氏に親書」『毎日新聞』一九六四年五月九日付。

(38)「中共対策要綱」の存在については、「東西通商局　中共向けビニロンプラント問題の経緯（昭和四〇年）」外交記録公開文書『中華民国の抗議関係』他。

(39)「大臣・沈外交部長第一回会談の際沈部長の発言に対する当方のコメント」外交記録公開文書『大平外務大臣中華民国訪問関係一件』。

(40) 同右。

(41)「大平大臣・沈部長会談（三九年七月四日）」外交記録公開文書『大平外務大臣中華民国訪問関係一件』。

(42) 同右。

(43)「魏大使の外務大臣来訪について」外交記録公開文書『ビニロン・プラントと輸出関係』。

(44) 同右。

(45)「秘書長與日本前首相吉田茂談話記録」台北・外交部檔案『張秘書長訪日』。

(46)「沈昌煥国府外交部長と三木通産大臣との会談要旨」外交記録公開文書『中華民国の抗議関係』。

(47)「吉田書簡廃棄すれば平和条約を破棄　蔣総統語る」『毎日新聞』一九六八年六月九日付、「吉田書簡　廃棄は日華条約の廃棄」『朝日新聞』一九六八年六月一〇日付。

(48) 黄天才『中日外交的人與事』台北・聯經出版、一九九五年、八四-八五頁。

(49) 石井、前掲「一九六〇年代前半の日台関係」、一五五-一五七頁。

(50) この詳細な分析については、石井、前掲論文を参照。この「反共参謀部構想」に関する資料は、中国国民党党史館所蔵の張群関連の資料のほかに、国史館所蔵「蔣経国総統檔案」にも含まれている。

(51) 石井、前掲「一九六〇年代前半の日台関係」、一六四-一六九頁。

(52)「廖氏『吉田書簡』を非難〝日中貿易に大きな障害〟」『朝日新聞』一九六五年二月一日付、「日中貿易をはばむ　輸銀資金使用禁止　廖承志氏、強い発言」『毎日新聞』一九六五年二月一日付。

(53)「吉田書簡は超越　LT貿易で首相が言明」『朝日新聞』一九六八年一月三一日付、「吉田書簡に拘束されぬが　ケース・バイ・ケース［LT貿易］輸銀使用で　首相表明」『毎日新聞』一九六八年一月三一日付、「忍耐強い交渉の成果　吉田書簡こだわらぬよう　首相表明」『朝日新聞』一九七〇年四月一七日付夕刊。

(54) 池田、前掲『日米関係と「二つの中国」』、一七九頁。

(55) 同右。

(56)「一九六七年九月八日〇九時五五分台北発　極秘　第五五八号「総理訪台（厳副総統表敬）」」（外交記録公開文書、A.15115-5）。

(57) 同右。

(58) 昭和四二年九月一二日　中国課作成「佐藤・蔣会談議事録」。

(59) 頼樹明、前掲『薛毓麒傳――走過聯合國的日子』、一八四頁。

(60) ヘンリー・キッシンジャー（斎藤彌三郎・小林正文・大朏人一・鈴木康雄訳）『キッシンジャー秘録　北京へ飛ぶ』小学館、

一九八〇年、二二五頁。

（61）沈剣虹『使美八年紀要』台北・聯経出版事業公司、一九八二年、五二頁、および「外交部長周書楷致駐美大使沈剣虹第七九七号電（一九七一年七月二三日）」国史館所蔵『蔣経国總統檔案〈聯合国案〉』1、王正華編『中華民国與聯合国　史料彙編』台北・国史館、二〇〇一年、五四〇頁。

（62）同右。

（63）「関於聯合國中國代表権問題中日東京会談紀録」国史館所蔵『蔣経国總統檔案〈忠勤檔案〉2』3010.82／5044.01-045。

（64）同右。

（65）松田康博「米中接近と台湾」増田弘編著『ニクソン訪中と冷戦構造の変容』慶應義塾大学出版会、二〇〇六年、六三－六四頁。

（66）『アジア動向年報』（一九七二年版）、二一六頁。

（67）「『国府に残留説得した』佐藤首相、石井氏に語る」『朝日新聞』一九七一年八月二〇日付。

（68）佐藤栄作『佐藤栄作日記』第四巻、朝日新聞社、一九九七年、三八八頁。

（69）同右、三八七－三八八頁。

（70）黄天才『中日外交的人與事——黄天才東京採訪實録』台北・聯經出版社、一九九五年、一七三－一七六頁。

（71）前掲『佐藤栄作日記』第四巻、四一〇頁。

（72）同右、五五頁。

（73）高朗、前掲『中華民国外交關係的演変』、一九四頁。

（74）入江通雅『ニクソン訪中後の日中』原書房、一九七一年、一七四頁。

（75）前掲『日本と国連の三十年』、一二七－一二八頁。

（76）林金莖氏談話、台北、一九九六年八月五日。

（77）台湾側の当時の国連代表団および外交部関係者複数の談話、一九九六年八月一三日、台北、一九九六年一〇月一一日、東京、一九九七年一〇月二五日、東京。

（78）頼樹明、前掲『薛毓麒傳』、一九〇－一九一頁。

■第四章

（1）「周部長書楷演講強調　貫徹反共国策　全力做到『漢立而賊不立』」一九七一年八月一三日　中央日報電『外交部週報』一〇六一所収。

（2）「我将拡大対外貿易　発展経建促進工業」一九七一年八月二四日　中央日報電『外交部週報』一〇六二所収。

（3）「加強双辺関係　推動対外貿易」一九七一年一〇月二九日中央日報訊『外交部週報』一〇七一所収。

（4）隅谷三喜男・劉進慶・涂照彦『台湾の経済——典型ＮＩＥＳの光と影』東京大学出版会、一九九二年、二九一－二九五頁、および石田浩『台湾経済の構造と展開』大月書店、一九九九年、一一六－一二三頁。

（5）国史舘編『頼名湯先生訪談録（下）』台北・国史舘、一九九四年、四七一－四七二頁。

（6）「厳院長籲全国上下　精誠団結和衷共済」『中央日報』一九七二年二月一九日付。

（7）『立法院公報』（一九七二年二月二三日）二一－二三頁。

（8）国史舘、前掲『頼名湯先生訪談録（下）』、四七七頁。

（9）同右、四八〇頁。Bruce J. Dickson (1996), "The Kuomintang before Democratization: Organizational Change and the Role of Elections," in: Hung-Mao Tien (ed.) *Taiwan's Electoral Politics and Democratic Transition*, (New York: M.E.Sharpe) p. 49、および当時の外交部関係者談話（一九九六年八月一三日台北インタビュー、一九九六年一〇月一一日東京インタビュー、一九九七年

一〇月二五日東京インタビュー)。
(10) 国史館、前掲『頼名湯先生放談録(下)』四五一頁。
(11)「周書楷在三中全会報告　我国対外関係」『中央日報』一九七二年三月八日付。
(12) 外交部編『外交部声明及公報彙編(中華民国六〇年七月至六一年六月)』中華民国外交部、一九七二年、二九頁。
(13) 清水麗「一九七〇年代の台湾の外交政策に関する一考察——外交と内政と中台関係の相互作用」『東アジア地域研究』第六号(一九九九年七月)、参照。
(14)「民国六一年六月一三日　在立法院第一届第四九会期口頭施政方針報告(補充説明)」蔣経国先生全集編輯委員会『蔣経国先生全集』第九冊、台北・行政院新聞局、一九九一年、一九五-二〇二頁。
(15)「民国六一年七月一三日行政院第一二八一回院会指示」蔣経国先生全集編輯委員会『蔣経国先生全集』第一七冊台北・行政院新聞局、一九九一年、三八〇頁。
(16)「蔣院長接見日大使　闡明我国厳正立場」『中央日報』一九七二年七月二一日付。
(17)『外交部公報』第三七巻第三号(一九七二年九月三〇日)、二三頁。
(18) 林金莖「日華断交を振り返って」『問題と研究』(一九九二年九月号)、二頁。
(19) 林金莖「日台断交二十年の舞台裏(上)」『産経新聞』一九九二年六月一六日付、および林金莖『梅と桜——戦後の日華関係』サンケイ出版、一九八四年、二六四-二六五頁。
(20) 同右。
(21)「反対日本與匪建立関係　彭大使昨訪日外相　申明我国堅定立場」『中央日報』一九七二年七月二六日付。
(22) 永野信利『天皇と鄧小平の握手——実録・日中交渉秘史』行政問題研究所、一九七五年、四四頁。
(23)「民国六一年八月三日行政院第一二八四回院会指示」蔣経国先生全集編輯委員会『蔣経国先生全集』第一七冊、前掲、三八八頁および三八五頁。
(24) 平野実『外交記者日記——大平外交の二年(上)』行政通信社、一九七九年、四〇頁。
(25) 佐藤栄作『佐藤栄作日記』第五巻、朝日新聞社、一九九七年、一六九頁。
(26)「毎週評論　必須認真対付日本」『中央日報』一九七二年八月九日付、および「民国六一年八月八日　譴責日本媚匪態度　談話」前掲『蔣経国先生全集(第一三冊)』、二八二頁。
(27)「蔣院長昨発表談話　譴責日本媚匪態度」『新聞天地』一九七二年八月五日付、および艾瑾「放眼看中日前途」『新聞天地』一九七二年八月一二日付、他。
(28) 陳水逢氏談話、台北、一九九二年七月二一日。
(29) 林金莖、前掲『梅と桜』、二六六-二六七頁。
(30) 同右。
(31)「民国六一年八月一〇日行政院第一二八五回院会指示」『蔣経国先生全集』第一七冊、前掲、三八九-三九〇頁。
(32) 沈剣虹『使美八年紀要—沈剣虹回憶録』台北・聯經出版、一九八二年、一〇六、一一二頁。
(33) 同右、一〇六-一〇七頁。
(34) 平野、前掲書、五〇頁。
(35) 大平正芳回想録刊行会編著『大平正芳回想録〈伝記編〉』鹿島出版会、一九八二年、三三〇-三三一頁。
(36)「〈社論〉檀島会談後田中内閣的動向」『中国時報』一九七二年九月五日付。

(37)「本部日本問題工作小組会議記録」中華民国外交部檔案『中日断交後重要交渉事項』第一冊、〇一一二一-〇〇一。
(38)「極秘　駐日大使館経済参事劉維徳於六十一年八月十八日下午四時晋見楊次長」中華民国外交部檔案『中日断交後重要交渉事項』第三冊、〇一一二一-〇〇三。
(39) 同右。
(40) 同右。
(41)「駐日大使館応変構想」中華民国外交部檔案『本部対中日断交之応変計画』〇一二一一-一八九〇〇三。
(42)「別れの外交」の表現については、一外交当局者「井尻秀憲氏『日中国交樹立の政治的背景と評価』についての一私見」『東亜』一九八八年三月号、八三頁、他。
(43) 田村重信・豊島典雄・小枝義人『日華断交と日中国交正常化』南窓社、二〇〇〇年、二三二頁。
(44) 平野、前掲書、四八-四九頁。
(45) 中江要介『らしくない大使のお話』読売新聞社、一九九三年、五三頁。また、東郷文彦によれば、大平外相は、「日中正常化はサンフランシスコ体制から一歩進もうと云うことであると考える。誰かがやらなければならないことで、外務省は功を誇らず今後の難問に対処しなければならない。台湾関係処理をはじめ、むずかしいことが沢山あるように思う。どうもなかなか明るい気持ちにはなれない」と語ったという（東郷文彦『日米外交三十年——安保・沖縄とその後』中央公論社、一九八九年、一九三頁）。
(46) 中江、前掲書、五四頁。
(47) 連根藤「リチャード・クー氏『台湾は独立すべきだ。早いほどよい』」『月刊台湾青年』一九九六年一一月五日号、七頁。一九九六年九月二八日の新日台交流の会における、リチャード・クー氏（野村総合研究所主任研究員）の講演。
(48) 中子佳・張覚明『辜振甫傳——辜振甫的戯夢人生』台北・書華出版、一九九三年、一八頁によれば、台湾帰国後に蔣経国と会談したと伝えられているが、詳細は明らかではない。
(49)「日台断交秘話」『産経新聞』二〇〇五年九月二六日付。
(50) 同右。この書簡は、①日台断交は外交関係のみ、②経済関係および人的往来に一切変化はない、③日台間の船舶の往来は従来どおり、④日台間の航空路線は民間協定を作成して継続、⑤公的資金による対台湾債権を放棄する、⑥大使館など台湾における日本政府の資産放棄、⑦日本における台湾の資産維持に努力する、という内容であったという。詳細は、清水麗『台湾外交の形成』名古屋大学出版会、二〇一九年、一九三―一九八頁。
(51) 平野、前掲書、四八-四九頁。
(52) 林金莖、前掲『梅と桜』、二九三頁。
(53) 大平正芳回想録刊行会編著『大平正芳回想録〈伝記編〉』鹿島出版会、一九八二年、三三九頁。
(54) 椎名悦三郎追悼録編『記録 椎名悦三郎（下巻）』椎名悦三郎追悼録刊行会、一九八二年、一七〇頁。
(55) 椎名素夫「日中・日台二つの二〇年②」『産経新聞』一九九二年九月二六日付、及び中江要介「日中正常化と台湾」『社會科學研究』第二四巻第一号、二〇〇三年一二月、九九-一〇〇頁。
(56) 前掲『大平正芳回想録〈伝記編〉』、三三九頁。
(57) 前掲『蔣経国先生全集』第一七冊、三九六頁。
(58)「社論　再告日本田中内閣」『中央日報』一九七二年八月二五日付。
(59)「社論　日擬派特使来華的任務何在?」『中華日報』一九七二年八月二九日付。
(60)「民国六一年八月三一日行政院第一二八八回院会 指示」前掲『蔣経国先生全集』、四〇〇-四〇一頁。

(61)田村・豊島・小枝、前掲書、二四七頁において、当時外交部東亜太平洋司副司長であった詹明星氏は、松本―張群会談については知らなかったと述べている。
(62)松本彧彦『台湾海峡の懸け橋に――いま明かす日台断交秘話』、一四四頁。
(63)「日図毀中日和約　我応採自衛措施」『中国時報』一九七二年九月六日付、および「強化戦備応付変局　国軍決心奮鬥求勝」九月一九日付。この他、『政治評論』などの雑誌にも多くの同様な主張が掲載されている。
(64)「日本漁船錨泊南沙領海　我国守軍一度扣留　検査之後警告釈放」『中国時報』一九七二年九月二七日付。国防部長は九月一八日の立法院経済・国防委員会にて、海空軍により台湾海峡を通過する日本船を監視するなどの強硬な態度を日本に示すよう主張しており、(『中国時報』一九七二年九月一九日)、全く関係がない事件とは言い切れない。
(65)「蔣介石総統閣下鈞鑒　一九七二年九月一三日　日本國内閣総理大臣田中角栄」(以後、「田中親書」と略す)台湾外交部檔案『中日断交後重要交渉事項』第三冊、〇一二-〇〇三。
(66)石井明「日台断交時の『田中親書』をめぐって」『社会科学紀要』第五〇輯(二〇〇一年三月)、一〇五頁。
(67)「何以要反対日本政府之媚匪行動?　試擬與椎名悦談話参考要点」『黄少谷文書』。
(68)石井、前掲「日台断交時の『田中親書』をめぐって」、九二-九七頁。
(69)「何応欽上将與椎名特使会談之談話紀要」『黄少谷文書』。
(70)中江要介「椎名悦三郎・蔣経国会談記録――『中江メモ』」『社会科学研究』第二四巻第一号(二〇〇三年一二月)、および「行政院蔣院長接見日本政府特使椎名悦三郎談話記録」東京大学東洋文化研究所『現代台湾文庫　黄少谷資料』(以下、『黄少谷文書』)。
(71)中江、前掲論文、七五頁、「行政院蔣院長接見日本政府特使椎名悦三郎談話記録」『黄少谷文書』。
(72)「特集 日台断交二〇年」『産経新聞』一九九二年一〇月八日付。
(73)中江、前掲「日中正常化と台湾」前掲、一〇二頁。
(74)「九月二三日　斉世英・梁粛戎　沈昌煥宛書簡」台湾外交部檔案『中日断交後重要交渉事項』第三冊、〇一二-〇〇三。
(75)同右。
(76)「『日匪関係正常化』最近発展及我因応方針」『黄少谷文書』。
(77)「民国六一年九月二七日行政院第一二九二回院会指示」前掲『蔣経国先生全集』第一七冊、四〇九-四一〇頁。
(78)黄天才『中日外交的人與事』前掲、二〇八-二〇九頁、および林金莖氏談話、台北、一九九二年六月二九日、および東京一九九四年一一月一〇日、詹明星氏談話、台北、一九九六年八月一三日。
(79)「本会議参加応付『日匪勾結』工作之大事紀要」『黄少谷文書』、これは手書きの文書で、黄少谷の文書のなかには不完全なものしか残されていない。
(80)前掲『大平正芳回想録〈伝記編〉』、三三六頁。毎日新聞社政治部編『転換期の「安保」』毎日新聞社、一九七八年、六五-六七頁。
(81)外務省『わが外交の近況』一九七三年版、五三八頁。
(82)「特集　日台断交二〇年」『産経新聞』一九九二年一〇月八日付。
(83)日華協力委員会については、池井優「日華協力委員会――戦後日台関係の一考察」『法学研究』(慶應義塾大学法学部)第五三巻第二号(一九八〇年二月)参照。

(84) 亜東関係協会駐日弁事処関係者の談話、一九九六年八月一〇日、および武見敬三「国交断絶期における日台交渉チャンネルの再編過程」神谷不二編著『北東アジアの均衡と動揺』慶應通信、一九八四年、七八－七九頁。

(85) 詹明星氏談話、台北、一九九六年八月一三日。

(86) 外務省アジア局中国課監修『日中関係基本資料集 一九七〇―一九九二年』霞山会、一九九三年、一二三－一二四頁。在外事務所の人員は一九八七年までに数回に分けて増員され、一九九二年七月には七〇名であった。

(87) 外交財産の処理問題については、林金莖、前掲『梅と桜』、三六四－三八八頁、同、前掲『戦後日華関係と国際法』、一三五－一四四頁参照。

(89) 林金莖、前掲『梅と桜』、三九一頁。

(90) 前掲『日中関係基本資料集一九七〇―一九九二年』、一四〇－一四一頁。

(91) 前掲『大平正芳回想録〈伝記編〉』、三五三－三五四頁、および古屋奎二氏談話（一九九四年一〇月三日、熱海）。

(92) 林金莖、前掲『梅と桜』三九六頁、および日本アジア航空株式会社一〇年史編集会議編『日本アジア航空物語』日本アジア航空株式会社、一九八五年、四八頁。

(93) 「処理中日航線問題　中常会昨決議　堅持既定立場」『中央日報』一九七四年一月二七日付。

(94) 林金莖氏談話（一九九二年六月二九日および一九九四年一一月一〇日、台北）。

(95) 馬樹礼「中日関係史話（一）」『中外雑誌』第五五巻第五期（一九九四年五月）、五九頁。

(96) 馬樹礼氏談話（一九九四年八月一六日、台北）および、馬樹礼、前掲「中日関係史話（一）」五九頁。

(97) 馬樹礼『使日十二年』台北・聯經出版、一九九七年、八八頁。

(98) 同右、六八－七四頁。

(99) 『第七三回国会参議院外交委員会会議録』第一七号（一九七五年七月一日）。

(100) 『海外経済協力基金史』および『日本輸出入銀行史』（http://www.jbic.go.jp/Japanese/base/publishu/history/index.php）。および『中華週報』一九七二年七月三日（第六二四号）。

■第五章

(1) 何思慎『擺盪在両岸之間――戦後日本対華政策（一九四五－一九九七）』台北・東大図書公司、一九九九年。

(2) Keizo Takemi, "Japan-Taiwan Relations after World War II: American Strategy and Conservative Politics in Japan,"『行動科学研究』（東海大学基礎社会科学研究所）、一七巻一号、一九八四年三月。武見敬三「日台関係」若林正丈・劉進慶・松永正義編著『台湾百科』大修館書店、一九九〇年。武見敬三「日台関係――脆弱の中の安定」『世界』五五三号（臨時増刊号）、一九九一年四月。Keizo Takemi, "The Role of the Pro-ROC Group in the LDP since 1972," a Paper Presented to the Taiwan Studies Workshop at the Fairbank Center for East Asian Research, Harvard University, February 2, 1993（本論文は著者の許可を得て引用している）。中川昌郎「序章　断交後の日台関係　一九七二―一九八七」中川昌郎『台湾をみつめる眼――定点観測・激動の二〇年』田畑書店、一九九二年。大橋英夫「産業高度化と日台経済関係」『海外事情』四一巻四号、一九九三年四月。田中明彦『日中関係　一九四五－一九九〇』東京大学出版会、一九九一年。

(3) 張耀武『中日関係中的台湾問題』北京・新華出版社、二〇〇四年。臧国俊著・黄英哲導読『戦後日、中、台三角関係』台北・

前衛出版社、一九九七年。

（4）武見、前掲「日台関係――脆弱の中の安定」、五八頁。

（5）馬樹礼『使日十二年』台北・聯経出版、一九九七年、三〇四―三一三頁。

（6）臧国俊、前掲『戦後日、中、台三角関係』、二四九―二五五頁。

（7）Takemi, "The Role of the Pro-ROC Group in the LDP since 1972," p. 19.

（8）武見敬三「国交断絶期における日台交渉チャンネルの再編過程」神谷不二編著『北東アジアの均衡と動揺』慶應通信、一九八四年、九四―九九頁。

（9）「日本自民党議員が『日華関係議員懇談会』結成」、『中華週報』第六五五号、一九七三年三月二六日付。

（10）武見、前掲「日台関係」、一〇二頁。

（11）自民党内では、国府と「従来の関係」を維持し、発展させるために組織的活動をすることが認められていた。親台派議員は、「従来の関係」には外交関係が含まれると解釈していた。徐年生「戦後の日台関係における日華議員懇談会の役割に関する研究――一九七三―一九七五」『北大法学研究科ジュニア・リサーチ・ジャーナル』№一〇（二〇〇四年一月）、一二五―一二七頁。

（12）黄自進訪問・簡佳慧紀録『林金莖先生訪問紀録』台北・中央研究院近代史研究所、二〇〇三年、一〇六頁。武見、前掲「日台関係――脆弱の中の安定」、六〇頁。

（13）武見、前掲「日台関係――脆弱の中の安定」、六〇頁。

（14）日台関係の専門家でもあり、日華懇事務局次長の経験を持つ前参議院議員武見敬三氏へのインタビュー、二〇〇八年二月四日。

（15）武見、前掲「日台関係――脆弱の中の安定」、五九頁。

（16）これは、一九八四年と八六年の名簿に基づいた結果である。田中、前掲『日中関係 一九四五―一九九〇』、一九九―二〇一頁。

（17）Takemi, "The Role of the Pro-ROC Group in the LDP since 1972," pp. 31-32.

（18）Ibid.

（19）張耀武、前掲『中日関係中的台湾問題』、三〇〇頁。

（20）同右、三〇一頁。

（21）前掲『林金莖先生訪問紀録』、一三二―一三四頁。

（22）同右、一三四―一三七頁。

（23）裁判の経過に関しては以下を参照のこと。田中明彦「光華寮裁判」天児慧他編『岩波現代中国事典』岩波書店、一九九九年、二七五―二七六頁。「光華寮訴訟判決――許されぬ司法の責任放棄」『読売新聞』二〇〇七年三月二八日付。

（24）臧国俊、前掲『戦後日、中、台三角関係』、二四九―二五五頁。

（25）田中、前掲『日中関係 一九四五―一九九〇』、一五五―一六三頁。

（26）有馬元治『激動する日台関係の回顧と展望――民主化に賭ける台湾レポート』太平洋総合研究所、一九九五年、二〇四―二一九頁。

（27）馬樹礼、前掲『使日十二年』、一一七―一四二頁。黄自進訪問・簡佳慧紀録『林金莖先生訪問紀録』、一一九―一二二頁。

（28）有馬、前掲『激動する日台関係の回顧と展望』、二六―三三、四三―四九頁。

（29）国際協力銀行編『海外経済協力基金史』国際協力銀行、二〇〇三年、一九三頁。

（30）国際協力銀行編『日本輸出入銀行史』国際協力銀行、二〇〇三年、一五二頁。台湾向けの円借款は、一九六五年に締結され、実施総額四九九億一七二五万二〇〇〇円に達し、八八年一〇月までに全額返済された。Council for Economic Planning and Development, *Taiwan Statistical Data Book 1989*, Taipei: Council for Economic Planning and Development, 1989, p. 267.

（31）国際協力銀行編、前掲『日本輸出入銀行史』、一五二頁。

（32）一九八一年から八八年にかけて丸紅台北支店駐在員として台北に約六年半駐在した経験をもつ台湾史研究家三田裕次氏へのインタビュー、二〇〇七年六月一五日。

（33）三田裕次氏へのインタビュー、二〇〇七年一〇月一五日。

（34）産経新聞社以外は長年台北に支局を置くことができなかったが、「東京や香港からの出張者」はかなりいたという。三田裕次氏へのインタビュー、二〇〇七年六月一五日。

（35）中川、前掲論文「序章　断交後の日台関係　一九七二〜一九八七」、一二二頁。

（36）同右、一四－一五頁。

（37）同右、一五－一六頁。

（38）馬樹礼、前掲『使日十二年』、二一九－二二六頁。「趙経済部長が対日輸入規制問題で見解表明――不均衡是正の根本策は工業の高度化　日本が報復措置とれば、対応の用意」『中華週報』第一〇八四号、一九八二年三月一五日。

（39）馬樹礼、前掲『使日十二年』、二一九－二二〇頁。劉玉珍『鉄頭風雲――趙耀東伝奇』台北・聯経出版、一九九五年、一〇〇－一〇八、一二六－一三三頁。

（40）中川、前掲論文「序章　断交後の日台関係　一九七二〜一九八七」、一六頁。邱賜程編著『台湾対外貿易』台中・捷太出版社、一九九八年、一一〇－一一四頁。

（41）大橋、前掲論文「産業高度化と日台経済関係」、三一頁。

（42）中川、前掲論文「序章　断交後の日台関係　一九七二〜一九八七」、一六頁。

■第六章

（1）「第七五回国会　衆議院外務委員会議録第七号」一九七五（昭和五〇）年二月二八日、二－三頁。国会会議録検索システム（http://kokkai.ndl.go.jp/）にて検索。

（2）松田康博「中国の対台湾政策――江沢民八項目提案の形成過程」『防衛研究』一七号、一九九七年一〇月、七頁。

（3）李登輝筆記・李登輝口述歴史小組編注『見証台湾――蔣経国総統與我』四二－四三頁（李登輝著・中嶋嶺雄監訳『李登輝実録――台湾民主化への蔣経国との対話』、六四頁）。

（4）前掲『見証台湾』、四二－四三頁（同、六四頁）。

（5）許水徳元駐日代表に二〇〇七年三月二二日におこなったインタビュー。

（6）胡忠信『転動生命的水車――許水徳・胡忠信対談録』台北・天下遠見出版、二〇〇二年、一八三頁。

（7）「李総統の来日問題――決着の見通し強まる」『毎日新聞』一九九一年七月一四日付。

（8）伊藤潔『李登輝伝』文芸春秋社、一九九六年、八七－八八頁。

（9）胡忠信、前掲『転動生命的水車』、一八四頁。

（10）清水美和『中国はなぜ「反日」になったか』文藝春秋社、二〇〇三年、一一頁。

（11）松田、前掲論文「中国の対台湾政策」、一四－二〇頁。

（12）何思慎、前掲『擺盪在両岸之間』、二二七頁。前掲『林金莖先生訪問紀録』一四六－一四八頁。

（13）小沢一郎『日本改造計画』講談社、一九九三年、一五八頁。

（14）「閣僚の訪台を認めるべきだ――小沢氏が見解」『朝日新聞』一九九三年八月一四日付。

（15）呉寄南「日本対台政策及其関係」楊潔勉ほか『世界格局中的台湾問題――変化和挑戦』上海・上海人民出版社、二〇〇一年、一五五－一五六頁。

(16)「李鵬首相日台交流にクギ――政府間への拡大けん制」『朝日新聞』一九九四年一月九日付。

(17)「【九四ニッポン再考】台北発――総統訪日中止」『産経新聞』一九九四年一二月二三日付。

(18) 李登輝『台湾の主張』ＰＨＰ研究所、一九九九年、一三九―一四〇頁。

(19) 何思慎、前掲『擺盪在両岸之間』、二一四頁。

(20) 赤澤章一「新次元の日台経済関係の構築へ向けて」『経団連月報』、一九九一年七月号。「台湾へ政府公式ミッション 通産省が技術支援」『産経新聞』一九九二年一月八日付。

(21) 大橋英夫「産業高度化と日台経済関係」『海外事情』四一巻四号、一九九三年四月、三三頁。

(22) 何思慎、前掲『擺盪在両岸之間』、二一四頁。

(23) 李登輝・司馬遼太郎対談「場所の悲哀」司馬遼太郎『台湾紀行』、朝日新聞社、一九九七年、三八九―三九〇頁。

■第七章

(1)「中共昨射三枚飛弾 命中目標」『聯合報』一九九六年三月九日付。

(2)「中共昨射一枚飛弾 演習機艦発射実弾」『聯合報』一九九六年三月一四日付。

(3)「十八至廿五日中共進行第三波軍事演習」『中国時報』一九九六年三月一六日付。

(4) 張隆義「一九九五―一九九六年台海危機――日本的観点」、林正義編『中美関係専題研究――一九九五―一九九七』台北、中央研究院欧美研究所、一九九八年、二〇三頁。

(5)「台湾海峡実弾演習 中国に懸念を伝達」『読売新聞』一九九六年三月一二日付。

(6) 船橋洋一『同盟漂流』岩波書店、一九九七年、四二一―四二四頁。

(7) 井尻秀憲「台湾の総統選挙にいたる中台関係の経緯」井尻秀憲編『中台危機の構図』勁草書房、一九九七年、五五頁。

(8) 楊永明「美日安保與亜太安全」『政治科学論叢』第九期、一九九八年、二七五―三〇四頁。

(9) 田中明彦『安全保障――戦後五〇年の模索』読売新聞社、一九九七年、三三六頁。

(10)「日米安全保障共同宣言――21世紀に向けての同盟（仮訳）」、一九九六年四月一七日、外務省ウェブサイト。http://www.mofa.go.jp/mofaj/area/usa/hosho/sengen.html.

(11) 朝雲新聞社編集局編『平成13年度版防衛ハンドブック』朝雲新聞社、二〇〇一年、三六九頁。

(12) 江畑謙介『日本の安全保障』講談社、一九九七年、九七頁。

(13)「中台紛争時、日本が米軍支援 梶山静六官房長官『台湾海峡も周辺』」『朝日新聞』一九九七年八月一八日付。

(14)「台湾有事排除せず 米国防総省次官補代理、基本認識示す新防衛指針」『朝日新聞』一九九七年九月二〇日付。

(15)「共同発表 日米安全保障協議委員会 日米防衛協力のための指針の見直しの終了」、一九九七年九月二三日、外務省ウェブサイト。http://www.mofa.go.jp/mofaj/area/usa/hosho/kyoryoku.html.

(16) "Situations in Areas Surrounding Japan That Will Have an Important Influence on Japan's Peace and Security," *The Interim Report on the Review of the Guidelines for U.S.-Japan Defense*, June 7, 1997.

(17) Tanaka Hitoshi, "An Inside Look at the Defense Guidelines Review," *Japan Echo*, Vol. 24, No. 5, December 1997.

(18) 神谷万丈「アジア太平洋における重層的安全保障構造に向かって」、日本国際政治学会編『国際政治』第一一五号、一九九七年、一四四－一六〇頁。

(19) 田所昌幸「日米同盟と2つのガイドライン」国際法学会編『日本と国際法の一〇〇年　第10巻——安全保障』三省堂、二〇〇一年、七六－七八頁。

(20)「日華懇、超党派で発足——衆参三〇〇人が参加」『産経新聞』一九九七年二月六日付。

(21) Benjamin Self, "China and Japan: A Façade of Friendship," *Washington Quarterly*, 26 : 1, Winter 2002, pp. 77–88.

■第八章

(1)「日本との同盟、英に匹敵　アーミテージ氏と会見」『読売新聞』二〇〇六年三月一九日付。

(2) Shirley A. Kan, "China/Taiwan: Evolution of the 'One China' Policy — Key Statements from Washington, Beijing, and Taipei," *CRS Report for Congress*, December 13, 2007, p. 71, http://www.fas.org/sgp/crs/row/RL30341.pdf.

(3) Philip Yang, From Strategic Competitor to Security Collaborator? New U.S.-China Tri-level Strategic Relations and Taiwan Security in a Post-9/11 World," *Issues and Studies*, Vol. 39 No. 4, pp. 182–193.

(4) 米国の同期間中の両岸均衡政策については、以下拙稿を参照。Philip Yang, "Doubly Dualistic Dilemma: U.S. Strategy towards China and Taiwan," *International Relations of the Asia Pacific*, August 2006, Vol. 6, No. 2, pp. 209–225.

(5) 松田康博「台湾問題の新展開」家近亮子・松田康博・段瑞聡編著『岐路に立つ日中関係——過去との対話・未来への模索』、晃洋書房、二〇〇七年、二二八－二三三頁。

(6)「台湾WHO参加、オブザーバーで　官房長官、異例の見解」、『産経新聞』二〇〇二年五月一五日。「美日表態支持台湾加入世衛」BBC Chinese、二〇〇二年五月一五日。http://news.bbc.co.uk/hi/chinese/news/newsid_1988000/1988512.stm.

(7) Anthony Faiola, "Japan-Taiwan Ties Blossom As Regional Rivalry Grows: Tokyo, Wary of China, Tilts Toward Taipei," *Washington Post*, March 24, 2006; Page A12.「自衛隊50年岐路の最前線四——『台湾駐在武官』中台緊張の渦にもまれ」『朝日新聞』二〇〇四年三月二二日。

(8)「台日簽訂境管合作協定」『二〇〇五　世界年鑑』台北、中央通訊社、二〇〇四年、二八七－二八八頁。「台湾——入国事前審査を開始」『毎日新聞』二〇〇四年八月八日。

(9)「釣魚台主権、両国完全没交集」『自由時報』二〇〇五年七月三〇日付。http://www.libertytimes.com.tw/2005/new/jul/30/today-p8.htm.

(10)「社説　日・EU関係　東アジア情勢めぐる対話強化を」『読売新聞』二〇〇六年四月二七日付。

(11)「首相、EU首脳と協議　イランのウラン濃縮に遺憾の意」『朝日新聞』二〇〇六年四月二五日付。

(12) 外務報道官談話「反国家分裂法について」二〇〇五年三月一四日、外務省ウェブサイト。http://www.mofa.go.jp/mofaj/press/danwa/17/dga_0314.html.「反分裂法、日本明確表態反対」『中国時報』二〇〇五年三月一一日付。

(13)「『台湾は日米安保の対象』町村外相」『朝日新聞（夕刊）』二〇〇五年四月三〇日付。

(14) 衛藤征士郎・小枝義人『検証・李登輝訪日——日本外交の転換点』株式会社ビイングネットプレス、二〇〇一年、参照。

(15)「赴日観光、将永久免簽証」『自由時報』二〇〇五年八月三日付。

(16)館沢貢次『台湾——新世代の隣人関係に向けて』ぱる出版、二〇〇一年、九九頁。

(17)「整合外交戦力、我日本事務会成軍」『中国時報』二〇〇五年一〇月一九日付。

(18)「民進党成立台日友好協会」『自由時報』二〇〇一年六月一二日付。

(19)「台日国会議員挙行交流会議」立法院全球資訊網、二〇〇三年四月二九日付。

(20)「民主日台議員懇が発足——日華議員懇との綱引きも」『共同通信』二〇〇〇年四月二五日付。http://www.ly.gov.tw/ly/02_information/0201_lyinfo/ly_news/ly_news_02.jsp?ItemNO=02010100&f80_number=1519.

(21)「国会議員訪台ラッシュ——陳政権要人と新たに人脈作り」『読売新聞』二〇〇一年八月三〇日付。外交部外交年鑑編輯委員会編『中華民国九十一年外交年鑑』台北、外交部、二〇〇三年、九六－九八頁。

(22)廖書賢「後冷戦時代的日台関係——従経貿外交到安保外交的十年」『逢甲人文社会学報』第七期、二〇〇三年、二二五－二四八頁。

(23)『跨世紀外交政策白皮書』一九九九年一二月二八日、http://issue.udn.com/FOCUSNEWS/ABIAN/b/2frame.htm.

(24)「台湾為何加強対日関係」『中国評論』二〇〇二年一〇月。http://www.zhgpl.com/crn-webapp/cbspub/secDetail.jsp?bookid=5459&secid=5494.

(25)Anthony Faiola, "Japan-Taiwan Ties Blossom As Regional Rivalry Grows: Tokyo, Wary of China, Tilts Toward Taipei," *Washington Post*, March 24, 2006.

(26)「台日安保論壇東京掲幕」『自由時報』二〇〇三年八月二八日付。

(27)「日本と準戦略パートナーに——侵略の『恨み』乗り越え」『共同通信』二〇〇五年一二月二四日付。「台湾・民進党『日本、準戦略パートナー』対日関係文書」『中日新聞』二〇〇五年一二月二五日。

(28)中華民国進出口貿易統計「二〇〇五年輸出入額表」、経済部国際貿易局ウェブサイト。http://cus93.trade.gov.tw/fsci.

■第九章

(1)本章は、以下の拙稿を大幅に加筆修正したものであり、それ以外は書き下ろしである。Yasuhiro Matsuda, "Japan-Taiwan Relations under DPJ and KMT Administrations in International Context," in Ocean Policy Research Foundation and Prospect Foundation, *Japan and Taiwan in a New Era: Possible Effects and Influences towards Its Relationship*, Tokyo: Ocean Policy Research Foundation, 2013, available at https://www.spf.org/_opri_media/publication/pdf/201303_16.pdf, accessed on April 24, 2020(以下、特に断らない限り、アクセス日は同じである)。松田康博「日台関係の新展開——東アジアの安全保障への影響」任耀庭主編『二〇一四亜洲新情勢』台北、翰蘆図書出版有限公司、二〇一四年。「馬英九政権期の日台関係」(日本台湾学会第一八回学術大会提出論文)二〇一六年五月二一日。

(2)松田康博「改善の『機会』は存在したか？——中台関係の構造変化」、「『最良の関係』から『相互不信』へ——米台関係の激変」若林正丈編『ポスト民主化期の台湾政治——陳水扁政権の8年』日本貿易振興機構アジア経済研究所、二〇一〇年、http://www.ide.go.jp/Japanese/Publish/Books/Sousho/582.html、参照。

（3）池田維『日本・台湾・中国――築けるか新たな構図』産経新聞出版、二〇一〇年、一二一―一二三頁。

（4）See, Yasuhiro Matsuda, "Improved Cross-Strait Relations Confusing to the Japanese," *Asia Pacific Bulletin*, East West Center, No. 47, February 12, 2010, available at http://www.eastwestcenter.org/fileadmin/stored/pdfs/apb047.pdf.

（5）丹羽文生「近年の日台関係と『台日特別パートナーシップ』について」『海外事情』第六〇巻六号（二〇一二年六月）。

（6）石原忠浩「馬英九政権下の日台関係の進展――継続性、挑戦、実務交流枠組みの形成」『問題と研究』第四一巻第二号（二〇一二年四・五・六月号）。

（7）福田円「馬英九政権の台日特別パートナーシップ――中台和解の下での対日関係推進」『問題と研究』第四一巻第四号（二〇一二年一〇・一一・一二月号）。福田円「ポスト民主化台湾と日本――関係の制度化と緊密化」『東洋文化』第九四号（二〇一四年三月）。

（8）Ryo Sahashi, "Japan-Taiwan Relations since 2008: An Evolving, Practical, Non-Strategic Partnership," Jean-Pierre Cabestan and Jacques deLisle eds, *Political Changes in Taiwan under Ma Ying-jeou: Partisan Conflict, Policy Choices, External Constraints and Security Challenges*, New York: Routledge, 2014.

（9）小笠原欣幸「馬英九の博士論文から読み解く日台漁業交渉」『東洋文化』第九四号（二〇一四年三月）。

（10）賴怡忠「美中競合格局下的台日関係発展策――如何評価美国因素與中国因素対台日関係的影響」『台湾国際研究季刊』第九巻第三期（二〇一三年秋季号）。

（11）「台湾（Taiwan）基礎データ」、外務省（二〇一五年一二月二五日）http://www.mofa.go.jp/mofaj/area/taiwan/data.html、二〇一六年四月三〇日アクセス。「日方：與台関係四〇年最佳　就像簽ＦＴＡ」、中央通訊社、二〇一六年三月八日、http://www.cna.com.tw/news/firstnews/201603085004-1.aspx。

（12）一般社団法人中央調査社『台湾に対する意識調査報告書』、二〇一六年一〇月、https://www.roc-taiwan.org/uploads/sites/44/2016/12/0596_台湾に対する意識調査報告所 20161213.pdf、一頁。

（13）「最近の日台関係と台湾情勢」、外務省（二〇一四年四月）http://www.mofa.go.jp/mofaj/area/taiwan/pdfs/kankei.pdf。

（14）「冷落台湾代表　日道歉又忙撇清」『台湾蘋果日報』二〇一二年三月一四日付。

（15）「台湾賑災　感恩乃ヘ　日皇向我代表致謝」『自由時報』二〇一二年四月二〇日付。

（16）「両国代表不約而同：台日関係四〇年来最好状況」『自由時報』二〇一二年五月三日付。

（17）包宗和「一個超越歴史局限的兩岸觀――迎向『擱置爭議，追求雙贏』的新路線」蔡朝明主編『馬總統執政後的兩岸新局――論兩岸關係新路向』台北、財団法人遠景基金会、二〇〇九年、一九〇―一九四頁。

（18）李明「新政府両岸外交休兵政策之理念與作為」林碧炤主編『両岸外交休兵新思惟』台北、財団法人遠景基金会、二〇〇九年、二六―二九頁。

（19）松田康博「馬英九政権下の米台関係」小笠原欣幸・佐藤幸人編『馬英九再選――二〇一二年台湾総統選挙の結果とその影響』東京、アジア経済研究所、二〇一二年、九七―一〇一頁、https://www.ide.go.jp/Japanese/Publish/Books/Josei/018.html。

（20）丹羽、前掲「近年の日台関係と『台日特別パートナーシップ』について」、六五―六七頁。

（21）浅野和生『台湾の歴史と日台関係――古代から馬英九政権ま

で』早稲田出版、二〇一〇年、一八一－一八四頁。
(22) 丹羽、前掲「近年の日台関係と『台日特別パートナーシップ』について」、六七－六八頁。
(23) 馬英九口述、蕭旭岑著『八年執政回憶録』台北、遠見天下文化出版股份公司、二〇一八年、一八六頁。
(24) 池田、前掲『日本・台湾・中国』、一二一－一二五頁。
(25) 小田村四郎「馬英九政権に対する危惧と希望」『季刊 櫻梅通信』第三五巻第一六一号（二〇〇八年一〇月三一日）、六頁。
(26) 「日台関係」、交流協会ウェブサイト、http://www.koryu.or.jp/ez3_contents.nsf/12/F3CE8A140E14BA4649257737002B2217?OpenDocument、二〇一二年九月一七日アクセス。池田、前掲『日本・台湾・中国』、一二四－一二五頁。
(27) 池田、同右、四九頁。馬、前掲『八年執政回憶録』、一八七頁。
(28) 「外交部が二〇〇九年『台日特別パートナー関係促進年』を宣言」、二〇〇九年一月二〇日、データベース『世界と日本』、http://www.ioc.u-tokyo.ac.jp/~worldjpn/documents/texts/JPTW/20090120.S1J.html。
(29) 石原、前掲「馬英九政権下の日台関係の進展」、八一頁。
(30) 馬、前掲『八年執政回憶録』、一八四、一九三－一九四頁。
(31) 石原、前「馬英九政権下の日台関係の進展」、六二頁。
(32) 馬、前掲『八年執政回憶録』、二〇六－二〇七頁。
(33) 「第三八回日台貿易経済会議フォローアップ会合等の開催について」、交流協会ウェブサイト、二〇一四年六月一七日、https://www.koryu.or.jp/news/?itemid=513&dispmid=5287。
(34) 松田康博「台湾問題の新展開」家近亮子・松田康博・段瑞聡編『［改訂版］岐路に立つ日中関係――過去との対話・未来への模索』晃洋書房、二〇一二年、参照。
(35) 同右、二四六頁。
(36) 同右、参照。
(37) 石原、前掲「馬英九政権下の日台関係の進展」、七一－七二頁。
(38) 以下、同右、七三－七四頁。
(39) 同右、七四－七五頁。
(40) 『中華民国一〇〇年外交年鑑』台北、外交部、二〇一二年、六五頁。
(41) 「野田首相が台湾に謝意表明、台湾で大きく報道」『TAIWAN TODAY』二〇一一年九月一五日付、https://jp.taiwantoday.tw/news.php?unit=149&post=68801。
(42) 石原、前掲「馬英九政権下の日台関係の進展」、七五頁。
(43) 『中華民国一〇二年外交年鑑』台北、外交部、二〇一三年、七六頁。
(44) 「日本前首相野田佳彦衆議員率団訪華」、中華民国外交部、二〇一五年四月三〇日、http://www.mofa.gov.tw/News_Content.aspx?n=8742DCE7A2A28761&s=BBD5EF7DC6AB9790。
(45) 「ＡＰＥＣ双辺会談達共識：台日将重啓漁業談判」『自由時報』二〇一二年九月一〇日付。
(46) 「亜協会長李嘉進高調透露 在日首相官邸会菅官房長官」『自由時報』二〇一三年八月一二日付、http://news.ltn.com.tw/news/politics/paper/704483。
(47) 「日媒：安倍晋三密会李登輝 李辦：両人同在飯店但未見面」『風伝媒』二〇一五年七月二三日付、http://www.storm.mg/article/58425。
(48) 「蔡英文密会安倍？呉釗燮駁報導與事実不符」『風伝媒』二〇一五年一〇月九日、http://www.storm.mg/article/68768。
(49) 石原、前掲「馬英九政権下の日台関係の進展」、七八－七九頁。
(50) 中川昌郎「ＷＨＯと日華平和条約」『東亜』第五〇四号、二〇〇九年六月、五七－五九頁。

(51)この経緯は以下に詳しい。門間理良「ASIA STREAM――台湾　中国の台湾担当閣僚が初訪台二〇一四年五―六月」『東亜』五六六号、二〇一四年八月、六七‐六八頁。門間理良「ASIA STREAM――台湾　国防部で大規模な人事異動二〇一四年七―八月」『東亜』五六七号（二〇一四年九月）六六‐六七頁。

(52)小笠原欣幸は、台湾の報道や対応は、日本と台湾に外交関係がないことや、日本は中華人民共和国政府が中国を代表する唯一合法的政府であることを承認していることなどを無視していることを指摘している。小笠原欣幸「故宮『国立』の二文字と日台関係」、OGASAWARA HOMEPAGE、二〇一四年六月二三日、http://www.tufs.ac.jp/ts/personal/ogasawara/etc/palacemuseumandjapantaiwanrelation.html。

(53)「緑委批損台日関係　国民党駁斥」、中央通訊社、二〇一四年六月二一日付、http://www.cna.com.tw/news/aipl/201406210160-1.aspx。「相関追究可以視情況『適可而止』　許世楷：争主権也要顧台日関係」『自由時報』二〇一四年六月二三日付。

(54)「日本官員要我撤食品管制　緑委林淑芬批判『吃人夠夠』」『風伝媒』二〇一五年四月一八日付、http://www.storm.mg/article/46696。

(55)「台湾・馬政権は〝反日〟に舵？　日本からの食品輸入を規制強化」『産経新聞』二〇一五年七月一五日付。

(56)同事件の経緯は、以下を参照のこと。池田、前掲『日本・台湾・中国』、二八‐四七頁。

(57)馬、前掲『八年執政回憶録』、一九一‐一九二頁。

(58)「『釣魚台（尖閣諸島）を守ろう運動』について」『日文台湾通信』二〇一〇年九月一七日付、http://taitsu-news.com/front/bin/ptdetail.phtml?Part=th10091701&Category=0、二〇一二年九月一七日アクセス。

(59)王毅「民族大義面前応一致対外」、中共中央台湾工作辦公室・国務院台湾事務辦公室、二〇一二年九月一六日、http://www.gwytb.gov.cn/wyly/201209/t20120916_3086820.htm。

(60)Shirley A. Kan and Wayne M. Morrison, "U.S.-Taiwan Relationship: Overview of Policy Issues," *CSR Report for Congress*, Congressional Research Service, No. R41952, February 28, 2014, pp.18-20, http://www.fas.org/sgp/crs/row/R41952.pdf.

(61)「中華民国提出『東海和平倡議』」、台北駐日経済文化代表処、二〇一二年八月二一日（発表は八月五日）、https://www.roc-taiwan.org/jp/post/1388.html。同イニシアティブは楊永明国家安全会議諮詢委員の発案である。「東海和平倡議楊永明幕後原創」『聯合報』二〇一二年一二月九日付。

(62)「交流協会を通じた台湾の皆様への玄葉外務大臣のメッセージ」、交流協会ウェブサイト、二〇一二年一〇月五日、https://www.koryu.or.jp/news/?itemid=551&dispmid=5287。

(63)小笠原、前掲「馬英九の博士論文から読み解く日台漁業交渉」、参照。

(64)「在釣魚台列嶼争端，我国不與中国大陸合作之立場」、中華民国外交部ウェブサイト、二〇一三年二月八日、http://www.mofa.gov.tw/News_Content.aspx?n=C641B6979A7897C0&sms=F9719E98D8675CC&s=56A84BD617A31604。

(65)馬英九は、「主権部分について我々が同意するのは不可能だが、漁業権部分は（交渉を）考慮してもよい！」と回想している。馬、前掲『八年執政回憶録』、一九一‐一九二頁。

(66)福田、前掲「ポスト民主化台湾と日本」、一一三頁。

(67)「針対日本安倍首相参拝靖国神社事，外交部盼安倍首相勿做出傷害隣近国家情感之挙措」、中華民国外交部、二〇一三年一二月二六日、http://www.mofa.gov.tw/News_Content_M_2.aspx?n=FAEEE2F9798A98FD&sms=6DC19D8F0948C89&s=7A4567D296AD3F2F。

（68）「中華民国政府回応日本首相安倍晋三発表戦後七十週年談話」、中華民国外交部、二〇一五年八月一四日、http://www.mofa.gov.tw/News_Content_M_2.aspx?n=FAEEE2F9798A98FD&sms=6DC19D8F0948C89&s=E01D4AD0E3A207ED。

（69）馬、前掲『八年執政回憶録』、一九三頁。

（70）門間理良「ASIA STREAM――台湾　対日抗戦勝利70周年を祝う台湾政府二〇一五年六―七月」『東亜』五七八号（二〇一五年八月）、六三―六七頁。門間理良「ASIA STREAM――台湾　馬英九総統、抗日戦争勝利行事に次々と出席二〇一五年八―九月」『東亜』五八〇号（二〇一五年一〇月）、五五―五六頁。

（71）「依国際慣例　空軍彩絵機塗掉日本国旗」、中央通訊社、二〇一五年六月三〇日付、http://www.cna.com.tw/news/aipl/201506305026-1.aspx。

（72）李登輝「日台新連携の幕開け」『Voice』二〇一五年九月号、三八頁。

（73）「郝柏村：退将去大陸閲兵　終身俸就不要領」『聯合報』二〇一五年八月二八日付。「連戦赴陸閲兵　馬喊話『不宜』」『聯合報』二〇一五年八月三〇日付。

（74）「馬：歴史真相不能遺忘」『聯合報』二〇一五年九月二日付。

（75）馬、前掲『八年執政回憶録』、二〇七頁。

（76）「慰安婦賠償　総統命駐日代表立即交渉」、中央通訊社、二〇一五年一二月二九日付。

（77）「内閣官房長官記者会見」、首相官邸、二〇一六年一月五日午前、http://www.kantei.go.jp/jp/tyoukanpress/201601/5_a.html。

（78）小笠原欣幸「沖ノ鳥島沖台湾漁船拿捕事件――日台関係に激震」、http://www.tufs.ac.jp/ts/personal/ogasawara/analysis/okinotorishimadispute.html。

（79）同事件の詳細については、以下を参照。松田康博「第一章　海洋問題をめぐる台湾の政治過程――馬英九政権を中心に」河村有教編著『台湾の海洋安全保障と制度的展開』晃洋書房、二〇一九年、三七―三八頁。

（80）小笠原、前掲「沖ノ鳥島沖台湾漁船拿捕事件」。

（81）馬英九政権の対中接近プロセスに関しては、以下を参照のこと。松田康博「馬英九政権下の中台関係――経済的依存から政治的依存へ？」松田康博・清水麗編著『現代台湾の政治経済と中台関係』晃洋書房、二〇一八年。

■第一〇章

（1）「蔡政権二年　内憂外患」『読売新聞』二〇一八年五月二一日付。

（2）「中国、台湾孤立化へ攻勢」『読売新聞』二〇一七年一一月一八日付。

（3）「台湾、ANA・日航に抗議」『日本経済新聞』二〇一八年六月一九日付。

（4）尾形誠「台湾を巡る安全保障を考える」『東亜』六〇四号（二〇一七年七月号）一〇―一八頁。

（5）石原忠浩「蔡英文総統の中南米訪問、沖ノ鳥島問題をめぐる紛糾」『交流』九〇四号（二〇一六年七月号）、二〇―二三頁。

（6）「台日海洋協力対話第二回会合、台北で開催される」台北駐日経済文化代表処ウェブサイト、https://roc-taiwan.org/jp_ja/post/53240.html、および「『台日海洋協力対話』第三回会合、『密輸・密航対策』と『海洋科学研究協力』の覚書交わす」、同右、https://roc-taiwan.org/jp_ja/post/62138.html、を参照のこと。

（7）「台湾の海洋委員会海巡署が日本の海上保安庁と協力し沖縄の

漁民を救助」台北駐日経済文化代表処ウェブサイト、https://www.roc-taiwan.org/jp_ja/post/65570.html を参照のこと。

(8) 石原、前掲「日台海洋協力対話、日台貿易経済会議の開催、トランプ蔡英文電話会談」二五‐二七頁。

(9) 池上寛「台湾における日本産食品の輸入緩和と混乱」『アジ研ワールドトレンド』二六一号（二〇一七年七月）、四一頁。

(10) 日本の農産物の対中国、対台湾輸出については、佐藤敦信「日本産農産物の対中国・台湾輸出における輸出主体の制度的対応」『ICCS Journal of Modern Chinese Studies』五（一）号、二〇一一年、を参照。

(11)『財務省貿易統計』に基づく国際部国際政策課作成「農林水産物輸出入状況」、参照。

(12)「宮城産カキ　台湾へ」『河北新報』二〇一八年六月五日付。

(13)「反核食公投大勝　陳時中低調」『聯合新聞網』二〇一八年一一月二六日付、https://udn.com/news/story/6656/3502311。

(14)「台湾の日本産食品輸入規制継続、菅官房長官『理解されず残念』」『産経新聞』二〇一八年一一月二六日付、https://www.sankei.com/politics/news/181126/plt1811260010-n1.html。「日本産食品の禁輸継続 河野外相、台湾のTPP参加への悪影響を示唆」、中央社フォーカス台湾ウェブサイト、二〇一八年一二月七日付、http://japan.cna.com.tw/news/apol/201812070006.aspx。

(15)「柯台北市長、福島県を訪問（二〇一九年五月二六日）」、中央社フォーカス台湾ウェブサイト、http://japan.cna.com.tw/news/apol/201905260001.aspx。

(16)「蔡総統　日本に安保対話要請」『産経新聞』二〇一九年三月二日。

(17)「菅義偉長官『非政府間の実務関係を維持』日台安保対話の要請に」『産経新聞』二〇一九年三月八日付、https://www.sankei.com/politics/news/190308/plt1903080030-n1.html。

(18) 同右。

(19)「赤間二郎総務副大臣が訪台、公務では断交後初」『産経新聞』二〇一七年三月二五日。

(20) 池上、前掲「台湾における日本産食品の輸入緩和と混乱」、四一頁。

(21)「副大臣訪台『意義ある』」『朝日新聞』二〇一七年三月二九日。

(22)「WHO総会に台湾出席を、官房長官」『日本経済新聞』二〇一七年五月一〇日。

(23)「TPP11に意欲の台湾を『歓迎』、官房長官」『日本経済新聞』二〇一七年六月二七日。

(24) 対日工作におけるシンボルの創出やイメージ、宣伝工作については、清水麗「蔣経国・李登輝時期の日台関係の変容――日華・日台の二重構造の遺産」『問題と研究』第四一巻三号（中国語版は、CJEAS　当代日本与東亜研究、http://jeast.ioc.u-tokyo.ac.jp/）、二〇一二年七・八・九月号、及び清水麗「第六章　台湾・総統選挙の衝撃（一九九六年）――日中関係を揺さぶる台湾ファクター」園田茂人編『日中関係史 1972-2012　Ⅲ社会・文化』東京大学出版会、二〇一二年、参照。

(25) 野嶋剛「日本主要紙がこぞって報じた異例の『台湾総統選』社説読み比べ」新潮社 Foresight 二〇一九年一一月二五日、https://fsight.jp/articles/-/46307。

あとがき（増補版）

日本と台湾の関係は複雑である。多くの研究者が、このテーマを正面から取り上げることに躊躇を覚えてきた。序論でも強調したが、確かに日台関係には、「海図」に相当する通史が非常に少ないのである。本書は、戦後日台関係の通史であり、大学生・大学院生・研究者・ビジネスパーソンなどを対象に幅広く読まれることを想定して書かれているが、果たしてどこまで精確な「海図」を描くことができたのであろうか。

本書は、二〇〇五年八月一二日に、当時銘伝大学で客員研究をしていた松田康博（防衛庁防衛研究所。所属は当時、以下同じ）が台北市徐州路にある台湾大学社会科学院政治系の楊永明教授の研究室を訪れた際、田中明彦『日中関係　一九四五―一九九〇』（東京大学出版会、一九九一年）を片手にした楊が、「こういう日台関係の通史を二人で書かないか」と誘ったことがきっかけとなって誕生した。その日、二人は日台関係について議論をした後、「我々で書こう」という合意に達した。

ところが、これまで日台関係の研究をしたことがなく、「荷が重すぎる」と感じた松田は、その後川島真（北海道大学）と清水麗（国士舘大学）に声をかけて、この課題に取り組むこととした。このグループは松田を申請責任者、楊を台湾側共同研究者として、（財）交流協会日台交流センターに「戦後日台関係史の総合的研究」というテーマで二〇〇六年度の「日台共同研究事業」に応募申請し、認められた。そして二〇〇七年三月に提出した報告書の原稿を大幅に加筆・修正したものが本書の初版『日台関係史　一九四五―二〇〇八』である。

共同研究プロジェクトの期間中、我々は四回の研究会を実施した。第一回は、二〇〇六年一〇月一四日に行われた日本国際政治学会二〇〇六年度研究大会であり、清水と楊が、第三章、第七章の論文発表を行い、それぞれ川島、松田がコメンテーターを務めた。第二回は、同年一二月一四日に台湾大学社会科学院会議室で行われた。ここでは、川島と松田が第一章、第五章を発表し、何思慎（輔仁大学日文系）、黄自進（中央研究院近代史研究所）、陳鵬仁（文化大学日本研究所）の三氏にコメンテーターをお願いした。第三回は、二〇〇七年三月四日に、東京大学駒場キャンパスで行った。この時は、川島、清水、松田、楊がそれぞれ第二章、第四章、第六章、第八章の論文を発表し、コメンテーターとして、石井明（東京大学大学院総合文化研究科）、井尻秀憲（東京外国語大学外国語学部）、柿澤未知（外務省第三国際情報官室）のお三方にコメンテーターをお願いした。第四回は、同年三月二二日に、台湾大学社会科学院会議室で行われ、松田、楊がそれぞれ第六章、第八章を発表し、何思慎、彭栄次（台湾輸送機械公司董事長）の両氏にコメンテーターをお願いした。研究会のコメンテーターおよびフロアの方々からは、いずれも貴重なコメントや情報を提供していただいた。この場を借りて御礼申し上げたい。

会議の準備、記録、コメントに加え、資料収集、インタビューなど多方面で、共同研究の研究協力者である石川誠人（立教大学大学院）、竹茂敦（法政大学大学院）、福田円（慶應義塾大学大学院）の三氏から支援を受けた。石川、竹茂両氏には、それぞれ初版の日台関係史年表と参考文献目録を作成してもらった。

報告書を提出した後、我々は、さらに資料収集やインタビューを重ね、三回の合評会を行った。第一回は、二〇〇七年四月一二日に、東大駒場キャンパスで全原稿に対して川島、清水、松田のみで行った。第二回は、同年一〇月二三日に東大駒場キャンパスで、第五―八章に対して四名の執筆者と、石川、竹茂、福田で行った。第三回目は、一一月七日に同じく駒場キャンパスで、第一―四章に対して、川島、清水、松田、石川、竹茂、福田に加え、春山明哲（日本台湾学会理事長）、若林正丈（東京大学大学院総合文化研究科）の両先生を招いて行った。特に春山、若林の両先生からは、大変貴重なコメントやアドバイスをいただいた。インタビューを受けて下さった方々を含めて、ここであらためて謝意を表したい。

これらの研究会や合評会の際に与えられた貴重なコメントやヒントを元に、我々は二〇〇九年に初版の出版にこぎ着けた。馬英九政権が二〇〇八年に誕生して日米中台関係が大きく変化する中、増補版を願う声を聞いた。松田は二〇一六年五月二一日になされた日本台湾学会第一八回学術大会で、第九章の報告を行い、林泉忠（中央研究院近代史研究所）、柿澤未知（交流協会）、小笠原欣幸（東京外国語大学大学院総合国際学研究院）の各先生から貴重なコメントをいただいた。それを「馬英九時期的日本和台湾地区関係」『中国国際戦略評論』二〇一九（下）、二〇二〇年一月として公刊し、さらに楊からのコメントを得て加筆修正したのが第九章である。清水麗は、二〇一八年八月二日に上海で行われた第九回「中日関係中的台湾問題学術研討会」の報告原稿をもとに「蔡英文政権下的日台関係（二〇一六―二〇一八）」『当代日本與東亜研究』第四巻第四号、二〇二〇年八月を公刊し、さらに加筆修正を経て第一〇章とした。そして、巻末の「日台関係年表」は黄偉修氏（東京大学東洋文化研究所）に改めて作成していただいた。今回の年表は以前触れられなかった日台芸能・スポーツ交流についても収録した。これは故三田裕次氏（台湾史研究家）のアドバイスを参考にしたためである。

また、今回も初版と同様山本徹氏のお陰で、増補版の出版にたどりつくことができた。厚く御礼を申し上げたい。また、経費補助をいただいた（財）交流協会（公益財団法人日本台湾交流協会の前身）日台交流センターに、あらためて深く感謝の意を表したい。

なお、「あとがき（増補版）」を脱稿する直前に、李登輝元総統の訃報に接した。李氏の逝去によって、多くの人々が日台関係の過去と未来に様々な思いをはせている。本書は日台関係の新たな時代を予感させるタイミングでの出版となった。最後に、本書がささやかなきっかけとなって、日本と台湾の関係、そして東アジアの国際関係についての関心と理解が深まることを願い、擱筆することとする。

二〇二〇年八月

松田康博
楊　永明

日台関係史 1945-2020 増補版

2009年 3月30日 初 版第1刷
2020年10月 1日 増補版第1刷

［検印廃止］

著 者 川島《かわしま》 真《しん》・清水《しみず》 麗《うらら》
松田《まつだ》康博《やすひろ》・楊《よう》 永明《えいめい》

発行所 一般財団法人 東京大学出版会

代 表 者 吉見俊哉

153-0041 東京都目黒区駒場 4-5-29
http://www.utp.or.jp/
電話 03-6407-1069 Fax 03-6407-1991
振替 00160-6-59964

印刷所 株式会社平文社
製本所 牧製本印刷株式会社

ISBN 978-4-13-032230-0 Printed in Japan

執筆者一覧

川島　真（かわしま　しん）東京大学大学院総合文化研究科教授［序章，第1，2章］

1968年生まれ．1997年東京大学大学院人文社会系研究科単位取得退学．博士（文学）．

主要著書：『中国近代外交の形成』（名古屋大学出版会，2004年），『中国のフロンティア――揺れ動く境界から考える』（岩波書店，2017年）等．

清水　麗（しみず　うらら）麗澤大学外国語学部教授［第3，4，10章］

1967年生まれ．1998年筑波大学大学院博士課程国際政治経済学研究科単位取得退学．博士（国際政治経済学）．

主要著書：『中台危機の構造』（共著，勁草書房，1997年），『台湾外交の形成』（名古屋大学出版会，2019年）等．

松田康博（まつだ　やすひろ）東京大学東洋文化研究所教授［序章，第5，6，9章］

1965年生まれ．1997年慶應義塾大学大学院法学研究科政治学専攻博士課程単位取得退学．2003年，博士（法学）．

主要著書：『台湾における一党独裁体制の成立』（慶應義塾大学出版会，2006年），『現代台湾の政治経済と中台関係』（共編著，晃洋書房，2018年）等．

楊　永明（Philip Yang）台湾大学政治学系兼任教授［第7，8章］

1964年生まれ．台湾大学卒業，米ヴァージニア大学Ph. D（国際関係論）．

主要論文："The Taiwan That Can Say No: Taiwan's External and Cross-Strait Relations Since 1995," in Shiping Hua ed., *The Beijing-Taipei-Washington Triangle*, (New York: Palgrave-Macmillan, 2006).「東アジアにおけるリージョナリズム――コラボレーションから法制化へ」滝田賢治編著『東アジア共同体への道』（中央大学出版部，2006年）等．

〈日台関係年表作成〉

黄偉修（こう　いしゅう）東京大学東洋文化研究所助教

1977年台湾生まれ．主要著書：『李登輝政権の大陸政策決定過程（1996-2000年）――組織的決定と独断の相克』（大学教育出版，2012年）等．

〈日台関係文献目録作成〉

石川誠人　／　竹茂　敦

索　引

人名索引

あ　行

か　行

さ　行

た　行

な　行

は　行

ま　行

や　行

ら行・わ行

事項索引

あ 行

か 行

さ 行

た　行

な　行

は　行

ま　行

や行・ら行・わ行

日台関係文献目録

辞典・年表・年鑑等

〈日本語〉

天児慧ほか編『岩波現代中国事典』岩波書店，1999年.

アジア経済研究所編・刊『アジア動向年報』1970年から年刊．1982年より1987年までの期間，『アジア・中東動向年報』に名称変更.

伊原吉之助「台湾の政治改革年表・覚書」(1943-1993年)，『帝塚山大学論集』第60，69号，『帝塚山大学教養学部紀要』第29，31，33輯，『帝塚山論集』第80号別冊，1988年3月-1994年3月.

伊原吉之助『台湾の政治改革年表・覚書』(1994-2004年，事項・人名索引，10冊)，交流協会，2004-2007年.

外務省アジア局中国課監修，霞山会編『日中関係基本資料集　1949-1997』霞山会，1998年.

共同通信社編『世界年鑑』1949年から年刊．1987年までは日本経済新聞社，1988年以降は共同通信社が刊行.

現代中国人名辞典編集室『現代中国人名辞典』霞山会，1995年．この他に1962年，1966年，1972年，1978年，1982年，1986年，1991年の各年版がある.

呉密察監修・遠流台湾館編著・横澤泰夫日本語版翻訳『台湾史小辞典　第三版』中国書店，2016年.

台湾研究所編・刊『台湾総覧』(『中華民国総覧』)，1977年から年刊．前身として，1971年から1973年まで『中華民国年鑑』，1974年から1976年まで『台湾総覧』があり，いずれも台湾問題研究所編・刊.

中国総覧編集委員会編『中国総覧』霞山会，1978年から隔年刊．前身は1960年刊行のアジア政経学会編『中国政治経済総覧』で，1971年にアジア調査会編『中国総覧』と改称，1978年から同編集委員会編.

山田辰雄編『近代中国人名辞典』霞山会，1995年.

若林正丈・劉進慶・松永正義編著『台湾百科』(第2版)，大修館書店，1990年.

〈中国語〉

外交部外交年鑑編輯委員会編『中華民国外交年鑑』中華民国外交部，台北，1989年から年刊.

薛化元主編『台湾歴史年表』終戦編Ⅰ (1945-1965)，終戦編Ⅱ (1966-1978)，終戦編Ⅲ (1979-1988)，終戦編Ⅳ (索引)，終戦編Ⅴ (1989-1994)，業強出版社，台北，1992-1998年.

許雪姫総策画『台湾歴史辞典』行政院文化建設委員会，台北，2004年.

楊碧川『台湾現代史年表 (1945年8月-1994年9月)』一橋出版，台北，1996年.

〈英語〉

The Council for Economic Planning and Development (行政院経済建設委員会) 編，*Taiwan Statistical Data Book*，台湾政府発行の英語版年鑑で，1962年から年刊．発行はthe Council for U.S. Aid (美援運用委員会)，the Council for International Economic Cooperation and Development (行政院国際経済合作発展委員会) などを経て1978年より同委員会.

定期刊行物

『アジア・レポート（Asian Report）』1972年8月からマスコミ総合研究所発行．当初は月刊，近年は隔月刊．台湾関連の記事が多く，日台の人的交流などを理解するのに役立つ．

『現代台湾研究』台湾史研究会編集・発行，『台湾史研究』を前身として，1999年より同タイトル．近年はほぼ年2回刊．

『交流』交流協会，前身の『交流協会ニュース』が1975年7月から同タイトルに名称変更．月2回刊．

『週刊台湾通信』通達翻訳出版，台北．台湾の時事ニュース全般を扱う日本語情報誌で，「日本関係」欄は日台関係を理解するのに非常に便利．バックナンバーの一部記事は〈http://www.iris.dti.ne.jp/~taitsu/〉で閲覧できる．

『中華週報』（『台湾週報』）1959年7月から中華民国駐日大使館新聞処，1972年11月より中華週報社が発行．2001年5月の『台北週報』への名称変更を経て，2004年1月より『台湾週報』としてインターネット版に移行〈http://www.taiwanembassy.org/JP/〉．

『東亜』霞山会，1964年8月から月刊．前身の『霞山会報』，『霞山』を経て1978年10月より同タイトル．連載の「台湾の動向」（中川昌郎執筆）は，日台関係はもとより，国内政治，対外関係，経済，中台関係など幅広い分野における台湾の動きを確認するのに最適．

『日本台湾学会報』日本台湾学会編集・発行，1999年から年刊．バックナンバーは同学会のホームページ〈http://wwwsoc.nii.ac.jp/jats/〉で閲覧できる．

『問題と研究』1971年10月から2005年4月まで月刊，その後隔月刊を経て，2008年から季刊．発行は，海風書店などを経て，2005年5/6月号（第34巻第8号）より国立政治大学国際関係研究センター．

論文

〈日本語〉

浅田正彦「日華平和条約と国際法」(1)-(5)『法学論叢』第147巻第4号，第151巻第5号，第152巻第2号，同第4号，第156巻第2号，2000年7月-2004年11月．

天児慧「日本からみた台湾問題と転換期の日台関係」『国際問題』第488号，2000年11月．

新井雄「自由民主党親台湾派の活動―日台断交時期を中心に（1972-1975）」『問題と研究』第39巻1号，2010年1月．

五十嵐正博「戦後補償裁判―最高裁は国際法の発展に寄与できるか：日華平和条約・日中共同声明と中国『国民』の請求権」『世界』第763号，2007年4月．

池井優「戦後日中関係の一考察―石橋，岸内閣時代を中心として」『国際法外交雑誌』第73巻第3号，1974年11月．

池井優「日華協力委員会―戦後日台関係の一考察」『法学研究』第53巻第2号，1980年2月．

石井明「台湾か北京か」渡辺昭夫『戦後日本の対外政策』有斐閣，1985年．

石井明「中国と対日講和―中華民国政府の立場を中心に」渡辺昭夫・宮里政玄編『サンフランシスコ講和』東京大学出版会，1986年．

石井明「1960年代前半の日台関係―周鴻慶事件から反共参謀部設立構想の推進へ」『国際法外交雑誌』第101巻第2号，2002年8月．

石井明「日華平和条約締結から日中国交回復へ―『二つの中国』政策から『一つの中国』政策への跳躍」石井明ほか編『記録と考証　日中国交正常化・日中平和友好条約締結交渉』岩波書店，2003年．

石田浩「戦後日本における台湾研究について―日台交流の深化に向けて」『台湾史研究』第16号，1998年10月．

井尻秀憲「日中台関係への新視角」『中国21』第10号，2001年1月．

井尻秀憲「中国外交の『変化』と日中台関係の新思考」『東亜』第432号，2003年6月．

小笠原清「蔣介石をすくった日本将校団」『文藝春秋』第49巻第10号，1971年8月．

川島真「戦後日本の台湾史研究―政治史・経済史を中心に」亜東関係協会編『「日本之台湾研究」国際学術研討会論文集』中華民国外交部，2005年．

川島真「中華民国（台湾）からみた文化大革命―ビクター・ルイスと華ソ接近問題を例として」『中国21』48号，2018年3月．

川島真「思想としての対中外交―外交の現場から見る蔣介石・中華民国・台湾」酒井哲哉編『日本の外交　第三巻　外交思想』岩波書店，2013年．

川島真「中華民国外交档案に見る『別れの外交（日華断交）―椎名悦三郎の訪台を中心に』」加茂具樹・飯田将史・神保謙編著『中国　改革開放への転換―「一九七八年」を越えて』慶應義塾大学出版会，2011年．

菅英輝・坂元一哉・田中明彦・豊下楢彦「講和・安保条約から五十年　吉田外交を見直す―新資料が明かす日米交渉の舞台裏」『論座』第80号，2002年1月．

草野厚「戦後日本の外交政策決定過程に於けるいくつかの特徴―岸内閣の対中政策を例として」『国際学論集』第2巻第1号，1979年1月．

草野厚「第四次日中貿易協定と日華紛争―1958年3月5日-4月9日」『国際政治』第66巻，1980年11月．

呉秀月「冷戦下の蔣介石の対外戦略と日台関係（1950-1952）」『法学政治学論究』第41号，1999年6月．

佐藤晋「佐藤政権期のアジア政策」波多野澄雄編著『池田・佐藤政権期の日本外交』ミネルヴァ書房，2004年．

清水麗「1970年代の台湾の外交政策に関する一考察―外交と内政と中台関係の相互作用」『東アジア地域研究』第6号，1999年7月．

清水麗「航空路問題をめぐる日中台関係」『筑波大学地域研究』第18号，2000年3月．

清水麗「第二次吉田書簡（1964年）をめぐる日中台関係の展開」『筑波大学地域研究』第19号，2001年3月．

清水麗「台湾における蔣介石外交―1961年の国連問題をめぐる原則と妥協」『常磐国際紀要』第6号，2002年3月．

清水麗「戦後日台関係―台湾外交の変容と日本」『アジア遊学』第48号，2003年2月．

清水麗「蔣経国体制への移行と日華断交」『21世紀アジア学会紀要』第5号，2007年3月．

徐年生「戦後の日台関係における日華議員懇談会の役割に関する研究―1973-1975」『北大法学研究科ジュニア・リサーチ・ジャーナル』№10，2004年1月．

戴國煇・新島淳良（対談）「思想方法としての台湾」『新日本文学』第26巻第11号，1971年11月．

武見敬三「自由民主党と日中国交正常化―複合的政策決定における妥協の構造」『法学研究』第54巻第7号，1981年7月．

武見敬三「国交断絶期における日台交渉チャンネルの再編過程」神谷不二編著『北東アジアの均衡と動揺』慶應通信，1984年．

武見敬三「台湾をめぐる危機の原型」小此木政夫・赤木完爾編『冷戦期の国際政治』慶応通信，1987年．

武見敬三「日台関係―脆弱の中の安定」『世界』第553号（臨時増刊号），1991年4月．

武見敬三「日中・日台関係における親中・親台派の終焉―激動の21世紀，日本に求められる外交戦略とは」『問題と研究』第26巻第8号，1997年5月．

田麗萍「戦後日中の外交関係―日本の対中政策の形成，発展，および今後の展望について」『大阪経済法科大学法学研究所紀要』第32号，2001年3月．

中江要介「資料　椎名悦三郎・蔣経国会談記録—中江メモ　日台国交断絶の記録」『社会科学研究』第 24 巻第 1 号，2003 年 12 月.
中江要介（講演）「日中正常化と台湾」『社会科学研究』第 24 巻第 1 号，2003 年 12 月.
中川昌郎「序章　断交後の日台関係　1972-1987」中川昌郎『台湾をみつめる眼—定点観測・激動の二〇年』田畑書店，1992 年（1995 年増補新版）.
中川昌郎「台湾の光華寮問題」『東亜』第 479 号，2007 年 5 月.
平川幸子「『二つの中国』ジレンマ解決への外交枠組み—『日本方式』の一般化過程の分析」『国際政治』第 146 号，2006 年 11 月.
福田円「馬英九政権の『台日特別パートナーシップ』—中台和解の下での対日関係促進」『問題と研究』第 41 巻 4 号，2012 年 12 月.
福田円「ポスト民主化台湾と日本—関係の制度化と緊密化」『東洋文化』第 94 号，2014 年.
細谷千博「日米中三国関係の構図—吉田書簡からニクソン・ショックまで」細谷千博・有賀貞編『国際環境の変容と日米関係』東京大学出版会，1987 年.
米多「「中華民国の『アジア反共同盟』構想—アジア冷戦変容下の集団安全保障政策」『国際政治』188 号，2017 年 4 月.
松尾康憲「50 年目の清算？—台湾住民への『確定債務』」『世界』第 598 号，1994 年 8 月.
松田康博「台湾問題の新展開」家近亮子・松田康博・段瑞聡編著『岐路に立つ日中関係—過去との対話・未来への模索』晃洋書房，2007 年.
森巧「日華断交以前の戦後日華外交史研究—日本の研究動向（2000-2014）」『近代中国研究彙報』第 37 巻，2015 年.
やまだあつし「1950 年代日台貿易交渉— 1955 年第 2 回交渉を中心に」『名古屋市立大学大学院人間文化研究科　人間文化研究』19 号，2013 年 6 月.
やまだあつし「1950 年代日華貿易交渉と琉球—パイナップルを中心に」『名古屋市立大学大学院人間文化研究科　人間文化研究』28 号，2017 年 7 月.
楊子震「帝国臣民から在日華僑へ—渋谷事件と戦後初期在日台湾人の法的地位」（『日本台湾学会報』14 号，2012 年.
横山宏章「日中破局への道（1)-(4・最終回）—『五星紅旗』掲揚をめぐる日台交渉と長崎国旗事件」『東亜』第 439，441，444-445 号，2004 年 1 月-7 月.
李登輝・司馬遼太郎（対談）「場所の悲哀」司馬遼太郎『台湾紀行』朝日新聞社，1994 年（1997 年文庫版).
林金莖「日華断交を振り返って」『問題と研究』第 21 巻第 12 号，1992 年 9 月.
若林正丈「台湾ナショナリズムと『忘れ得ぬ他者』」『思想』第 957 号，2004 年 1 月.

〈中国語〉
洪紹洋「中日合作策進会対台湾経済計画之促進與発展（1957 － 1972)」『台湾文献』第 63 巻第 3 期，2012 年.
洪紹洋「1950 年代台，日経済関係的重啟與調整」『台湾史研究』第 23 巻第 2 期，2016 年 9 月.
廖書賢「後冷戦時代的日台関係：従経貿外交到安保外交的十年」『逢甲人文社会学報』第 7 期，台中，2003 年 11 月.
劉冠効「従李前総統訪日看日本外交決策過程」『問題與研究』第 40 巻第 5 期，台北，2001 年 9 月.
劉冠効「日本的台海両岸政策與我国的対日外交思維」『戦略與国際研究』第 4 巻第 3 期，台北，2002 年 7 月.
呉寄南「日本対台政策及其関係」楊潔勉等著『世界格局中的台湾問題—変化和挑戦』上海人民出版社，上海，2001 年.

修春萍「中日関係中的台湾問題」『台湾研究（双月刊）』第76期（2005年第6期），北京，2005年12月．
楊永明「美日安保與亜太安全」『政治科学論叢』第9期，台北，1998年6月．
張隆義「1995-1996年台海危機—日本的観点」林正義主編『中美関係専題研究—1995-1997』中央研究院欧美研究所，台北，1998年．

〈英語〉

Eldridge, Robert D., *The Origins of U.S. Policy in the East China Sea Islands Dispute: Okinawa's Reversion and the Senkaku Islands*, London: Routledge, 2014（ロバート・D・エルドリッヂ著，吉田信吾・中島琢磨訳『尖閣問題の起源—沖縄返還とアメリカの中立政策—』名古屋大学出版会，2015年）．

Kwashima, Shin, "The Origins of the Senkaku/Diaoyu Islands Issue: The period before normalization of diplomatic relations between Japan and China in 1972," *Asia-Pacific Review*, Vol. 20, No. 2, 2013, pp. 122-145.

Kwashima, Shin, "Deimperialization" in early postwar Japan: adjusting and transforming the institutions of empire, in Barak Kushner and Sherzod Muminov eds., *The Dismantling of Japan's Empire in East Asia: Deimperialization, postwar legitimation and imperial afterlife*, Routledge, 2017, pp. 30-47.

McDevitt, Michael, Soeya, Yoshihide, Auer, James, and Kotani, Tetsuo , Yang, Philip, "Japan-Taiwan Interaction: Implications for the United States," *NBR Analysis*, Vol. 16, No. 1, Oct 2005.〈http://www.nbr.org/publications/serial.aspx?ID=d8897465-3ff3-4e9a-bfca-c511a8f32cb3〉

Self, Benjamin, "China and Japan: A Façade of Friendship," *The Washington Quarterly*, Vol. 26, No. 1（Winter 2002-03）, Jan 2003.

Soeya, Yoshihide, "Taiwan in Japan's Security Considerations," Richard Louis Edmonds and Steven M. Goldstein eds., *Taiwan in the Twentieth Century: A Retrospective View*, New York: Cambridge University Press, 2001.

Takemi, Keizo, "Japan-Taiwan Relations after World War II: American Strategy and Conservative Politics in Japan,"『行動科学研究』第17巻第1号，1984年3月．

Takemi, Keizo, "The Role of the Pro-ROC Group in the LDP since 1972," a Paper Presented to the Taiwan Studies Workshop at the Fairbank Center for East Asian Research, Harvard University, Feb 2, 1993.

Yang, Philip, "From Strategic Competitor to Security Collaborator?: New U.S.-China Tri-level Strategic Relations and Taiwan Security in a Post-9/11 World," *Issues and Studies*, Vol. 39 No. 4, Dec 2003.

Yang, Philip, "Doubly Dualistic Dilemma: U.S. Strategy towards China and Taiwan," *International Relations of the Asia Pacific*, Vol. 6, No. 2, Aug 2006.

単行本

〈日本語〉

有馬元治『激動する日台関係の回顧と展望—政治・立法・裁判　民主化に賭ける台湾レポート』太平洋総合研究所，1995年．

家近亮子・松田康博・段瑞聡編著『岐路に立つ日中関係—過去との対話・未来への模索』晃洋書房，2007年．

五十嵐真子・三尾裕子編『戦後台湾における「日本」—植民地経験の連続・変貌・利用』風響

社，2006年.
池田直隆『日米関係と「二つの中国」』木鐸社，2004年.
石井明・朱建栄・添谷芳秀・林暁光編『記録と考証　日中国交正常化・日中平和友好条約締結交渉』岩波書店，2003年.
石井修『冷戦と日米関係』ジャパンタイムズ，1989年.
井尻秀憲編著『中台危機の構図』勁草書房，1997年.
井上正也『日中国交正常化の政治史』名古屋大学出版会，2010年.
殷燕軍『中日戦争賠償問題―中国国民政府の戦時・戦後対日政策を中心に』御茶の水書房，1996年.
内田勝久『大丈夫か，日台関係―「台湾大使」の本音録』産経新聞出版，2006年.
衛藤瀋吉著『中華民国を繞る国際関係』アジア政経学会，1967年.
衛藤征士郎・小枝義人『検証・李登輝訪日―日本外交の転換点』ビイングネットプレス，2001年.
袁克勤『アメリカと日華講和』柏書房，2001年.
王偉彬『中国と日本の外交政策―1950年代を中心にみた国交正常化へのプロセス』ミネルヴァ書房，2004年.
大江志乃夫ほか編『岩波講座　近代日本と植民地8　アジアの冷戦と脱植民地化』岩波書店，1993年.
岡田充『中国と台湾―対立と共存の両岸関係』講談社，2003年.
奥野修司『ナツコ―沖縄密貿易の女王』文芸春秋，2005年.
河崎眞澄『李登輝秘録』産経新聞出版，2020年.
川島真『台湾における日本研究』交流協会，2004年.
岸信介・矢次一夫・伊藤隆『岸信介の回想』文芸春秋，1981年.
許珩『戦後日華経済外交史　1950-1978』東京大学出版会，2019年.
許雪姫監修，川島真日本語編集『許丙・許伯埏回想録』中央研究院近代史研究所，台北，1996年.
楠田實著，和田純・五百旗頭真編『楠田實日記―佐藤栄作総理首席秘書官の二〇〇〇日』中央公論新社，2001年.
栗山尚一，中島琢磨・服部龍二・江藤名保子編『外交証言―沖縄返還・日中国交正常化・日米「密約」』岩波書店，2010年.
佐橋亮『共存の模索―アメリカと「二つの中国」の冷戦史』勁草書房，2015年.
佐藤榮作著，伊藤隆監修『佐藤榮作日記』（全6巻），朝日新聞社，1997-1999年.
司馬遼太郎『台湾紀行』朝日新聞社，1994年（1997年文芸文庫版）.
清水麗『台湾外交の形成』名古屋大学出版会，2019年.
社会環境研究センター『台湾に関する世論調査（台湾に対する日本国民の心の架橋）』社会環境研究センター，2002年.
周婉窈著，濱島敦俊監訳『図説　台湾の歴史』平凡社，2007年.
徐年生「戦後日本の中国政策の模索と日華関係の研究―1950年代を中心に」北海道大学大学院法学研究科博士論文，2007年5月.
添谷芳秀『日本外交と中国―1945-1972』慶應通信，1995年.
戴天昭『台湾戦後国際政治史』行人社，2001年.
舘澤貢次『台湾―新世代の隣人関係に向けて』ぱる出版，2001年.
田中明彦『日中関係―1945-1990』東京大学出版会，1991年.
田上智宜・松田康博編『東洋学研究情報センター叢刊28―台湾政党政治黎明期関係者インタビュー集（上）』，2019年3月.
田上智宜・松田康博編『東洋学研究情報センター叢刊30―台湾政党政治黎明期関係者インタビュー集（下）』，2020年3月.

田村重信・豊島典雄・小枝義人『日華断交と日中国交正常化』南窓社，2000 年.
張紹鐸『国連中国代表権問題をめぐる国際関係（1961-1971）』国際書院，2007 年.
陳肇斌『戦後日本の中国政策― 1950 年代東アジア国際政治の文脈』東京大学出版会，2000 年.
中江要介，若月秀和・神田豊隆・楠綾子・中島琢磨・昇亜美子・服部龍二編『アジア外交　動と静―元中国大使中江要介オーラルヒストリー』蒼天社出版，2010 年.
中川昌郎『台湾をみつめる眼―定点観測・激動の二〇年』田畑書店，1992 年（1995 年増補新版『台湾をみつめる眼―定点観測 I 空白の二〇年』）.
中川昌郎『台湾をみつめる眼―定点観測 II 民主体制への離陸』田畑書店，1995 年.
中川昌郎『李登輝から陳水扁―台湾の動向 1995-2002』交流協会，2003 年.
中村勝範『運命共同体としての日本と台湾―ポスト冷戦時代の国家戦略』展転社，1997 年.
日本アジア航空株式会社 10 年史編集会議編『日本アジア航空物語』日本アジア航空，1985 年.
平松茂雄『台湾問題―中国と米国の軍事的確執』勁草書房，2005 年.
福田円『中国外交と台湾―「一つの中国」原則の起源』慶応義塾大学出版会，2013 年.
船橋洋一『同盟漂流』岩波書店，1997 年（2006 年現代文庫版）.
別枝行夫・諏訪一幸・川島真編『日華外交史・日台関係史』（〈公共政策を読む〉第 1 集），北海道大学公共政策大学院，2006 年.〈http://www.hops.hokudai.ac.jp/center/data/s050129.pdf〉
彭明敏・黄昭堂『台湾の法的地位』東京大学出版会，1976 年.
細谷千博『サンフランシスコ講和への道』中央公論社，1984 年.
本澤二郎『台湾ロビー』データハウス，1998 年.
増田弘編著『ニクソン訪中と冷戦構造の変容』慶應義塾大学出版会，2006 年.
松田良孝『八重山の台湾人』南山舎，2004 年.
松本彧彦『台湾海峡の懸け橋に―いま明かす日台断交秘話』見聞ブックス，1996 年.
宮下明聡・佐藤洋一編『現代日本のアジア外交―対米協調と自主外交のはざまで』ミネルヴァ書房，2004 年.
毛里和子・増田弘監訳『周恩来キッシンジャー機密会談録』岩波書店，2004 年.
芳澤謙吉『外交六十年』自由アジア社，1958 年（1990 年中公文庫版）.
李恩民『転換期の中国・日本と台湾――九七〇年代中日民間経済外交の経緯』御茶の水書房，2001 年.
李登輝『台湾の主張』PHP 研究所，1999 年.
李登輝・中嶋嶺雄『アジアの知略―日本は歴史と未来に自信を持て』光文社，2000 年.
林金莖『梅と桜―戦後の日華関係』サンケイ出版，1984 年.
林金莖『戦後の日華関係と国際法』有斐閣，1987 年.
林景明『知られざる台湾―台湾独立運動家の叫び』三省堂，1970 年.
若林正丈『台湾―分裂国家と民主化』東京大学出版会，1992 年.
若林正丈『台湾の政治―中華民国台湾化の戦後史』東京大学出版会，2008 年.
若林正丈編著『台湾―転換期の政治と経済』田畑書店，1987 年.
若林正丈編『もっと知りたい台湾』（第 2 版），弘文堂，1998 年.
若宮啓文『戦後保守のアジア観』朝日新聞社，1995 年（2006 年新版）.

〈中国語〉
曽永賢口述，訪問者：張炎憲・許瑞浩，記録整理：許瑞浩・王峙萍『従左到右六十年―曽永賢先生訪談録』国史館，台北，2009 年.
陳思宇『台湾区生産事業管理委員会與経済発展策略（1949-1953）―以公営事業為中心的探討』国立政治大学歴史学系，台北，2002 年.

高朗『中華民国外交関係之演変— 1950-1972』五南図書出版，台北，1993 年.
高朗『中華民国外交関係之演変— 1972-1992』五南図書出版，台北，1994 年.
辜寛敏口述，張炎憲・曽秋美採訪整理『逆風蒼鷹―辜寛敏的台獨人生』呉三連台湾史料基金会，2015 年.
国史館中華民国外交志編纂委員会編『中華民国外交志（初稿)』国史館，台北，2002 年.
何思慎『擺盪在両岸之間―戦後日本対華政策（1945-1997)』東大図書，台北，1999 年.
何思慎・蔡増家主編『「七二年体制」下台日関係的回顧與展望』台北，遠景基金会，2009 年.
胡忠信『転動生命的水車―許水徳・胡忠信対談録』天下遠見出版，台北，2002 年.
黄天才『中日外交的人與事―黄天才東京採訪実録』聯経出版，台北，1995 年.
黄自進主編『蔣中正先生対日言論選集』中正文教基金会，台北，2004 年.
黄自進訪問，簡佳慧紀録『林金莖先生訪問紀録』中央研究院近代史研究所，台北，2003 年.
李登輝原著口述，国史館李登輝口述歴史小組編輯『見証台湾―蔣経国総統與我』允晨文化，台北，2004 年.（邦訳：李登輝著，中嶋嶺雄監訳『李登輝実録―台湾民主化への蔣経国との対話』産経新聞出版，2006 年.）
廖鴻綺『貿易與政治―台日間的貿易外交（1950-1961)』稲郷出版社，台北，2005 年.
林孝庭『台海・冷戦・蔣介石：1949-1988　解密檔案中消失的台湾史』聯経出版，台北，2015 年.
羅福全口述，張炎憲・陳美容主編『羅福全與台日外交』呉三連台湾史料基金会，台北，2012 年.
馬樹礼『使日十二年』聯経出版，台北，1997 年.
銭其琛『外交十記』世界知識出版社，北京，2003 年.（邦訳：銭其琛著，濱本良一訳『銭其琛回顧録―中国外交 20 年の証言』東洋書院，2006 年.）
任天豪『従正統到生存：東亜冷戦初期中華民国対琉球，釣魚台情勢的因応』国史館，台北，2018 年.
許世楷口述，張炎憲・陳美容主編『許世楷與台湾認同外交』呉三連台湾史料基金会，台北，2012 年.
許水徳口述，魏柔宜撰文『全力以赴―許水徳喜寿之年回憶録』商周出版，台北，2008 年.
徐浤馨『一九五〇年代日本対中国外交政策』淡江大学出版中心，新北，2019 年.
楊潔勉等著『世界格局中的台湾問題―変化和挑戦』上海人民出版社，上海，2001 年.
臧士俊『戦後日，中，台三角関係』前衛出版社，台北，1997 年.
張超英口述，陳柔縉執筆『宮前町九十番地』時報文化出版，台北，2006 年.（邦訳：張超英口述，陳柔縉執筆，坂井臣之助監訳『国際広報官　張超英―台北・宮前町九十番地を出て』まどか出版，2008 年.）
張群『我與日本七十年』中日関係研究会，台北，1980 年.（邦訳：張群著，古屋奎二訳『日華・風雲の七十年―張群外交秘録』サンケイ出版，1980 年.）
張耀武『中日関係中的台湾問題』新華出版社，北京，2004 年.

〈英語〉

Edmonds, Richard Louis and Goldstein, Steven M. eds., Taiwan in the *Twentieth Century: A Retrospective View*, New York: Cambridge University Press, 2001.
Mann, James, *About Face: A History of America's Curious Relationship with China, from Nixon to Clinton*, New York: Alfred A. Knopf, 1999.（邦訳：ジェームズ・マン著，鈴木主税訳『米中奔流』共同通信社，1999 年.）
Walt, Stephen M., *The Origins of Alliances*, Ithaca: Cornell University Press, 1987.

日台関係史関連文書所蔵機関

〈日本〉

①日本外務省外交史料館〈http://www.mofa.go.jp/mofaj/annai/honsho/shiryo/〉

②国立公文書館〈http://www.archives.go.jp/〉

③国立国会図書館憲政資料室〈https://www.ndl.go.jp/jp/tokyo/constitutional/index.html〉

④沖縄県公文書館〈http://www.archives.pref.okinawa.jp/〉

⑤台湾協会〈https://www.taiwankyokai.or.jp/〉

戦後日華／台外交交渉全般①，戦後処理（財産，戦犯等）①②，在日台湾人留学生・犯罪者など②，日台関係政治家等史料（緒方竹虎，岸信介，吉田茂等）③，台湾・琉球関係④，引揚・留用関係資料①⑤

〈台湾〉

①中央研究院近代史研究所檔案館〈http://archives.sinica.edu.tw/〉

②国史館〈http://www.drnh.gov.tw/〉

③国史館台湾文献館〈http://www.th.gov.tw/〉

④中国国民党文化傳播委員会党史館館蔵檔案目録検索系統〈http://archives.kmt.org.tw/gs32/kmt/declare.htm〉

⑤中華民国国防部史政檔案影像調閲系統〈https://newarchive.mnd.gov.tw/login.aspx〉

戦後日華／台交渉全般（駐日大使館含む）①②④，対日賠償・戦後処理①②④⑤，在台日本人（白団含む）②③⑤，引揚関連①②③④，台北駐日経済文化代表処①，蔣介石・蔣経国関連史料②，日華関係政治家史料（王世杰，李国鼎等）①，企業関連（台糖等）①

〈中国〉

①中華人民共和国外交部檔案館〈http://dag.fmprc.gov.cn/chn/〉

②中国第二歴史檔案館〈http://www.shac.net.cn/〉

中国政府承認問題①，日華・米華関係批判①，戦後初期日台関係②

〈アメリカ〉

① National Archives and Records Administration（NARA）〈http://www.archives.gov/〉

② Library & Archives, Hoover Institution, Stanford University〈http://www.hoover.org/library-archives〉

③ Rare Books & Manuscript Library, Columbia University〈https://library.columbia.edu/libraries/rbml.html〉

④ The Gordon W. Prange Collection, University Libraries of University of Maryland〈http://www.lib.umd.edu/prange-ja〉

戦後日華米関係全般①，対日戦後処理全般②，中国国民党関連文書③，蔣介石・蔣経国日記③，戦後中華民国政治家外交官文書（顧維鈞，唐飛等）②③，戦後初期在日台湾人④

日台関係の研究に資するウェブサイト

〈日本語〉

公益財団法人日本台湾交流協会図書室〈https://www.koryu.or.jp/about/tokyo/tabid120.html〉

台北駐日経済文化代表処〈https://origin-www.roc-taiwan.org/jp_ja/〉

台湾資料センター〈http://www.taiwanembassy.org/jp/ct.asp?xItem=41460&ctNode=3588&mp=202〉

データベース「世界と日本」〈https://worldjpn.grips.ac.jp/〉

日本台湾学会（サイト内に「戦後日本における台湾関係文献目録」）〈http://jats.gr.jp/jats/index.shtml〉

〈中国語〉
国家図書館・中国国家数字図書館〈http://www.nlc.cn/dsb_zyyfw/ts/tszyk/〉
国家歴史資料庫〈http://husscat.hss.ntu.edu.tw/xmlui/handle/123456789/8230〉

〈英語〉
Taiwan Security Research〈http://www.taiwansecurity.org/main.php〉

（※各ウェブサイトのアドレスは2020年4月現在のもの）

日台関係年表

年	日台関係
1945	(4.7)鈴木貫太郎内閣発足．(5.31)台北大空襲．(8.14)昭和天皇による御前会議でポツダム宣言の受諾決定．(8.15)蔣介石国民政府主席による，いわゆる「以徳報怨」のラジオ演説；玉音放送．(8.16)安藤利吉台湾総督による諭告．(8.17)東久邇宮稔彦王内閣発足．(8.28)蔣介石と毛沢東中国共産党中央委員会主席，重慶で会談(重慶会談)．(9.2)日本の連合国に対する降伏文書調印式．(9.9)第二次世界大戦中国戦区における投降典礼(南京)．(9.20)中国軍航空部隊の台湾進駐．(10.9)幣原喜重郎内閣発足．(10.17)中華民国国軍の台湾上陸．(10.24)国際連合設立．(10.25)国府が日本から台湾を接収．台湾省行政長官公署設立．陳儀が初代行政長官．(11.2)台湾省行政長官公署が「台湾省行政長官公署暨所属各機関徴用日籍員工暫行辦法」を公布．(12.15)台湾省行政長官公署が在台日本人の送還のため，「台湾省日僑省内遷移管理暫行辦法」を公布し，台湾省日僑管理委員会を設置．
1946	(1.10)政治協商会議，国共停戦協定(一月停戦令)．(2)台湾省行政長官公署が〈台湾省留日学生処理辦法〉および〈台湾省留日返省学生処理辦法〉を公布．(2.15)台湾省行政長官公署が〈台湾省日僑遣送応行注意事項〉を公布．(3.1)台湾省行政長官公署が戦俘管理処を，台湾省日僑遣送処へ再編．(5.22)第一次吉田茂内閣発足．(6)国共内戦，全面戦争へ．(6.16)台湾出身の呉昌征投手(大阪タイガース)，終戦後初のノーヒットノーランを達成(日本プロ野球史上 19 回目，初の野手登録の選手による達成)．(6.22)国府,《在外台僑国籍処理辦法》を公布．(7.19)渋谷事件．(11.3)日本国憲法公布．(11～12)制憲国民大会．(12.25)中華民国憲法可決．
1947	(1.1)中華民国憲法公布．(2.28)二・二八事件．(3.12)米国トルーマン大統領がトルーマン・ドクトリンを宣言．(4.22)行政院は台湾省行政長官公署を廃止し，台湾省政府の設立を決定．(5.3)日本国憲法施行．(5.16)魏道明，台湾省主席に就任．(5.24)片山哲内閣発足．(?)中央信託局貿易代表訪日．(8.5)行政院が「組織赴日商務代表団辦法」を決定．(11.21)第一回中華民国国民大会代表選挙．(12)第一回中華民国監察委員選挙．(12.25)中華民国憲法施行．
1948	(1)第一回中華民国立法委員選挙．(3.10)芦田均内閣発足．(3.29～5.1)(中華民国)第一期国民大会第一次会議．(4)蔣介石，李宗仁，中華民国第一代総統・副総統に当選．(5.10)「反乱鎮定動員時期臨時条項」実施．(5.20)蔣介石，李宗仁，中華民国第一代総統・副総統に就任．(10.15)第二次吉田内閣発足．(11.12)極東国際軍事裁判，25 人の戦犯に有罪判決の言い渡し．東条英機と廣田弘毅など 7 人の絞首刑が 12 月 23 日に執行．(12.10)国府，第一回全国戒厳令発表．
1949	(1.21)蔣介石，「引退」表明．(2.16)第三次吉田内閣発足．(5)通商産業省，台湾産バナナのバーター取引のための日本輸入許可．(5.20)台湾省戒厳令実施．(8.5)米国，『中国白書』発表．(10.1)中華人民共和国成立．(10.17)台湾製糖，GHQ と日本へ砂糖 10 万トンを輸出する契約を締結．(10)金門戦役．(11.18)台湾省政府,「台湾省商人対日貿易辦法」決定．(12.1)台湾省政府,「対日貿易バーター取引辦法」決定．(12.8)国府，台北への移転を発表．
1950	(1.1)マッカーサー連合国軍最高司令官，日本国憲法は自己防衛権を否定せずと表明．(2.14)中ソ友好同盟相互援助条約締結．(2.21)行政院,「台湾省商人対日貿易辦法」承認．(6.25)朝鮮戦争勃発．(6.28)第三次吉田第一次改造内閣．(8.10)日本，警察予備隊創設．(9.6)日台貿易協定締結．(11.24)米国,「対日講和七原則」公表．
1951	(1.31)行政院，「日本商人来台貿易辦法」承認．(7.4)第三次吉田第二次改造内閣．(9.8)「サンフランシスコ平和条約」調印．(9.8)「日米安全保障条約〉調印．(11.17)日本，在台北在外事務所設置．(12.24)吉田書簡(ダレス国務長官宛)．(12.26)第三次吉田第三次改造内閣．
1952	(4.19)日本法務府民事局長，「平和条約に伴う朝鮮人，台湾人等に関する国籍及び戸籍事務の処理について」を通達．(4.28)日華平和条約調印．(6.1)第一次日中民間貿易協定締結．(7.29)台湾，中日文化経済協会設置．(8.2)張群中日文化経済協会理事長，総統特使として訪日．(10.30)第四次吉田内閣発足．
1953	(5.21)第五次吉田内閣発足．(6.13)日華貿易辦法締結．(7.27)朝鮮戦争休戦協定調印．(10.29)第二次日中民間貿易協定締結．
1954	(5.20)蔣介石，中華民国第二代総統に就任．(9.3)中国人民解放軍，金門，馬祖への砲撃を開始(第一次台湾海峡危機)．(12.2)米華相互防衛条約調印．(12.10)第一次鳩山一郎内閣発足．(12.15)鳩山一郎首相，ラジオ番組の取材で蔣介石政権と毛沢東政権は共に立派な独立国の政権と発言．
1955	(3.15)日華空運臨時協定締結．(3.19)第二次鳩山一郎内閣発足．(4.1)日本，国連に代表部を開設．(4.15)日中民間漁業協定締結．(5.4)第三次日中民間貿易協定締結．(7.2)日華平和条約議定書署名．(7.7)加

年	日台関係
	瀬俊一日本駐国連大使，いわゆる台湾地位未定論と中国の国連加盟の可能性を示唆．(8.1)米中，ジュネーブで第一回大使級会談を開催．(8.20)孫立人事件．(11.15)自由民主党結党．(11.22)第三次鳩山一郎内閣発足．(12.13)国府とソ連，それぞれモンゴルと日本の国連加盟に拒否権行使．
1956	(2.28)東京にて「台湾共和国臨時政府」樹立(廖文毅大統領)．(4.15)張道藩立法院長，使節団を率いて訪日．(10.19)「日ソ共同宣言」署名．日ソ国交正常化．(12.18)日本，国連加盟．(12.23)石橋湛山内閣発足．
1957	(2.25)第一次岸信介内閣発足．(4.1～11)日華協力委員会第一回総会．(6.2～4)岸信介首相訪台，蔣介石総統と会談(6.3)．(6)毛沢東，反右派闘争を発動．(7.10)第一次岸改造内閣．(9.16～10.4)張群総統府秘書長，蔣介石総統特使として訪日．(10.2)岸・張群共同声明．
1958	(3.5)第四次日中民間貿易協定締結．(5.2)長崎国旗事件．(5.5～23)中共第八回全国代表大会第二次会議，大躍進政策を推進．(5.11)陳毅・中国国務院副総理兼外交部長，対日経済，文化交流の中止を宣言．(6.12)第二次岸内閣発足．(8.23)解放軍，金門，馬祖への砲撃を開始(第二次台湾海峡危機)．(8.31)王貞治，読売巨人軍入りを表明．
1959	(4.27)劉少奇，中華人民共和国主席に就任．(6.18)第二次岸改造内閣．(9.7～26)石橋湛山元首相訪中，周恩来国務院総理と会談し，石橋・周共同声明を発表(9.17)．
1960	(1.19)新日米安全保障条約調印．(2.28)王育徳明治大学講師が東京にて立ち上げた台湾社，台湾青年社へ名称変更．(5.20)蔣介石，中華民国第三代総統に就任．(6.18)米国のアイゼンハワー大統領訪台，蔣介石と会談．(6.19)新日米安保条約自然承認．(7.19)第一次池田勇人内閣発足．(9.4)雷震事件．(12.8)第二次池田内閣発足．
1961	(7.18)第二次池田第一次改造内閣．(7.29～8.13)陳誠副総統訪米，ケネディ大統領と会談(7.31，8.1)．
1962	(7.18)第二次池田第二次改造内閣．(11.9)高碕達之助と廖承志，「日中長期総合貿易に関する覚書」を署名(LT 貿易)．
1963	(7.18)第二次池田第三次改造内閣．(8.20)日本輸出入銀行融資による倉敷レーヨンの対中プラント輸出の閣議決定(輸銀融資問題)．(8.21)張群総統府秘書長，木村四郎七駐華大使に輸銀融資問題を抗議．(8.22)張厲生国府駐日大使，大平正芳外務大臣に輸銀融資について抗議．(9.21)国府，張厲生大使を召還．(10.7)周鴻慶事件．(12.9)第三次池田内閣発足．(12.31)国府，周鴻慶事件のため代理大使，参事官二人，一等書記官一人の召還を決定．
1964	(1.11)国府，日本製品の政府による買い付けの停止を決定．(2.23～27)吉田元首相訪台，蔣介石と会談し，池田首相の親書を手渡し．(4.4)第一次吉田書簡(張群宛)．(5.7)第二次吉田書簡(張群宛)．(7.3～5)大平外務大臣訪台，蔣介石と会談(7.4)．(7.15)国府，日本製品の政府による買い付けの停止を解除．(7.18)第三次池田改造内閣．(8.12～21)張群総統府秘書長訪日．(9.4)彭明敏台湾大学教授ら逮捕．(10.10)東京五輪開幕．(10.16)中国，初の原爆実験成功．(11.9)第一次佐藤栄作内閣発足．
1965	(1.25)蔣経国，国防部長に就任．(3.5)陳誠副総統死去．(4.24)「日華円借款協定」調印(第一次日華円借款)．(5.14)台湾独立運動活動家廖文毅，台湾独立運動を放棄する声明を発表した上で帰台．(6.3)第一次佐藤第一次改造内閣．(6.30)米国の台湾に対する経済援助(米援)，終了．
1966	(5.16)文化大革命開始．(5.20)蔣介石，中華民国第四代総統に就任．(8.1)第一次佐藤第二次改造内閣．(10.22)高雄に日本総領事館開設．(10.27)中国，核ミサイル発射実験に成功．(12.3)第一次佐藤第三次改造内閣．
1967	(2.17)第二次佐藤内閣発足．(5.6～7)厳家淦副総統兼行政院長訪日．(6.17)中国，初の水爆実験に成功．(9.6)国府，駐日大使陳之邁の名義で中国人留学生に光華寮からの立退きを求めるよう，京都地裁に提訴(光華寮訴訟)．(9.7～9)佐藤首相訪台，蔣介石と会談(9.8)．(10.20)吉田茂死去．(11.15)日米，米国から小笠原諸島の1年以内，沖縄諸島の2～3年以内の日本への返還を表明．(11.25)第二次佐藤第一次改造内閣．(11.27～12.2)蔣経国国防部長訪日，佐藤首相(11.27)，昭和天皇(11.28)が引見．
1968	(3.6)日中，日中覚書貿易会談コミュニケを署名．LT 貿易が MT 貿易へ改称．(5.30)日本，尖閣諸島(台湾は釣魚台列嶼と呼称，中国では釣魚島)海域で「尖閣列島周辺海底地質調査」．(6.10)蔣介石，日本記者編集訪台団に，「吉田書簡の廃棄は日華平和条約の廃棄を意味する」と表明．(8.13)経済部，中国石油公司による釣魚台列嶼で石油の予備調査を許可．(11.30)第二次佐藤第二次改造内閣．
1969	(3.2)珍宝島事件．(5)国連アジア極東経済委員会(ECAFE)，尖閣諸島周辺の海域に石油埋蔵の可能性を発表．(5.25)日本，尖閣諸島海域で「尖閣列島周邊海底地質調査」．(7.1)蔣経国，行政院副院長に着任．(11.21)佐藤首相と米国のニクソン大統領，沖縄の日本返還確定，台湾の安全が日本の安全

年	日台関係
	にとって極めて重要であるという内容の共同声明を発表.
1970	(1.14)第三次佐藤内閣発足. (4.15)周恩来, 日本友好貿易七団体代表団との会談で対中貿易四条件(周四原則, 周四条件)を提示. (4.18～29)蔣経国訪米, ニクソン大統領と会談(4.21). (4.24)黄文雄と鄭自才による蔣経国暗殺未遂事件. (7.6～12)厳家淦副総統兼行政院長訪日, 佐藤首相と会談 (7.6). (9.2)台湾の中国時報記者団, 釣魚島(魚釣島)に上陸. (12.9)日中国交回復促進議員連盟結成(会長：藤山愛一郎元外務大臣).
1971	(4.10～17)卓球米国代表チーム訪中(「ピンポン外交」). (6.17)沖縄返還協定調印. (7.5)第三次佐藤改造内閣. (7.9～11)キッシンジャー米国国家安全保障問題担当大統領補佐官極秘訪中. (7.15)米国, キッシンジャー, ニクソン大統領が 1972 年 5 月までに訪中することを発表. (8.9)「日華円借款協定」調印(第二次日華円借款). (10.25)周書楷外交部長, 国連脱退を宣言. 国連総会, 中華人民共和国の参加を議決. (12.20)第一回日華中国大陸問題研究会議開催. (12.31)欧陽菲菲, 第 13 回日本レコード大賞新人賞を台湾出身者として初受賞.
1972	(2.21～28)ニクソン大統領訪中, 周恩来と上海コミュニケに署名(2.27). (5.15)沖縄, 日本へ復帰. (5.20)蔣介石, 中華民国第五代総統に就任. (6.1)蔣経国, 行政院長に就任. (7.7)第一次田中角栄内閣発足. (9.17～19)椎名悦三郎自由民主党副総裁, 政府特使として訪台, 自由民主黨副總裁椎名悦三郎が政府特使の身分で訪台. 厳家淦副総統, 沈昌煥外交部長(9.18), 蔣経国行政院長, 張群総統府資政 (9.19)と会談し, 日中国交正常化と今後の日台関係について説明. (9.25～30)田中首相訪中. (9.29)日中共同声明, 日中国交正常化, 日華断交. (11.17)欧陽菲菲, 第 5 回日本有線大賞を受賞. (12.1)財団法人交流協会設立. (12.2)財団法人亜東関係協会設立. (12.22)第二次田中内閣発足. (12.16)外務省, 駐中華民国大使館, 高雄総領事館の閉鎖を発表. (12.26)「財団法人交流協会と亜東関係協会との間の在外事務所相互設置に関する取り決め」調印. (12.28)中華民国政府, 在日本国大使館および大阪, 横浜, 福岡の総領事館を閉鎖. (12.31)欧陽菲菲, 第 23 回 NHK 紅白歌合戦に外国人として初出場.
1973	(3.14)外務省, 元中華民国駐日大使館の土地と建物を中華人民共和国への引き渡しを発表. (3.14)日華関係議員懇談会設立(会長：灘尾弘吉衆議院議員). (6.5)外務省, 元中華民国駐日大使館の土地と建物の登記名義を中華人民共和国へ変更する手続きの終了を発表. (9.30～10.3)灘尾弘吉衆議院議員, 日華懇会長が率いた日本議員団訪台, 蔣経国行政院長, 沈昌煥外交部長, 孫運璿経済部長, 厳家淦副総統(10.1), 張宝樹国民党秘書長(10.2)と会談. (10.25)王貞治, 打撃部門三冠王(本塁打王, 打点王, 首位打者)を獲得(日本プロ野球史上三人目). (11.25)第二次田中第一次改造内閣. (11.29)第一回東亜経済人会議開催. (12.9)米国ニクソン大統領, ベトナム戦争終結を宣言.
1974	(1.5)日中, 貿易協定, 新聞記者交換に関するメモ調印. (4.20)日中航空協定調印, 日台航空路断航. (10.16)王貞治, 史上初二年連続打撃部門三冠王を獲得. (10.29～11.1)灘尾弘吉衆議院議員(日華懇会長)が率いる日本議員団, 蔣介石の米寿祝いのために訪台. 蔣経国行政院長, 張宝樹国民党秘書長と会談(10.31). (11.11)第二次田中第二次改造内閣. (12.9)三木武夫内閣発足. (12.31)台湾出身のテレサ・テン(鄧麗君), 第 16 回日本レコード大賞新人賞を受賞.
1975	(4.5)蔣介石総統死去. (4.6)厳家淦副総統が総統に就任. (4.14～17)佐藤栄作, 岸信介, 灘尾弘吉らが各界代表団を結成して訪台. 蔣介石前総統の葬儀(4.16)に参列. (4.28)蔣経国行政院長, 国民党主席に就任. (7.9)日台, 民間航空業務の維持に関する財団法人交流協会と亜東関係協会との間の取決めを締結. (8.8)日本航空, 台湾就航を目的として日本アジア航空を成立. (8.10)日台航空路再開.
1976	(1.8)周恩来死去. (2.23)交流協会と亜東関係協会, 第一回経済貿易会議開催. (4.5)第一次天安門事件. (9.9)毛沢東死去. (10.6)懐仁堂事変, 四人組逮捕. (12.24)福田赳夫内閣発足.
1977	(8.12～18)中共第 11 回全国代表大会, 文化大革命の終結を宣言. (8.31)王貞治, ハンク・アーロンを抜く通算 756 号本塁打. (9.5)王貞治, 第一回国民栄誉賞を受賞. (9.16)京都地裁, 光華寮の所有権は中華人民共和国にあるとして, 中華民国の請求を棄却. (11.19)中壢事件. (11.28)福田改造内閣.
1978	(5.20)蔣経国, 中華民国第六代総統に就任. (8.11～12)日本青年社, 尖閣諸島の魚釣島に上陸し灯台を設置. (8.12)日中平和友好条約調印. (8.30)王貞治, 通算 800 号本塁打. (11.27)日米, 「防衛協力のための指針」合意(78 指針). (12.7)第一次大平正芳内閣発足. (12.18～22)中共, 第十一期中央委員会第三回全体会議を開催, 改革開放の推進を決定. (12.31)中国全国人民代表大会常務委員会, 『告台湾同胞書』を発表.
1979	(1.1)米中関係正常化, 米華断交. (4.10)米, 『台湾関係法』発効. (5.31)鄧小平国務院副総理, 鈴木善幸自民党総務会長との会談で尖閣諸島領有権をめぐって「係争棚上げ, 共同開発」と提案. (11.9)

年	日台関係
	第二次大平内閣発足．(12.6)大平首相，対中 ODA の供与を表明(第一次対中円借款)．(12.10)美麗島事件．(12.31)米華相互防衛条約失効．(12.31)台湾出身のジュディ・オング(翁倩玉)，第 21 回日本レコード大賞を受賞し，第 30 回 NHK 紅白歌合戦に出場．
1980	(2.23～29)中共，第十一期中央委員会第三回全体会議を開催．胡耀邦，総書記に選出．(6.12)大平首相が心筋梗塞で急死．(7.17)鈴木善幸内閣発足．(8.30～9.10)中国，第 5 期全国人民代表大会第 3 回会議を開催．華国鋒は国務院総理を辞任，後任は趙紫陽．(10.12)王貞治，通算 868 号本塁打．(11.4)王貞治，引退を発表．(12.31)ジュディ・オング，第 31 回 NHK 紅白歌合戦に出場．
1981	(3.15～24)林洋港台湾省主席，農林水産省の要請で訪日．福田一衆議院議長，徳永正利参議院議長と面会(3.17)．(6.27～29)中共，第十一期中央委員会第六回全体会議を開催．華国鋒が中共党主席・軍事委員会主席を辞任，胡耀邦が党主席，鄧小平は軍事委員会主席に選出．(9.30)葉剣英中国全国人民代表大会常務委員会委員長，「台湾の祖国復帰と平和統一実現に関する政策方針」(葉九条)を発表し，一国二制度を提唱．(11.30)鈴木善幸改造内閣．
1982	(2.12)台湾，日本製品 1,533 品目の輸入禁止を発表．(3.4)交流協会，亜東関係協会に日本製品の輸入規制について抗議．(4.1)台湾，日本製のトラックの輸入禁止を追加発表．(4.14)大阪高裁は光華寮の所有権をめぐって京都地裁の判決を破棄し，差し戻し．(5.31～6.5)趙紫陽訪日，鈴木首相(5.31, 6.1)，昭和天皇(6.1)が引見．(6.26)文部省が教科書検定により高校の歴史教科書において中国華北地域への「侵略」を「進出」と書き換えさせたというマスコミ報道(第一次教科書問題)．(7.20～23)江崎真澄元通商産業大臣，自民党国際経済対策特別調査会を率いて訪台．蔣経国総統，趙耀東経済部長，徐立徳財政部長 (7.21)，孫運璿行政院長 (7.22)と会談(江崎ミッション)．(8.17)米中，「中華人民共和国とアメリカ合衆国の共同コミュニケ」署名．(8.21)台湾，日本製品 842 品目の輸入禁止を解除．(8.26)宮沢喜一内閣官房長官，第一次教科書問題をめぐって政府見解を発表．(9.1～11)中国共産党第 12 回全国代表大会，党主席を廃止し，総書記を党最高責任者とし，胡耀邦が総書記再任．(11.20)台湾，日本製品 689 品目の輸入禁止を解除．(11.27)第一次中曽根康弘内閣発足．
1983	(1. ?)辜振甫考察団．(3.14)台湾，日本に亡命した台湾独立運動家史明(本名は施朝暉)への指名手配を発表．(9.5～13)安西浩東京瓦斯会長が率いた買付等促進ミッションが訪台(安西ミッション)．(11.8)王貞治，読売巨人軍第 11 代監督に就任．(11.23～30)胡耀邦訪日．中曽根首相と会談し，日中 21 世紀友好委員会の設立に合意(11.24)．(12.27)第二次中曽根内閣発足．
1984	(3.23～26)中曽根首相訪中．趙紫陽(3.23)，胡耀邦(3.24)，鄧小平(3.25)と会談．中曽根首相，中国に円借款の供与を発表(第二次対中円借款)．日中 21 世紀友好委員会設立 (3.23)．(5.20)蔣経国，中華民国第七代総統に就任．(7.28)ロサンゼルス五輪開幕，中台が同時参加．(9.10)日中 21 世紀友好委員会第一回会合．(10.15)『蔣経国伝』の作者江南(本名は劉宜良)，サンフランシスコの自宅で殺害(江南事件)．(11.1)第二次中曽根第一次改造内閣．(11.17～18)金丸信自民党幹事長訪台，蔣経国総統と会談(11.17)．(12.13)テレサ・テン，第 17 回全日本有線放送大賞グランプリを受賞．
1985	(3.14～16)李登輝副総統，ウルグアイ，パラグアイ訪問を終えた後にトランジットで日本に立ち寄り．(6.4)郭泰源(西武ライオンズ)，ノーヒットノーラン達成(日本プロ野球史上 65 回目)．(8.15)中曽根首相，首相として靖国神社へ公式参拝．(12.12)テレサ・テン，第 18 回全日本有線放送大賞グランプリを受賞．(12.28)第二次中曽根第二次改造内閣．(12.31)テレサ・テン，第 36 回 NHK 紅白歌合戦に出場．
1986	(2.4)京都地裁，光華寮の所有権は中華民国にあるとし，台湾の請求を容認．(2.20)アジア開発銀行理事会，中国の加盟を承認，台湾残留．(5.3)中華航空の貨物機が王錫爵機長によってハイジャックされ中国へ(王錫爵ハイジャック事件)．(7.7)日本政府，中国の抗議を受け，検定に合格した歴史教科書を再審議 (第二次教科書問題)．(7.22)第三次中曽根内閣発足．(9.4)岸信介，灘尾弘吉が「蔣介石先生の遺徳を顕彰する会」を設立．(9.28)民主進歩党結党．(11.8～9)中曽根首相訪中，胡耀邦(11.8)，鄧小平(11.9)と会談．(12.11)テレサ・テン，第 19 回全日本有線放送大賞グランプリを受賞．(12.31)テレサ・テン，第 28 回日本レコード大賞金賞を受賞し，第 37 回 NHK 紅白歌合戦に出場．
1987	(1.16)中共，中央政治局政治局拡大会議を開催し，胡耀邦の辞任，趙紫陽の総書記代理の就任を承認．(2.26)大阪高裁，光華寮の所有権は中華民国にあるとし，台湾の請求を容認．(7.14)蔣経国，戒厳令を解除する総統令を発表(戒厳令解除)．(9.18)参議院，元台湾兵死傷者へ弔慰金を支給する「台湾住民である戦没者の遺族等に対する弔慰金等に関する法律」採決．(10.16)呉伯雄内政部長，現役軍人，公務員を除き，大陸に三親等の親族，姻族，あるいは配偶者がいる国民は，11 月 2 日から大陸へ親族訪問の申請を行うことができると発表．(10.22)郭源治(中日ドラゴンズ)，台湾出身者とし

年	日台関係
	て初のファイアマン賞(優秀救援投手)を獲得.(11.2)中共,第十三期中央委員会第一回全体会議を開催.趙紫陽が総書記,中央軍事委員会第一副主席に選出.(11.6)竹下登内閣発足.
1988	(1.1)台湾,新聞の新規発行禁止(報禁)を解除.(1.13)蔣経国総統死去.李登輝副総統,総統へ昇格.(1.20)台湾,新規政党結成禁止(党禁)を解除.(1.27)李登輝,国民党主席代行に就任.(4.27)参議院,元台湾兵死傷者へ200万円の弔慰金を支給する「特定弔慰金等の支給の実施に関する法律案」を採決.(7.7～13)国民党,第十三回全国代表大会開催.李登輝,党主席に選出(7.8).(8.25～30)竹下首相訪中.李鵬国務院総理(8.25),鄧小平中共中央軍事委員会主席,楊尚昆国家主席,趙紫陽総書記(8.26)と会談.竹下首相,第三次対中円借款の供与を表明(8.25).(9.29)読売巨人軍,王貞治監督の退任を発表.(10.23)郭泰源,台湾出身者として初めてパ・リーグ最優秀勝率を獲得.(10.29)郭源治,台湾出身者として初めてセ・リーグ最優秀選手に選出.(12.27)竹下改造内閣.
1989	(1.1)日本赤十字社,元台湾兵死傷者とその家族の弔慰金支給を開始.(1.7)昭和天皇崩御.皇太子明仁親王,天皇に即位.(1.8)「平成」へ改元.(4.15)胡耀邦,心筋梗塞で急死.(6.3)宇野宗佑内閣発足.(6.4)第二次天安門事件.(6.20)外務省,第三次対中円借款をはじめ,対中ODAの新規案件の凍結を決定.(6.23～24)中共,第十三期中央委員会第四回全体会議を開催.趙紫陽,全職務解任(6.23).江沢民,総書記に選出(6.24).(6.25)第一回アジア・オープン・フォーラム開催.(8.10)第一次海部俊樹内閣発足.(11.6～9)中共第十三期中央委員会第五回全体会議を開催.鄧小平,中央軍事委員会主席を辞任.後任は江沢民.(11.9)ベルリンの壁崩壊.(12.2～3)米ソ,マルタで首脳会談.冷戦終結を宣言(マルタ会談).
1990	(2.28)第二次海部内閣.(3.16～22)台北,政治改革を求める大学生による「三月学生運動」(野百合学運).(3.21)李登輝総統再選.(5.20)李登輝,中華民国第八代総統に就任.(6.28～7.4)国是会議.(7.22～29)日華断交後初の立法委員訪問団が訪日(団長は劉松藩立法院副院長).(8.3)東京銀行,台北に駐在員事務所を開設.(8.29～9.5)金丸信会長が自民党経世会(竹下派)訪問団を率いて訪中.銭其琛外交部長(8.30),李鵬国務院総理(8.31),江沢民総書記(9.2),楊尚昆国家主席(9.3)と会談.江沢民は一国二制度による中台統一の三原則を表明.(9.10～23)林洋港司法院長訪日.(10.21)海上保安庁,尖閣諸島に上陸しようとする台湾区スポーツ大会の聖火ランナーを載せる漁船を退去させる.台湾で抗議活動発生(10.22).(12.29)第二次海部改造内閣.
1991	(1.17)湾岸戦争開始.(3.9)台湾,財団法人海峡交流基金会を設立(理事長は辜振甫).(4 ?)蕭万長経済部長訪日.(4.15～25)章孝厳外交部次長,日韓へ私的訪問(15～20日本滞在).(5.1)台湾,「反乱鎮定動員時期」終結を宣言,「反乱鎮定動員時期臨時条項」廃止.(5.12～18)東亜経済人会議日本委員会が赤澤璋一国際経済交流財団会長を団長とした経済・貿易ミッションを台湾へ派遣(赤澤ミッション).(6.14～15)金丸信自民党経世会会長訪台.李登輝総統と会談(6.14).(8.10～13)海部首相訪中.李鵬国務院総理(8.10),江沢民総書記,楊尚昆国家主席(8.12)と会談.海部首相,凍結していた対中円借款の給与を表明(8.10).(10.30)郭泰源,パ・リーグ最優秀選手,台湾出身者として初のベストナイン選出.(11.5)宮沢喜一内閣成立.(11.12)台湾,中国と香港と同時にAPECに加盟.(11.14)台湾プロ野球チームの兄弟エレファンツ,助監督の森下正夫(元南海ホークス)の代理監督就任を発表(台湾プロ野球界初の日本人監督).(12.16)中国,海峡両岸関係協会を設立(会長は汪道涵元上海市長).(12.31)テレサ・テン,第42回NHK紅白歌合戦に出場.
1992	(1.18～2.21)鄧小平の南方視察(南巡).(1.18)台日国会議員聯誼会成立(会長は王金平立法院副院長,名誉会長は,劉松藩立法院長).(2.21)国民党籍立法委員43人,台湾出身の従軍慰安婦は3,000人にのぼると主張し,日本に賠償要求を提案.(3.20)台湾,中日商務協議会(現・台日商務協議会)発足(会長は許遠東).(4.28)最高裁,台湾人元日本兵と遺族への補償請求を棄却.(5.12)日台ビジネス協議会発足(会長は橋本栄一).(5.20)亜東関係協会東京弁事処が台北駐日経済文化代表処に改称.(6.15)PKO協力法成立.(7.16)台湾,公的機関の日本製品の輸入禁止.(8.3)行政院新聞局,日本映画のテレビ放映即日解禁を発表.(9.2)米国,台湾へF16戦闘機150機の売却を発表.(9.17)自衛隊がPKOに参加するためにカンボジアへ出発.(10.23～28)明仁天皇訪中.(10.24)森下正夫,兄弟エレファンツの台湾プロ野球優勝で初の日本人優勝監督に.(11.6～13)辜振甫総統府資政,邱進益総統府副秘書長,郭婉容経済建設委員会主任委員が第四回アジア・オープン・フォーラムに出席するために訪日し,加藤紘一内閣官房長官と面会(11.12).(12.19)第二期中華民国立法委員選挙.
1993	(2.16～19)銭復外交部長訪日.福田赳夫元首相,小渕恵三元内閣官房長官,三塚博自民党政調会長と会談.(2.16～20)江丙坤経済部次長,日台工商団体拡大合作会議に出席するために訪日し,森喜朗通商産業大臣と会談(2.18).(3.15～31)中国,第8期全国人民代表大会を開催.江沢民総書記,国家主席に選出(3.27).(4.27～29)辜振甫海峡交流基金会理事長と汪道涵海峡両岸関係協会会長がシン

年	日台関係
	ガポールで会談(辜汪会談). (5.15)行政院新聞局，6月1日から日本のドラマ番組 VTR の輸入を解禁することを発表. (6.21〜24)王金平立法院副院長，台日国会議員聯誼会訪日団を率いて訪日. (8.4)宮沢政権，従軍慰安婦関係調査報告書を発表. 河野洋平内閣官房長官は旧日本軍の関与，「強制」を認めて謝罪(河野談話). (8.9)細川護煕非自民連立内閣成立(五五年体制崩壊). (8.10)細川首相，日中戦争を「侵略戦争」と明言. (8.31)中国，「台湾問題と中国の統一」白書を発表. (11.9)台湾，日本のテレビ番組と音楽を全面解禁.
1994	(1.1)台湾，日米など 12 ヵ国からの旅行者に対して，5 日間以内の旅行についての査証を免除. (1.19)王貞治，野球殿堂入り. (2.1)田宮謙次郎，台湾プロ野球チーム味全ドラゴンズの監督に就任(日本プロ野球の監督経験者として初の台湾プロ野球チーム監督). (3.31)中国浙江省にある千島湖の観覧船が武装強盗に襲われ，台湾からの観光客 24 人，乗務員 6 人が殺害(千島湖事件). (4.24)李登輝と司馬遼太郎の対談が『週刊朝日』1994 年 5 月 6〜13 日号に掲載. (4.26)中華航空 140 便，名古屋空港への着陸に失敗し墜落(中華航空 140 便墜落事故). (4.28)羽田孜内閣成立. (6.13)北朝鮮，IAEA 脱退を表明. (6.14〜17)蔣彦士総統府秘書長，劉兆玄交通部長，王金平立法院副院長，馬樹礼総統府資政らによる特使団，中華航空 140 便の追悼式. (6.15)へ出席するために訪日し，小沢一郎新生党代表幹事，森喜朗自民党幹事長(6.16)，福田赳夫元首相，橋本龍太郎政調会長(6.17)と面会. 劉兆玄，二見伸明運輸大臣とも会談(6.16). (6.30)村山富市内閣発足. (9.30)台湾，日本人に対する 14 日以内の短期査証の免除を発表. (9.30〜10.6)徐立徳行政院副院長，広島アジア大会へ出席するために訪日. 東京で日華懇の藤尾正行会長，村上正邦元労働大臣，佐藤信二元運輸大臣，椎名素夫参議院議員と面会(10.5). (10.1)台湾，日本映画の輸入を全面解禁. (10.9)大豊泰昭(陳大豊，中日ドラゴンズ)，台湾出身者として初の本塁打王，打点王に. 郭源治，台湾出身者として初の最優秀防御率獲得. (10.12)王貞治，福岡ダイエーホークス第 4 代監督に就任. (10.21)米朝，核問題をめぐって「枠組み合意」に調印. (10.28〜11.2)行政院政務委員の郭婉容，張京育，黄石城，第六回アジア・オープン・フォーラムに出席するために訪日. 森喜朗自民党幹事長とも会談(11.1). (12.3)陳水扁が台北市長に当選. (12.16)日本・五十嵐広三官房長官，旧日本軍の下で働いた台湾の軍人・軍属に対する給与の未払い分や，台湾住民が預け，そのままになっている郵便貯金など，いわゆる「台湾確定債務」について，元金の約 120 倍に当たる総額約 350 億円を支払う方針を表明.
1995	(1.1)世界貿易機関(WTO)発足. (1.17)阪神・淡路大震災. (1.30)江沢民，台湾に八項目の提案(江八点). (3.20)オウム真理教による地下鉄サリン事件. (4.8)李登輝，江八点への返答として六項目を提案(李六条). (5.8)テレサ・テン，滞在先のタイで気管支喘息発作のため死去. (6.7〜12)李登輝訪米. (7.19)元従軍慰安婦に対する補償を進める「財団法人女性のためのアジア平和国民基金」(アジア女性基金)発足. (7.21)中国，台湾海峡周辺でミサイル発射演習と軍事演習を開始(7.21〜26；8.15〜25；9.15〜10.20；10.31〜11.23). (8.8)村山改造内閣. (8.15)村山首相，「戦後 50 周年の終戦記念日にあたって」と題した声明で，「痛切な反省」「心からのお詫び」を表明(村山談話). (11.17〜20)海峡交流基金会理事長を兼務する辜振甫総統府資政，李登輝総統の代理として大阪 APEC 首脳会議に出席. (12.9)米国の空母ニミッツと機動部隊が台湾海峡を通過. (12.19〜20)河野洋平外務大臣訪中. 江沢民国家主席，李鵬国務院総理，銭其琛外交部長と会談(12.19). 銭其琛外相との会談で台湾海峡周辺における中国軍による軍事演習への懸念を表明. (12.31)社団法人日本作曲家協会，テレサ・テンに第 37 回日本レコード大賞功労賞を追贈.
1996	(1.11)橋本龍太郎内閣発足. (3.8〜25)台湾海峡周辺で中国によるミサイル発射演習と軍事演習. (3.8)米国，空母インディペンデンスと機動部隊をフィリピンから台湾沖へ派遣と発表. (3.9)米国，空母ニミッツと機動部隊をペルシャ湾から台湾沖へ派遣と発表. (3.23)李登輝，中華民国初の総統直接選挙で当選. (4.17)橋本首相と米国のクリントンが「日米安全保障共同宣言－21 世紀に向けての同盟－」を発表. (5.20)李登輝，中華民国第九代総統に就任. (6.4)アジア女性基金理事会，旧日本軍の慰安婦への「償い金」の支給額を一人当たりに「二百万円を下回らない額」とすることで合意. (6.24)台湾の旧日本兵・軍属らが交流協会台北事務所に乱入. 未払い給与に抗議. (7.15)日本青年社，尖閣諸島の北小島に上陸し，灯台を設置. (7.18)中国，釣魚島灯台設置に抗議. (7.19)台湾，釣魚台灯台設置に抗議. (7.29)橋本首相，靖国神社参拝. (8.3)第一回日台漁業会談. 尖閣諸島をめぐって日本側が初めて代表を派遣. (8.7)日本，台湾との民間漁業協定を締結することを検討. (10.7)台湾，香港・マカオの活動家，尖閣諸島に一時上陸. (11.7)第二次橋本内閣発足.
1997	(2.5)自民党の日華関係議員懇談会と新進党の日華議員連盟などが合同総会を開き，日華議員懇談会を拡大して再発足(会長は山中貞則). (3.20)日本農水省，口蹄疫により台湾産豚肉の輸入を当面禁止することを発表. (4.19)厦門高雄貨物船直行便就航. (5.2)アジア女性基金，台湾の主要紙に広告

年	日台関係
	を掲載し，事業を開始．(5.6)西村眞悟衆議院議員(新進党)が国会議員として初めて尖閣諸島に上陸．(5.22～26)香港・台湾の活動家による船団が尖閣諸島海域に立ち入り．(7.1)香港，中国への返還式典．(8.17)梶山静六内閣官房長官はテレビ番組で，中国と台湾との紛争は当然日米が見直し中の「防衛協力のための指針」の「周辺事態」という認識を表明．(9.11)第二次橋本改造内閣．(9.23)日米，「防衛協力のための指針」合意(97 指針)．(10.26～11.4)江沢民国家主席が訪米し，クリントン大統領と会談(10.28，29)．
1998	(5.8)日本，出入国管理及び難民認定法を改正．台湾のパスポートを旅券と認め，台湾人の日本渡航の際に行う渡航証明書の発行手続きを廃止．(5.30)日本台湾学会設立．(6.25～7.3)米国，クリントン大統領訪中．公式に「三つのノー」を明言(6.30)．(7.30)小渕恵三内閣発足．(9.1)中国，産経新聞中国総局の開設を認可．(10.14～18)辜振甫訪中．汪道涵海峡両岸関係協会長(10.14，15)，銭其琛外交部長，江沢民総書記(10.18)と会談．(11.25～30)江沢民訪日．小渕首相(10.25，26)と会談，明仁天皇(10.26)と会見．日中，「平和と発展のための友好協力パートナーシップの構築に関する日中共同宣言」を発表(10.26)．
1999	(1.14)小渕第一次改造内閣．(7.8～10)小渕首相訪中．朱鎔基国務院総理，江沢民国家主席，李鵬全国人民代表大会常務委員会委員長(7.9)，電話で汪道涵海峡両岸関係協会長(7.10)と会談．(7.9)日中，WTO 加盟妥結．(7.9)李登輝総統，「(中国大陸と台湾は)特殊な国と国の関係」(特殊二国論)を表明．(9.21)台湾中部で大地震発生(九二一大地震)．日本の国際緊急援助隊は即日救助活動を開始．(10.5)小渕第二次改造内閣．(10.28)王貞治，監督として初の日本シリーズ優勝．(11.1)嘉南勇士の渡辺久信(元西武，ヤクルト)，日本人選手として台湾プロ野球界で初めて最多勝，奪三振，防御率を獲得．(11.13～15)石原慎太郎東京都知事，日台断交後初の都知事による公式訪台．李登輝総統と会談(11.14)．(12.20)マカオ，中国に返還．
2000	(2.21)中国，「一つの中国の原則と台湾問題」(台湾白書)を発表．(3.18)民進党の陳水扁が総統選挙で勝利．初の政権交代．(4？)民主党，日台友好議員懇談会設立．(4.2)小渕首相，脳梗塞で緊急入院．(4.5)森喜朗内閣発足．(4.24)日本青年社，魚釣島に神社を建立．(5.20)陳水扁，中華民国第十代総統に就任．就任式に出席した日華懇のメンバー(5.20)，石原慎太郎東京都知事(5.22)と会談．(5.31)「平和条約国籍離脱者等である戦没者遺族等に対する弔慰金等の支給に関する法律」成立．在日韓国・朝鮮人，台湾出身の元軍人，遺族に補償一時金を支給．(6.5)台湾総統府，小渕前首相の葬式に出席を希望した張俊雄総統府秘書長のビザ発給を日本に拒否され，王金平立法院長，辜振甫海峡交流基金会理事長，彭明敏総統府顧問が参列することを発表．(7.4)台北—羽田，台北—成田の増便，羽田空港を使う台湾の航空会社が 2002 年に成田空港に移転することに日台が合意．(12.12)台湾高速鉄道公司，東京で日本企業七社連合と台湾版新幹線のシステム受注契約を調印．
2001	(1.1)金門，馬祖と中国福建省との「小三通」が開始．(1.18～27)謝長廷民進党主席訪日．(2.7)小林よしのりによる『新ゴーマニズム宣言 SPECIAL　台湾論』の中国語版が発売．日本の植民地統治に関する論述をめぐって論争．(4.1)南シナ海で米中の軍用機が空中衝突(海南島事件)．(4.22～26)李登輝元総統，心臓病治療のため倉敷市へ訪問．(4.24)米国，台湾に P-3C 哨戒機とキッド級駆逐艦など大規模な武器売却を発表．(4.26)第一次小泉純一郎内閣発足．(8.13)小泉首相，靖国神社参拝．(8.15)台湾，台日友好協会成立(会長は謝長廷民進党主席)．(8.23)台湾，民進党が台日国会議員友好連盟を設立．(8.31)陳水扁総統，総統府内に対日工作特別グループの創設を明言．(9.11)米国，同時多発テロ(9.11 テロ事件)．(10.7)米国と有志連合，アフガニスタン攻撃開始(不朽の自由作戦)．(10.8)小泉首相，訪中し，朱鎔基国務院総理，江沢民国家主席と会談．(10.18)平沼赳夫経済産業大臣，台湾の林信義経済部長による日台 FTA を民間で研究する提案に賛成．(12)連戦国民党主席(前副総統)訪日(史上初の国民党主席訪日)．
2002	(1.1)中国と台湾，WTO に加盟．(4.11～13)小泉首相，ボアオ・フォーラムに出席するために訪中し，朱鎔基国務院総理と会談(4.12)．(4.21)小泉首相，靖国神社参拝．(5.1)アジア女性基金，事業申請受付期間が終了．(8.3)陳水扁総統，ビデオ会議による世界台湾同郷聯合会第 29 回東京年会における講演で，中台は「それぞれ別の国(「一辺一国」)」と表現．(9.16)李登輝元総統，沖縄タイムズのインタビューで「尖閣諸島は日本領」と明言(9 月 24 日付の掲載)．(9.30)第一次小泉第一次改造内閣．(11.15)中共，第十六期中央委員会第一回全体会議を開催．胡錦濤は総書記を選出．(12.15)日本李登輝友の会設立大会．
2003	(1.14)小泉首相，靖国神社参拝．(1.20)長野陽一元陸将補，退職自衛官として初めて交流協会台北事務所の主任に着任．(1.26)中台，旧正月のチャーター直行便の運航開始(1.26～2.10)．(3.5～18)中国，第 10 期全国人民代表大会を開催．胡錦濤総書記，国家主席に選出(3.15)．(4.8)，麻生太郎自民党政

年	日台関係
	策調査会長が訪台し，陳水扁総統と面会．(4.26)台湾で初のSARSによる死者確認．(9.22)第一次小泉第二次改造内閣．(11.19)第二次小泉内閣発足．(11.29)陳水扁総統，翌年3月の総統選挙と同時に住民投票を実施する意向を表明．(12.9)米国のブッシュ大統領，中国の温家宝国務院総理との会談で台湾の住民投票への反対を表明．(12.12)交流協会，台北で日華断交以来の初の天皇誕生日祝賀会を開催．(12.25～27)森喜朗元首相訪台．陳水扁総統(12.25)，李登輝元総統(12.26)と面会．森元首相，陳水扁総統との会見で住民投票の実施をめぐるアジアの安全保障についての意見を表明．(12.29)内田勝久交流協会台北事務所長，外務省の訓令で邱義仁総統府秘書長と面会し，住民投票をめぐって慎重な対応を希望する旨を伝達．
2004	(1.1)小泉首相，靖国神社参拝．(3.20)陳水扁総統，総統選挙で再選．(4.30)日台，仙台，広島と台北との間で定期航空便を就航させ，名古屋—台北路線が香港まで運行できる内容で航空協定の改定に合意．(5.20)陳水扁，中華民国第十一代総統に就任．(6.7)王貞治，監督通算1,000勝達成．(8.6)日台，入出国管理官の相互派遣に合意．(9.16～19)中共，第十六期中央委員会第四回全体会議を開催．胡錦濤は中共中央軍事委員会主席を選出．(9.27)第二次小泉改造内閣．(10.22)日台，チャーター便数枠を撤廃と輸送力の増加で航空協定を改定することに合意．(11.19)陳水扁総統，原子力潜水艦の日本領海侵犯事件の関連情報を事前に日米に提供したことを明言．(12.27～05.1.02)李登輝元総統，名古屋，金沢，京都へ観光するために家族で訪日．
2005	(1.29)中台，初の直行便就航(広州－桃園)．(2.9)日本，2005年日本国際博覧会(愛知万博)期間中に日本を訪れる台湾人観光客の査証を免除する「外国人観光客来訪促進法」が成立．(2.19)日米，「台湾海峡を巡る問題の対話を通じた平和的解決を促す」を含める共通戦略目標に合意．(3.14)中国，「反国家分裂法」を制定．(3月下旬頃～4月下旬頃)中国各地で大規模反日デモ発生．(4.26～5.3)連戦国民党主席，訪中し，賈慶林全国政治協商会議主席(4.28)，胡錦濤総書記(4.29)，汪道涵海峡両岸関係協会会長(5.2)と会談．国共，定期的な対話・交流メカニズム(国共プラットフォーム)の構築を含めた五つのコンセンサスに合意．(5.5～13)宋楚瑜親民党主席，訪中し，汪道涵海峡両岸関係協会会長(5.8)，胡錦濤総書記(5.12)と会談．(5.22)胡鎮埔総政治作戦局長(上将)，私的訪日．(6.8～9)台湾漁船51隻が日本による尖閣諸島周辺海域における台湾漁船の取締りに対する抗議のため，与那国島海域に集結．(6.21)大野功統防衛庁長官，日本政府が20日に交流協会台北事務所を通じて台湾政府に，冷静な対応を求め，軍艦を尖閣諸島周辺海域へ派遣しないよう申し入れたことを発表．(6.22)王金平立法院長と李傑国防部長らが軍艦で釣魚台近海を視察．(8.5)日本，台湾から90日以内の短期滞在の観光客に対するビザの発給を恒久的に免除する出入国管理法特例法改正案が成立．(9.21)第三次小泉内閣発足．(9.26)日本，90日以内の短期滞在を目的とした台湾人の査証免除を実施．(10.15)台湾外交部，外交部長をトップとする横断的組織「日本事務会」を設置．(10.17)小泉首相，靖国神社参拝．(10.31)第三次小泉改造内閣．
2006	(2.3)改正ハンセン病補償法成立．台湾を含む在外患者も補償金支払い対象に．(3.21)王貞治監督が率いた日本代表チームが「第1回ワールド・ベースボール・クラシック」で優勝．(4.14～15)第一回国共経貿フォーラム(現・両岸経貿文化フォーラム)，北京で開催(国共フォーラム)．(7.1)日華断交以来運休していた中華航空の台北—大阪便，32年ぶりの再開．(8.15)小泉首相，靖国神社参拝．(8.15～17)宮腰光寛農林水産副大臣が非公式に訪台し，陳水扁総統，蘇貞昌行政院長ら高官と会談．(8.22～24)胡鎮埔陸軍司令(上将)，観光目的で訪日し，富士総合火力演習を私的見学(8.24)．(9.26)第一次安倍晋三内閣発足．(10.8)安倍首相が訪中し，胡錦濤国家主席，呉邦国全国人民代表大会常務委員会委員長，温家宝首相と会談．日中，「戦略的互恵関係」について合意．(11.21～24)森元首相が訪台し，陳水扁総統と会談．特種大綬景星勲章を受勲(11.22)．
2007	(3.2)日本の新幹線技術を海外で初めて採用した台湾高速鉄道が全線開業．(3.27)台湾，光華寮訴訟で事実上の敗訴．(4.11～13)温家宝国務院総理が日本を公式訪問し，安倍首相と会談(4.11)，明仁天皇が引見，両院議長と会談(4.12)．(5.30～6.9)李登輝元総統訪日．第1回後藤新平賞を受賞．李登輝元総統，「後藤新平と私」と題して日本で初講演(6.1)，靖国神社参拝(6.7)．(9.3)第一次安倍改造内閣．(9.14)日台，1年未満の短期滞在者に対し，日本と台湾の運転免許証を相互に承認することを共同発表．(9.26)福田康夫内閣発足．(11.1)日台，日本航空と全日本空輸が子会社で運航してきた台湾便を，本社による運航へ切り替えることで合意．(11.21～23)元台北市長の馬英九総統候補(国民党)が訪日し，同志社大学で講演(11.21)．(12.16～20)元行政院長の謝長廷総統候補(民進党)が訪日し，京都大学で講演(12.16)．
2008	(2.1)台湾，日本に対し査証免除期間を30日から90日に延長．(3.22)国民党の馬英九が総統選挙で勝利．(3.28)第1回日台観光サミットが台北で開催．日台観光推進協議会と台日観光推進協議会，

年	日台関係
	10年に日台間の観光客の相互往来を300万人にする「台北宣言」を採択．(4.15)扇千景元参議院議長，陳水扁総統から特種大綬景星勲章を授与．(5.5)日台，航空安全に関する取り決めに署名．(5.6～10)胡錦濤国家主席，国賓として訪日．明仁天皇(5.7)，両院議長(5.8)と面会し，福田首相と会談．日中，「『戦略的互恵関係』の包括的推進に関する日中共同声明」を発表(5.7)．(5.19)石原慎太郎東京都知事，陳水扁総統から特種大綬景星勲章を受勲．(5.20)馬英九，中華民国第十二代総統に就任．日本政府，交流協会を通じて祝賀メッセージを手交．(6.10)台湾の遊漁船「聯合号」が日本の海上保安庁の巡視船「こしき」と衝突して沈没(聯合号事件)．(6.18)日中，東シナ海におけるガス田の共同開発について合意．(6.20)那須秀雄海上保安庁第11管区本部長，聯合号事件をめぐって，聯合号船長に謝罪し，賠償の意を示す書簡を発出．欧鴻錬外交部長，那須本部長の書簡を全面的に受け入れる声明を発表．(7.26)王貞治，日本プロ野球史上8人目となる監督通算1300勝を達成．(8.2)福田康夫改造内閣．(8.8)北京五輪開幕．(9.14)楊永明国家安全会議諮問委員，「日本李登輝友の会」の招へいにより東京で講演．(9.23)王貞治，監督職を退くことを表明．(9.24)麻生太郎内閣発足．(10.1)日台，運転免許証の相互承認，無試験で相手国免許への切り替えを実施．(10.24～10.26)麻生首相，アジア欧州会議(ＡＳＥＭ)首脳会議に出席するために訪中し，胡錦濤国家主席，温家宝国務院総理と会談(10.24)．(12.31)胡錦濤総書記，六項目の包括的対台湾政策を発表(胡六点)．
2009	(1.20)台湾外交部，2009年を「台日特別パートナーシップ促進年」として台日間の交流と協力を推進することを発表．(2.5)王貞治，馬英九総統から二等景星勲章を授与．(2.27)日台，尖閣諸島沖の日台間の漁業トラブルに対応する緊急連絡窓口を那覇に設置することで合意．(3.16)第2回日台観光サミットが静岡で開催．日台，2010年を「日台観光交流年」とすることを宣言．(4.5)NHK，NHKスペシャル・プロジェクトJAPAN・シリーズJAPANデビュー第1回放送で日本による台湾統治を取り上げ．(4.29～30)麻生首相が中国を公式訪問し，温家宝国務院総理(4.29)，胡錦濤国家主席(4.30)と会談．(5.1)齋藤正樹交流協会台北事務所長が中正大学での講演で行った「台湾の国際的地位は未定」という発言に，会場にいた楊永明国家安全会議諮問委員が抗議．(6.1)日台，ワーキング・ホリデー制度の実施開始．(8.11)日本政府，交流協会を通じて台湾で起きた台風8号による被害に対し，1,000万円の緊急無償資金協力の実施を発表．(8.17)日本政府，台湾で起きた台風8号による被害に対し，総額1億円を上限とする緊急支援を追加的に実施することを発表．(8.19)日本政府，台湾で起きた台風8号による被害に対し，国際緊急援助隊専門家チームの派遣および緊急援助物資の供与を発表．(9.4～10)李登輝元総統が訪日し，日比谷公会堂で「竜馬の「船中八策」に基づいた私の若い皆さんに伝えたいこと」を題として講演(9.5)．(9.15)鳩山由紀夫内閣発足．(10.9～10)鳩山首相，日中韓首脳会議に出席するために訪中し，温家宝国務院総理と会談(10.10)．(12.1)台北駐日経済文化代表処札幌分処開設．(12.11)日台，東京羽田－台北松山路線の開設，台湾＝関西，中部路線と沖縄－台北路線の拡充に合意．(12.13～16)蔡英文民進党主席訪日．
2010	(4.6～8)麻生元首相，私的訪台．馬英九総統，王金平立法院長，呉伯雄国民党名誉主席と面会(4.7)．(4.30)日台，「交流協会と亜東関係協会との間の2010年における日台双方の交流と協力の強化に関する覚書」を締結．(5.26)日本防衛省，6月25日より与那国島西側の防空識別圏を拡大することを発表．(5.29)台湾外交部，与那国の防空識別圏の拡大について抗議のプレスリリースを発表．(5.30)社民党，連立政権の脱退を決定．(6.8)菅直人内閣発足．(6.24)台湾外交部，与那国の防空識別圏の拡大について抗議のプレスリリースを再度発表．(6.29)中台，FTAに相当する両岸経済協力枠組協定(ECFA)を締結．(9.5～8)橋下徹大阪府知事訪台(大阪府知事の初訪台)．(9.17)菅第一次改造内閣．(10.26)王貞治，文化功労者に選出．(10.31)東京羽田－台北松山便就航．(10.31～11.1)安倍元首相，羽田－台北松山直行第一便で訪台．馬英九総統，李登輝元総統(10.31)，蔡英文民進党主席(11.1)と会談し，忠烈祠へ参拝(10.31)し，首相経験者として初めて立法院へ訪問(11.1)．(12.10)日台，「地震，台風等に際する土砂災害の防止及び砂防に係る技術交流に関する亜東関係協会と財団法人交流協会との間の取決め」を締結．(12.16)中込伸兄弟エレファンツ元監督，八百長で有罪判決．
2011	(1.14)菅第二次改造内閣．(3.10～12)海部元首相が訪台し，馬英九総統と会談(3.11)．(3.11)東日本大地震．(3.12)台湾外交部，11日に発表した日本への義援金を30万新台湾ドルから1億(約2億8000万円)へ増額することを表明．(3.14)台湾の救助隊28人，日本入り．(4.11)菅首相による謝意を示す書簡は交流協会を通じてそれぞれ馬英九総統，呉敦義行政院長，楊進添外交部長へ送付．(4.13)台湾による東日本大震災へ義援金，140億円を超えて世界一に．(4.20～22)王金平立法院長，慰問団を率いて訪日．麻生元首相，平沼赳夫日華懇会長(4.20)，鳩山由紀夫元首相，高橋はるみ北海道知事(4.21)，西岡武夫参議院議長，尾辻秀雄同副議長，衛藤征士郎衆議院副議長(4.22)と面会．(5.3)日本人の民間人有志による「ありがとう，台湾」と題したお礼広告が台湾紙『聯合報』(朝刊

年	日台関係
	9面)と『自由時報』(朝刊5面)に掲載(謝謝台湾計画).(5.4〜5)衛藤征士郎衆議院副議長,台湾による東日本大震災の被害者支援に謝意を示すため訪台し(断交後両院正副議長の初訪台),馬英九総統と会談(5.5).(5.8)台湾,八田與一記念公園完成式典を開催し,馬英九総統,森元首相が出席.(5.12〜15)王金平立法院長,観光振興訪問団を率いて北海道へ訪問し,高橋はるみ北海道知事と面会(5.12).(7.14)日台,「東日本大震災からの復興支援・観光促進に関する日台「絆(厚重情誼)」イニシアティブ」を締結.(9.2)野田佳彦内閣発足.(9.6〜8)安倍元首相,シンポジウムのゲストとして訪台し,馬英九総統,蔡英文民進党主席と会談(9.6).(9.14)野田首相,衆議院本会議で台湾による東日本大震災への支援について台湾への謝意を表明.(9.22)日台,民間投資取り決めに調印.(10.3〜5)蔡英文民進党主席訪日.前原誠司民主党政調会長,衛藤征士郎衆議院副議長,元外相の岡田克也民主党最高顧問(10.4)と会談し,日本外国特派員協会(10.4),早稲田大学で「新世代の日台関係」という題名で講演(10.5).(10.9〜10)麻生元首相,東日本大震災の被災地に対する台湾からの支援への感謝表明,および国慶節(建国記念日)祝賀式典出席のため訪台.(10.29)NHK,「のど自慢 in 台湾」を放送(10.2収録).(11.10)日台,民間航空取決め(オープンスカイ)に合意.
2012	(1.13)野田第一次改造内閣.(3.7〜10)海部元首相訪台し,国立中央大学から名誉博士号を授与される.王金平立法院長(3.8),馬英九総統と会談(3.9).(3.12)野田首相,参議院予算委員会において,台湾代表が11日の政府主催の東日本大震災追悼式で献花できなかったことについて陳謝.(4.1)交流協会,財団法人から公益財団法人へ移行.(4.11)日台,特許審査ハイウェイの導入,マネーロンダリング及びテロ資金供与に関連する金融情報の交換に合意.(4.16)石原慎太郎東京都知事,尖閣諸島を地権者から買い取る方向で基本合意したことを表明.(5.20)馬英九,中華民国第十三代総統に就任.(6.4)野田第二次改造内閣.(7.1〜6)王金平立法院長,東日本大震災の被災地を視察するために訪問団を率いて訪日.(7.7)野田首相,政府による尖閣諸島の購入方針を表明.(7.9)日本,台湾人の在留カードに「台湾」と表記することが可能となる在留管理制度を開始.(8.5)馬英九総統,「東シナ海平和イニシアチブ」を発表.(8.15)中国全土で反日デモが発生(〜9.19).(9.7)馬英九総統,「東シナ海平和イニシアチブ」推進綱領を発表.(9.11)日本政府,尖閣諸島購入の手続きを完了.(9.25)尖閣諸島海域で日本海上保安庁の巡視船と台湾海岸巡防署の巡視船,漁船が対峙,放水.(10.1)野田第三次改造内閣.(10.5)玄葉光一郎外務大臣,交流協会を通じて日台漁業協議の再開を希望するメッセージを発表.(11.8〜14)中国共産党第18回全国代表大会.(11.15)中共,第18期中央委員会第一回全体会議を開催.習近平は総書記,中央軍事委員会主席に選出.(11.29)日台,産業協力架け橋プロジェクトの協力強化に関する覚書,電気製品分野の日台相互承認取決めに調印.(12.26)第二次安倍内閣発足.
2013	(3.5〜18)中国,第12期全国人民代表大会を開催.習近平,国家主席に選出(3.14).(3.11)台湾駐日代表,政府主催の東日本大震災追悼式で指名献花.(4.6〜14)宝塚歌劇団,台湾を訪問し初公演.(4.10)日台,漁業取り決め(台日漁業協議)に署名.(9.3)第二次安倍改造内閣発足.(11.5)日台,電子商取引取決め,特許等優先権書類電子的交換了解覚書,薬事規制協力取決め,鉄道交流了解覚書,航空機捜索救難協力取決めに調印.(11.23)中国国防部,東シナ海防空識別圏を設定し,通過する航空機に対して飛行ルートを提出するよう義務付けることを発表.(11.28)日台,金融監督分野における相互協力のための覚書に調印.(12.26)安倍首相,靖国神社参拝.
2014	(1.24)日台,漁業取決め適用水域における操業ルールに合意.(3.18〜4.10)台湾,学生と市民が立法院を占拠した社会運動が発生(ひまわり運動,318学運).(6.24〜9.15)台北国立故宮博物院の日本展が初開催(「台北國立故宮博物院－神品至宝－」).(9.19〜25)李登輝元総統訪日.(11.20)日台,観光事業協力覚書,原子力安全規制情報交換覚書,特許手続微生物寄託覚書,出入境管理協力覚書に調印.(12.24)第三次安倍内閣発足.
2015	(3.24)台湾衛生福利部食品薬物署,日本産食品を輸入・販売する台湾業者による放射能危険地域に指定されている福島など5県産食品の産地偽装を摘発.(3.27)安倍首相,参議院で「日本の友人である台湾」という表現で答弁.(4.27)日米,「防衛協力のための指針」の改訂に合意(15指針).(4.30〜5.3)野田元首相が訪台し,馬英九総統(5.1),王金平立法院長(5.2)と面会.(5.15)台湾,日本食品の輸入規制の強化を実施.(7.21〜26)李登輝元総統が訪日し,国会議員会館で「台湾のパラダイムの変遷」(7.22),日本外国特派員協会での講演「台湾の主体性を確立する道」(7.23)を題として講演.李登輝元総統,尖閣は日本領と明言(7.23).(7.29)安倍首相,参議院で,「台湾は,基本的価値観を共有する我が国の重要なパートナーであり,大切な友人であります」と答弁.(10.6〜9)民進党主席の蔡英文総統候補,訪日.(10.7)第三次安倍第一次改造内閣.(11.26)日台,民間租税取決め,競争法了解覚書,防災実務協力覚書に調印.

年	日台関係
2016	(1.16)蔡英文民進党主席が総統選挙で勝利. 民進党, 立法委員選挙で初めて過半数の議席を確保. (2.6)安倍首相, 台湾南部で発生した地震(2016年台湾南部地震)を受け, 馬英九総統へ支援を実施するメッセージを送付. (2.8)日本政府, 2016年台湾南部地震を受け, 100万ドルの支援実施, 救援物質の寄贈を発表. (4.15)馬英九総統, 4月14日に発生した熊本地震を受け, 安倍首相へメッセージを送付. (4.16)台湾外交部, 熊本地震へ50万ドルの義援金の実施を発表. (5.20)蔡英文, 中華民国第十四代総統に就任. (7.30〜8.3)李登輝元総統, 石垣島訪問.. (8.3)第三次安倍第二次改造内閣. (11.30)日台, 製品安全協力覚書, 言語教育交流覚書に署名.
2017	(1.1)交流協会, 公益財団法人日本台湾交流協会へ名称変更. (3.24〜25)赤間二郎総務副大臣, 公務で訪台. (5.17)亜東関係協会, 台湾日本関係協会へ名称変更. (8.3)第三次安倍第三次改造内閣. (11.1)第四次安倍内閣発足. (11.22)日台, 税関相互支援のための日台民間取決め, 文化交流の協力に関する覚書に署名. (12.31)台湾出身のツウィ(周子瑜), 韓国のアイドルグループ「TWICE」のメンバーとして第68回NHK紅白歌合戦に出場.
2018	(2.8)安倍首相が2月6日に台湾東部で発生した地震(2018花蓮地震)を受けて書いた「台湾加油(頑張れ)」という直筆文字, SNSの首相官邸公式アカウントに掲載. (6.22〜25)李登輝元総統, 沖縄訪問. (10.2)第四次安倍第一次改造内閣. (11.24)台湾, 放射能危険地域に指定されている福島など5県産食品の輸入解禁に反対する住民投票が成立. (11.30)日台, AEO相互承認に係る日台民間取決め, 医療機器品質管理システム(QMS)に関する協力覚書, 特許の出願・審査情報の交換に関する取決め, 中小企業支援及び中小企業間の協力の促進に関する覚書, 日台若手研究者共同研究事業に関する協力覚書」に署名. (12.3)日台,「民間租税取決め」における「情報の交換」に関する自動的情報交換の実施手続について合意. (12.30)ツウィ, TWICEのメンバーとして第60回日本レコード大賞優秀作品賞受賞. (12.31)ツウィ, TWICEのメンバーとして第69回NHK紅白歌合戦に出場.
2019	(9.6)東京大学両岸関係研究グループ, 中華民国第十五代総統選挙に立候補する韓国瑜高雄市長の対応によって面会に遅刻(日本学者被遅到事件). (9.11)第四次安倍第二次改造内閣. (9.19)若林正丈早稲田大学教授・同台湾研究所長, 蔡英文総統から紫色大綬景星勲章を授与. (10.30)日台, 環境保全分野における交流と協力に関する覚書, 特許審査ハイウェイ(PPH)本格実施に関する覚書, 意匠出願の優先権書類の電子的交換(意匠PDX)に関する覚書, 有機食品の輸出入に関する協力の促進に関する覚書に署名. (12.31)中国, 湖北省武漢市で原因不明の肺炎(新型コロナウイルス感染症)が発生していることを発表. (12.31)ツウィ, TWICEのメンバーとして第70回NHK紅白歌合戦に出場.
2020	(1.11)蔡英文総統, 総統選挙で再選. 民進党, 立法委員選挙で過半数の議席を確保. 茂木敏充外務大臣, 蔡英文総統の再選に敬意を表する談話を発表. (1.16〜17)古屋圭司日華懇会長が率いた議員団訪台. 蔡英文総統と会談した際に安倍晋三自民党総裁の親書を手交(1.17). (1.23)中国, 新型コロナウィルスの感染拡大により武漢市を封鎖. (1.26)中国, 新型コロナウィルスの感染拡大により湖北省を封鎖. (1.30)安倍首相, 新型コロナウィルス感染者が確認された台湾のWHO年次総会などへの不参加をめぐり懸念を表明. (3.19)台湾, 新型コロナウイルスの感染拡大で居留証と特別許可など取得した者以外の外国人の入国を禁止. (4.3)日本, 新型コロナウイルスの感染拡大で台湾を含め129の国, 地域からの入国を禁止. (4.7)安倍首相, 新型コロナウィルスをめぐって緊急事態宣言を発令. 蔡英文総統, 新型コロナウィルスをめぐって公式ツイッターで日本に励ましの言葉をツイート. (4.8)安倍首相, 公式ツイッターで蔡英文総統のツイートに中国語で感謝の意を表明. (4.21)台湾, 新型コロナウイルスの感染拡大で日本に寄贈したマスク約200万枚が成田に到着. (4.28)安倍首相, 衆議院で台湾のWHO参加支持について事務局長に直接表明したことを答弁. (4.29)安倍首相, 参議院で台湾のWHO参加支持について事務局長に直接表明したことを答弁. (5.20)蔡英文, 中華民国第十五代総統に就任. (7.30)李登輝元総統死去. (7.31)菅義偉内閣官房長官, 記者会見で李登輝の功績を称賛. 麻生太郎副首相, 福田康夫元首相, 森元首相(8.3), 菅官房長官(8.7), 李登輝死去で台北駐日経済文化代表処へ弔問記帳. (8.9)森元首相, 李登輝に弔意を示すための弔問団を率いて訪台し, 蔡英文総統と会談し, 安倍首相の親書を李元総統の遺族へ手交.